C H V

Peter von Matt

Die tintenblauen Eidgenossen

Über die literarische und politische Schweiz

Hanser

1 2 3 4 5 05 04 03 02 01

ISBN 3-446-20096-7

Satz: Dörlemann Satz, Lemförde
Druck und Bindung: Friedrich Pustet, Regensburg
Printed in Germany

Inhalt

Bilderkult und Bildersturm

Eine Zeitreise durch die literarische und politische Schweiz

Das von draußen hereindringende Licht ist jetzt gelb wie die Tünche der Halle. Weit weg zuckt ein weißglühender Blitz in den See. Dies! Dies ist es! Der angehaltene Blitz! Auf einmal werden die alten Freiheitsbilder wieder sichtbar. Langsam dringen sie unter der Übertünchung durch, der ganze aufgewühlte See ist wieder da, die Finsternis ringsum, weit vorn der niederzukkende Blitz! In der Sturmflut schwankt das Boot, versinkt hinter der hochgepeitschten Gischt, eine fahle Faust ballt sich gegen den schwarzen Himmel, verwünscht sie ihre Ohnmacht? Einen Flüchtigen? Den tobenden See? Ein riesiger nackter Fuß taucht aus den Wellen, in ungeheurer Kraftanstrengung gespannte Sehnen, aber wieso zuckt der Blitz ununterbrochen in den See, wieso blitzt es denn da andauernd?!

Gertrud Leutenegger. Komm ins Schiff

Rausch der Geschichte

Die Geschichte ist ein Rauschmittel. Sie gehört zu den großen Drogen der Menschheit. An der eigenen Geschichte berauschen sich die Völker nicht erst, seit es den Nationalismus der Nationalstaaten gibt. Sie haben es immer schon getan. Das auszusprechen gilt allerdings als unpassend. Zu viel Elend und praktizierte Niedertracht ist aus dem Nationalismus der letzten zweihundert Jahre hervorgegangen, als daß man heute anders als mit strafender Empörung davon reden dürfte.

Zum Rausch gehört sein Komplementärzustand, der Cafard, die graue Ernüchterung. Seit dem Ende des Zweiten Weltkriegs ist der Cafard des Geschichtsrausches weithin zur Norm geworden. Er wird als ethische Pflicht hingestellt. Das ändert am Faktum der Droge Geschichte nichts. Sie ist eine latente Realität des kollektiven Seelenlebens. Gerade der Aufwand, der um ihre Bekämpfung getrieben wird, bestätigt ihre fortdauernde Möglichkeit. Sie ist ein Stück Natur. Das heißt: Sie kann durch rationale Arbeit kultiviert, nicht aber völlig beseitigt werden. Die Illusion einer gänzlichen Überwindung fördert sogar ihre Wiederkehr durch die Hintertür.

Die Griechen hatten für die Geschichtsschreibung eine Göttin wie für den Gesang und den Tanz. Klio, eine der Musen, Tochter des Zeus und der Mnemosyne, versetzte die Geschichtsschreiber in den

Begeisterungszustand, der es ihnen ermöglichte, die Taten und Leiden ihres Volkes aufzuzeichnen. Daß die Geschichtsschreibung eine ästhetische Leistung ist wie die Tragödie und das epische Gedicht, wie Flötenspiel und Liedersingen, mußte im Kampf der zivilisatorischen Vernunft gegen den Rausch der Geschichte nach Möglichkeit vergessen werden. Der Durchbruch der kritischen Geschichtsforschung in den ersten Jahrzehnten des 19. Jahrhunderts liquidierte eine erlauchte Kunst. Gleichzeitig begann mit Sir Walter Scott der historische Roman. Er erbte das poetische Potential der klassischen Geschichtsschreibung und damit auch einen Zugang zum Rauschcharakter der Geschichte. Die Ausdifferenzierung zwischen kritischer Quellenforschung und historischem Roman vor zweihundert Jahren ist ein kulturhistorischer Vorgang, der die Wissenschaft ebenso prägte wie die Literatur. Beide schielen seither mit verstecktem Begehren aufeinander. Der historische Roman möchte sich gern als quellenkritisch abgesichert hinstellen; die Geschichtsschreibung trauert der verlorenen epischen Gewalt nach.

Geschichtsschreibung ist schon die Ilias, Geschichtsschreibung ist auch die Bibel. Beide sind zugleich religiöse Bücher. Das eine redet vom Treiben der Götter mitten unter den Menschen, das andere vom Verkehr des einzigen Gottes mit seinem Volk. Die Religion ist in dem gleichen Maße Rauschmittel, wie es die Geschichte ist. Deshalb lassen sich die beiden im Ursprung nicht voneinander trennen. Die Gründungslegenden der Staaten sind verwandt mit den Schöpfungsgeschichten. Die heiligen Orte sind oft ebensosehr Stätten einstiger Götterbesuche wie Stätten historischen Handelns. Präsident Lincoln sitzt in Washington in einem Tempel, einsam und überlebensgroß, ein Jupiter der Demokratie. Das Blitzbündel läßt sich ohne Schwierigkeit hinzudenken. Und was ist in Jerusalem nicht gleichzeitig Geschichte und Religion und aktuelle Weltpolitik?

Rausch und Cafard in der Literatur

Wer von der Literatur der Schweiz spricht, muß früher oder später von ihrem Verhältnis zur Geschichte sprechen, auch zum Rauschcharakter der Geschichte, auch zur Kultur des Cafards, zur Kultur der historischen Ernüchterung. Patriotismus als strenge Patriotismuskritik, das Paradox eines »kritischen Patriotismus« also, bestimmt entscheidend das künstlerisch verbindliche Schreiben in der Schweiz seit der

Mitte des 20. Jahrhunderts. Der Aufwand läßt auf die Gegenkräfte schließen. Die dreißiger und ersten vierziger Jahre hatten der Schweiz noch einmal eine mächtige Intoxikation mit den Heldenfabeln ihrer Geschichte gebracht. Dies stärkte den Widerstand gegen das faschistische Europa in dem Maße, in dem es auch zur Herzlosigkeit gegenüber den Verfolgten, den um Einlaß flehenden Juden an der Grenze, beitrug. Die gemeinschaftliche Erregung förderte eine kollektive Anästhesie.

Das Stichwort, unter dem die Geschichte als gesellschaftliches Halluzinogen in der Schweiz der dreißiger Jahre, mit Ausläufern weit in die Zeit des Kalten Kriegs hinein, neu belebt und politisch instrumentierbar wurde, hieß »Geistige Landesverteidigung«. Das war eine Parole, lanciert von der obersten Regierung, und mentalitätsgeschichtlich war es die Parole schlechthin der Zeit. Deshalb wurde sie in den Jahren des Cafards, in der Literatur des kritischen Patriotismus, zum Inbegriff eines falschen und verantwortungslosen schweizerischen Nationalismus. Das führte allerdings auch zu einer sekundären Klischierung. Heute wird der Begriff selbst in wissenschaftlichen Arbeiten oft unreflektiert negativ gehandelt, als fixe Gegebenheit, ohne Nachdenken über seine komplexen Funktionen in politisch extremer Zeit.

Die Literatur der deutschsprachigen Schweiz, soweit sie ästhetisch verbindlich ist und zur gültigen Literatur deutscher Sprache gehört – wie die Werke des Pragers Franz Kafka, der Klagenfurterin Ingeborg Bachmann, des Rumänen und Parisers Paul Celan, des Danzigers Günter Grass, des Augsburgers Bertolt Brecht, des Bulgaren oder Wieners oder Londoners oder Zürchers Elias Canetti ... –, steht seit ihren Anfängen in einer sehr wechselhaften Beziehung zur Geschichte der Schweiz als einem Corpus von Heldenlegenden. Das ließe sich am besten illustrieren an der Haupt- und Kernfabel um Wilhelm Tell. Kaum ein Autor der letzten dreihundert Jahre, der nicht früher oder später schreibend in die Nähe dieser Erzählung und ihrer vielfachen politischen Aussagekraft geraten wäre, sei es im zustimmenden, sei es im kritisch-demontierenden Sinn. Die Tell-Legende ist als Faszinosum exemplarisch für den Rausch der Geschichte als Element der Literatur, und zwar sowohl für dessen akuten Ausbruch wie für die Prozesse der Ernüchterung. Dabei darf man nicht vergessen, daß das Begeisterungspotential, das der Legende anhaftet, im Prozeß der Demokratisierung der Schweiz, aber auch ganz Europas, keine geringe Rolle gespielt hat. Fortschritt wird ja nicht nur von den Nüchternen geschaffen. Fortschritt bedarf je nachdem auch der Begeisterten, des mächtigen Aufschwungs vieler zusammen. Und die Begeisterten brauchen Idole, und die Idole finden sich am leichtesten in der Geschichte, bei den spektakulär aufbereiteten, ohne quellenkritische Skrupel illuminierten historischen Traumbildern. Über Wert und Unwert sowohl der Nüchternheit wie der Begeisterung entscheidet in jedem Fall allein die Humanität des Ziels.

Im Kampf gegen den Verblendungscharakter der Geistigen Landesverteidigung mußte die Schweizer Literatur der zweiten Hälfte des zwanzigsten Jahrhunderts die Tell-Fabel, die zum reaktionären Stereotyp verkommen war, als ganze zu liquidieren suchen. Dies geschah vorwiegend über Verfahren der Ridikülisierung. Das Gelächter ist der tödlichste Feind des falschen Pathos. Heute ließe sich eine ganze Anthologie von Tell-Verulkungen zusammenstellen. Ob deshalb die Kernlegende mit allen ihren politischen und emotionalen Dimensionen wirklich tot ist, kann nicht mit Sicherheit gesagt werden. Gute Geschichten haben ein erstaunlich zähes Leben. Sie tauchen, wie ein tüchtiger Seehund, meistens dort wieder auf, wo man sie am wenigsten erwartet. Und insgesamt diente die Tell-Legende im jahrhundertelangen Prozeß der Überwindung feudaler Strukturen weit mehr den demokratisch-liberalen Zielen als der reaktionären Verbissenheit. Sie war, so seltsam es tönen mag, ein Ferment der Modernisierung.

Die Funktionen der parareligiösen Mythologie

Die Schweiz war auf ihre heroischen Legenden schon früh aus einem sehr einfachen Grund angewiesen. Seit der Reformation und der Entstehung kapitalistischer Wirtschaftsformen in den Städten drohte sich der kleine republikanische Staat eigenhändig zu zerstören. Entgegen der historischen Selbstverklärung als Modellbeispiel friedlichen Zusammenlebens zwischen verschiedenen Sprachen und Konfessionen herrschte in der Schweiz stets ein latenter, von Zeit zu Zeit blutig akuter Bürgerkrieg. Kein Jahrhundert, in dem die Schweizer nicht mit blanken Waffen aufeinander losgegangen wären. Und daß das Überleben der Schweiz in der Geschichte weit mehr ein Produkt des Zufalls als des im Rütlischwur versinnbildlichten staatspolitischen Willens ist, zeigt sich an einer einfachen Tatsache. Die Grenzen der verschiedenen Sprachen und die Grenzen der zwei christlichen Konfessionen fallen in diesem Land nicht zusammen, sondern überkreuzen sich. Wären sie nach der Reformation zusammengefallen, wäre also die französische Schweiz gesamthaft katholisch geblieben und die deutsche Schweiz gesamthaft reformiert geworden, hätte sich das merkwürdige Gebilde nicht mehr lange halten können. Da nun aber die deutschsprechende wie die französischsprechende Schweiz aus einem Fleckenteppich reformierter wie katholischer Gebiete bestanden, vermochte die gemeinsame Sprache die konfessionellen Trennlinien, vermochte die gemeinsame Religion die sprachlichen Trennlinien zu überbrücken. Die unterschiedlich verlaufenden Sprach- und Glaubensgrenzen führten zu einer Verzahnung in der Trennung, sie förderten die Zähmung der ideologischen Emotionen, und erst auf dieser Basis konnte sich die politische Vernunft entfalten, die den Staat, prekär genug, zusammenhielt und ihm im 19. Jahrhundert zum Durchbruch zu einem modernen politischen Gebilde verhalf. Nicht ohne daß nochmals tüchtig geschossen worden wäre von Eidgenossen auf Eidgenossen.

Als übergreifende Gemeinsamkeit von höchstem Gefühlswert dienten dabei die alten Heldengeschichten. Ihnen kam die Funktion einer parareligiösen Mythologie zu, auf welche die zerstrittenen Brüder jederzeit zurückgreifen konnten, um die Risse im System ihrer Brüderlichkeit zu flicken. Wenn die Innerschweizer im Namen der Muttergottes von Einsiedeln auf die Zürcher, die Zürcher im Namen Zwinglis auf die Innerschweizer eindroschen, blutig und ausdauernd, konnten sie sich jeweils doch wieder zusammenfinden in der gemeinsamen Berufung auf Tell und Winkelried. Insofern waren die heroischen Legenden ein realpolitischer Faktor von existentieller Bedeutung. Sie bildeten ein sekundäres Glaubenssystem, und zwar vollständig, mit politischen Heiligen, Märtyrern, Tätern und Friedensstiftern, das noch im mörderischsten Kampf um den richtigen Lieben Gott die Möglichkeit der Versöhnung offenhielt.

Größe und Untergang eines Geschichtsschreibers

Im 18. Jahrhundert schrieb ein Mann dazu auch noch die Bibel. Er tat es als letzter Geschichtsschreiber im antiken Sinn, und er ermöglichte damit den Transport der Legenden sowohl in die literarischen Zentren Deutschlands hinein wie auch hinüber ins 19. und 20. Jahrhundert – obwohl das großartige Werk schon früh im 19. Jahrhundert wissenschaftlich demontiert wurde. Heute führt es die Existenz eines Phantoms. Wie sehr es die deutsche Prosa geprägt hat und weiterlebt in deren Kultur, weiß fast niemand mehr. Kleist wie Schiller hatten die Lapidarität, die oft atemberaubende Verdichtung dieser berichtenden, historisch erzählenden Rede im Ohr. Gelegentlich hört man es ihren Sätzen an.

Die Rede ist von Johannes von Müller. 1780 erschien der erste Band seiner »Geschichten der Schweizer«. Darin fand sich die Gründungslegende der Schweiz wieder, scheinbar endgültig erzählt, als Zusammenfassung aller Überlieferungen. Um die Alpen webt da noch etwas vom alten Schrecken. Und wie das gesagt wird!

> Ob dem Hasli endiget alles Leben, da sich die Natur in unermeßliche Schneelasten verliert, wo aufgethürmtes Eis das Wetterhorn, Schrekhorn und Grimselgebürg wie ein Panzer umgiebt. An welchen Orten die Aar entspringt aus einem Eisgewölb, dann so weit, breit und hoch man sieht, ist Eis und mannigfaltiger Schutt verfallener Felsen; tief in diesen Felsen entstehen die allergrößten Crystalle. Hier flieht etwa ein Gems und wohnen kaum die Adler der Alpen in unzugänglichen Klüfften; die Menschen haben ein paar Pfade gebahnt. Wann sie sie verlassen, suchen sie Tagereisen lang vergeblich Menschenspur, und werden leicht verschlungen, da dann etwa nach vielen Jahren der Stoß des wachsenden Gletschers unter Eisklumpen und Felsentrümmern ihren starren Leichnam an die Gränzen des menschlichen Geschlechts hervor prellt.[1]

Müller spricht vom Rütli:

> Widerstand glaubten sie, werde nur greuliche Rache hervorbringen, dem ohngeachtet kamen sie überein: sie wollen es ferner nicht leiden. Hierauf bestimmten sie das Rütli, eine Wiese am Waldstettensee; nicht weit von da stoßen Uri und Unterwalden zusammen; gegen über stehet der Felsen Mytenstein; alles rings herum ist einsam und alles wild. Hier hielten sie oft bey Nacht Rath über die Befreiung des Vaterlands. Dahin kamen sie durch stille Nebenpfade und Werner in seinem Kahn.[2]

Und schließlich ist die Rede von Wilhelm Tell als einer unbezweifelten historischen Wirklichkeit:

> Während welcher Zeit einer der Verschworenen, mit Namen Wilhelm Tell, den Reichsvogt Geßler tod geschossen. Dann Geßler hatte einen Verdacht auf ihn, weswegen er ihn zu Schiff in ein Gefängniß führte. Aber nicht weit von dem Rütli brach der Sturmwind los und warf der enge See die Wellen wütend hoch und tief; also wurde der Himmel verborgen, die Tiefe entblößt; worauf auch dem Tell, als einem vortrefflichen Schiffmann, die Fesseln abgenommen worden. Der Tell nahm seinen Sprung und erreichte einen flachen Fels und kletterte den Berg hinauf, das Schiff aber prellte an und von dem Felsenufer; Tell floh durch Schwyz und kam nach Küßnacht, wie auch der Geßler; da fiel dieser durch Tells Pfeil. Also trug sich dieses zu, die andern schwiegen und winterten das Vieh; das dreyzehen hundert und siebende Jahr wurde so vollendet.[3]

Nie mehr ist das so knapp erzählt worden, mit so verhaltenem Pathos. Nur zwischendurch darf die Erregung auffahren, mitten aus den hart gefügten Fakten heraus (die ein paar Jahrzehnte später schon keine mehr sein sollten). Um dieser Momente willen ist Johannes von Müller heute noch eine bewegende Lektüre. »Also wurde der Himmel verborgen, die Tiefe entblößt«: so schreibt kein Historiker mehr, glücklicherweise, aber schade ist es doch.

Was Goethe zu Eckermann über die kritische Geschichtsforschung am Beispiel der »Römischen Geschichte« B. G. Niebuhrs sagte, gilt auch vom Schicksal, das Müllers Werk und seinem Bericht über die Gründungslegenden der Schweiz beschert war: »Bisher glaubte die Welt an den Heldensinn einer Lucretia, eines Mucius Scävola und ließ sich dadurch erwärmen und begeistern. Jetzt aber kommt die historische Kritik und sagt, daß jene Personen nie gelebt haben, sondern als Fiktionen und Fabeln anzusehen sind, die der große Sinn der Römer erdichtete. Was sollen wir aber mit einer so erbärmlichen Wahrheit! und wenn die Römer groß genug waren, so etwas zu erdichten, so sollen wir wenigstens groß genug sein, daran zu glauben.«[4] Etwas viel vielleicht, was der alte Herr zu Weimar hier verlangt, und doch bringt er damit eine wichtige Sache auf den Punkt. Ein paar Jahre später hat er sich dem Kanzler von Müller gegenüber noch einmal dazu geäußert und das Dilemma in weniger skandalöser Art umrissen: »Die Phantasie wird durch Niebuhrs Werk zerstört, aber die klare Einsicht gewinnt ungemein.«[5]

Für die Literatur der Schweiz und ihren Umgang mit der Geschichte blieben die »Phantasie« und »die klare Einsicht«, die in Johannes von Müllers Werk noch ungetrennt ineinander wirkten, nach dessen Demontage durch die neue Wissenschaft zwei miteinander schwierig verhängte Aufgaben. Sie konnte sich vernünftigerweise der »klaren Einsicht« nicht verschließen und durfte doch um ihres Amtes willen auf die »Phantasie« nicht verzichten. Das führte zu oft peinlichen, oft aber auch hinreißenden Lösungen. Gottfried Keller machte einen Vorschlag, der nur ein bißchen weniger sophistisch ist als Goethes Forderung, »wenigstens groß genug (zu) sein, daran zu glauben«. Sein Sonett »Die zwei Tellenschüsse« beginnt so:

> Ob sie geschehn? Das ist hier nicht zu fragen;
> Die Perle jeder Fabel ist der Sinn.[6]

Keller hat recht, wenn er annimmt, daß alle Geschichte, die breit ins Bewußtsein wirken soll, aus guten Geschichten bestehen muß. Und er hat auch recht mit der Ansicht, daß der Sinn einer guten Geschichte nicht von deren historischer Faktizität abhängt. Mit seinen zwei Zeilen täuscht er aber doch über die Tatsache hinweg, daß die Geschichte als Faktor der Begeisterung auf die Wahrheitsbehauptung ebensowenig verzichten kann wie die Religion. Wenn sie nur noch Literatur ist, ist sie zuletzt eben auch nicht mehr Historie, nicht mehr zuverlässiger Bericht über das, was einst geschehen ist und woran man sich erinnern soll.

Der sanfte Walser und sein wilder Tell

Merkwürdig und unvergleichlich in seiner Vertracktheit ist nun, wie Robert Walser, der sanfte Walser, mit dem Tellsprung umgeht. Sein Prosastück »Tell«, 1909 in Berlin geschrieben, scheint an Heroisierung alles zu übertreffen, was das 19. Jahrhundert, das in diesen Dingen wirklich nicht unzimperlich war, geleistet hat. Wie in Füsslis berühmtem Bild vom springenden Tell, wo sich die welthistorische Energie in einem einzigen riesenlangen Männerbein zu verdichten scheint und das Ereignis einer zuckenden Sekunde zum unverrückbaren Monument gerinnt, auf der Kippe zwischen Grandeur und Groteske, rückt Walser den springenden Tyrannenmörder in einem einzigen enormen Anfangssatz vor die Augen des Lesers, und die zuckende Sekunde enthält auch hier alles Vorher und alles Nachher:

> Dadurch, daß Tell aus der landvögtischen Schiffes-Finsternis, indem er der schaukelnden Tyrannei einen endgültigen verabschiedenden Fußtritt versetzt, auf die hohe Felsenplatte springt, wo ihn Licht, Luft und Befreiung umarmen, dadurch hat er sich auf eine Wolke, glänzend von Bewegungsfreiheit, hinaufgeschwungen, und er hat, indem er sich persönlich befreit, auch schon dem Vaterland den Dienst des Erretters und Befreiers geleistet, er hat schon hier den Drachen getötet, hier schon ist das feige Tyrannen-Ungeheuer erschossen worden, und zwar durch eben jenen endgültig wegstoßenden Fußtritt, durch dieselbe Bewegung also, die ihn selbst ans Licht und auf die Platte schwingt, indem das schwankende Greuel auf den Wellen des empörten Sees weitertreibt.[7]

Der Satz verläuft kreisförmig. Er scheint sich in sich selbst zu vollenden. Die Aussagen des Anfangs kehren am Ende wieder. Die syntaktische Rundung spiegelt die Vollkommenheit der politischen Tat. Die wissenschaftliche Frage nach der historischen Wahrheit vermag sich aus diesem Text heraus gar nicht zu stellen, so wenig wie die sittliche Frage nach der Legitimität des Tyrannenmords. Die Differenz zwischen »Phantasie« und »klarer Einsicht« kann nicht aufbrechen, so sehr ist alles illuminierter Traum, und außerhalb seiner ist nichts. Wie ein Opium-Korn liegt der Satz auf der weißen Seite und verkörpert den Rausch der Geschichte.

Erst wenn man genauer zusieht, erkennt man, daß das leuchtende Tableau aus aufgelesenem Material zusammengesetzt ist. Der »Erretter und Befreier« zitiert den Schluß von Schillers »Wilhelm Tell«. Das »feige Tyrannen-Ungeheuer« stammt aus patriotischen Ramschtexten. Der »getötete Drache« ist ein Etikett aus den archetypischen Rettersagen, das hier einer archetypischen Rettersage tautologisch aufgeklebt wird. Aber die naheliegende Folgerung, daß demnach alles ironisch sei und parodistisch, daß hier ein aufgeklärter Kopf die abgetakelte Vaterländerei dem öffentlichen Gelächter überantworte, täuscht. Es sind gerade die Klischees, die billigen Bilder, der Gehirnschrott, was Walser tief fasziniert. Er ist hingerissen von den Alltagsmythen der Öldrucke und Groschenhefte. Er war vielleicht der erste Autor im deutschen Kulturraum, der für das, was man heute Trash nennt, Trash-Kunst, ein leidenschaftliches Interesse hegte. Diese Leidenschaft verwandelt den Text über den Tellsprung unversehens in ein Gebilde, in dem der Trash hohe Kunst wird. Mit der Kategorie der Ironie ist dem nicht beizukommen, viel eher mit dem Kunstbegriff Nietzsches, wo sich die farbigen Bilder, ihres Traumcharakters bewußt, ohne metaphysische Wahrheitsverpflichtung vor den Augen des »freigewordenen Intellekts«[8] schimmernd bewegen.

Walser, dem bedingungslosen Künstler in der bitteren Berliner Boheme, gelingt es, das welthistorische Signal von Füsslis Bild in seinem ursprünglichen politischen Willen zu lesen und es gleichzeitig als Teil der parareligiösen Mythologie aufzudecken, welche die Schweiz zu ihrem Zusammenhalt nötig hatte und innig kultivierte.

Füsslis Bild als Element der europäischen Geschichte

In der Tat ist Füsslis Bild eines der mächtigsten, wenn nicht das mächtigste malerische Zeugnis des deutschen und schweizerischen Sturm und Drang. Auch wenn es der Zürcher Füssli in Zürich nicht lange aushielt. Sein tumultuarisches Genie sprengte alle Normen der frommen, sparsamen Stadt. Er lebte und arbeitete in London. Dort entstand um 1785 das Gemälde mit dem Tellsprung. Der bayerische Kupferstecher Carl Guttenberg kaufte es dem Maler ab, reiste damit nach Paris und fertigte hier den berühmten Stich an. Er erschien 1788, ein Jahr vor dem Bastille-Sturm, als demonstratives Signal der sich zusammenbrauenden Revolution. Im Schiff des Landvogts sieht man eine Rokoko-Dame in Ohnmacht fallen. Das immense Männerbein, in dem die welthistorische Energie der Stunde zum Ereignis wird, stößt das Ancien régime ins Chaos zurück, während sein Besitzer ins Licht emporschnellt. Das findet sein Echo in Walsers Wort vom »endgültigen verabschiedenden Fußtritt«. Guttenberg hat seinem Stich an der unteren Längsseite, wo bei solchen Produkten sonst die Widmung an eine adlige Persönlichkeit zu stehen pflegte, einen deutschen und französischen Text beigefügt mit der Tell-Geschichte. Zum Sprung heißt es: »Alors TELL saisit un moment favorable et transporté par le Génie de la Liberté, il s'élance de la Barque, que, du même mouvement, il la repousse, dans les flots.« Die deutsche Version lautete: »Schnell und kühn, entflammet vom Geiste der Freiheit raffte TELL Pfeil und Bogen zu sich, und sprang an Strand: das Schiff wankte vom Stoße des Trittes zurück.«[9] Im französischen Ausdruck »Génie de la Liberté« verbindet der Deutsche in Paris das magische Wort, das bei

ihm zu Hause die Epoche regiert, »Genie«, mit der höchsten politischen Parole, »Freiheit«. Es waren die Jahre, als Schillers »Räuber« die deutschen Bühnen erschütterten. Ihr Motto »in Tirannos« könnte auch über Füsslis Bild und Guttenbergs Kupfer stehen. Das Gemälde selbst ist übrigens verschollen, ob in der Revolution oder in der Restauration, läßt sich nicht mehr sagen.

Der deutsche Text unter dem Guttenberg-Stich bezeugt, daß das provokative Blatt auch für den deutschen Markt bestimmt war. Der Sprung des legendären Schützen nimmt sich heute aus wie eine explosive Metapher für den politischen Sprung, den Frankreich mit der Revolution tat. Die Reise aber, welche die Vision dieses Bildes gemacht hat, von der Schweiz nach England, von England nach Paris, von Paris nach Deutschland, zeigt, wie belanglos die nationalen Grenzen für Wirklichkeit und Wirkung des Imaginären sind. Auf dem Höhepunkt der Revolution erklärten die französischen Jakobiner Tell zu ihrem Vorläufer. Jacques Louis David entwarf damals einen neuen Vorhang für die Pariser Oper. Das Bild hieß »Der Triumph des französischen Volkes«. An der Spitze marschierte Tell neben dem römischen Tyrannentöter Brutus. Gleich dahinter kam Marat.

Heute ist Tell eine Peinlichkeit. Das Bein, mit dem der Schütze in die Neuzeit schnellt, ist eingeknickt. Die großartigen Bilder und Geschichten, von denen sich die politische Schweiz genährt hat, mit denen sie die eigene Mißgunst und Eifersucht immer wieder betäuben und den inneren Frieden im letzten Moment noch retten konnte, haben ausgedient. In der zweiten Hälfte des 20. Jahrhunderts wurden sie einem Zerfallsprozeß ausgesetzt, dessen politische und kulturelle Folgen noch nicht abzusehen sind.

Spätestens 1835, als der erste Band der »Urkunden zur Geschichte der eidgenössischen Bünde« von Joseph Eutych Kopp in Luzern erschien, das Buch also, mit dem die moderne, quellenkritische Geschichtsforschung den alten Sagenzyklen den Todesstoß versetzte, stand die fröhliche Fabuliertheit aller Tell- und Gessler-Geschichten eigentlich fest. Dennoch hielten noch in den Jahren des Hitlerreichs nicht nur die öffentliche Schweiz und viele beschwingte Schriftsteller, sondern selbst angesehene Historiker an der Wahrheit dieser Überlieferung fest. Die Magie des aufständigen Täters setzte sich unter der akuten Bedrohung durch die faschistischen Nachbarstaaten gegen alle wissenschaftliche Vernunft noch einmal durch. Sich darüber zu mokieren ist die eine Möglichkeit, es als einen interessanten Fall des Ineinanderwirkens von politischer Notwendigkeit und kollektiver Einbildungskraft zu studieren die andere. Im Dritten Reich durfte Schillers »Wilhelm Tell«, anfangs als Führer-Drama gefeiert, seit dem 3. Juni 1941 auf persönliche Anweisung Hitlers hin nicht mehr aufgeführt werden: »Der Führer wünscht, daß Schillers Schauspiel ›Wilhelm Tell‹ nicht mehr aufgeführt wird und in der Schule nicht mehr behandelt wird.«[10] So das Schreiben Martin Bormanns an den Chef der Reichskanzlei. Daß dies, kurz nach einem versuchten Attentat des Schweizers Maurice Bavaud auf Hitler, auch mit einer generellen Verärgerung des Diktators über die Schweiz zusammenging, zeigt seine Äußerung gegenüber Mussolini einen Tag vor dem Erlaß, überliefert durch den damaligen Chefdolmetscher: »Die Schweiz bezeichnete der Führer als das widerwärtigste und erbärmlichste Volk und Staatengebilde. Die Schweizer seien Todfeinde des neuen Deutschland und erklärten bezeichnenderweise, daß, wenn kein Wunder geschähe, die ›Schwaben‹ am Ende den Krieg doch noch gewinnen würden.«[11]

Die Schweiz als Produkt europäischer Eifersucht?

Die wilde Phantastik der patriotischen Geschichten hat die staatlichen wie die kulturellen und literarischen Prozesse der Schweiz immer begleitet, und immer schon war auch die Polarität von

Rausch und Cafard vorhanden. Dabei kommt es zu hoch ironischen Vorgängen. 1801/02 macht der deutsche Autor Johann Gottfried Seume seinen berühmten »Spaziergang nach Syrakus«. Auf dem Rückweg wandert er von Italien über den Gotthardpaß nach Luzern und Zürich. Dabei macht der unbestechliche Republikaner Beobachtungen und trifft Feststellungen, die so unbezweifelbar richtig sind, wie sie gleichzeitig das Gegenteil von dem darstellen, womit sich die Schweiz im eben angebrochenen 19. Jahrhundert immer hochgemuter identifizieren wird. Seume erinnert sich an den Krieg, den die Franzosen gegen die Russen im Gebiet des St. Gotthard wenige Jahre zuvor geführt haben, die Russen unter Suworow, und erledigt dabei genau jenen Mythos, den die Schweiz noch fast zweihundert Jahre lang hätschelt: Die Alpen sind eine uneinnehmbare Festung, und die Unabhängigkeit der Schweiz ist das Ergebnis allein ihres unbedingten Freiheitswillens:

> Dieser Krieg hat die Bergbewohner in Erstaunen gesetzt: man hat sich in ihrem Lande in Gegenden geschlagen, die man durchaus für unzugänglich hielt. Die Feinde haben Wege gemacht, die nur ihre Gemsenjäger vorher machten; vorzüglich die Russen und die Franzosen. Man hat sich auf einmal überzeugt, daß die Schweiz bisher vorzüglich nur durch die Eifersucht der großen Nachbarn ihr politisches Daseyn hatte. Die Russen und Franzosen kamen auf Pfaden in das Murter Thal [richtig: Muotatal], die man nur für Steinböcke gangbar hielt.[12]

Das erinnert an einen andern nüchternen Blick auf die Schweiz, 1940/41, zur Zeit der größten Triumphe des Hitlerreichs. Da schreibt der Flüchtling Bertolt Brecht in Finnland seine »Flüchtlingsgespräche«, politische Dialoge zwischen den Männern Ziffel und Kalle nach dem Vorbild Diderots. Er unternimmt darin auch eine kurze Kritik der berühmten Schweizer Freiheitsliebe:

ZIFFEL

> […] Der historische Freiheitsdurst der Schweiz kommt daher, daß die Schweiz ungünstig liegt. Sie ist umgeben von lauter Mächten, die gern was erobern. Infolgedessen müssen die Schweizer immerfort auf dem Quivive sein. Wenns anders wär, bräuchten sie keinen Freiheitsdurst. Man hat nie was von einem Freiheitsdurst bei den Eskimos gehört. Sie liegen günstiger.

KALLE

Die Schweizer haben Glück gehabt, daß es gleich mehrere sind, die schlimme Absichten auf sie haben. Keiner von ihnen gönnt dem andern die Schweiz. Wenn ihr Glück ausläßt, d.h. wenn eine von den Mächten stärker wird, ists herum.

ZIFFEL

Wenn Sie meine Meinung wissen wollen: raus aus jedem Land, wo Sie einen starken Freiheitsdurst finden. In einem günstiger gelegenen Land ist er überflüssig.[13]

Die Texte von Seume und Brecht bringen einen Gedanken zum Vorschein, der in der Schweiz selbst aus naheliegenden Gründen zu den verschwiegensten gehört: Wurde die Schweiz vom übrigen Europa einfach nur zugelassen? Hat man sie gestattet? Hat sie sich weit weniger aus republikanischem Freiheits- und Gemeinschaftswillen selbst geschaffen, als daß sie von den umliegenden Großmächten aus Gründen der gegenseitigen Eifersucht toleriert wurde? Es ging ja immer um die Pässe. Keine Großmacht wollte der andern die Alpenpässe überlassen. War es da nicht weit besser, man hatte ein kleines Volk, das sich um diese Übergänge kümmerte, sie offenhielt für alle und den Durchgang keinem verwehren durfte?

Napoleons Standrede und die Metapher von der Waage

Die Überlegung könnte etwas billig anmuten, würde sie nur von reisenden oder flüchtenden deutschen Schriftstellern angestellt. Aber kein Geringerer als Napoleon hat sich genau so geäußert, und zwar aus der Position der Großmacht selbst heraus. 1802 gab er der völlig zerstrittenen Schweiz eine neue Verfassung, welche die alte föderalistische Struktur des Landes wiederherstellte, das aristokratische Regime in den Städten aber endgültig beseitigte. In einer großartigen Ansprache an die Delegierten der Schweiz in St. Cloud stellte er das kleine Land aus europäischer Perspektive in den Senkel und trieb ihm alle Größenvisionen ein für allemal aus.

> Vous êtes un pays pauvre. La nature vous a tout refusé. [...] Vous ne devez pas prétendre à jouer un rôle entre les puissances de l'Europe. Vous êtes placés entre la France, qui a 500000 hommes de troupes; l'Autriche, qui en a 300000; la Prusse, qui en a 200000; combien

> pouvez-vous en entretenir? 10000? Qu'est-ce que 10000 hommes contre de telles armées? Si vous avez autrefois tenu un rang entre les puissances militaires, c'est que la France était divisée en trente parties, l'Italie en cent. Vous pouviez tenir tête au duc de Bourgogne; mais aujourd'hui la Bourgogne n'est qu'un point de la France. [...] Il ne faut pas ambitionner l'éclat; il vous coûterait trop cher et ne vous servirait à rien. [...]
> Si vous vouliez absolument de la grandeur, vous n'auriez qu'un moyen d'en acquérir: ce serait de vous réunir à la France, d'y former deux grands départements et de participer à ses déstinées. Mais la nature ne vous a point fait pour cela. Elle vous a séparés des autres peuples par des montagnes; vous avez vos lois, vos mœurs, votre langue, votre industrie, votre gloire, qui vous sont propres. Votre neutralité est plus assurée que jamais. La France a le Simplon, l'Autriche le Tyrol. Vous êtes en sûreté entre ces puissances, qui sont en équilibre; vous êtes tranquilles, même dans les moments d'oscillation, parce que vous tenez le milieu des bras de la balance. Maintenez votre tranquillité, vos lois, vos mœurs, votre industrie, et votre partage sera encore assez beau.[14]

Und daß das Denkbild Wilhelm Tells beim Sohn der Französischen Revolution immer eine Rolle spielte, wenn es um die Schweiz ging, zeigt der Ausruf, den Napoleon in dieser Rede einmal tut: »Point de chaînes aux enfants de Guillaume Tell!«[15], »Keine Ketten für die Kinder Wilhelm Tells!« Füsslis Bild dürfte auch dem kleinen Korsen in Paris einmal vor Augen gekommen sein.

Auf deutsch lauten die Zitate aus Napoleons Standrede an die Schweiz so:

> Ihr seid ein armes Land. Die Natur hat euch alles vorenthalten. Ihr dürft euch nicht anmaßen, eine Rolle unter den europäischen Mächten zu spielen. Ihr befindet euch zwischen Frankreich mit einer Armee von 500000 Mann, Österreich mit 300000, Preußen mit 200000. Wie viele könnt ihr unterhalten? 10000? Was sind 10000 Mann gegen solche Armeen? Wenn ihr einst zu den militärischen Mächten gehört habt, dann war es zu einer Zeit, als Frankreich aus dreißig, Italien aus hundert Teilen bestand. Damals konntet ihr dem Herzog von Burgund die Stirn bieten; heute ist Burgund nicht mehr als ein kleines Stück von Frankreich. – Ihr dürft nicht nach Glanz streben; das würde viel zu teuer für euch

und zu nichts dienen. – Falls ihr aber unbedingt auf Größe erpicht sein solltet, dann gäbe es dafür nur ein Mittel: Ihr müßtet euch mit Frankreich vereinigen, zwei große französische Departements bilden und am Schicksal Frankreichs teilnehmen. Doch die Natur hat euch nicht dazu geschaffen. Sie hat euch durch die Berge von den andern Völkern abgetrennt; ihr habt eure eigenen Gesetze, eure Sitten, eure Sprache, eure Wirtschaftsstruktur, euren Ruhm. Eure Neutralität ist heute gesicherter denn je. Frankreich hat den Simplon, Österreich hat Tirol. Ihr seid in Sicherheit zwischen diesen Großmächten, die sich im Gleichgewicht befinden. Ihr bleibt im Ruhezustand, selbst wenn es zu Schwankungen kommt, weil ihr die Mitte einnehmt zwischen den Balken der Waage. Wahrt eure Ruhe, eure Gesetze, eure Sitten, eure Wirtschaftsstruktur, und euer Anteil wird immer noch sehr ansprechend sein.

Wenn Napoleon sagt: Frankreich hat den Simplon, Österreich hat Tirol, dann zeigt dies, wie sehr er die Autonomie der Schweiz mit den Alpenpässen in Verbindung brachte. Um des Simplon willen hatte er nämlich das Wallis zu Frankreich geschlagen. Im 19. Jahrhundert wurde noch lange daran herumgerätselt, warum er die Schweiz nicht überhaupt auflöste, wie es ihm seine Generäle mit ausgearbeiteten Plänen nahelegten. Ob der Wiener Kongreß eine solche Liquidation wieder rückgängig gemacht hätte, steht ja keineswegs fest. Dem Ersten Konsul, der Napoleon damals noch war – zum Kaiser krönte er sich erst zwei Jahre später –, war die Schweiz offensichtlich eine europapolitische Angelegenheit. Sie durfte das Gleichgewicht zwischen den Mächten nicht verschieben, mehr noch: es mußte sie geben, damit dieses Gleichgewicht nicht verschoben wurde. Die Schlüsselmetapher dafür ist die Waage mit den zwei schwebenden Balken. Die Schweiz sitzt am Ruhepunkt in der Mitte, und sie muß sich ruhig verhalten. Jede Bewegung in die eine oder andere Richtung würde das Machtgefüge auf dem Kontinent verändern. Das wäre dann aber auch das Ende der Schweiz. Denn dann braucht es sie europapolitisch nicht mehr. Diese Ruhestellung zwischen den bewegten Waagbalken wird von Napoleon gleichgesetzt mit der Neutralität (»neutralité«) der Schweiz. Die Neutralität liegt im Interesse der europäischen Mächte. Sie ist ein Faktor im großen Kräftespiel. Das Eifersuchtsmotiv, das sowohl Seume wie Brecht ansprechen, daß nämlich die Schweiz deshalb überlebt habe, weil keine Großmacht sie der andern gegönnt habe, ist also nur der psychologische Ausdruck für eine nationenübergreifende Strategie.

Die politische Moderne der Schweiz, die mit der Zeit unter Napoleon begann, war von Anfang an ein gesamteuropäisches Ereignis. Die Vorstellung von einem Land, das sich seit dem unerhörten Sprung des Meisterschützen aus dem Schifflein des Tyrannen heraus selbst gewollt und geschaffen und immer kühn verteidigt hat, unabhängig rundum, eine Vorstellung, die bis heute lebendig ist und politisch kultiviert wird, diese Vorstellung trennt die Schweiz aus dem funktionalen Ganzen Europas heraus und möchte den Drehpunkt der Waage ohne deren Balken und Schalen denken. Diese Fehleinschätzung kann für das Land so gefährlich werden, wie eine Aufgabe der Ruheposition zur Zeit Napoleons und der späteren innereuropäischen Kriege es gewesen wäre.

Als die Schweiz sich noch als einziges Land einen »Bund« nannte unter lauter Staaten, die sich als »Reich« bezeichneten und auf die Erweiterung ihrer Grenzen um den ganzen Globus herum erpicht waren, markierte diese Definition auch die Differenz zwischen dem Ruhepunkt der Waage und ihren dramatisch bewegten Balken. Heute ist die Schweiz Bund unter Bünden, und von der europapolitischen Notwendigkeit einer unbewegten Stelle im Gefüge der Staaten kann keine Rede mehr sein. Napoleons Metapher hat ausgedient. Vielleicht müßte man statt dessen von einem Uhrwerk reden, wo ein Rad sich nicht mitdrehen will. Davon sollte man im Land der Präzisionsuhren eigentlich etwas verstehen.

Das Traumbild von der Friedensinsel

Es ist für die Schweiz schwierig, sich von der Vorstellung zu trennen, sie sei immer eine stille, sonnige Insel gewesen im tobenden Meer der Geschichte. Mit dem Bild, das Schiller im Widmungsgedicht seines »Wilhelm Tell« von ihr entwirft, hat sie sich stets überaus gern identifiziert:

> Doch wenn ein Volk, das fromm die Herden weidet,
> Sich selbst genug, nicht fremden Guts begehrt,
> Den Zwang abwirft, den es unwürdig leidet,
> Doch selbst im Zorn die Menschlichkeit noch ehrt,
> Im Glücke selbst, im Siege sich bescheidet,
> – Das ist unsterblich und des Liedes wert.[16]

»Sich selbst genug«, das kappt unerbittlich jede europäische Vernetzung und verdeckt die Funktionen im politischen Gefüge des Kontinents. Daß allerdings die implizite Warnung Napoleons: ›Wenn ihr euch vom Ruhepunkt der Waage weg bewegt, seid ihr erledigt‹, durchaus im kollektiven Bewußtsein des Landes eine Rolle spielte und heute noch spielt, zeigt sich in einer charakteristischen politischen Mentalität. Man könnte sie auf den Begriff der grundsätzlichen Veränderungsabwehr bringen. Während in den großen Staaten eine Änderung eben eine Änderung ist – vielleicht zum Besseren, vielleicht zum Schlechteren, man wird ja sehen –, birgt für den kleinen Staat am Punkt des labilen Gleichgewichts jede Änderung die Möglichkeit eines Systemkollapses. Das führt zu einer instinktiven Vorsicht und einer nahezu planvollen Verzögerung aller politischen Modernisierungsprozesse – selbst dort noch, wo, wie im Falle des Frauenstimmrechts, das erst 1971 in der Volksabstimmung gutgeheißen wurde, von einer staatspolitischen Bedrohung nun wirklich nicht die Rede sein kann.

Die Neutralitätspolitik der Schweiz ist weit älter als Napoleons Strategien und Belehrungen. Daß das Land sich aus dem Dreißigjährigen Krieg, der ganz Deutschland entsetzlich verwüstete, heraushalten konnte, war nicht nur eine diplomatische Meisterleistung, es führte auch zum frühsten bekannten Dokument über die Schweiz als eine Insel des Friedens. In Grimmelshausens Roman »Der abenteuerliche Simplicissimus« von 1668 wird beschrieben, wie der junge deutsche Abenteurer mit seinem Freund Herzbruder die Schweizer Grenze überschreitet, um nach Einsiedeln zu pilgern, Herzbruder mit harten Erbsen in den Schuhen, Simplicissimus mit heimlich weichgekochten. Der Unterschied zwischen der kriegsversehrten und der kriegsverschonten Welt erscheint dem Erzähler so:

> Das Land kame mir so frembd vor gegen andern teutschen Ländern, als wenn ich in Brasilia oder in China gewesen wäre. Da sahe ich die Leute in dem Frieden handlen und wandlen, die Ställe standen voll Viehe, die Baurnhöf liefen voll Hühner, Gäns und Enten, die Straßen wurden sicher von den Reisenden gebraucht, die Wirtshäuser saßen voll Leute, die sich lustig machten. Da war ganz keine Forcht vor dem Feind, keine Sorg vor der Plünderung und keine Angst, sein Gut, Leib noch Leben zu verlieren. Ein jeder lebte sicher unter seinem Weinstock und Feigenbaum, und zwar, gegen andern teutschen Ländern zu rechnen, in lauter Wollust und Freud, also daß ich dieses Land vor ein irdisch Paradies hielte, wie-

wohln es von Art rauh genug zu sein schiene. Das machte, daß ich auf dem ganzen Weg nur hin und her gaffte, wenn hingegen Herzbruder an seinem Rosenkranz betete.[17]

Die Verschonung der Schweiz im Dreißigjährigen Krieg, die in so frappanter Weise das historische Geschehen im 20. Jahrhundert vorwegnimmt, ist um so erstaunlicher, als die völkerrechtlich anerkannte Loslösung der Eidgenossenschaft vom Deutschen Reich erst beim Westfälischen Frieden, 1648, am Ende also des europaweiten Glaubenskrieges, zustande kam. Im Gedächtnis der Bevölkerung aber blieben diese Erfahrungen gespeichert und hielten den Instinkt für die taktischen Verfahren der Distanznahme zu den Kriegen der andern wach. Napoleon hat nichts weiter getan, als eine alte Erfahrung und Praxis der Schweiz neu zu bestätigen, sie auch für die anbrechende Epoche der imperialistischen Nationalstaaten als gültig zu erklären und in Erinnerung zu rufen, daß die segensreiche Neutralität zwischen den Großmächten stets auch ein Produkt dieser Großmächte selbst ist und nicht einfach der wohlverdiente Lohn eines Volkes, das »fromm die Herden weidet«, ganz und gar »sich selbst genug«.

Welche Chancen aber schon damals die aufgeklärten Köpfe in diesem staatlichen Gebilde sahen, ganz unabhängig von der Frage nach den Ursachen der Selbständigkeit, zeigt eine Notiz von Johann Peter Hebel, dem Nachbarn am Schwarzwald:

Die kleine Schweiz, an und um ihre Berge, aus Deutschen, Franzosen und Italienern, aus Katholiken und Protestanten bizarr zusammengesetzt, scheint von der Vorsehung zu einem Depot der Freiheit und der aus ihr hervorgehenden edlen Gesinnung im Sturm der Zeit für die Zukunft aufbewahrt zu sein, ein Seminarium für eine bessere Zeit der Nationen.[18]

Der Ursprung der parareligiösen Mythologie

Es ist in diesem gesamten Zusammenhang aufschlußreich, daß jene parareligiöse Mythologie um die Gründungslegenden der Eidgenossenschaft, deren narkotisches Potential immer wieder zur innenpolitischen Propaganda eingesetzt werden konnte, genau dann entstand, als die Schweizer keineswegs neutral sein wollten, sondern kräftig mitmischten und mitschlachteten in den europäischen Auseinandersetzungen. Erst eine traumatisierende Niederlage, Marignano 1515, macht diesem wahnwitzigen machtpolitischen Treiben ein Ende. Bei Machiavelli, dem scharfsinnigsten, unbestechlichsten politischen Theoretiker der Jahrzehnte um 1500, kann man das Bild studieren, das von den Schweizern damals in Europa zirkulierte. Sie galten, charakteristisch für das Denken der Renaissance, als Verkörperung altrömischer und spartanischer Tapferkeit und Freiheit. Das glaubten sie dann sofort und mit Begeisterung auch selbst. Sowohl in der Schrift »Il Principe« wie in den »Discorsi« verbindet Machiavelli die Schweizer fast reflexhaft mit Rom und Sparta:

> Die Erfahrung beweist, daß Alleinherrscher und Freistaaten mit eigenen Truppen hervorragende Erfolge erzielen, während Söldnerheere stets nur Schaden anrichten. [...] So blieben Rom und Sparta viele Jahrhunderte durch ihre Heere frei. Und die Schweizer sind ganz besonders wehrhaft und genießen die größten Freiheiten.[19]

Und um zu illustrieren, wie korrupt die römische Kirche seiner Zeit als politische Macht sei und wie sehr sie die von ihm ersehnte Einigung Italiens sabotiert habe, bringt er als eine Art Gedankenexperiment das folgende Beispiel:

> Wer sich aus eigener Erfahrung von dieser Wahrheit überzeugen wollte, der müßte die Macht haben, den päpstlichen Hof mit der ganzen Autorität, die er in Italien hat, ins Land der Schweizer zu versetzen, dem einzigen Volk, das heute noch hinsichtlich der Religion und hinsichtlich des Kriegswesens nach den Regeln der Alten lebt; dann würde er sehen, daß die schlechten Sitten des päpstlichen Hofs diesem Land binnen kurzem mehr Mißwirtschaft brächten als irgendein unglückliches Ereignis dort je hätte anrichten können.[20]

Die Schweiz als Wiederkehr des alten Rom und des noch älteren Sparta – wenn das schon für die italienischen Humanisten feststand und begründet werden konnte, wie hätten sich da die Eidgenossen selbst dem süßen Gift solcher Vergleichung entziehen können. Erst jetzt, 200 Jahre nachdem sie angeblich passiert sind, entstehen die prächtigen Heldengeschichten, in unverkennbarer Nachbildung zu den Heldengeschichten der Römer und der Griechen, die von den antiken Geschichtsschreibern überliefert wurden resp. ihrerseits schon erfunden worden waren. Die erste Darstellung der Gründungslegende um Tell und das Rütli – als historisches Ereignis um 1291 angesetzt – findet sich um 1470 im sogenannten »Weißen Buch von Sarnen«. Dem folgt eine imponierende Reihe von Chroniken etwa aus der Hand des Luzerners Etterlin und des Zürchers Brennwald, am ausgreifendsten schließlich, schon gegen Ende des 16. Jahrhunderts, das von Schiller für sein Schauspiel gründlich geplünderte »Chronicon helveticum« aus der Hand des Glarners Aegidius Tschudi.

Mit dem Konzil von Basel 1431–1449 hatte der italienische Humanismus einen energischen Fuß in die Schweiz gesetzt; aus der Stadt am Rheinknie wurde ein kultureller Weltort. Wie die Geschichten und Legenden um Tell, die bösen Vögte und die guten Verschwörer auf dem Rütli im einzelnen zustande kamen, läßt sich nicht rekonstruieren; daß sie Produkte des europäischen Humanismus waren, der die Gegenwart im Spiegel der Antike sah und für jedes Geschehen hier eine Präfiguration dort entdeckte, ist nicht zu bestreiten.[21] Die parareligiöse Mythologie entfaltete sich also noch vor der konsequenten Neutralitätspolitik der Schweiz. Sie wirkte zuerst als Antrieb für allerlei Heldentaten auf den oberitalienischen Schlachtfeldern, später konnte sie produktiv umfunktioniert werden zu einem innenpolitischen Allheilmittel. Schon der Zürcher Reformator und Volkstribun Zwingli suchte die katholischen Orte im Namen Wilhelm Tells, des »ersten anhebers eignössischer fryheit«, zum neuen Glauben zu bekehren.[22]

Die Funktion prachtvoller Geschichten im historischen Prozeß bleibt immer ambivalent. Als Napoleon darauf verzichtete, die Schweiz zu liquidieren, trug er das Bild von Guillaume Tell im Kopf und dachte an die Ähnlichkeit des kleinen gebirgigen Korsika, wo er herstammte, mit der alpinen Republik. Die kritische Geschichtsforschung hätte hier für einmal sehr schädlich wirken können.

Emigranten machen Dichter

Auch im Entstehungsprozeß der nachnapoleonischen modernen Schweiz blieb die berauschende und versöhnende Kraft der politischen Mythologie ein bedeutender Faktor. Durch zwei erfolgreiche Umsturzbewegungen hat sich das Land in den europäischen Revolutionsjahren 1830 und 1848 von allen feudalistischen Restbeständen und einem übermäßigen Föderalismus befreit. 1830 ereigneten sich die Aufstände in den Kantonen; die Landbevölkerung marschierte in die regierenden Städte und beseitigte deren Herrschaft mit mehr oder weniger Gewalt. Nur die Stadt Basel blieb trotzig, wollte nicht teilen, ließ schießen und dreinhauen und trennte sich schließlich kurzerhand von ihrem unbotmäßigen Umland. Deshalb gibt es heute noch zwei Basler Kantone.

Die 30er Revolution, die in der Schweiz selbst heute fast vergessen ist, war für das Land von eminenter Bedeutung. Der gesamteuropäische Aufruhr dieses Jahres hatte in Paris Erfolg, in Deutschland scheiterte er wie später die 48er Revolution. Die neuen fortschrittlich-liberalen Regierungen in den Kantonen nutzten die Gunst der historischen Stunde. Zürich gründete seine Universität und bestückte sie mit all den exzellenten wissenschaftlichen Köpfen, die sich in Deutschland politisch unmöglich gemacht hatten und fliehen mußten. Einer davon hieß Georg Büchner. Andere, wie Heine und Börne, zogen Paris vor.

Die plötzliche Massierung führender europäischer Intellektueller in der Schweiz ist ein historisch wiederkehrender Vorgang. Er hat die komplexe und zweideutige Wirklichkeit, die man als »Schweizer Literatur« bezeichnet, vielfach beeinflußt und geprägt. Die Emigranten suchten den politischen Schonraum des neutralen Landes bald allein, bald in Scharen. So, vor Zeiten schon, der tapfere Ulrich von Hutten, dem Zwingli eine kleine Insel im Zürichsee als letzten Unterschlupf verschaffte. Die seltsame Mischung von Idyll und bitterer politischer Realität wiederholte sich 250 Jahre später, als Rousseau auf der kleinen Insel im Bieler See vorübergehend Ruhe fand. Ihn imitierte Heinrich von Kleist, der sich 1802 auf einer Aareinsel bei Thun niederließ. Aber im Unterschied zu seinem Freund Heinrich Zschokke, der, aus Magdeburg stammend, in der Schweiz blieb und hier zum wichtigsten Publizisten im frühen 19. Jahrhundert wurde, trieb es Kleist wieder aus seinem Idyll in die Städte, wie es ihn vorher aus den Städten in das Idyll getrieben hatte. Ruhe fand er erst auf der Wiese am Wannsee. Allerdings ist diesem Schweizer Aufenthalt die prachtvollste deutsche Komödie, »Der zerbrochne Krug«, zu verdanken – und hundert Jahre später ein unvergleichliches Prosastück von Robert Walser, »Kleist in Thun«.

Büchners Leben in Zürich erlosch nach wenigen Monaten – in unmittelbarer Nachbarschaft übrigens eines 18jährigen Maleradepten und Sorgenkindes namens Gottfried Keller –; auf das literarische Arbeiten in der Schweiz ging vom jungen Dramatiker keine unmittelbare Wirkung aus. Das Emigrantennest um August Adolf Ludwig Follen hingegen, wo sich die verfolgten Stars der deutschen politischen Lyrik trafen, erwies sich als ein sensationeller Ort für die Kulturgeschichte des Landes. Hier wurde um 1844 der weiterhin erfolglose Maler Keller zum Dichter. Er warf den Pinsel hin und schrieb politische Gedichte zur politisch aufgeregten Zeit. Die 48er Revolution bereitete sich vor und der Schweizer Bürgerkrieg von 1847, der die neue Verfassung und den modernen Bundesstaat nach amerikanischem Vorbild ermöglichen sollte. Keller trommelte dazu in Versen.

Diesen Vorgang muß man betrachten, um zu begreifen, wieso es richtig ist, von einer »Schweizer Literatur« zu sprechen, und wieso man dies doch nur unter Vorbehalt tun darf. Ohne das Vorbild der deutschen Emigranten, der Vormärzler, die ihre politische Leidenschaft in dröhnende Verse brachten – »Du eiserne Lerche!« nannte ein Berühmter unter ihnen, Heine, den damals ebenso berühmten Herwegh –, gäbe es keinen Autor namens Gottfried Keller. Ohne die gärende Szene dieser spätromantischen Flüchtlinge, die immer politisch waren als Dichter und die immer Dichter sein wollten auch als politische Köpfe, hätte sich die eigentümliche Ästhetik Kellers nicht herausbilden können. Daß er alle Erzählverfahren der Klassik und Romantik bündeln und weiterentwickeln konnte, deren Abstand von der konkreten Politik aber umschlagen ließ in einen passionierten Eifer für die neue Verfassung und den liberalen Staat, verdankt sich ebensosehr den Vorgängen in der Schweiz zwischen den Umstürzen von 1830 und 1848, wie es sich den deutschen Freunden und Vorbildern verdankt.

Die Neutralität machte die Schweiz immer neu zum Fluchtort für die politisch wie künstlerisch aktive deutsche Intelligenz. »Wenn ich jetzt abermals flüchten wollte, wohin sollte ich gehen? Die Schweiz ist ein Vogelkäfig, umgeben von brüllenden Löwen«[23], notierte sich Hugo Ball am 15. Oktober 1915 in sein Tagebuch und fand damit eine taugliche Formel für die surreale Wirklichkeit seines Unterschlupfs. Und immer neu wurden junge Talente in der Schweiz durch die Begegnung mit diesen Emigranten entscheidend geformt und angestachelt. Ohne das Zürcher Schauspielhaus der Kriegsjahre und dessen Schauspieler und Dramaturgen, Leopold Lindtberg, Ernst Ginsberg und Kurt Hirschfeld insbesondere, wären aus den lokalen Begabungen Max Frisch und Friedrich Dürrenmatt keine Dramatiker von Weltformat geworden.

Eine der merkwürdigsten Gestalten der neueren Schweizer Literatur, Friedrich Glauser, der den deutschen Kriminalroman von Rang mitbegründen sollte, saß als blutjunger Student statt oben an der Universität unten im Niederdorf neben Hugo Ball und Emmy Hennings, Sophie Täuber und Hans Arp, Tristan Tzara und Marcel Janco auf der kleinen Bühne des Cabaret Voltaire und spielte zur Entstehung des Dadaismus die große Trommel. Lenin, der nur einen Steinwurf entfernt hauste und die Russische Revolution vorbereitete, muß ihr fernes Wummern gehört haben.

Geist und Geschichte, die Gegenwirkungen sind unberechenbar, oft skurril noch im Großartigen. Im späten 19. Jahrhundert wurde ein seelisch schwer gefährdeter junger Zürcher, dilettierender Autor und mit 45 Jahren scheinbar endgültiger Lebensversager, über Nacht zum gefeierten deutschen Dichter. Conrad Ferdinand Meyer verkehrte im aristokratischen Landhaus des deutschen 48er Demokraten und Flüchtlings François Wille, eines alten Hamburger Freundes von Heinrich Heine, der ihn in »Deutschland. Ein Wintermärchen« mit der Strophe verewigt hatte:

> Da war der Wille, dessen Gesicht
> Ein Stammbuch, worin mit Hieben
> Die akademischen Feinde sich
> Recht leserlich eingeschrieben.[24]

Die Schmisse im Gesicht hatte sich Wille Seite an Seite mit einem andern wilden Studenten namens Otto von Bismarck zugezogen; gemeinsam mit diesem hatte er auch das Consilium abeundi von der Universität erhalten. Nun hielt er Hof über dem Zürichsee, und die letzten Emigranten von 1830 mischten sich mit denen von 1848, Richard Wagner zum Beispiel und Gottfried Semper, beide steckbrieflich verfolgt. Als dann 1870 der Deutsch-Französische Krieg ausbrach, wurde der Feuerkopf Wille zum glühenden Bismarck-Anhänger und steckte den bleichen, depressiven, etwas verfetteten Meyer, der ganz unten an seiner Gästetafel zu sitzen pflegte, mit seiner deutsch-nationalen Leidenschaft an. Der schrieb nun das Gedicht »Der Schmied«, eine überdeutliche Hymne an Bismarck als Begründer eines neuen deutschen Kaiserreichs. Es sind schlechte, dröhnende Zweizeiler, grimmig franzosenfeindlich, aber mit einem Schlag war der namenlose Meyer damit in ganz Deutschland berühmt. Alle Zeitungen wollten das Gedicht nachdrucken; es wurde rezitiert und vertont und gesungen. Der Schweizer hatte den Deutschen das Wort zur Stunde auf die Zunge gelegt. Ein Jahr später erschien Meyers Zyklus »Huttens letzte Tage«, in dessen Mitte sich die Strophen wiederfanden. Von da an war und blieb »der arme Conrädli«, wie ihn die Zürcher vierzig Jahre lang genannt hatten, ein großer deutscher Lyriker und machte die schlechten Verse, die ihm den ersten Ruhm eingebracht hatten, mit vielen zauberhaften Zeilen wieder gut.

Geprägt durch geschichtliche Krisen

Viel stärker als in der Literatur Deutschlands und Österreichs sind die literarischen Schlüsselfiguren der Schweiz von politisch-historischen Daten her zu bestimmen. Gotthelf verkörpert den Geist der 30er Revolution, des Umsturzes, der den Kanton Bern als eigenständiges Staatsgebilde demokratisierte. Er verkörpert, was diese Revolution ausgemacht hat, den Aufstand des Landes gegen die aristokratische Stadt, obwohl er selbst als ein geborener Bitzius einem der alten regierungsfähigen Geschlechter Berns angehörte. In seinem Werk wird dieser charakteristische Trotz der bäuerlichen Landgebiete unabsehbar produktiv. Und bis zu seinem Tod polterte der Pfarrer aus dem tiefen Emmental wütend, kämpferisch bis zur maßlosen Beschimpfung, gegen den neugegründeten Bundesstaat, der die Selbständigkeit der alten eidgenössischen Kantone zugunsten der Bundesregierung beschnitten hatte.

In dem Maße, wie Gotthelf ein Dreißiger war, war Keller ein Achtundvierziger. Hätten sie sich je persönlich getroffen, wären Handgreiflichkeiten nicht ganz auszuschließen gewesen. Beide waren nämlich mit der brachialen Streitkultur, die im 19. Jahrhundert noch bunter blühte als heute, seit frühen Jahren praktisch vertraut. Als Dreißiger blieb Gotthelf bis zum Tod ein radikaler Föderalist, war Berner zuerst und Schweizer erst nachher. Das teilte er übrigens mit einem andern schöpferischen Konservativen, dem Stadtbasler Jacob Burckhardt. Ob dessen berühmtes Wort über den Kleinstaat sich auf die ganze Schweiz oder vielleicht doch nur auf die ehrwürdige Stadtrepublik Basel bezieht, ist bis heute nicht auszumachen:

> Der Kleinstaat ist vorhanden, damit ein Fleck auf der Welt sei, wo die größtmögliche Quote der Staatsangehörigen Bürger in vollem Sinne sind.[25]

Kellers leidenschaftliches Eintreten für den zentralisierten Föderalismus des Bundesstaates und Gotthelfs gegenläufiger Kampf für den alten, nur locker geknüpften Staatenbund erscheinen in ihrem Gegenspiel als ein verblüffend analoges Geschehen zum Streit der politischen Kräfte in der Schweiz des beginnenden 21. Jahrhunderts um Beitritt oder Abstand zur Europäischen Union.

So wie die beiden herausragenden Erzähler der Schweiz im 19. Jahrhundert an je eines der großen europäischen Revolutionsjahre existentiell geknüpft sind, ist Meyer, der herausragende Lyriker, mit 1871, dem Jahr der Reichsgründung, verbunden. Hier wurde er, der er war und bleiben sollte. Das pathetische Geschehen im Spiegelsaal zu Versailles, das eigentlich in den von Sanssouci gehört hätte und in seiner provokativen Arroganz bereits die Faktoren sichtbar machte, die das neue Reich wieder in den Untergang treiben sollten, loderte dem in sich selbst versunkenen Zürcher durch die Seele und setzte sein zaghaftes Talent auf einmal frei. Meyer blieb ein 71er, blieb sein ganzes schaffendes Leben lang im Bann der großen Täter der Weltgeschichte. Nur gerade zwanzig Jahre blieben ihm dafür. Dann versank er wieder in die Schatten seiner Schwermut.

Mit der Dichtung um den Flüchtling Ulrich von Hutten fand er, im Umkreis des Flüchtlings François Wille, die Kompromißphantasie, die es ihm ermöglichte, die abgründige Trauer seines Daseins mit dem Glanz der welthistorischen Spektakel zu verbinden. Sein Hutten ist am Sterben, aber durch den Kopf des Sterbenden ziehen alle wilden Kämpfe seiner Zeit. Der Ort, wo er haust, die Insel Ufenau, scheint sich mit ihm zusammen im schwimmenden Dunst des Sees aufzulösen. Um ihn ist der Tod wie eine lockende Sirenensüße, wie die dunklen Stimmen aus der Wassertiefe, die in Meyers besten Gedichten hörbar werden. Aber in ihm drin klirren und blitzen die Gefechte weiter, die er durchgestritten hat. Dieses Spannungsgefüge beschreibend, wird Meyer zum exemplarischen Autor der Gründerzeit. Den Tod in der Brust, beginnt er das Leben zu feiern, immer im Bewußtsein der drohenden Nacht. Kein Bild kehrt bei ihm häufiger wieder als die vorrükkende Schattenlinie, die den Raum des Lichts, der Sonne, des Glücks begrenzt. Insofern hätte die seltsame Stimme aus Zürich dem imperialistischen Wahnsinn des späten 19. Jahrhunderts, wo die Schrecken des zwanzigsten vorgekocht wurden, eine Warnung sein können. Aber in den Zentren der Macht war davon nicht mehr zu hören als jenes »unverständlich Murmeln«, mit dem Meyers Gedicht über den grellen Lichtstreifen auf dem Canal Grande im eingedunkelten Venedig endet:

Auf dem Canal grande betten
Tief sich ein die Abendschatten,
Hundert dunkle Gondeln gleiten
Als ein flüsterndes Geheimnis.

Aber zwischen den Palästen
Glüht herein die Abendsonne,
Flammend wirft sie einen grellen
Breiten Streifen auf die Gondeln.

In dem purpurroten Lichte
Laute Stimmen, hell Gelächter,
Überredende Gebärden
Und das frevle Spiel der Augen.

Eine kurze kleine Strecke
Treibt das Leben leidenschaftlich
Und erlischt im Schatten drüben
Als ein unverständlich Murmeln.[26]

Der Stachel von 1945

Die Merkwürdigkeit, daß die wichtigsten Autoren der Schweiz von politisch-historischen Geschehnissen europäischen Ausmaßes wie in einem existentiellen Rite de passage geprägt wurden, spiegelt etwas von jener andern Merkwürdigkeit, daß nämlich die politische Unabhängigkeit der Schweiz immer auch ein Phänomen des europäischen Machtkalküls war.

Noch Frisch und Dürrenmatt könnte man in ähnlicher Weise als 45er bezeichnen, wie man Meyer als 71er, Keller als 48er, Gotthelf als 30er bezeichnen kann. Obwohl Frisch zehn Jahre älter war als Dürrenmatt und bereits 1934 seinen ersten Roman veröffentlicht hatte, wurde er doch erst in den Jahren nach dem deutschen Zusammenbruch, gemeinsam mit dem jüngeren Kollegen, ein Ereignis und eine starke, aufmerksam vernommene Stimme der deutschen Literatur. Gemeinsam wurden sie politisiert, und gemeinsam lebten sie zunächst auch ihre seltsame Identität als maßgebliche deutsche Autoren und unzweideutige Schweizer Staatsbürger. Beide hielten sich auf Distanz zur legendären »Gruppe 47« und repräsentierten doch mit dieser zusammen die deutsche Nachkriegsliteratur.

Frisch und Dürrenmatt, soweit man sie denn zusammen nennen darf, stellten sich der europäischen Situation nach dem Zusammenbruch der deutschen und der italienischen Diktatur. Sie griffen zunächst den bildungsfrommen Kulturbegriff an, der die »ewigen Meisterwerke« von Literatur und Kunst als eine schwebende, unberührte Wirklichkeit über allen Niederungen der Politik verstanden wissen wollte. Sie erkannten gerade diese Vorstellung selbst als einen zutiefst politischen Akt und attackierten sie mit bösem Witz. Darin schlossen sie, ohne es zu wissen, an jene Haltung wieder an, die einst den Literaturbegriff von Gotthelf und Keller bestimmt hatte. In Kellers Gotthelf-Rezensionen, bis heute die herzerweiternde Ikone schweizerischer Literaturkritik, findet sich die berühmte Stelle, wo Keller Gotthelfs trotziges Insistieren auf der politischen Tendenz seines Schreibens dokumentiert und ihm mit einem herrlichen Satz beipflichtet:

> Er [d.h. Gotthelf] sagt in der Vorrede zu seinem »Zeitgeist und Bernergeist«, Freunde hätten ihm geraten, die Politik endlich beiseite zu lassen; er aber setze diesem Rate schnurstracks entgegen hiermit ein neues Buch in die Welt, welches von Politik strotze. Darin hat er als Bürger wie als Schriftsteller usw. durchaus recht, denn heute ist alles Politik und hängt mit ihr zusammen von dem Leder an unserer Schuhsohle bis zum obersten Ziegel am Dache, und der Rauch, der aus dem Schornsteine steigt, ist Politik und hängt in verfänglichen Wolken über Hütten und Palästen, treibt hin und her über Städten und Dörfern.[27]

Die schroffe und polemische Abkehr von einem musealen Kunstverständnis der überzeitlichen Werte wird in Frischs »Tagebuch 1946–1949« schon auf der dritten Seite zu einem gewissermaßen szenischen Ereignis. Hier tritt Cesario auf – »Cesario, das Urteil von Andorra«. In dieser fiktiven Gestalt verkörpert sich jenes Denken über Kunst und Kultur, gegen das Max Frischs Schreiben nun immer erbitterter angeht. Daß hinter Cesario als historisches Vorbild der damalige Literaturkritiker der »Neuen Zürcher Zeitung«, Eduard Korrodi, stand, jahrelang der unbestrittene Alleinherrscher in Sachen Lob und Verdammnis neuer Bücher, ist nicht nötig zu wissen. Im Gegenteil, die anekdotische Information könnte den exemplarischen Vorgang sogar verdecken. Die Cesario-Satire präludiert nämlich eine Kette von Reflexionen, die sich durch das ganze Tagebuch ziehen und die Meinung attackieren, daß sich die

Kunst um ihrer selbst willen von aller Auseinandersetzung mit der konkreten Politik fernhalten müsse:

> Zu den entscheidenden Erfahrungen, die unsere Generation, geboren in diesem Jahrhundert, aber erzogen noch im Geiste des vorigen, besonders während des zweiten Weltkrieges hat machen können, gehört wohl die, daß Menschen, die voll sind von jener Kultur, Kenner, die sich mit Geist und Inbrunst unterhalten können über Bach, Händel, Mozart, Beethoven, Bruckner, ohne weiteres auch als Schlächter auftreten können; beides in gleicher Person. Nennen wir es, was diese Menschenart auszeichnet, eine ästhetische Kultur. Ihr besonderes, immer sichtbares Kennzeichen ist die Unverbindlichkeit, die säuberliche Scheidung zwischen Kultur und Politik, oder: zwischen Talent und Charakter, zwischen Lesen und Leben, zwischen Konzert und Straße. Es ist eine Geistesart, die das Höchste denken kann (denn die irdische Schwere werfen sie einfach über Bord, damit der Ballon steigt) und die das Niederste nicht verhindert.[28]

Dieses Bekenntnis, das sich in Frischs Überlegungen auf theoretische, in Dürrenmatts brutal-komischer Zertrümmerung klassizistischer Bühnenfeierlichkeiten auf praktische Art manifestiert, ist die Voraussetzung zu den weiteren Zielvorgaben ihres neuen Schreibens. Diese betreffen einerseits die öffentliche Diskussion einer schlechten Vergangenheit, die man vergessen und vertuschen möchte, und andererseits den Widerstand gegen die erneute Ideologisierung der Welt im Frontensystem des Kalten Krieges. Frischs erstes Tagebuch enthält bereits die Prosaskizze zu jenem Stück, das wie in einer Laborsituation das Verhalten der Schweiz nach einer Eroberung durch die Nazis durchspielt, »Andorra«, und Dürrenmatt schrieb 1949 die dramatische Groteske »Der Gerettete«, in der das Verhalten der schweizerischen Behörden gegenüber den um Aufnahme bittenden Verfolgten während der Hitlerzeit schauerlich angeprangert wird.[29]

Die Stimme des Theologen

Nachdem die helvetischen Dioskuren Klassiker geworden sind und also Schullektüre und Gegenstände einer Legion von Schulaufsätzen, nachdem sich jener Tinten- und Kreidestaub auf ihnen zu versammeln droht, der zu ihren Zeiten auf Schillers »Glocke« und Goethes »Hermann und Dorothea« lagerte, ist es schwierig geworden, sich die ursprüngliche Brisanz ihrer öffentlichen Erscheinung zu vergegenwärtigen. Es ist schwierig geworden zu verdeutlichen, was ein 45er war. Die Nachkriegszeit bis 1968, mit dem Kalten Krieg, mit Korea und Ungarn, aber auch die neue und andere Politisierung der Kultur in den siebziger und achtziger Jahren verstellen auf je eigene Weise den Blick zurück auf diesen Moment, auf die vertanen Chancen dieses Moments.

Was das intellektuelle Bewußtsein in der damaligen Schweiz betrifft, gibt es vielleicht kein besseres Zeugnis für die erlebte Wahrheit jener Monate als die Rede, die der kämpferische Theologe Karl Barth im Januar und Februar 1945, also noch vor Hitlers Sturz und Suizid, gehalten hat. Sie ist überschrieben: »Die Deutschen und wir« und dokumentiert die Stimmung in der Schweiz, indem sie sie gleichzeitig einer strengen Kritik unterzieht. Das endliche Ende der jahrelangen Angst, von Deutschland überfallen zu werden wie Holland oder Belgien oder Norwegen – »Wenn dr Düütsch chund!« –, hatte in der Schweiz zu gesteigerten Animositäten gegen alles Deutsche geführt. Und hier ließ nun Barth in seiner Rede einen fiktiven Deutschen, die sachlich-nüchterne Stimme eines »nach allen Seiten klug denkenden« Beobachters, zu den Schweizern über ihr Verhältnis zu Deutschland sprechen. Deren Haltung sei wohl doch nicht immer so eindeutig gewesen, wie es jetzt scheine, meint er:

> Ihr habt doch von 1933 an und bis vor kürzester Zeit höchstes Gewicht darauf gelegt, nicht etwa mit dem deutschen Volk, sondern mit unserem Hitlerregime nicht nur korrekte, sondern freundschaftliche Beziehungen zu unterhalten. Ihr habt doch größte Eile gehabt, die Untaten der Spießgesellen unseres Hitler, des Franco und des Mussolini, schon am Morgen darauf de jure – hört ihrs: de jure! – zu anerkennen. Die flüchtigen Gegner des Hitlerregimes aber habt ihr mit schiefen Augen angesehen, von internationaler demokratischer Solidarität habt ihr damals sehr wenig wissen wollen. [...]
> Ihr habt dann eine Zensur eingerichtet, die keine Zensur sein wollte: sie hat euch solche Meinungsäußerungen, aber auch solche Tatsachenmeldungen vorenthalten, die unseren Machthabern nicht genehm waren oder nicht hätten genehm sein können und die Entscheidungen dieser Zensur richteten sich »nach der jeweiligen Lage«[30], d.h. die Strenge oder Milde ihres Urteils konnte

> jeweils ziemlich genau an Hand der Landkarte, nämlich aus dem jeweiligen Stand der militärischen Fronten erschlossen werden. Dafür wart ihr, solange es ging, umso eifriger bemüht, die Anstrengungen unserer Kriegsindustrie durch die bekannte Qualitätsarbeit eurer Fabriken zu unterstützen. Und wenn das im Blick auf eure besondere Lage vielleicht zu erklären und zu entschuldigen war, so bleibt es doch rätselhaft, wie ihr im Zusammenhang mit diesem Handel dazu gekommen seid, der deutschen Kriegsführung nun gleich auch noch mit einer Anleihe von einer runden Milliarde von guten Schweizerfranken zu Hilfe zu kommen. [...] Gegen eure Frontisten habt ihr erst nach Jahr und Tag etwas Ernstliches zu tun begonnen, und ihr habt es auch dann nicht getan, ohne der Sache dadurch künstlich ein neutrales Gesicht zu geben, daß ihr gleichzeitig einen Feldzug gegen die Kommunisten unternommen und durchgeführt habt, von denen ihr gerade in diesen Jahren notorisch nichts zu fürchten hattet. Und ausgerechnet in diesen Jahren hat es sich – nicht die schweizerische Regierung diesmal – wohl aber weithin der schweizerische Bürger und Bauer geleistet, zu entdecken, daß er den Juden eigentlich auch nicht gerne möge, und daß es darum wohl angebracht sei, auch ein wenig in das deutsche, das antisemitische Horn zu stoßen. [...][31]

Soweit die Standrede des »klugen Deutschen« an die Schweizer aus dem Munde Karl Barths. Und der Autor resümiert:

> Das offizielle Gesicht der Schweiz – und auf dieses kommt es leider an – ist in diesen Jahren zwar sicher ein sehr schlaues aber leider Alles in Allem doch allzu schlaues gewesen. Wir haben uns nur als Schweizer benommen und bewiesen in diesen Jahren und nicht als gute Europäer. Eben darum haben wir uns in diesen Jahren auch nicht als wirklich gute Schweizer benommen und bewiesen. Unser Name in der Welt war vielleicht schon bisher besser als wir selbst in Wirklichkeit waren. Wir werden uns nicht wundern dürfen, wenn er nach diesem Krieg von seinem alten, ein wenig märchenhaften Glanz – zu dem übrigens der Deutsche Friedrich Schiller einiges beigetragen hat – noch etwas mehr verloren haben wird.[32]

In dieser genauen und bewegenden Art versuchte der große Gelehrte und streitbare Christ vier Monate vor der Kapitulation Deutschlands bei seinen Schweizer Landsleuten Gehör zu finden. Es waren Worte auch gegen den Rausch der Geschichte, dessen sich die Schweiz zur Selbstverklärung und zur Heroisierung ihres Abwehrwillens während des Krieges eben jetzt mit neuem Aufschwung bediente. Vergebliche Worte, denn die imaginäre Inszenierung konnte wenig später bruchlos überführt werden in die politisch-propagandistische Praxis des Kalten Krieges. Deshalb dauerte es auch noch bis zum Ende dieses Kalten Krieges, d.h. ein halbes Jahrhundert, bevor die von Karl Barth vorhergesagte Beschädigung des internationalen Ansehens der Schweiz wegen ihres Verhaltens in der Hitlerzeit eintreten sollte.

Luftzug aus Paris: der existentialistische Humanismus

Was die 45er Autoren kennzeichnet, wird in Barths Rede unmittelbar vernehmbar. Es ist das Bewußtsein, daß es an der Zeit sei, illusionslos über sich selbst nachzudenken und ohne gemeinsame Selbsttäuschungen, ohne Vorspiegelung eines ungebrochenen Katalogs bald heldenhafter, bald humanitärer Tugenden, die Zukunft ins Auge zu fassen. Was die Literatur betrifft, war dies genau die Kerbe, in die Frisch wie Dürrenmatt immer wieder hauen sollten. Wie sehr sie damit Anstoß erregten, ist heute, wo sie als Klassiker im Mausoleum ihrer Gesamtausgaben aufgebahrt liegen, fast nicht mehr zu spüren. Sie blieben aber beide bis zum Ende ihres Schriftstellerlebens von jener Erfahrung, jenem Erkenntniswillen bewegt, die in Barths großer Rede vibrierten.

Der romantische Sozialismus, der in den siebziger Jahren von der Studentenbewegung aus die intellektuelle Szene auch in der Schweiz erfaßte und das Bild von Wilhelm Tell und General Guisan durch das Porträt Che Guevaras ersetzte, verstellte den Blick auf ein weiteres für die 45er Autoren wesentliches Element. Es ist der Faktor Paris. Das Paris des unmittelbaren Nachkriegs. Dieses müßte man hier leibhaftig einblenden können, das Paris der Existentialisten um Sartre und Camus. Es bestimmte die anthropologischen Konzepte der jungen Autoren fundamental. Frisch wie Dürrenmatt berufen sich auf Kierkegaard, aber nicht als philosophiehistorisches Bildungswissen, sondern als die geistige Aktualität schlechthin. Dies ist ein klares Echo auf die Kierkegaard-Rezeption der französischen Intelligenz. Der Einzelne ist ihnen das in die Freiheit gejagte Subjekt, Freiheit gegenüber jeder installierten Macht, die sich auf dogmatisch verkündete Wahrheiten und Werte beruft. Wieder einmal weht es von Frankreich her scharf herein. Und wieder einmal wird die literaturgeschichtliche Rekonstruktion wenig später versuchen, diesen gesamteuropäischen Austausch der Geister auf rein deutsche Traditionslinien zu verengen und, zum Beispiel, alles von Brecht herzuleiten. Gerade der Brecht-Kult der siebziger Jahre hat ein so wichtiges Ereignis wie die existentialistisch begründete Kritik an Brechts Dogmatismus im Werk von Dürrenmatt und Frisch ausgeblendet. Daß auch die »Blechtrommel« im Paris der Kellertheater von St. Germain und der Chansons von Juliette Gréco entstand, war dann gleichfalls kein Thema mehr.

Je historischer die Ästhetik und die kulturanalytische Praxis der Zeit um und nach 68 wird, um so deutlicher sichtbar wird wieder die Bedeutung des französischen Existentialismus für den Positionsbezug der Literatur in den Jahren des Kalten Krieges. Die 68er dachten dogmatisch und konnten die rabiate Dogmatismusfeindlichkeit der 45er nicht mehr begreifen. Es war ja eine Zeitlang so einfach, die Weltrevolution kommen zu sehen, daß deren phantastischer Glaubenscharakter verschwand und die chiliastische Vision als empirisches Datum erschien. In Analogie zur Propagandalinie der DDR wurde jetzt die Vergangenheit durchweg dem binären Schema Faschismus vs. Marxismus unterworfen, und ein Drittes durfte nicht gedacht werden. Dieses Denkverbot gegenüber der dritten Position war schon ein zentraler strategischer Akt im politischen Kampf der Weimarer Republik gewesen, bei der radikalen Rechten wie bei der radikalen Linken. Es hatte damals die liberalen Kräfte und die parlamentarische Demokratie entscheidend geschwächt. Bis heute geistert das doktrinäre Zweierschema auch noch durch die Forschung über die literarische Schweiz der dreißiger und vierziger Jahre. Je selbstverständlicher und umfassender es nun aber nach 1968 auch auf die Nachkriegszeit angewandt wurde, um so belangloser erschien der für die intellektuellen Debatten dieser Jahre zentrale Gestus: die kombattante Position zwischen den Fronten. Und doch war gerade sie die Mission, zu der sich die 45er bekannten. Kaum war der Krieg zu Ende, standen zwei riesige, mit Atomwaffen übermäßig bestückte Machtsysteme einander gegenüber. Sie deklarierten sich zugleich als zwei Wahrheitssysteme und verlangten entsprechenden Gehorsam. Diesen zu verweigern und die aussichtslose, absurde, aber trotzig behauptete Stellung dazwischen einzunehmen – ohne Programm, ohne eine Wahrheit, die über die gelebte Stunde hinausgeht –, das wurde zu einem literarischen Auftrag von, wie sich zeigen sollte, unerhörten schöpferischen Möglichkeiten. Dieser Existentialismus war ein militanter Humanismus, und er hat in der Literatur insgesamt mehr produziert als die Programme und Parolen der siebziger Jahre, die ihn als bürgerlichen Individualismus vom Tische wischten.

Die Axt in der Aktentasche

Wo der Einzelne in seiner Verlorenheit, Bedrohtheit, Einsamkeit, aber auch in seinem Aufstand, seiner Wut, seinem Gegengeschrei zum Epochenthema wird, da hat die Literatur stets ihre exquisite Chance. Eines der merkwürdigsten Zeugnisse ist dafür das Stück, das Max Frisch seit der ersten Idee 1946 jahrelang mit sich herumgeschleppt hat, das er in immer neuen Fassungen auf die Bühnen stellte, ohne es doch je in eine wirklich endgültige Gestalt bringen zu können und ohne damit je den Erfolg zu finden, der ihm mit andern Arbeiten scheinbar mühelos zufiel. Es ist das Stück »Graf Öderland«, ein halb phantastisches, halb realistisches Spiel um einen Staatsanwalt, der eines Tages zur Axt greift, um sich damit aus allen Lebenszwängen zu befreien. Ein Mörder ohne jeden Grund, den er verurteilen sollte, hat ihm mit seiner Tat die Augen geöffnet. Nun zieht Öderland durch die Welt, die Axt in der Aktentasche immer bei sich. Er wirkt als Fanal. Die Leute laufen ihm zu. Es kommt, ohne daß er es will, zum Umsturz in einem Land, wo alle, ohne sich dessen bewußt zu sein, Gefangene der Ordnung sind, hilflose Funktionäre eines geschlossenen Systems der staatlichen Überwachung und Betreuung. Der Mann mit der Axt wird zu einem Idol der Freiheit. Er verkörpert den untergründigen Zusammenhang von Freiheit und Gewalt.

So wie die Figur *im* Stück die Menschen einer wilden Faszination unterwirft, muß sie außerhalb des Stücks den Autor in einer nicht ohne weiteres nachvollziehbaren Weise in Bann gehalten haben. Frisch sah sich hier einer mythischen Silhouette gegenüber, die sein ganzes Leiden an den Fixierungen der lebendigen Person durch Staat und Politik, Familie und Ehe, Arbeit und Pflichten, durch das unabsehbare System bürgerlicher Rechtschaffenheit also, ausdrückte. Diese Verfallenheit des Autors an sein Phantasma vom Mann mit der Axt ist vielleicht das noch spannendere Phänomen als das literarische Projekt selbst. Ob der alle Zweifel beseitigende Durchbruch auf der Bühne je geschehen wird, ob er überhaupt möglich ist, kann nicht gesagt werden. Öderland besitzt den Umriß einer jener grotesk-plakativen Figuren, die für die Kunst der fünfziger Jahre charakteristisch sind, vermag diesen Umriß aber nicht so zu füllen wie eine Claire Zachanassian, ein Oskar Matzerath oder sogar ein Biedermann.

Je länger man sich mit den verschiedenen Fassungen und Entwürfen beschäftigt, um so mehr gewinnt man den Eindruck, einer Geburt beizuwohnen, die nie zu ihrem Ende kommt. So wie denn auch die Axt in der Aktentasche zwar ein provokantes Bild bleibt, aber doch nie zum zwingenden Zeichen wird. Wenn man ironisch sein wollte, könnte man, verlockt durch die Assoziation zur »Axt im Haus«, in diesem Grafen Öderland eine versteckte Wiederkehr der Tell-Legende sehen, die Vision eines Täters um der Freiheit willen, aber nicht der Freiheit eines Volkes, sondern ganz allein der eigenen, einzigen, einmaligen Person. Stiller mit der Armbrust. Max Frisch wäre wohl entsetzt gewesen über eine solche Deutung, wäre womöglich tätlich geworden. Aber unsinnig ist die Überlegung nicht.

Die Vorstellung, daß alle Gewalt aus der Erfahrung einer Gefangenschaft komme, steht als tastender Gedanke hinter dem Öderland-Projekt. Was diese Überlegung nun aber epochentypisch macht, ist der zusätzliche Gedanke, daß diese Gewalt gerechtfertigt wäre in dem Augenblick, wo sie sich mit keiner Idee, keiner Parole verbindet, sondern nur die Freiheit des einzelnen lebendigen Menschenwesens meint. Dazu Max Frisch in einem »Werkbericht« zum Stück, 1961, als er wieder einmal daran gearbeitet hatte:

> Was nämlich diesen Graf Öderland von allen Zeitgenossen unterscheidet, die wie er die Axt schwingen, ist dies: Er kommt uns ohne Programm, ohne Vokabeln des Heils, er kommt mit der blanken Axt, er verbirgt sie in seiner Ledermappe, gewiß, aber nicht in dieser oder jener Ideologie. Das macht ihn zu einer Legende heutzutage, das gibt es ja nicht in Wirklichkeit. Wo denn, in Wirklichkeit, rollt jemals ein Tank nicht im Namen des Heils, sondern einfach so, öderländisch, einfach weil der Mensch, am Leben verhindert, die Gewalt braucht? Das kommt ja nicht vor: das wissen wir alle, die wir Zeitungen lesen und Reden hören. Eine Legende, die der Wahrheit, meine ich manchmal, näher kommt als die Wirklichkeit – das ist alles, was ich darüber sagen möchte.[33]

Kurz darauf gibt er in einem nun wirklich unheimlichen Moment auch noch den privaten Grund an, warum ihn die Vorstellung von der Gewalt als einem Éclat individueller Freiheit so sehr verfolgt:

> Einmal hatte ich tatsächlich eine Axt in der Hand, keine sinnbildliche etwa, ein Beil, genauer gesagt, womit ich einen geliebten Menschen bedrohte; ich weiß nur: das hatte nichts mit einer Idee zu tun, es war ein Anfall, grauenvoll und lustvoll. Ich hatte aber Glück: ich erwachte.[34]

Angesichts dieses Satzes könnte man versucht sein, das kleine Mythologem von der Axt in der Aktentasche individualpsychologisch zu lesen und Charakterstudien über den Menschen und Mann M. F. anzustellen. Der Versuch bliebe bald einmal im Zufälligen stecken. Weiter gelangt mit Sicherheit, wer hier den Umschlag sieht von der Epochenerfahrung einer Existenz zwischen eisernen Fronten in das allerprivateste Erleben von Zwang und Freiheit in der Liebe.

Opferfiguren im Kalten Krieg

Die Existenz zwischen den Fronten des Kalten Krieges und der unablässige Versuch der Intellektuellen, den doktrinären Betonköpfen hier wie dort einen Freiraum abzutrotzen oder ihnen mindestens die Inhumanität ihres weltweit installierten Entweder-Oders vor Augen zu führen, haben in der Literatur, aufs Ganze gesehen, weit weniger Täter-Figuren wie Öderland hervorgebracht als Opfer-Figuren, Gestalten des verkörperten Aufschreis gegenüber der eingerichteten Gewalt. Zu diesen gehört etwa das Mädchen Kurrubi in Dürrenmatts Stück »Ein Engel kommt nach Babylon«, gehört vor allem und herausragend die Figur des Stummen in Otto F. Walters Erstling von 1959. Hier ist alles ganz realistisch und symbolisch zugleich. Walter, der sofort als die markanteste neue Stimme nach den beiden Dioskuren gehört wurde, kam als Autor von den Amerikanern her, von Faulkner und Sherwood Anderson. Wie in Deutschland die Romane Wolfgang Koeppens demonstrierte seine Prosa, daß es vorbei war mit den streng innereuropäischen Traditionsbildungen. Walter übertrug den Regionalismus Faulkners in die Gegenden am Jura. Faulkners Südstaatenwelt vor Augen, das imaginäre Yoknapatawpha Country, entrollte Walter eine imaginäre Landschaft um den imaginären Ort Jammers. Erstmals brachte er hier die Gegend zur Anschauung, in der sein ganzes späteres Erzählen spielen sollte. Das hatte prägende Folgen für viele Autoren nach ihm.

Otto F. Walter kann mit seinem »Stummen« exemplarisch stehen für jene vielfältige literarische Moderne der Schweiz, die sich in dem von Frisch und Dürrenmatt aufgebrochenen Raum energisch entfaltete. Sie übernahm von ihnen die Aufgabe des existentialistischen Humanismus. Der stumme Junge in Walters Erstling verkörpert das vom Erdrücktwerden bedrohte, zu Starre und Schweigen verdammte Subjekt gegenüber der installierten Macht. Er heißt nicht zufällig Loth, mit der Assoziation an die zur Salzsäule erstarrte Frau in der Bibel. Die Chiffre des Sprengens ist hier bedeutend. Alles spielt auf abgelegenen Straßenbaustellen im felsigen Jura. Täglich wird gesprengt. Der stumme Junge und das Detonieren der Dynamitkapseln sind die konträren Zeichen, in denen der Roman sich ausspricht. Loth ist das Gegenteil von Öderland, aber Öderland ist anwesend in den berstenden Felswänden. Der erschütternde Schluß des Romans führt alles zusammen in einem einzigen Moment: Gleichzeitig mit dem auffliegenden Gestein bricht der Schrei, bricht die Menschenstimme wieder aus dem versiegelten Jungen heraus, und sein erstes Wort meint die Begegnung mit dem harten, starren, unzugänglichen Vater. Der sucht ihn zum ersten Mal und kommt in der von ihm veranstalteten Sprengung ums Leben:

> Und fast zur gleichen Zeit, da Loth noch wahrnahm, wie Breitenstein sich plötzlich umdrehte und mit zwei Sprüngen in die Dekkung verschwand, sah er auch den andern Mann: den Vater. Er kam genau gegen die Kuppe zu den Steilhang herauf. Er stieg rasch, er hob den Kopf, und Loth sah durch den Regen sein Gesicht.
>
> Das war das Letzte. Der gewaltige Schlag aus Feuer, aus Luftdruck, aus Krachen. Die Stille, der hohe Summton im Gehör. Vor den Augen die Schwärze. Nichts sonst. Nichts. Loth starrte mit seinen weitaufgerissenen Augen hinein. Der ferne Donner der niedergehenden Brocken, Nebel, darin weit unten jetzt das Gesicht. Er spürte nichts, er hörte nichts, spürte nicht einmal den Schrei aus seiner Kehle, hörte ihn nicht, wie er aus seinem weit geöffneten Mund herausging in diesen leeren Himmel: das Wort, das aus seiner Tiefe hervorkam, in der Sprache, in der er vor all dieser Zeit seinen Vater gerufen hatte: Vattr! Laut, zwei-, dreimal, laut: Vattr![35]

Es bleibt bedenkenswert, daß der Durchbruch zu einer neuen schweizerischen Regionalität, der mit diesem Roman geschah, aus einer Öffnung gegenüber dem US-amerikanischen Erzählen entsprang. Der Blick in die eigenen abgelegenen Landschaften setzte paradoxerweise den Blick in das weltliterarische Erzählen voraus. Diese Dialektik bestimmt den eigentümlichen Regionalismus der jüngeren Moderne bis in die Gegenwart, bei Gerhard Meier, bei Hermann Burger, bei Thomas Hürlimann, bei Peter Weber, um vier Namen von je unverwechselbarer poetischer Kraft zu nennen.

Der Stumme ist eine Opferfigur, und sie ist tief verwandt mit einer damals kulthaft verehrten Gestalt, ebenfalls aus Amerika. Auch sie wurde begriffen als das zwischen den Wänden des Schweigens erstickende Subjekt, als der Aufständische mit einem lebendigen Gesicht gegenüber einer gesichtslosen Macht, die er nicht und die ihn nicht versteht, Rebel without a cause: James Dean. Seine Züge trägt auch Andri in »Andorra«, tragen die jungen Burschen in den widerborstigen Romanen des fast vergessenen Walter Matthias Diggelmann und des frühen Jörg Steiner, ja, noch der arme, wilde, brave, gotteslästerliche Fritz Zorn mit seinem Schockbuch »Mars« von 1977 ist ein später Bruder von Loth Ferro und James Dean.

Eine Opferfigur anderer Art

Das müßte man nun allerdings mit einer Opferfigur ganz anderer Art vergleichen, die die Literatur der Schweiz explosiv verändert hat. Sie führt die große Linie der 45er weiter und entspringt doch ganz und gar einem neuen geschichtlichen Moment. 1973 wurde sie ein öffentliches Ereignis. Der Text, die Textfolge, die sich mit ihr befaßt, ist das Spitzenwerk der 68er-Literatur in der Schweiz. Mit einem Griff wurde hier die Distanz beseitigt, die sich zur Stimme Karl Barths vom Januar 1945 inzwischen ergeben hatte. Die Schweiz der Kriegszeit rückte wie in einem rasenden Zoom bis zur Großaufnahme wieder vor aller Augen:

> In der Nacht vom 9. auf den 10. November 1942 wurde der Fahrer Ernst S. in seinem 23. Lebensjahr unweit von Jonschwil (Kanton St. Gallen) in einem Wald erschossen, etwas unterhalb der Häusergruppe namens Bisacht. Es war aber kein Mord im landläufigen Sinn, und Ernst S. fiel auch nicht auf dem Felde der Ehre, sondern ein Detachement der schweizerischen Armee hat ihn hingerichtet. Diese Armee hat im ganzen Krieg keinen Schuß auf den äußeren Feind abgefeuert, wohl aber je zwanzig Schuß auf siebzehn Lan-

desverräter, und S. war der erste davon. Über die nähern Umstände der Hinrichtung gehen die Meinungen der Augenzeugen auseinander. Der protestantische Feldprediger Geiger, heute Pfarrer von Wil im Sanktgallischen, der S. auf seinem letzten Gang begleitete, sagt, die Exekution habe im Schein von Fackeln stattgefunden, und S. sei vollkommen gefaßt und in sein Schicksal ergeben hinübergegangen. Der Fangschuß aus Offiziershand habe ihm nur verabreicht werden müssen, um die Soldaten des Exekutionspeletons zu beruhigen, denn der Leichnam des S. habe nach der Hinrichtung noch gezuckt, jedoch seien es reine Nervenzukkungen gewesen. Der Tod müsse sofort eingetreten sein, habe doch der Autopsiebefund im Kantonsspital St. Gallen ergeben, daß das halbe Herz des S. herausgerissen worden sei. Ein paar »höhere Zaungäste«, Offiziere, die eigentlich laut Reglement bei der Hinrichtung nichts zu suchen gehabt hätten, seien auch dabei gewesen. Man habe S. an ein abgeastetes Tännchen gebunden, so daß nicht, wie bei andern Exekutionen, das Tännchen gestürzt sei und der Exekutand damit.[36]

So beginnt der Bericht, den Niklaus Meienberg unter dem Titel »Ernst S., Landesverräter (1919–1942)« in seinen »Reportagen aus der Schweiz« 1974 veröffentlichte. Ein Jahr zuvor war eine kürzere Fassung im Magazin des Zürcher »Tages-Anzeigers« erschienen. Das Aufsehen, das Meienberg damit erregte, war ein zugleich politisches und literarisches. Politisch war die schroffe Konfrontation der Schweiz mit ihrer Mentalität in der Kriegszeit, literarisch eine souverän geformte Sprache, die mit Witz und Trauer, zorniger Bezichtigung und Mitgefühl arbeitete. Sie verwirklichte Michail Bachtins Lehre von der Polyphonie der Sprachen im literarischen Text auf eine neue Art. Polyphonie meint bei Bachtin die Kunst, die konkreten Redeweisen der jeweiligen Gesellschaft, der Einfachen und der Vornehmen, der Mächtigen und der Randständigen, durcheinander hörbar zu machen, in einem Gefüge von O-Ton-Verlautungen, das sich ganz natürlich ausnimmt und doch gestaltete Komposition ist. Diese Prosa, die aus dem genauen Hinhören auf jede Stimme, aus dem Recherchieren in staubigen Archiven, Villen, Kleinbürgerwohnungen und Wirtshäusern heraus entstand, ließ die symbolischen Modelle, in denen die Schweiz bisher mit Vorliebe dargestellt worden war, die Andorras und Güllen, plötzlich etwas altmodisch erscheinen.

Jetzt wurde alles bei seinem verbuchten Namen genannt. Der Pfarrer und der Politiker, der Arzt und der Offizier, das waren nicht länger stilisierte Typen, sondern hießen Herr Geiger oder Herr Dr. Notter oder Herr Dr. Pfister oder Herr Oberst Birenstihl, und es gab sie leibhaftig, sie standen im Telefonbuch, man konnte sie anrufen, wenn man wollte. Jener Schock, den ein paar Jahre zuvor Rolf Hochhuth ausgelöst hatte, indem er den bis 1958 amtierenden Papst unter vollem Namen auf die Bühne brachte und der öffentlichen Diskussion aussetzte, ein Ereignis, welches das deutsche Theater augenblicklich veränderte und die Magie der Modellstücke erlöschen ließ, dieser Schock fuhr nun auch durch die erzählende Literatur der Schweiz. Reportagen hatte es immer gegeben. Nicht zuletzt im Zusammenhang mit der Photographie kannte die Schweiz eine längere Tradition des Tatsachenberichts. Aber dies hier war etwas anderes. Das war verbindliche Literatur, Kunst also, und dokumentarisch zuverlässiger Bericht zugleich, und es war ein politischer Kampftext. Meienberg hatte den Mai 68 als Student in Paris mitverfolgt, war auf seiner Vespa von Barrikade zu Barrikade gefahren. Hier wurde er als Schriftsteller, was er bleiben sollte, wie einst Gotthelf in der 30er Revolution. Auch diese war von Paris ausgegangen, vom heißen Juli 1830, und Gotthelf ließ sogar seinen ersten Romanhelden als Schweizer Söldner im Paris der damaligen Barrikaden gegen die Aufständischen kämpfen und von den »kleinen Teufeln von Studenten«[37] besiegt werden.

Ernst S., der Erschossene von 1942, verkörperte ein Stück der neuen Wirklichkeit, die jetzt in die Literatur einzog. Er war wegen eines verhältnismäßig harmlosen Handels mit der deutschen Spionage in der Schweiz als Verräter vor Gericht gestellt und zum Tode verurteilt worden. Die Schweiz kennt die Todesstrafe nur in Kriegszeiten und nur im Fall von Landesverrat. Meienberg stellt ihn nicht als Märtyrer dar, sondern als den harmlosen Burschen, der er war, blutarm, nicht unbedingt arbeitsscheu, aber auch nicht erpicht auf hartes Malochen, ein etwas lockerer Vogel, den hübschen Frauen zugetan, gutmütig jedoch und ohne weitere Vorsicht in den Tag hinein lebend. Die äußerst detaillierte Recherche eröffnete einen Blick in die Schweiz der kleinen und kleinsten Leute der dreißiger und vierziger Jahre, wie es bisher noch nie geschehen war. Ihre Brisanz aber bestand weniger in diesem ethnologischen Akt als vielmehr in der Kontrastierung des armen Teufels vor dem Exekutionskommando mit den vielen Persönlichkeiten der offiziellen Schweiz,

Persönlichkeiten in Politik und Wirtschaft, deren offene Sympathien und kriegsfördernde Handelsbeziehungen mit dem Hitlerregime ungeahndet blieben. Der Gedanke, daß hier einer aus den untersten Schichten herhalten mußte, um eine Kompromißlosigkeit zu demonstrieren, die so eindeutig keineswegs war, läßt sich bei der Lektüre dieser ergreifenden Studie nicht abweisen. Historische Wahrheit dringt da mit unheimlicher Gewalt auf den Leser ein.

Was Meienberg leistete, war die Erfüllung eines Vorsatzes, den Max Frisch 1949 in seinem Tagebuch festhielt, nachdem ihn ein befreundeter Leser ermahnt hatte: »Ich kann nicht verschweigen, daß ich dieses gewaltsame Offenhalten von Wunden, zu dem Du Dich wie so viele andere offenbar verpflichtet fühlst, für ein eigentliches Unglück halte.« Darauf Frisch:

> Ich halte für ein eigentliches Unglück: das Verbinden von Wunden, die noch voll Eiter sind – und sie sind voll Eiter – das Vergessen der Dinge, die nicht durchschaut, nicht begriffen, nicht überwunden und daher nicht vergangen sind.[38]

Der Satz behält seine Aktualität auch noch im 21. Jahrhundert. Die Arbeit gegen das falsche Vergessen, die Arbeit an der gerechten Erinnerung ist auch in der Schweiz noch nicht zu Ende geführt. Man entkommt der Geschichte nur, indem man sich ihr stellt, der eigenen, ganz privaten, wie auch der gemeinsamen jenes Staates, dem man sich zugehörig weiß.

Die Frage nach dem »Wesen« der Schweizer Literatur

Dieser streifende Blick auf das Phänomen, daß so viele wichtige Autoren der Schweiz ihre intellektuelle und künstlerische Selbstwerdung in dramatischen historischen Krisen erfahren haben, ein fragmentarischer Blick, gewiß, und nur sehr skizzenhaft, will nicht die alte These beweisen, daß die Literatur der Schweiz stets um vieles politischer gewesen sei als die übrige deutsche Literatur. So pauschal stimmt das nämlich nicht. Man kann überhaupt kein ganz und gar eigenes Wesen dieser Schweizer Literatur konstruieren, es sei denn die schlichte Tatsache, daß sie in einem Staat entsteht, der sich von den andern deutschsprachigen Staaten als ein autonomes politisches Gebilde unterscheidet, der seine eigene direktdemokratische Struktur und seine eigene Geschichte hat. Insofern als alle Literatur mit Politik zu tun hat, hat auch die Literatur in der Schweiz mit der Politik dieses Landes zu tun, und insofern als sie mit der Politik dieses Landes zu tun hat, unterscheidet sie sich eben von aller andern deutschsprachigen Literatur und wird sie von den politisch wachen Köpfen in der Schweiz auch etwas anders gelesen als alle andere deutschsprachige Literatur. Aber nur insofern und nicht an sich. »Insofern« meint einen Aspekt, eine Betrachtungsweise, eine von Fall zu Fall wichtige oder aber belanglose Perspektive. »An sich« wäre ein eigenes Wesen, eine Essenz, eine empirisch überprüfbare, unverwechselbar besondere Beschaffenheit. Alle Versuche, so etwas an den Tag zu bringen, haben sich bisher als untauglich erwiesen, als bald ehrgeizige, bald gutmütige Nationalromantik.

Dennoch ergeben sich auf Grund der politischen Geschichte, der geographischen Lage, des vielfältigen Fortwirkens der parareligiösen Mythologie, schließlich auch der naheliegenden Beeinflussung und des Motivtransfers zwischen den Schreibenden in der Schweiz immer wieder gewisse Tendenzen, finden sich rekurrente Konfliktmuster, Handlungskurven und Themen, die zu verfolgen und betrachten nicht ohne Reiz und auch in einem sachlichen Sinne aufschlußreich sein kann.

So ist die Grundhaltung eines existentialistischen Humanismus in der Verbindung mit dem Willen, die vereiterten Wunden der jüngeren Geschichte offenzuhalten, im Nachzug sowohl zu Frisch und Dürrenmatt wie auch zum dokumentarischen Durchbruch bei Niklaus Meienberg eine Konstante der Schweizer Literatur geworden, eine eigentliche Schule des kritischen Patriotismus, die nicht mehr von der Initiation der einzelnen Autoren durch eine spektakuläre historische Krise abhing. Als 1996 eine solche Krise wieder aufbrach, indem die Schweiz vor der Weltöffentlichkeit lautstark der Kollaboration mit dem Hitlerreich und der herzlosen Abweisung mehrerer tausend verfolgter Juden an der Grenze – Abweisung mit tödlichen Folgen – beschuldigt wurde, trat die Tatsache plötzlich in ein ganz anderes Licht, daß die Literatur in der Schweiz diese Vorgänge schon lange und immer wieder vor die Augen jener gerückt hatte, die bereit waren, sie zu sehen.

Der existentialistische Humanismus wurde exemplarisch weitergeführt etwa in Hugo Loetschers Hauptwerk, dem Roman »Der Immune«, wo sich der Intellektuelle ebensosehr gegen die weltpolitischen Fronten stellt wie gegen die dogmatischen Zwänge der neuen Linken. Die Auseinandersetzung mit den unverheilten Wunden prägte 1981 schon das Erstlingsstück »Großvater und Halbbruder« von Thomas Hürlimann, später, 1990, sein noch strenger politisches Schauspiel »Der Gesandte«, das, wie der gleichzeitig aufgeführte »Frölicher« von Urs Widmer, den Schweizer Botschafter im nationalsozialistischen Berlin zur Hauptfigur hatte. Dazwischen erschien 1988 Otto F. Walters letzter großer Roman, »Zeit des Fasans«, der im Stil einer Südstaatentragödie nach der Art Faulkners oder O'Neills die Schweiz im Zweiten Weltkrieg am Beispiel einer großbürgerlichen Familienkatastrophe vergegenwärtigte.

Das Gegenbild Meer

Rekurrente Konfliktmuster, Handlungskurven und Themen – zu diesen gehört auch das dramatische Gefüge um Aufbruch und Flucht aus der Schweiz einerseits, die Heimkehr aus der Fremde andererseits. Den zahllosen Plots, die auf diesem Hintergrund entwickelt und verwirklicht wurden, könnte noch viel ausgreifender nachgegangen werden, als es in diesem Buch da und dort geschieht. Gewiß gibt es dieses Handlungsmuster in aller Literatur, und erfunden haben es die Schweizer keineswegs, aber so unweigerlich produktiv, so prägend für eine so große Zahl von Spitzenwerken ist es vielleicht doch nirgendwo sonst geworden. Man könnte es in seiner inspirativen Energie wohl nur vergleichen mit dem Handlungsmuster der Eroberung von Paris durch den Aufsteiger aus der Provinz in der französischen Literatur.

Auch dies hängt nun aber nicht mit einem geheimnisvollen »Wesen« der Schweizer Literatur zusammen und noch weniger mit einer besonderen Beschaffenheit der Schweizer Seele, wie man zuzeiten gerne geraunt und gemunkelt hat, sondern mit zwei einfachen Tatsachen: die Schweiz stößt nicht ans Meer und sie hat keine Metropole. Es gibt zwar eine Hochseeflotte und einen Rheinhafen in Basel, aber diese verschärfen in der Regel nur das Bewußtsein der Distanz zu den Ozeanen. Man könnte die paradoxe Behauptung wagen: Wer ans Meer stößt, braucht es weniger, als wer sich rettungslos ins Binnenland verwiesen sieht. Auch wenn der moderne Tourismus die Meere für die Schweizer so nahe gerückt hat wie das Schwimmbad

im Nachbarquartier, bleibt das Bewußtsein der Distanz doch bestehen. So wie das Bewußtsein der nahen Berge bestehen bleibt, auch wenn sie für alle Welt so nahe gerückt sind wie der Aussichtsturm auf dem Hügel nebenan.

Mit dem Meer selbst können die schreibenden Eidgenossen nicht allzuviel anfangen, obwohl es zauberhafte Passagen gibt bei Gertrud Leutenegger oder in den hingetuschten japanischen Küsten Adolf Muschgs. Die Funktion des Meeres als das ungeheure Licht am Horizont übertrifft bei weitem seine Funktion als Ort der Handlung, mag Walter Fabers Geliebte immer am Meeresufer antikisch zu Tode kommen. Als das ungeheure Licht am Horizont wird es zum Inzitator des Ausbruchs oder, wie bei Gerhard Meier, zur schwebenden Gegenwart in einer magisch imaginierten Welt. Albin Zollinger, der Lyriker, hat das Meerlicht in vielen Gedichten sogar über den Alpen zu sehen gemeint, von Zürich aus, eine geographische Absurdität, aber so stark war eben die Sehnsucht. Einen einzigen Maler gab es, Arnold Böcklin, der das Meer in seiner tausendfachen Individualität, als bald mythische, bald realistische Erscheinung, in die Kulturgeschichte der Schweiz eingebracht hat. Mit der »Toteninsel« hat er sogar ein Meerbild so ins Weltbewußtsein eingebrannt, wie Alberto Giacometti, der Bildhauer des existentialistischen Humanismus, die vibrierende Figur des ausgesetzten Einzelnen dem

Weltbewußtsein einbrannte. Die Überlegung, die Max Frisch einmal zu einem Böcklin-Bild anstellt, erscheint damit in noch ganz anderer Art bezeichnend, als der Autor es gemeint hat:

> Im Basler Museum hängt ein Gemälde von Arnold Böcklin: Odysseus und Kalypso, das Verhältnis von Mann und Frau. Er in Blau, sie in Rot. Sie in geborgener Grotte, er auf einem vorspringenden Fels, Rücken gegen sie, Blick hinaus auf die Weite des offenen Meeres ... Auf der Reise hierher habe ich dieses Bild, andere suchend, wieder gesehen, verblüfft, daß das Meer, Inhalt seiner Sehnsucht, fast nicht vorhanden ist. Nur in einem winzigen blauen Zwickelchen. In meiner Erinnerung war es ein Bild voll Meer – gerade weil das Meer nicht gezeigt wird.[39]

Wie hier das Meer sich überlagert mit Frischs Liebesnöten! Wie hier das Meer mit dem Mann verknüpft wird – gegen die Frau – und der Mann mit der Sehnsucht und mit dem Ausbruch! Man fragt sich unwillkürlich, ob dieser Odysseus nicht irgendwo eine Aktentasche mit einer Axt darin liegen hat. Wie sehr sich Frischs Leiden an der Schweiz und sein Leiden an der Ehe ineinander spiegeln, ist einigermaßen bekannt. Daß aber sogar das Meer als das urbildlich Andere der Schweiz so folgerichtig auch in die Reflexion über Bindung und Freiheit in der Liebe einbezogen wird, überrascht trotzdem.

Meerbild mit kaputtgehendem Dichter

Es gibt einen Schweizer Lyriker, den niemand mehr kennt. Einst gehörte er zu den anerkannten Stimmen. Gottfried Keller hat ihn geschätzt und hat nach seinem elenden Tod im Irrenhaus seine Gedichte herausgegeben, mit einem kleinen Vorwort. Darin findet sich der Satz, der Walter Benjamin so überaus gefallen hat: »Den Liebhabern sogenannter ›guter Sachen‹ können wir die Versicherung geben, daß hier ernstlich etwas Derartiges vorhanden ist.«[40] Der Satz, geschrieben in dem Jahr, in dem Robert Walser geboren wurde, erscheint uns heute charmanter als alles, was der Betreffende selber je geschrieben hat. Dennoch hat Heinrich Leuthold viel gewagt. Er lebte schon mit dreißig Jahren, ab 1857, im literarischen München um die damaligen Größen Paul Heyse und Emanuel Geibel. Seine Verse und Übersetzungen waren angesehen, aber er verdarb sich selber immerzu alle Chancen, lebte wild und falsch und zuzeiten auch etwas kriminell. Berühmt war er in Münchens Wirtshäusern, wo er seine steilen Strophen mit krachender Schweizer Stimme vortrug. Er wurde früh krank, und schließlich kam zum körperlichen Niedergang noch der Wahnsinn. Mit fünfzig Jahren landete er in der Irrenanstalt Burghölzli, daheim in Zürich, nicht unähnlich seinem größeren Kollegen C. F. Meyer, der anderthalb Jahrzehnte später in die Anstalt von Königsfelden im Kanton Aargau gebracht wurde. Lyriker in der Schweiz zu sein ist riskant.

Gottfried Keller besuchte den kranken Leuthold, brachte ihm Zigarren und Veltliner, die letzte Flasche acht Tage vor dem Tod. Er hatte ein Auge für verkommene Existenzen. Er wußte, wie nah er selbst einst in die Nähe ähnlicher Untergänge geraten war. Leutholds Ziel war eine klassizistisch strenge Form, die schon zu seinen Lebzeiten keine große Chance mehr hatte. Oden, Ghaselen, Sonette, alles was schwierig ist in der Metrik und vertrackt, das wollte er mit dem Selbstbewußtsein Hölderlins noch einmal in die staunende Welt stellen. Sie staunte aber nicht, und das konnte er ihr nicht verzeihen. Sein Untergang war auch einer in Wut und Not und Verbitterung. Er gehört zu den Schweizer Schweizbeschimpfern der ersten Stunde und hatte auf seine Art recht und unrecht dabei wie alle späteren auch.

Von ihm nun stammt das vielleicht großartigste Meergedicht der Schweizer Literatur. Es gibt Gründe zur Annahme, daß es sein bestes Gedicht überhaupt ist, pathetisch gewiß und formsüchtig und ganz ohne jene hinterhältige Ironie, die in den Meerbildern Böcklins so oft wie ein Bocksfuß im Gebüsch auftaucht und den Akademismus verhindert. Aber in der geheimen Verzweiflung, in der schwarzen Sinnlosigkeit, die den Horizont der Verse bildet, spricht das Gedicht etwas aus von Leutholds tollkühn-jammervoller Existenz. Es soll hier stehen als Erinnerung an den Vergessenen und als Beispiel für die Imago des Meeres in der Schweizer Literatur.

An das Meer

Gruß dir, frührotschimmerndes Meer! Gewaltig
Haucht dein herber Odem mich an, und wieder
Tragen aufwärts mich die des Flugs entwöhnten
Schwingen der Seele.

Eig'ner Mißmut zog und der Haß der Menschen
Längst ein dreifach Erz um die Brust mir; aber
Was sind Tränen Einzelner gegen deine
Mächtige Salzflut?

Vieles Elend sahst du in langem Zeitlauf,
Seit die Bernsteinlasten des Tyrerseglers
Deine Flut gefurcht und der windumbrauste
Kiel des Odysseus.

Manchen Segen brachtest du zwar; du trugest
Sänger einst olympischem Sieg entgegen,
Trugest ruhmgekrönte Triumphatoren
Sicher zur Heimat.

Ja, an deinen mächtigen Wellenbrüsten
Zogst du Völker groß und verliehst als Spielzeug
Ruhm und Weltmacht ihnen und ferner Zonen
Seltene Schätze.

Doch die eig'nen Söhne verschlangst du, fraßest
Perserflotten, punische Kriegstriremen,
Warfst Trafalgars Raub zu des zweiten Philipps
Stolzer Armada.

Keine Spur zwar grub dir die Zeit ins Antlitz;
Doch mit unbestechlichem Griffel schrieben
Auf den Grund Jahrtausende dir den ganzen
Jammer der Menschheit.

Dir im Schoß ruh'n Tempel vergess'ner Götter,
Ruh'n versunk'ne Städte; es ruhen neben
Völkerketten untergegang'ner Reiche
Kronen im Schoß dir.

Tyrus' alten Glanz und den Stolz Karthagos,
Romas Weltherrschaft und Venedigs Größe
Deckst du zu mit deiner Gewässer dunkel
Rollendem Bahrtuch.

Tiefgeheimnisvoll, wie des Weltenschicksals
Stimme tönt dein Donnergebrüll in's Ohr mir
Ehern, rauh, hohnlachend, so vieler Völker
Wiegen- und Grablied.

Endlos groß hinwogendes Meer, wer bist du?
Aus Verseh'n entfesselte rohe Urkraft?
Oder gab ein Gott, ein Gesetz dir dieses
Amt der Vertilgung?

Oft wie Atemzüge des großen Weltgeists
Weht's aus deinen Tiefen; mir ist, als hört' ich
Heil'ge Laute, welche der Schöpfungssagen
Rätsel mir lösten.

Doch umsonst mit sterblichem Mund beschwör' ich
Jene Geister über den Wassern schwebend;
Frag' umsonst ... du spei'st an den Strand als Antwort
Trümmer und Leichen.[41]

Das ist geschrieben im sapphischen Odenmaß, wie es, nach der Sappho selbst, die Römer Horaz und Catull, in deutscher Sprache Hölderlin und Platen verwendeten. Der tief pessimistische Blick aber ist schopenhauerisches 19. Jahrhundert. Er sieht im Meer die verkörperte Weltgeschichte und in der Weltgeschichte nichts als ein unabsehbares Scheitern und Zerstören. Das Gewaltigste, was es überhaupt zu sehen gibt, tritt hier in die Erscheinung. Es macht den tief vergrämten Dichter endlich wieder schöpferisch: »und wieder tragen aufwärts mich die des Flugs entwöhnten Schwingen der Seele«. Aber zugleich stürmt ihm aus der ungeheuren Gegenwart des Meeres auch die entsetzlichste Sinnlosigkeit entgegen. Die Fragen nach dem großen Geist, dem lenkenden Gesetz hinter den Triumphen und Untergängen der Weltgeschichte, verhallen im Leeren. Die letzten Worte sind »Trümmer und Leichen«. Etwas vom apokalyptischen Denken Friedrich Dürrenmatts regt sich in diesen Strophen. Auch er scheute sich nicht vor der Frage nach dem Sinn und den Chancen der Geschichte überhaupt, und er kam zu nicht viel andern Ergebnissen.

Darf das Ende der Schweiz gedacht werden?

Geschichtsphilosophische Spekulationen sind in der Schweiz nicht gar häufig. Das Land selbst verschwindet bei solchen Überlegungen allzu rasch von der Spielfläche. Die Erkenntnis seiner historischen Zufälligkeit rückt gefährlich nahe. Das ist unangenehm. Da hält man sich lieber an das politisch Pragmatische. Als Gottfried Keller als neugewählter Staatsschreiber 1862 das »Bettagsmandat« verfassen mußte, den üblichen besinnlichen Aufruf der Regierung an das Volk am »Dank-, Buß- und Bettag«, wagte er es, den Untergang der Schweiz zu denken. Eine Sekunde politisch akzentuierter Geschichtsphilosophie nur war es, aber damit hatte er sich schon gegen das Erlaubte vergangen. Der Text wurde von der Regierung unterdrückt. Die Stelle lautet:

> Aber wenn auch, wie einer unserer Redner am frohen Volksfeste es aussprach, der große Baumeister der Geschichte in unserem Bundesstaate nicht sowohl ein vollgültiges Muster als einen Versuch im kleinen, gleichsam ein kleines Baumodell aufgestellt hat, so kann derselbe Meister das Modell wieder zerschlagen, sobald es ihm nicht mehr gefällt, sobald es seinem großen Plane nicht entspricht.[42]

»Nicht sowohl ein vollgültiges Muster«: das ist ein Stück vertrackter Keller-Syntax. Es ist vermutlich so zu lesen: »weniger ein vollgültiges Muster als einen Versuch im kleinen«. Man könnte aber auch annehmen, daß Keller beide Möglichkeiten nebeneinander dem Denken freigibt: die Schweiz als gültiges Werk des Weltgeistes und die Schweiz als dessen kleines Experiment so nebenhin. Das Bild vom vergänglichen Baumodell ist auf jeden Fall die Hauptsache. Es bleibt haften und tritt unausgesprochen neben das patriotische Phantasma eines auserwählten Volkes, dem der Schöpfer persönlich die ewigen Berge zu Schutz und Trutz gegeben habe, als Wall, als Mauer gegen die böse Welt: »Wall dir von Gott«, wie es in der Nationalhymne lange Zeit hieß.

Diese illusionslose Sicht regt sich auch in Leutholds Meergedicht. Es spricht nicht von der Schweiz, aber wie es davon sprechen würde, ist leicht zu erkennen. Sie würde, käme die Rede auf sie, dem »dunkel rollenden Bahrtuch« nicht lange entgehen. Man könnte also durchaus sagen, daß das Meer als das imaginäre Andere der Schweiz, das, wohin man immerzu aufbricht und woher man wieder zurückkehrt in hundert Geschichten, daß es hier auch das Andere im Sinne der Möglichkeit eines Verschwindens aus der Weltgeschichte darstellt. Daß der Gedanke tabu ist, darf insofern als Merkwürdigkeit bezeichnet werden, als die Schweiz sich ja wesentlich und ursprünglich als eine Gemeinschaft von aus freiem Willen Verbündeten versteht, nicht von Gottes Gnaden in die Welt gesetzt wie die Throne der Könige. Im autonomen, mit Vernunft geplanten und keineswegs metaphysisch hergeleiteten Akt des republikanischen Zusammenschlusses steckt daher von Natur aus immerzu auch die Möglichkeit, bei gegebenen guten Gründen wieder auseinanderzutreten. Wäre dem nicht so, wäre die Confoederatio keine mehr. Eine vorpolitisch zwingende Bedingung für diesen Staat, wie sie die Franzosen in ihrer Sprache und die Italiener in ihrem Stiefel zu haben glauben, gibt es ja nicht. Es gibt nur den freien Willen jener, die dazugehören. Dieser aber ist frei nur, wenn er auch anders könnte. Das Denken des Andern gehört demnach per definitionem zu einer Konföderation, und mithin verstößt die Tabuisierung solcher Gedanken sogar gegen die Grundlagen der Republik.

Das zweite Gegenbild: die Metropole

Kein Meer, wurde gesagt, und keine Metropole. Mag der Ausbruch in den hundert Ausbruchs- und Heimkehrergeschichten der Schweizer Literatur auch immer durch das Traumbild des Meeres inzitiert sein, in der Praxis führt er nicht auf Schoner und Fregatten, sondern in die Weltstädte. Auch sie sind eine Gestalt des Andern der Schweiz, obwohl Zürich ansehnlich gewachsen ist im 20. Jahrhundert. Auch diese im Biographischen wie im Handlungsgeschehen der Literatur eminent produktive Spannung zwischen Kleinstadt und Metropole könnte weit ausgreifender erläutert werden, als es in diesem Buch geschieht. Auch sie ist einerseits eine Banalität und andererseits eine eigenartige Konstante in den Plots und dramaturgischen Konstrukten der Schweizer Literatur. Auch sie ergibt kein »Wesen« dieser Literatur, aber immerhin eine gewissermaßen ethnologische Auffälligkeit. Die Metropolen sind der Ort, wo die welthistorischen Entscheidungen fallen. Wo man jedoch nur die Alpenpässe hütet und die versteuerten oder nicht versteuerten Vermögen reicher Leute aus aller Welt verwaltet, fallen keine Entscheidungen dieser Art. Deshalb gibt es in der Schweizer Literatur neben der Sehnsucht nach dem Meer so etwas wie die Sehnsucht nach der großen Geschichte, und sie kann erfüllt werden in der Erfahrung der Metropolen.

»Berlin« ist für die Literatur der Schweiz ein Ort von jenem nahezu mythischen Charakter, wie es »Italien« für die deutsche Literatur seit dem 18. Jahrhundert ist.[43] Es ist, wie das »Italien« der Deutschen, ein Ort der Selbstfindung, der Künstlerwerdung, der erotischen Trance. Robert Walser hat den mythischen Einschlag mit dem Titel eines seiner Prosastücke über Berlin plastisch erfaßt: »Guten Tag, Riesin!« Es ist ein Text, den Kafka geliebt hat. Darin ist er wahrscheinlich zum ersten Mal dem Autor Robert Walser begegnet. Das Prosastück war das erste von Walser, das in der »Neuen Rundschau«, im Mai 1907, erschien. Die Riesin, das Riesenweib, die Magna meretrix – es ist eine alte Chiffre für die Großstadt, die älteste vermutlich, wenn man an das 17. Kapitel der Apokalypse denkt: »Und das Weib, das du gesehen hast, ist die große Stadt, die das Reich hat über die Könige auf Erden.«[44] Walser weiß sehr wohl, daß er mit kulturgeschichtlichen Schablonen spielt. Man merkt es an der Ironisierung, die hier an die Stelle der üblichen Dämonisierung tritt.

Der frühe, kalte Morgen in Berlin wird zur Vorstellung einer Riesin, die langsam aufsteht und das Hemd anzieht. Gleich der erste Satz macht den erotischen Einschlag deutlich, obwohl der Autor das sofort wieder verwischt: »Es ist einem, als schüttle da eine Riesin ihre Locken und strecke ein Bein zum Bett heraus, wenn man am frühen Morgen, noch ehe die Elektrischen fahren, von irgendeiner Pflicht angetrieben, in die Weltstadt hineingeht.«[45] Die Vereinigung mit dem immensen Wesen wird damit gleichzeitig drastisch und unschuldig angesprochen. Das erotische Fluidum verweht, kaum ist es aufgetaucht. So geschieht es erneut im Auftakt zum Schlußteil des Prosastücks. Jetzt ist die Sonne aufgegangen, und damit hat die Riesin ihr »schimmernd-durchsonntes Hemd angezogen«, und sie »duftet und dampft«. Diese sinnlichen Ausdrücke werden sogleich verschoben auf das konkrete Straßentreiben. Nach einem kurzen impressionistischen Sturm flirrender Stadtbildchen folgt dann der unheimlichste Vorgang: die Verwandlung des flanierenden Schriftstellers in eine Vielzahl von Personen, in ein taumelndes Gemisch großstädtischer Subjekte. Er träumt sie und ist selbst, was er träumt, ist sie alle zugleich. Schließlich aber folgt tatsächlich noch die Begegnung mit der politischen Macht, dem regierenden Kaiser. Der welthistorische Entscheidungsträger gehört ja wesentlich zur Metropole, so wie der Schweizer sie erfährt, gehört zur Riesin, und wer in die Riesin »hineingeht«, muß also irgendwann auf ihn treffen, sei es auch nur in einem Traumspiel. Sehr merkwürdig aber ist nun, wie aus den verschiedenen Ichs, in die das durch die Riesin treibende Subjekt auseinandersprüht, nach der Begegnung mit dem Kaiserpaar plötzlich der Gedanke an eine gefestigte Existenz »in einer Ortschaft in der Schweiz« erwacht, die Vision von einem Leben als solide verheirateter, erfolgreicher Schriftsteller nach dem gutbürgerlichen Lebensmuster des 19. Jahrhunderts. Wie brüchig das allerdings ist, zeigt sich in der scherbelnden Auflösung des Satzes: »– lustig, lustig, weiter, he da, was?« Das heißt, daß die Heimkehr und das Sich-Einrichten zu Hause, das etwa dem Grünen Heinrich haarscharf noch glückt (allerdings erst in der zweiten Fassung), für diesen Flaneur auch nichts weiter sind als eine fahrende Fata Morgana. Den ganzen Taumel beendet die banale Begegnung mit einem Kollegen:

> Die Brust dehnt sich, die Riesin Weltstadt hat jetzt in aller Gemächlichkeit ihr schimmernd-durchsonntes Hemd angezogen. So eine Riesin kleidet sich eben ein bißchen langsam an; dafür aber duftet und dampft und pocht und läutet jede ihrer schönen, großen Bewegungen.
> Droschken mit Amerikakoffern obenauf poltern und radebrechen vorbei, du gehst jetzt im Park; die stillen Kanäle sind noch mit grauem Eis bedeckt, die Matten frieren dich an, die schlanken, dünnen, kahlen Bäume jagen dich mit ihrem zitternd-frörlichen [so!] Ansehen flugs weiter; Karren werden geschoben, zwei herrschaftliche Fuhrwerke aus der Remise irgendeines Menschen von offiziellem Gepräge, jedes zwei Kutscher und einen Lakaien tragend, jagen vorüber; immer ist etwas, und jedesmal ist das Etwas, wenn man es näher betrachten will, verschwunden. Natürlich hast du eine Unmenge Gedanken während deines einstündigen Marsches, du bist Dichter und kannst dazu ruhig deine Hände in den Taschen deines hoffentlich anständigen Überziehers behalten, du bist Maler und hast vielleicht bereits während deines Morgenspazierganges fünf Bilder fix und fertig gemacht. Du bist Aristokrat, Held, Löwenbändiger, Sozialist, Afrikaforscher, Tänzer, Turner oder Kneipenwirt gewesen, hast flüchtig geträumt, eben jetzt dem Kaiser vorgestellt worden zu sein. Er ist vom Thron herniedergestiegen und hat dich in ein halbstündiges, vertrauliches Gespräch, an welchem sich auch die Frau Kaiserin dürfte beteiligt haben, gezogen. Du bist in Gedanken Stadtbahn gefahren, hast Dernburg seinen Lorbeerkranz vom Haupte gerissen, geheiratet und dich in einer Ortschaft in der Schweiz heimisch niedergelassen, ein bühnenfähiges Drama ge-

schaffen – lustig, lustig, weiter, he da, was? Sollte das? Ja, da ist dir dein Kollege Kitsch begegnet, und da seid ihr zusammen nach Hause gegangen und habt Schokolade getrunken.[46]

Ausfahrt und Heimkehr, Meer und Metropole als Initiation des Künstlers wie des Menschen, das vielfach gestaltete, tüchtige Muster wird hier fast lautlos unterspült. Insbesondere ist bei Walser nichts zu bemerken von dem neuen, kritischen, aber gesicherten Begriff der Schweiz, den so viele Heimkehrer aus dem erfahrenen Kontrast zwischen ihrem Land und den Metropolen gewinnen. Und ebenso wenig konnte er sich sein späteres Leben einrichten, wie so viele Schweizer Autorinnen und Autoren es bis heute tun: Sie leben eine Sattelexistenz zwischen ihrer »Ortschaft in der Schweiz« und einer Metropole, in die es sie immer wieder zieht. Sie installieren den alten Initiationszirkel zu einem lebenslang wiederholten rituellen Prozeß. Das hält sie beweglich und am Schreiben.

Nutzen und Elend der politischen Metaphern

Die Verbildlichung eines Landes, das Finden einer Metapher für das Ganze ihres Staates, ist eine immer neu gestellte rhetorische Aufgabe für die politischen Redner. Schon Shakespeare hat einen seiner hohen Herren, den sterbenden Lancaster in »Richard II.«, ganze Kaskaden von England-Metaphern auf die begeisterte Zunge gelegt:

> This royal throne of kings, this scept'red isle,
> This earth of majesty, this seat of Mars,
> This other Eden, demi-paradise,
> This fortress built by Nature for herself
> Against infections and the hand of war,
> This happy breed of men, this little world,
> This precious stone set in the silver sea,
> Which serves it in the office of a wall,
> Or as a moat defensive to a house,
> Against the envy of less happier lands;
> This blessed plot, this earth, this realm, this England.[47]

Ohne diese Szene hätte es übrigens den sterbenden Attinghausen in Schillers »Tell«, ein präzises Remake des sterbenden Lancaster, nicht gegeben. Sie steht also indirekt auch hinter einem der historisch wichtigsten literarischen Identifikationsmomente der Schweiz, jenem visionären Blick in die Zukunft des Landes mit dem tausendfach zitierten Schluß: »Seid einig – einig – einig –«.[48]

Die von großen Dichtern für eine Nation geschaffenen Metaphern sind eines, die offiziellen Bilder, die von Hand zu Hand gehen ein anderes. Die letzteren sind in der Regel trivial. Das wohlgebaute Schweizer Haus, die Insel im Sturm der Weltgeschichte, die von Gott geschenkte Felsenburg, das Rettungsboot, das die Schiffbrüchigen aufnimmt – abgestanden wirken die Vergleiche nicht nur, weil sie bis zum Überdruß gebraucht wurden, sondern auch weil sie tendenziöse Definitionen enthalten. Friedrich Dürrenmatt hat in seiner drastischen Kurzsatire »Der Gerettete« das Bild vom Boot aufgegriffen und die Schweiz als Arche dargestellt. Er zitierte damit unausgesprochen die schlimmste Metapher der Kriegszeit, die Parole »Das Boot ist voll«, mit der die Abweisung der Verfolgten an der Landesgrenze 1942 von höchster Stelle begründet wurde.[49] Und tatsächlich spielt die Handlung denn auch zwischen einem triefenden, durchfrorenen Flüchtling, dem die Haie bereits ein Bein abgebissen haben, und dem »Chef des Amtes für Schiffbrüchige«. Dieser heißt Dr. Blauhals. Dr. Rothmund hieß von 1929 bis 1954 der Chef der Polizeiabteilung des Eidgenössischen Justiz- und Polizeidepartements, dem die Fremdenpolizei eingegliedert war. Er war also 1949, als Dürrenmatt die Groteske schrieb, noch im Amt. Der erschöpfte Gerettete wird von Dr. Blauhals gleich einmal über die Arche informiert:

Blauhals
Armin Schlucker, Sie sind von jener Arche gerettet worden, die als erste die Demokratie in die Schiffahrt eingeführt hat. Auch ist sie als die humanste und solideste Arche dieser Route bestens renommiert. Die Preise sind im allgemeinen dem guten Mittelstand angepaßt und richten sich nach den Bedürfnissen der mittleren Kapitalisten. Der Viehbestand ist außerordentlich gut erhalten.

Schlucker *freudig*
Ich freue mich, gerade von diesem Schiff gerettet worden zu sein.

Blauhals
Unsere Arche wird mit Recht von den Fremden als ein Paradies bezeichnet.

Schlucker *mit Hochachtung*

Ich habe Ihren Namen schon gehört, Herr Doktor.

Blauhals

Mein Name ist überall bekannt.

Schlucker

Ich hörte einige Haifische von Ihnen mit der größten Hochachtung sprechen.[50]

Am Schluß stürzt sich der Gerettete wieder ins Meer. Seine letzten Worte: »Sie zwingen mich, zwischen der Grausamkeit der Menschen und der Grausamkeit der Haifische zu wählen.«[51] Das kurze Stück, gegen das Rothmund unter der Hand intervenierte, ist ein Beispiel für den produktiven Umgang mit den zirkulierenden Bildern vom eigenen Land. Dürrenmatt nimmt das Klischee vom Boot beim Wort, dreht aber seine propagandistische Pointe um. Die plakative Beschönigung wird zu einem plakativen Angriff.

Der Rauschcharakter der Geschichte und die mit ihm korrespondierende patriotische Lyrik haben im Lauf der Zeit eine Fülle von rhetorischen Piktogrammen für die Schweiz hervorgebracht, nicht zuletzt in Krisenzeiten. Es sind Bilder, die heute nicht selten im europäischen Diskurs wieder auftauchen, etwa wenn es um das »Bauen des europäischen Hauses« geht oder wenn von der Abgrenzung Europas gegen die Einwanderer aus afrikanischen und asiatischen Ländern die Rede ist, sei es im kritischen oder im befürwortenden Sinn. Gottfried Keller hat in einem Sonett die Geschichte der Schweiz mit der Entstehung eines Diamanten verglichen, der zuletzt unteilbar und unvergänglich und »strahlenreich« da sei. Das war ein neuartiges Bild, auch wenn es entfernt an Shakespeares »precious stone« erinnert. Es wurde nie zur zirkulierenden Münze, aber in den neunziger Jahren des 20. Jahrhunderts hat man es von offizieller Seite wieder aufgegriffen, bei einer Feier zur Erinnerung an die Anstrengungen der Armee in der Zeit des Zweiten Weltkriegs. Sehr viel taugt die glitzernde Metapher allerdings nicht. Denn schon rein sachlich läßt sich etwa an der Aussage der dritten Strophe mit guten Gründen zweifeln:

Wer will denn da noch rütteln dran und feilen?
Zu spät, zu spät, schon ist's ein Diamant,
Der nicht mehr ist zu trüben und zu teilen.

Erstens muß jeder Diamant geschliffen werden, und zweitens läßt sich jeder teilen. Und wenn man die letzte Strophe als Anweisung lesen wollte für den demokratischen Umgang mit Minderheiten und Bevölkerungsgruppen, welche die offizielle Meinung nicht ganz teilen, dann würde die Perspektive sogar recht unheimlich:

> Und wenn, wie man im Edelstein erkannt,
> Darin noch kleine, dunkle Körper weilen,
> So sind sie fest umgossen und gebannt.[52]

Das erinnert an die am meisten umstrittene Schweiz-Metapher der jüngsten Gegenwart, die Schweiz als Gefängnis, die Dürrenmatt in seiner Rede zur Verleihung des Gottlieb-Duttweiler-Preises an Václav Havel am 22. November 1990 einer zunächst verdutzten, dann teils zunehmend verärgerten, teils zunehmend vergnügten Festgemeinde vorgelegt hat. Die Schweiz, meinte der Redner, könne als Gefängnis betrachtet werden, »wohinein sich die Schweizer geflüchtet haben«. »Weil alles außerhalb des Gefängnisses übereinander herfiel und weil sie nur im Gefängnis sicher sind, nicht überfallen zu werden, fühlen sich die Schweizer frei, freier als alle andern Menschen, frei als Gefangene im Gefängnis ihrer Neutralität.«[53] Und die Allegorie wird weitergeführt dahingehend, daß diese freien Gefangenen sich nur dadurch als frei beweisen könnten, daß sie zugleich Wärter seien, weil in einem Gefängnis nur die Wärter allgemein als frei anerkannt würden, was schließlich zur Folge habe, daß alle Schweizer gleichzeitig Freie, Gefangene und Wärter seien. Das ist gewiß nicht, was Gottfried Keller gemeint hat, aber wenn er in seinem Sonett die Schweiz preist als freie Gemeinschaft von Gleichgesinnten, die sich ergibt aus dem Einsperren der Andersdenkenden, würde das Land, in der Logik der Allegorie, tatsächlich gleichzeitig zu einem Ort der Freiheit und einem Gefängnis.

Das ist spitzfindig. Man darf einer Metapher nicht mehr abfordern, als sie auf Anhieb liefert. Sonst beginnt sie zu hinken, wie die alten Römer schon wußten: Omnis comparatio claudicat. Kein Vergleich, der nicht auch hinkt.

Dennoch bleibt das Spiel der Bildererfindung für ein ganzes Land spannend, bald ärgerlich, bald aufregend, bald beides durcheinander. Die Schriftsteller haben hier stets die Hand im Spiel. Man denke nur an die Fülle der Deutschland-Metaphern bei Heinrich Heine. Ein tolles Stück lieferte Gottfried Keller 1857 mit einem Text, der so rasch in den patriotischen Leierkasten geriet, daß ihn offenbar nie jemand näher angeschaut hat. Das Lied wurde in den großen Zeiten der parareligiösen Mythologie mit Inbrunst gesungen, von Männerchören, Schützenvereinen, Pfadfindern und Schulkindern beiderlei Geschlechts, und ist doch ein skandalöser Text. Er wurde als Verherrlichung der Schweiz betrachtet, und so tönt er auch im großen ganzen, aber eigentlich stellt er das Land im gleichen Zug als eine Einrichtung dar, die man nicht anders denn als Räuberhöhle, als ein blutiges Wirtshaus im Spessart der Weltgeschichte, bezeichnen kann.

Kellers Einbildungskraft war unberechenbar. Er ist immer dort am größten, wo er ihr freie Bahn läßt. Da kommt dann aber auch oft etwas ganz anderes heraus, als zunächst beabsichtigt war. Im Lied »Schweizerdegen«[54] erscheint die Schweiz als Gaststätte Europas:

Heißt ein Haus zum Schweizerdegen,
Lustig muß die Herberg sein;
Denn die Trommel spricht den Segen,
Und der Wirt schenkt Roten ein!
Kommen die Gäste, schön' Wirtin, sie lacht,
Sie hat schon manchen zu Bette gebracht!

Das ist harmlos und zwielichtig zugleich. Die Trommel ist eine Spur zu militärisch für die übliche Unterhaltung von Gästen, und auch der Rote, den der Wirt einschenkt, bekommt daher etwas Ominöses. Ebenso seltsam ist das Treiben der schönen Wirtin. Ihr Zu-Bette-Bringen der ungezählten Gäste, ist es erotisch zu lesen? Der Text verbietet die Assoziation nicht. Im Zusammenhang mit der Trommel und der roten Farbe aber rückt das Bett auch ebenso unabweisbar in die Nähe der letzten Ruhe im Grab.

Klarheit schafft die zweite Strophe, drastische Klarheit. Das Gasthaus ist tatsächlich ein Ort wie aus einem bösen Märchen. Alle Fremden werden freundlich empfangen, dann bezahlen sie mit ihrem Blut. Und die schöne Wirtin, was tut sie? Sie lacht dazu in hohen Freuden:

Ist kein Volk fast allerwegen,
Was da nicht schon eingekehrt,
Und der Wirt zum Schweizerdegen
Hat den Eintritt nie verwehrt,
Hat dann die blutige Zeche gemacht,
Daß die Frau Wirtin vor Freuden gelacht.

Die Räuberhöhle, die Gaunerspelunke ist natürlich nur so etwas wie eine Tiefenphantasie hinter dem patriotisch entschlossenen Text. Das Haus, das als Wirtshausschild den Schweizerdegen vorgehängt hat, wird in der Folge denn auch zunehmend verklärt. Es sitzt weithin sichtbar in der Höhe und »blitzt zu Tal«. In einem hohen Saal sitzen darin wartend zweiundzwanzig Waffen- und Fahnenmeister, und zweiundzwanzig Wappenschilder, die Zahl der eidgenössischen Kantone, schmücken die Frontseite des Bauwerks. Aber bei Keller sind die Schilder »Schilde«. Das Wappen (das Schild, die Schilder) ist ein Stück Bewaffnung (der Schild, die Schilde). Keller wußte über die Bedeutung des kleinen r sehr wohl Bescheid. Mit dem letzten Vers der dritten Strophe macht er es endgültig klar:

Zwei und zwanzig Schilde blitzen
Von dem Giebel weit zu Tal;
Zeug- und Bannerherren sitzen
Harrend in dem hohen Saal,
Lauschend, bis jauchzend die Mutter sie ruft
Und von den Schilden erklinget die Luft.

Von da an wird es leider konventionell, die Doppeldeutigkeiten verlieren sich. Der Rausch der Geschichte führt zu vaterländischem Gerassel – bis auf einen einzigen Vers. Mit ihm endet die vierte Strophe, die sonst so platt martialisch ist, daß sich das Zitieren nicht mehr lohnt. Dieser Vers lautet:

Besser, das Mütterchen lacht, als es weint!

Da ist sie noch einmal, die schöne Räuberfrau, die mit ihrem weichen, weiße Bette lockt, bis sich die Freier zu einer vergnügten

Nacht begleiten lassen, wo sie dann vom versteckten Räubermann umgebracht und ausgeplündert werden. Das Mütterchen wird in der letzten Strophe unnötigerweise noch als »Frau Helvetia« ausdrücklich identifiziert, jene Person also, die so vielen teuer ist, weil sie heute noch auf dem Schweizerfranken steht, griechisch gekleidet, mit einem Speer in der Hand wie Athene und auf ein (einen) Schild mit dem Schweizerkreuz gestützt.

Kellers verschlagene Phantasie macht mit dem abgedroschenen schönen Schweizer Haus auf hohem Hügel für kurze Zeit etwas Ähnliches wie Dürrenmatt mit dem Rettungsboot. Er nimmt das herkömmliche Material und verfremdet es unerwartet und auf einmalige Weise. Aber während Dürrenmatt die Verfremdung vom ersten Wort an polemisch unzweideutig einsetzt, gibt Keller sein schauerliches Phantasiebild als braves Heimatlied aus. Und so hat man es ihm auch sofort abgenommen. Wurde der Text doch geschrieben als »Tischlied am Jahresfest der schweizerischen Militärgesellschaft 1857«.[55] Der Autor, der damals noch ohne Amt und Einkommen bei Mutter und Schwester lebte, eine schwankende Existenz, aber mit einem durch die bitteren Berliner Jahre unerhört geschärften Bewußtsein, läßt jene, die dafür Augen haben, einen Blick tun hinter die patriotischen Tapeten in die blutige Grausamkeit der Geschichte. So wie ihm mitten in jenem Bettagsmandat die gefährliche Vision vom Ende der Schweiz in die Feder glitt, so gerät ihm hier ein triviales Bild zu einer doppelgesichtigen Szenerie. Ob er wirklich wußte, was er da trieb, ist nicht auszumachen. Kellers innerste Beschaffenheit bleibt ein Buch mit mehr als sieben Siegeln.

Die Schweiz als Wirtshaus an den Paßwegen Europas ist eine Verbildlichung, die sich aufzudrängen scheint. Es steckt darin ein Stück Wahrheit über die historische Funktion jener »neutralité«, von der Napoleon redete. Dennoch war die offizielle Schweiz, je lückenloser die Hotellerie das Land mit Prachtbauten in exquisiter Aussichtslage überzog und je eifriger der internationale Tourismus hier ein metropolenfernes Arkadien suchte, um so weniger geneigt, sich vom Denkbild einer Herberge her zu bestimmen. Schon bei Keller geht die realistische Vorstellung vom Wirtshaus an der Heerstraße über in die heroische Vorstellung von einer nicht zu erobernden Burg im Gebirge. Dabei war doch schon die älteste Schweiz, lange bevor sich hier ein deutsches Wort vernehmen ließ, die Schweiz der Römer etwa, an die großen europäischen Routen gebaut. Der Zürichsee war ein Verkehrsweg zwischen den Bündnerpässen und dem Rhein, auf dem man von Italien her zu den Garnisonen und Kolonialstädten im heutigen Deutschland gelangte, nach Köln zum Beispiel, das den Namen von Neros entsetzlicher Mutter trug.

»Tapetenvaterland«

Was die politische Schweiz in ihrer propagandistischen Bilderpraxis nicht haben wollte, was das Beispiel »Schweizerdegen« schon in seinem eigenen Vollzug verschob und verdrängte, das hielt sich in der literarischen Phantasie der Erzähler hartnäckig am Leben. Das Wirtshaus ist bei ihnen ein Ort, an dem sich immer wieder die Reflexion über die politische Identität verdichtet. Am großartigsten erscheint dies noch einmal bei Keller, in der nun keineswegs mehr kaschierten Spelunke in der letzten Seldwyler Novelle »Das verlorene Lachen«. Die Stelle ist so grandios, daß sie vollständig wiedergegeben werden muß. Sie ist ein singuläres Zeugnis dafür, wie die schöpferische Phantasie aus einem präzisen politischen Bewußtsein heraus mit dem chauvinistischen Bildmaterial umgeht, wie sie in und aus diesem Material denkt und polemisch argumentiert. Die Erzählung als ganze handelt von einer Schweiz der politischen, ökonomischen und religiösen Krisen, allesamt gespiegelt in der scheiternden Ehe zweier liebenswürdiger junger Leute. Die verluderte Politik kommt zum Ausdruck in einer politischen Bewegung, die nur noch mit Verleumdungen und Winkelzügen operiert. Diese Leute versammeln sich in einem Wirtshaussaal von eigentümlicher Art. Wer den Bericht einmal gelesen hat, vergißt das Lokal nie mehr. Die Bilder, in denen sich die Schweiz selbst zu bespiegeln pflegt, werden hier auf eine frappante Art zu wahrhaftigen Tapeten, und das Deplazierte, Kommerzialisierte, intellektuell Vergammelte ihres Gebrauchs erscheint als ein unvergleichliches Sinnbild:

> Der Saal, in welchem sie sich befanden, war groß, aber sehr niedrig und mehr dunkel als hell, und seltsam verziert. Denn der Wirt hatte aus einem größeren Hause eine abgelegte Tapete gekauft und seinen Saal damit austapeziert.
>
> Dieselbe stellte eine großmächtige und zusammenhängende Schweizerlandschaft vor, welche um sämtliche vier Wände herum lief und die Gebirgswelt darstellte mit Schneespitzen, Alpen, Wasserfällen und Seen. Da aber der Saal, für welchen dieses

prächtige Tapetenwerk früher bestimmt gewesen, um die Hälfte höher war, als der Raum, in welchen es jetzt verpflanzt worden, so hatte zugleich die Decke damit bekleidet werden können, also daß die gewaltigen Bergriesen, nämlich die Jungfrau, der Mönch, der Eiger und das Wetterhorn, das Schreck- und das Finsteraarhorn, sich in ihrer halben Höhe umbogen und ihre schneeigen Häupter an der Mitte der niedrigen Zimmerdecke zusammenstießen, wo sie jedoch von Dunst und Lampenruß etwas verdüstert waren. An der Wand hingegen thronten die grünen Alpen mit roten und weißen Kühen besäet, weiter unten leuchteten die blauen Seen, Schiffe fuhren darauf mit bunten Wimpeln, auf Gasthofterrassen sah man Herren und Damen spazieren in blauen Fräcken und gelben Röcken und mit altmodischen hohen Hüten. Auch standen Soldaten gereiht mit weißen Hosen und schönen Tschako's; bei einer ganzen schnurgeraden Reihe war das linke rote Wänglein ein wenig neben die gehörige Stelle abgesetzt oder gedruckt durch den Tapetendrucker, was der kommandierende Oberst mit seinem großen Bogenhut und ausgestrecktem Arm eben zu mißbilligen schien; denn die halbwegs neben den leeren Backen stehenden roten Scheibchen waren anzusehen, wie der aus der Mondscheibe tretende Erdschatten bei einer Mondfinsternis.

Auf dem ganzen bemalten Lande herum ging jedoch in der Höhe eines sitzenden Mannes eine dunkle Beschmutzung von den fettigen Köpfen der Stammgäste, die sich im Verlaufe der Zeit schon daran gerieben hatten.

Plötzlich entdeckte ein bleicher Genosse, der vorzugsweise als der Idealist bezeichnet wurde, das gemalte nächtliche Tapetenvaterland und benutzte es sofort zu einem feurigen Trinkspruche auf das herrliche, teure, das schöne Vaterland, das den Verein wackerer Eidgenossen hier so recht als engere Heimat umschließe. Und da auch diese Armen im Geiste und an Glück das Vaterland liebten, so fand er einen lauten Widerhall und es wurden alle bekannten Vaterlandslieder angestimmt. Nur einige ungerührte Gesellen machten sich nichts daraus und schleuderten, da sie eben Heringe aßen, die Heringsseelen[56] geschickt an die ewigen Eisfirnen empor, die über ihren Häuptern hingen, daß jene dort kleben blieben.[57]

Das »Tapetenvaterland« – was für ein kostbares Wort! Sein Sinn geht über den handfesten Anlaß weit hinaus. Was Keller mit dieser

Schweizer Spelunke oder Spelunkenschweiz veranschaulicht, ist nicht nur der Niedergang der politischen Kultur zwanzig Jahre nach dem Aufschwung von 1848, es ist eine Dekonstruktion des verbildlichten Staates überhaupt. Die naive Vorstellung, daß die Schweiz eine gesicherte Gegebenheit sei, so unzweideutig wie meine Hand oder der Tisch, an dem ich sitze, und daß man für diese gesicherte Gegebenheit nun einfach noch ein paar passende Ausdrücke, Zeichen, Metaphern finden müsse, wird einer grausamen Kritik unterzogen. Zwischen dem Bild und der Sache besteht eine schwer kontrollierbare Dialektik. Wenn man sich der Sache über das Bild vergewissert, tritt man ihr handelnd so gegenüber, als wäre sie, wie sie im Bilde erscheint. Dabei ist das Bild angefertigt von denen, die sich nachher der Sache über dieses Bild vergewissern. Das Bild ist ein Als-ob und steuert doch die politischen Operationen. Das Bild hat sein eigenes Leben, sein Schicksal, wie die groteske Tapete in der Spelunke zeigt, die von anderswo her stammt, so daß jetzt die Bergspitzen, weil kein Platz an der Wand ist, oben an der Decke flach hingeklebt werden müssen.

Kellers primäre Aussage läuft sicher darauf hinaus, daß ein verkommener Staat auch zu verkommenen Bildern führt. Aber in der Art der Erzählung selbst wird deutlich, daß die Bilder ihrerseits wieder zurückwirken auf das, wofür sie stehen. Sie sind die Tapetenwand, die das ganze politische Bewußtsein umstellt, das Tapetenvaterland eben, das nicht mehr zu unterscheiden ist vom tatsächlichen. Können wir doch das tatsächliche nie sehen ohne die Bilder. Immer sind sie schon da. Immer steuern sie das Denken und Handeln. Sie sagen: Wir stehen für die Sache. In Wahrheit stehen sie vor der Sache. Insofern ist die Geschichte der Schweiz weit mehr die Geschichte ihrer Bilder, als man von einem naiven Sprach- und Zeichenbegriff aus denken mag.

Man müßte dieses Wirtshaus mit seiner Tapete in allen Einzelheiten untersuchen, um seine ganze Brisanz deutlich zu machen. Es ist ja nicht so, daß da ein schönes Bild einfach verrottet und von den Köpfen der politisierenden Tischgenossen seinen schmierigen Fettstreifen abbekommt. Das Bild ist selber schon ein Fehldruck im wörtlichen Sinn. Den Soldaten steht das Wangenrot neben dem Gesicht als ein schwebendes Scheibchen. Das heißt: das Panorama wurde fabrikmäßig angefertigt, nicht vom ernsten Künstler gemalt als verantwortetes Einzelstück. Das Bild ist billig zu haben von Anfang an. Was es zeigt, ist die Schweiz als Hotel; die »Herren und Damen« spazieren auf »Gasthofterrassen«. Im Wirtshaus drin wird also die Schweiz nochmals als Wirtshaus dargestellt.

Wenn das Bild auch selbst schon da und dort ein Fehldruck ist – Keller nennt es daneben allerdings auch durchaus ernsthaft ein »prächtiges Tapetenwerk« –, so ist es als Ganzes überdies noch zu groß für das Lokal. Das Finsteraarhorn stößt mit der Jungfrau zusammen, auf halber Höhe umgeknickt. Die Divergenz zwischen dem Selbstbild und der tatsächlichen Beschaffenheit könnte nicht bedrängender zur Erfahrung gebracht werden. Die Heringsseelen schließlich, die seltsamste Erfindung der ganzen Passage, die da zuletzt am ewigen Schnee der geklebten Jungfrau kleben, wiederholen nicht nur ein weiteres Mal den Kontrast von Schmutz und Reinheit, sondern erinnern auch an das weite Meer als das Andere der Schweiz. Die Wirtsstube, die sich so sehr in sich selber einschließt, daß sie ihre Vernetzung mit der weiten Welt vergißt, wird von den geschleuderten Innereien der Meerbewohner derb daran erinnert, daß sie nie sich selbst genug war und es nie sein kann.

Daß man ohne die Bilder nicht umgehen kann mit dem eigenen Land und daß sie immer auch schon den Blick verstellen, den sie eröffnen, zwingt zum Schluß, daß Politik, soll sie realistisch bleiben, die unablässige Kritik der Bilder verlangt. Diese nisten in den Seelen hartnäckiger, als die eloquente Öffentlichkeit es meint. Gibt es doch keine Sicht auf das Land an sich. Immer ist eine Tapete da. Wer es weiß, ist klug.

Ganz ähnlich hat Robert Walser im zitierten Prosastück seine eigene Person erfahren. Der Mann, der in die bettwarme Riesin »hineingeht«, sieht sich plötzlich als eine Art Viel-Ich, als mehrere nebeneinander, die alle denkbar sind, ohne daß hinter ihnen eine feste, eindeutige Mitte steht. Diese Krise des in sich selbst gesicherten Subjekts, die da scheinbar spielerisch erzählt wird und die doch in beklemmender Weise den Beobachter der Großstadt zu einem flüchtigen Partikel des Beobachteten selbst macht, korrespondiert mit Kellers erzählter Theorie der politischen Tapeten. So wie der Straßengänger für sich selbst immer neue Figuren schaffen muß, um sich wenigstens ironisch zu besitzen, um sich nicht völlig zu verflüchtigen, muß ein Land wie die Schweiz zu sinnlich einleuchtenden Bildern von sich selber kommen, im klaren Wissen darum, daß diese Bilder »Poiesis« sind im alten Sinn: gemacht, angefertigt, kunstreich geschaffen und immer auf Zeit. Das gilt nicht nur von den idyllischen, es gilt auch von den bösen Piktogrammen, beispielsweise von der Arche des Dr. Blauhals.

Ursprung des Erzählens am Wirtshaustisch

Die neuere Literatur der Schweiz ist im Wirtshaus entstanden. Das hat seine Bedeutung. Mit Gotthelfs »Bauernspiegel«, den in der Schweiz fast keiner, in Deutschland gar niemand mehr liest, beginnt das große nachrevolutionäre, ästhetisch verbindliche Erzählen in diesem Land. Und innerhalb dieses Romans findet sich nun auch die fiktive Geschichte von dessen eigener Entstehung. Der Erzähler ist ein hundertfach geschundener Mensch, als Kind in der starren Bauernwelt bitterlich ausgebeutet, als Erwachsener erneut von allen betrogen und hintergangen, bis er aus Verzweiflung in fremde Kriegsdienste zieht. Nach Jahren kommt er zurück, krank, mit verkrüppeltem Arm. Er möchte nützlich sein, möchte die Erfahrungen und erworbenen Kenntnisse in den Dienst der erneuerten Republik stellen. Aber wieder wird er ausgestoßen. Überall zieht man ihm schlechtere Leute vor. Wäre er im Kriegsdienst nicht hart und ausdauernd geworden, er ginge endgültig zugrunde an der Bosheit der Menschen. Endlich findet er einen, der an ihn glaubt. Und der gibt ihm nun einen seltsamen Rat. Schau dir diese Bauern an, meint er. Sie sind hart, unerbittlich, sie geben dir keinen Posten. Also schaff dir selber einen. Du hast viel erlebt und gründlich nachgedacht. Woran die Bauern am meisten leiden, ist die Langeweile. Sie lesen nicht, weil sie es nur halb verstehen. Aber sie sind jedem dankbar, der erzählen kann. Der ihnen abends die Zeit vertreibt mit Geschichten. Such dir ein Wirtshaus, wo die Bauern nach der Arbeit sitzen, weil es ihnen zu Hause noch viel langweiliger ist. Miete dich da ein. Aber dräng dich nicht auf. Sonst stehst du bald wieder auf der Straße. Und nun fang an, von Zeit zu Zeit etwas zu erzählen. Ganz nebenhin. Von den großen Städten, von der weiten Welt. Sie werden zuerst mißtrauisch sein, dann aber von sich aus näher kommen, gequält von ihrer Langeweile. Jetzt berichte, schildere, erzähl. Und mische die Einsichten darunter, die du so schmerzlich gewonnen hast und die den Bauern fehlen. Nimm ihnen langsam da und dort ein Vorurteil. Tu ihnen vorsichtig die Augen auf. So wirst du den Bauern, aber auch dem Wirt mit der Zeit unentbehrlich. Du kannst dich über Wasser halten auf diese Weise, und am Nachmittag, da schreibst du dein Leben auf. Das geht wohl zunächst schwer, aber du wirst sehen, es gibt sich. – Und der arme Kerl geht hin und versucht es, und es gelingt. So findet er in der kalten Welt eine warme Ecke und in der Republik eine Aufgabe. Und so entsteht der Roman, in dem dies alles wiederum berichtet wird.

Der Name dieses geschundenen Mannes ist Jeremias Gotthelf – Gotterbarm hätte er zuerst sogar heißen sollen. Unter dem Namen Gotthelf erscheint deshalb auch das Buch, das erste des Autors Albert Bitzius. Und das ganze, gewaltige Werk, das diesem Erstling in wenigen Jahrzehnten folgt, wird den Namen dieses Jeremias tragen, des Wirtshauserzählers, der zum Dichter wurde wegen der Bosheit der Menschen und ihrer entsetzlichen Langeweile.

So, aus der Bosheit und der Langeweile, ist die neuere Schweizer Literatur nach ihrer eigenen Gründungslegende geboren, am Wirtshaustisch. Dieser Wirtshaustisch verschwindet nie mehr ganz aus der literarischen Szenerie. Er ist der Ort der prahlenden, polternden Spießer, aber auch der Ort, wo die Heimkehrer von den Metropolen berichten. Bei einem so kunstreichen Erzähler wie Peter Bichsel, wo sich die Kunst hinter der Alltäglichkeit versteckt wie die Raubkatze im Steppengras, ist dieser Tisch sowohl ein wiederkehrendes Ereignis innerhalb der Geschichten als auch ein Faktor der Inspiration für den Autor selbst. Daher zieht sich auch das gleichzeitig plebejische und pädagogische Element, der Wille, den Gelangweilten ihr Leiden zu erleichtern und ihnen dabei etwas Nützliches beizubringen, mit einer gewissen Hartnäckigkeit durch die Schweizer Literatur. Zu ihrem Schaden dort, wo sie Kunst mit Erziehung verwechselt, zu ihrem Vorteil dort, wo sie am Spannenden, Packenden, Kurzweiligen als ursprünglicher Aufgabe der Literatur trotzig festhält. Der wichtigste Preis für den deutschen Kriminalroman, »der Glauser«, ist nach einem Mann benannt, der vom Dadaisten zum schweizerischen Georges Simenon wurde.

Hotelbrände

Sehr vereinfacht ließe sich sagen, daß das alte Denkbild von der Schweiz als einem Land, das unabhängig, sich selbst genug, aber wachsam gegen alles gefährliche Fremde, frei und friedlich lebt, bis heute im Streit liegt mit dem nicht minder alten Bild vom Wirtshaus an den Verkehrswegen Europas, wo die Gäste bald redlich bewirtet, bald tüchtig ausgenommen werden. Beide Bilder haben weitere gezeugt und zeugen sie fort. Sobald das Wirtshaus ins Blickfeld tritt, öffnen sich die Grenzen, tritt ein imaginärer Austausch mit der Welt ein. Was Kellers »Haus zum Schweizerdegen« in seiner Tiefenstruktur meinte, kann man sich heute auch vergegenwärtigen als ein

Finanzinstitut, wo die großen Gelder aus den Krisengebieten der Weltpolitik eintreffen, oder eine Autobahnraststätte, an der die 40-Tonnen-Laster Europas vorbeidonnern. Auf seiner Oberfläche aber spricht das Gedicht vom Gegenteil, vom sauberen Haus auf schönem Hügel, das gegen alles, was von außen herein will, tapfer verteidigt wird.

So ist denn auch der Erzähler am Wirtshaustisch, der den Leuten die Langeweile vertreibt, untergründig verknüpft mit dem Denkbild vom Grand Hotel an den Verkehrswegen Europas. Und wie das Bild vom wohlverwahrten Haus, dem niemand zu nahe treten darf, umkippen kann in die klaustrophobische Vorstellung vom Gefängnis, vom »Hotel Angst«, wo jeder den andern bewacht und keiner mehr dem andern traut, gibt es auch den großen Hotelbrand in der Literatur der Schweiz als eine Chiffre für umfassendere Untergänge. Diese Brände haben jedesmal etwas Orgiastisches, sei das bei Meinrad Inglin am Schluß seines Romans »Grand Hotel Excelsior« von 1928, sei es bei Friedrich Dürrenmatt in seiner späten, schwierigen Erzählung »Durcheinandertal«. Bei Inglin, der als Autor geprägt war vom Zusammenbruch der alten Welt, der »Welt von Gestern«, im Ersten Weltkrieg, nimmt sich das so aus:

> Im Zischen, Brausen und Glühen des immer hemmungsloser wütenden Elementes und beim Anblick der rasenden Zerstörung menschlicher Dinge und Einrichtungen gerieten aber manche in einen rauschartigen Zustand, Männer und Frauen, die vordem nie eine derartige Anlage verraten hatten. Da lief ein Koch herum, der lange Schwenderle, kein Tugendheld, aber doch ein ruhiger, arbeitsamer Mensch, der lief in einer unverständlichen Begeisterung rufend, fuchtelnd, jauchzend herum, schleuderte brennende Gegenstände in noch verschonte Räume, warf Schränke um und schlug Geschirr zusammen. »Hoho, vorwärts,« schrie er, »jetzt ist der Teufel los, he, dort, hierher, mir nach und haut zusammen, was ihr könnt!« […]
>
> Aus den Untergeschossen griff indessen das Feuer auf allen Seiten mit breiten Flammenzungen und heimlich wühlenden Armen in die höheren Räume hinauf. Schon gab es kein Office mehr, im Speisesaal brach die eine Hälfte des Bodens ein, die andere hing schräg in eine prasselnde Hölle hinab, im Billardzimmer begannen auf dem Spieltisch die Elfenbeinkugeln plötzlich von selber zu rollen, das schwere Möbel sank mit zwei Beinen in einen krachend aufbrechenden Spalt, in der Halle wölbte sich der Boden zu Hü-

geln auf und im anstoßenden Lesesaal brannten Fensterrahmen und Vorhänge. [...]

Jetzt trafen die Feuergarben einander in Flammenströmen, die Flammenströme zischten, tosten und schlugen wütend wie von einem unterirdischen Sturm gejagt in die windstille Nacht empor. Alle Scheiben waren klirrend gesprungen, jetzt prasselte im westlichen Flügel das Dachgebälk herab, aus der Mauerkrone brachen Schutt und Steine, die Mitte der Nordwand neigte sich zum Einsturz. Das menschliche Bauwerk war dem rasenden Element rettungslos verfallen, das Grand Hotel Excelsior war verloren.[58]

Und gegen Ende des Jahrhunderts, 1989, im Jahr einer welthistorischen Wende, die so gewaltig war, daß sie seither ohne weiteres Attribut nur »die Wende« heißt, schrieb Dürrenmatt das Gegenstück dazu:

Eine Stichflamme schoß in den Himmel, die Sterne verschwanden, das ganze Kurhaus stand mit einem Mal in Flammen, umringt von der Motorspritze, von Traktoren, von Bauern, bewaffnet mit Heugabeln und Äxten, wie sie gebraucht werden, Bäume zu fällen, aus dem Portal rannte der Hund mit brennendem Fell, wälzte sich am Boden, aus dem Portal stürzten Männer, die Feuerwehr richtete ihre Wendrohre, spritzte die wieder hinein, die sich retten wollten, im Inneren immer wieder Explosionen der Waffenlager, die Weiber bedienten wie verrückt die Motorpumpe, kreischend die Witwe Hungerbühler, sinnlos ihren Zorn über die nie beantworteten Briefe abreagierend, die Feuerwehrmänner spritzten und spritzten, ihre Wasserlanzen trieben Gestalten vor sich her, sie überschlugen sich, wurden durch die Kraft des Wasserstrahls wie Pakete ins Feuer zurückgeworfen, der Wald, der Himmel nahm die Farbe der Hölle an, jemand vermochte sich zu befreien, lief mit lichterloh brennenden Kleidern den Bauern entgegen, einer von ihnen schlug mit der Axt zu, der Mann stürzte zu Boden, immer noch in Flammen, drei Bauern schoben ihre Heugabeln unter den brennenden schreienden Mann, trugen ihn gegen das Kurhausportal, warfen ihn hinein, flüchteten zurück, das Kurhaus begann in sich zusammenzubrechen, die Bauern und Weiber stoben auseinander, Lustenwyler, der Polizist, raste in seinem Jeep herbei, aber offenbar stockbetrunken, war er über das Steuerrad gesunken und fuhr durch das Portal, das über ihm zusammenstürzte, und die Dependance, von der Feuerglut erfaßt, die sie durch den unterirdischen Verbindungsgang ansog, loderte auf, eine einzige Flamme. Nun begann auch der Wald zu brennen.[59]

Beide Texte stellen das brennende Hotel unverkennbar und demonstrativ in größere, zeichenhafte Zusammenhänge. Beide Texte muß man gewiß zunächst in ihrem eigenen textimmanenten Sinngefüge lesen. Aber vor dem Hintergrund jener Bildphantasie vom Wirtshaus an den europäischen Verkehrswegen lassen sich diese Katastrophen auch als Untergangsvisionen dieses Etablissements selber lesen. Es sind Denkspiele, die sich das offizielle Denken verbietet. Sie sind nicht eindeutig festzulegen, aber gemeinsam ist ihnen ein Ingrimm gegen das Sekurierte. Sie möchten erreichen, daß sich die Schweiz ihres Besitzes nicht so zweifelsfrei sicher fühlt, wie sie es gerne tut.

1 Die Geschichten der Schweizer. Durch Johannes Müller. Das erste Buch. Boston 1780. S. 182f
2 ibid. S. 78f
3 ibid. S. 81f
4 Johann Peter Eckermann: Gespräche mit Goethe in den letzten Jahren seines Lebens 1823–32. Hrsg. von Eduard Castle. Berlin, Leipzig, Wien, Stuttgart o.J. Erster Band. S. 127
5 Zitiert in: Eckermann: Gespräche mit Goethe. A.a.O. Zweiter Band. Anmerkungen und Register. S. 80f
6 Gottfried Keller: Sämtliche Werke. Hrsg. von Thomas Böning u.a. Band 1. Gedichte. Hrsg. von Kai Kauffmann. Frankfurt am Main 1995. S. 56
7 Robert Walser: Tell. In: Robert Walser: Das Gesamtwerk. Hrsg. von Jochen Greven. Band VI. Phantasieren. Prosa aus der Berliner und Bieler Zeit. Genf und Hamburg 1966. S. 23f
8 Friedrich Nietzsche: Über Wahrheit und Lüge im außermoralischen Sinne. In: Friedrich Nietzsche: Sämtliche Werke. Kritische Studienausgabe in 15 Bänden. Hrsg. von Giorgio Colli und Mazzino Montinari. Band 1. München 1980. S. 888
9 Gert Schiff: Johann Heinrich Füssli. 1741–1825. Text und Œuvrekatalog. Zürich und München 1973. S. 137f und S. 489f
10 Georg Ruppelt: Hitler gegen Tell. In: DIE ZEIT. Hamburg, 3. Oktober 1991. Nr. 41
11 ibid.
12 Johann Gottfried Seume: Spaziergang nach Syrakus. In: J. G. Seume's sämmtliche Werke. Herausgegeben und mit einem Vorworte begleitet von Dr. Adolf Wagner. Zweite, rechtmäßige Gesammt-Ausgabe in Einem Bande. Leipzig 1837. S. 180
13 Bertolt Brecht: Flüchtlingsgespräche. In: Bertolt Brecht: Gesammelte Werke in 20 Bänden. Band 14. Prosa 4. Frankfurt am Main 1967. S. 1443f

14 Johannes Strickler (Hrsg.): Amtliche Sammlung der Acten aus der Zeit der Helvetischen Republik (1798–1803). IX. Band. Bern 1903. S. 882

15 ibid.

16 Friedrich Schiller: An Karl Theodor von Dalberg mit dem »Wilhelm Tell«. In: Friedrich Schiller: Sämtliche Werke. Hrsg. von Gerhard Fricke und Herbert G. Göpfert. Erster Band. München 1965. S. 462f

17 Hans Jakob Christoph von Grimmelshausen: Der abenteuerliche SIMPLICIUS SIMPLICISSIMUS. Hrsg. von Emil Ermatinger. Zürich 1945. S. 275 (Fünftes Buch, erstes Kapitel)

18 Johann Peter Hebels Werke. Hrsg. von Wilhelm Altwegg. Zürich, Berlin. O.J. Band III. S. 194

19 Niccolo Machiavelli: Der Fürst. Il Principe. Übersetzt und hrsg. von Rudolf Zorn. Stuttgart 1978. S. 51

20 Niccolo Machiavelli: Discorsi. Gedanken über Politik und Staatsführung. Deutsche Gesamtausgabe. Hrsg. von Rudolf Zorn. Stuttgart 1977. S. 50

21 Vgl. dazu Max Wehrli: Der Schweizer Humanismus und die Anfänge der Eidgenossenschaft. In: Schweizer Monatshefte. 47. Jahrgang. Heft 2. Zürich, Mai 1967, S. 127–146

22 ibid. S. 131

23 Hugo Ball: Die Flucht aus der Zeit. Hrsg. von Bernhard Echte. Zürich 1992. S. 53

24 Heinrich Heine: Deutschland. Ein Wintermärchen. Caput XXIII. In: Heinrich Heine: Sämtliche Schriften. Hrsg. von Klaus Briegleb. Vierter Band. München 1971. S. 628

25 Jacob Burckhardt: Über das Studium der Geschichte. Der Text der ›Weltgeschichtlichen Betrachtungen‹ nach den Handschriften hrsg. von Peter Ganz. München 1982. S. 259

26 Conrad Ferdinand Meyer: Auf dem Canal grande. In: Conrad Ferdinand Meyer: Sämtliche Werke. Hrsg. von Hans Zeller und Alfred Zäch. Erster Band. Bern 1963. S. 164

27 Gottfried Keller über Jeremias Gotthelf. Mit einem Nachwort von Heinz Weder. Chronik und Bibliographie von Franz Cavigelli. Zürich 1978. S. 46

28 Max Frisch: Gesammelte Werke in zeitlicher Folge. Hrsg. von Hans Mayer. Band II. 1944–1949. Frankfurt am Main 1976. S. 629

29 Friedrich Dürrenmatt: Werkausgabe in dreißig Bänden. Hrsg. in Zusammenarbeit mit dem Autor. Band 17. Zürich 1980. S. 125–135

30 Bundesratsbeschluß über den Schutz der Sicherheit des Landes im Gebiet des Nachrichtendienstes vom 8. Sept. 1939, Art. 2 [Anmerkung von Karl Barth]

31 Karl Barth: Die Deutschen und wir. Vortrag, gehalten im Januar und Februar 1945. In: Karl Barth: Eine Schweizer Stimme 1938–1945. Zürich, 3. Auflage, 1985 (erstmals Zollikon-Zürich 1945). S. 363f

32 ibid. S. 368

33 Max Frisch: Gesammelte Werke in zeitlicher Folge. Hrsg. von Hans Mayer. Frankfurt am Main 1976. Band III. 1949–1956. S. 92

34 ibid. S. 93

35 Otto F. Walter: Der Stumme. München 1959. S. 282

36 Niklaus Meienberg: Ernst S., Landesverräter (1919–1942). In: Niklaus

Meienberg: Reportagen aus der Schweiz. Mit einem Vorwort von Peter Bichsel. Darmstadt und Neuwied 1974. S. 162f

37 Jeremias Gotthelf: Der Bauernspiegel. Zürich 1986. S. 357 (28. Kapitel)

38 Max Frisch: Tagebuch 1946–1949. A.a.O. S. 647

39 ibid. S. 574

40 Gedichte von Heinrich Leuthold. Dritte vermehrte Auflage. Mit Porträt und Lebensabriß des Verfassers. Frauenfeld 1884. S. XII

41 ibid. S. 175f

42 Gottfried Keller: Bettagsmandat zum Sonntag, dem 21. Herbstmonat 1862. In: Gottfried Keller: Sämtliche Werke und ausgewählte Briefe. Hrsg. von Clemens Heselhaus. Dritter Band. München 1958. S. 1030

43 Vgl. dazu Beatrice von Matt, Michael Wirth (Hrsg.): Abends um Acht. Schweizer Autorinnen und Autoren in Berlin. Zürich/Hamburg 1998

44 Die Offenbarung des Johannes. 17.18

45 Robert Walser: Das Gesamtwerk. Hrsg. von Jochen Greven. Band I. Genf und Hamburg 1972. S. 285

46 ibid. S. 288f

47 Dieser wahre Königsthron, diese zeptergeschmückte Insel, diese Erde der Majestät, dieser Sitz des Mars, dieses zweite Eden, zweite Paradies, diese Festung, die die Natur für sich selbst gegen Erkrankung und die Hand des Krieges gebaut hat, dieser glückliche Stamm von Menschen, diese kleine Welt, dieser kostbare Stein, der in die silberne See eingefaßt ist, die ihm als Wall oder Wallgraben dient, der ein Haus gegen den Neid weniger glücklicher Länder verteidigt; dieser gesegnete Fleck, diese Erde, dieses Königreich, dieses England. Zitat und Übersetzung nach: William Shakespeare: König Richard II., King Richard II. Englisch und deutsch. Hrsg. von Dieter Hamblock. Stuttgart 1996. S. 54f

48 Schiller: Sämtliche Werke. A.a.O. Zweiter Band. S. 999

49 Vgl. Unabhängige Expertenkommission Schweiz – Zweiter Weltkrieg: Die Schweiz und die Flüchtlinge zur Zeit des Nationalsozialismus. Bern 1999. Kap. 3.2 und S. 320

50 Friedrich Dürrenmatt: Der Gerettete. A.a.O. S. 127f

51 ibid. S. 135

52 Gottfried Keller: Sämtliche Werke in sieben Bänden. Hrsg. von Thomas Böning u.a. Band 1. Gedichte. Frankfurt am Main 1995. S. 53

53 Friedrich Dürrenmatt: Rede zur Verleihung des Gottlieb-Duttweiler-Preises an Václav Havel. In: du. Die Zeitschrift der Kultur. Januar 1991. Heft 1. S. 16

54 Gottfried Keller: Gedichte. A.a.O. S. 528f

55 ibid.

56 Heringsseelen: nach dem Wörterbuch (Sanders) »das weißlich glänzende Gefaser, das im Bauche jedes Herings zu finden ist«.

57 Gottfried Keller: Sämtliche Werke. A.a.O. Band 4. 1989. S. 560f

58 Meinrad Inglin: Grand Hotel Excelsior. Roman. Zürich 1928. S. 280f und 299

59 Friedrich Dürrenmatt: Durcheinandertal. Roman. Zürich 1989. S. 168f

Die Kunst der gerechten Erinnerung

Es ist nicht überall ganz geheuer im Kanton Aargau. Noch immer kann es geschehen, daß einem in der Nacht, wenn man allein unterwegs ist, plötzlich ein Reiter begegnet. Der sitzt auf einem gewaltigen Roß, gestiefelt und gespornt, und nebenher läuft ein weißes Hündchen. Der Boden dröhnt, die Sporen klirren, das Roß rast mit aufgerissenen Augen voran. Dem Reiter aber sitzt der Kopf verkehrt auf dem Leib, und seine Augen starren rückwärts in die Nacht. Vergebens sucht er den Kopf zu drehen. Immerzu muß er zurückblicken, als wäre dort etwas, was er nicht sehen will und doch nicht aus den Augen bringt.

Das ist der Stiefelreiter. Man kennt seine Geschichte. Ein Verbrechen hat er begangen gegen Recht und Gesetz und gegen die Menschlichkeit. Falsch geschworen hat er, aus Geldgier, und weil er unfähig war zu Mitgefühl.

Jetzt starrt er zurück in seine Vergangenheit und bringt sie nicht mehr los.

So kann es einem ganzen Land mit seiner Geschichte gehen. Es sollte nach vorn schauen, frei, entscheidungsfreudig, mit Lust an der Zukunft und kühnen Plänen im Herzen. Aber eine furchtbare Gewalt hat ihm den Kopf umgedreht auf dem Rumpf. Es weiß nicht, wo das Roß hinsprengt in der Nacht. Es sieht nur, was war, und begreift nicht, was es damit anfangen soll.

So zurückschauen zu müssen ist ein Fluch, und die berühmte Aargauer Sage vom Stiefelreiter ist nichts anderes als die Geschichte von einem Mann, der zur Erinnerung verflucht wurde.

Wie aber kann man zur Erinnerung überhaupt verflucht sein? Gehört denn die Kraft des Gedenkens nicht zum Höchsten im Menschen? Was wären wir ohne Erinnerung? Hängt nicht alles Selbstvertrauen, alle Selbstsicherheit, hängt nicht die Identität überhaupt von der Fähigkeit des Zurückdenkens ab? Ich bin, der ich war. Das ist ein einfacher Satz und ein schwieriger Satz. Er ist leicht zu widerlegen. Ich habe mich ja verändert. Aber die Widerlegung beweist ihn von neuem. *Ich* habe mich ja verändert.

Was vom einzelnen Menschen gilt, gilt auch von jedem größeren Ganzen, zu dem er gehört. Was vom Ich gilt, gilt auch vom Wir.

Sobald ich »wir« sage, ereignet sich bereits Erinnerung. »Weisch no …?«, »Weißt du noch …?« heißt es jedesmal, wenn Leute, die auf irgendeine Art zusammengehören, einander nach langer Zeit wiedersehen. »Weisch no …?« – diese einfachste Formel für das gemeinsame Zurückdenken ist stets auch ein Akt der gemeinsamen Selbstfindung. Wir sind, die wir waren. Und wer kennt nicht das Vergnügen, das auszubrechen pflegt nach diesem ersten »Weisch no …?« Jetzt kommen die farbigen Geschichten, kommt die Freude an den Geschichten und am Erzählen und Zuhören. »Weisch no …?« Wie man es damals getrieben hat, und wie man es dem gegeben hat, und wie man die hinters Licht führte, und wie sie dann ein Gesicht machte, und wie der aus allen Wolken fiel … Und was waren wir doch einst für eine prächtige Bande alle zusammen!

Der Schritt vom Kreis dieser fröhlichen Erzählerinnen und herzhaften Prahler hinüber zu den ernsten Geschichtsschreibern ist weniger weit, als man denken würde. Auch die Geschichtsschreiber suchen die historische Wahrheit nicht nur um ihrer selbst willen, sondern weil diese Wahrheit ihre Funktion hat in der politischen Gemeinschaft. Auch die politische Gemeinschaft ist, was sie war, und sie weiß nur, was sie ist, wenn sie weiß, was sie war. Und auch die politische Gemeinschaft neigt nicht selten dazu, von den Historikerinnen und Historikern bloß das eine hören zu wollen: was wir doch einst für eine prächtige Bande waren alle zusammen.

So unvernünftig ist der Wunsch gar nicht. Denn die Begeisterung über die gemeinsame Vergangenheit begründet spielend, in rauschenden Aufschwüngen, die Selbstvergewisserung und das Selbstvertrauen. Diese aber bilden die Grundlage für die Lust an der Zukunft und den Mut, sie zu gestalten. So weit wir zurückblicken in der Geschichte der Menschheit, sehen wir deshalb immer und überall den gleichen Vorgang: Der neu eingerichtete Staat, wenn er einmal die äußeren Feinde erschlagen und die inneren aufgehängt hat, bietet seine Erzähler und Geschichtsschreiber auf, damit sie ihm eine glorreiche Vergangenheit schaffen. Von den Ursprüngen sollen sie erzählen, lautstark und farbig, auch wenn sich dabei die Balken biegen. Schaudernd, erschrocken, hingerissen vernehmen die Menschen dann von den Taten ihrer Vorfahren und erleben dabei, wer sie selber sind. Und gerne kommen sie an den Orten zusammen, wo sich die großen Dinge einst abgespielt haben, und gedenken der Ereignisse, um sich miteinander ihrer Zusammengehörigkeit zu versichern.

Das ist kein Narrenspiel. Das ist ein Grundvorgang der politischen Kultur. Am Ende der Helvetik, als die junge Verfassung schon wieder in Fetzen lag, als es in der Schweiz zuging wie auf einem brennenden Piratenschiff und jeder dem andern das Messer an den Hals setzte, als die Freiheitsbäume aufgerichtet und umgelegt und wieder aufgerichtet und wieder umgelegt wurden, da erhielt unser Land gleichzeitig zwei Geschenke, unverdient: Es erhielt vom politischen Genie des Franzosen Napoleon die Verfassung der Mediation, die ein Zusammenleben überhaupt wieder möglich machte, und es erhielt vom dichterischen Genie Friedrich Schiller das Schauspiel »Wilhelm Tell«, das uns, lautstark und farbig, vor aller Welt eine glorreiche Vergangenheit bescheinigte. Wir haben beides angenommen, ohne falsche Bescheidenheit, so wie wir unverdienten Geschenken gegenüber ja nie besonders zurückhaltend waren. Zu den ältesten Wahlsprüchen der Schweiz gehört der leicht veränderte Satz aus der Bibel: »Der Herr hat's gegeben, wir haben's genommen, der Name des Herrn sei gelobt!«

Diese Gleichzeitigkeit einer tauglichen, wenn auch befohlenen Verfassung und eines grandiosen, wenn auch importierten Kunstwerks der Erinnerung mag ein historischer Zufall sein, eminent aussagekräftig ist sie dennoch. Denn es zeigt sich daran, wie untrennbar jede wirkungsfähige Politik mit dem schöpferischen Gedächtnis verbunden ist.

Schöpferisches Gedächtnis – ich brauche dieses Wort mit Überlegung. Die Vergangenheit nämlich ist uns nie einfach gegeben. Auch die scharfsinnigsten Historikerkommissionen an den längsten Tischen mit den größten Archiven im Rücken können uns nie die Vergangenheit geben, ein für allemal: so war's, und nun wissen wir's, und damit basta. Das Wissen allein genügt nicht. Das Wissen muß erlebt, erfahren, muß aufgenommen werden in die Ganzheit unserer Person. Man sagt so gern: Die Fakten müssen auf den Tisch! Sicher, das müssen sie, aber dann fängt die Aufgabe erst an: das Verstehen der Fakten, das Begreifen und Verbinden der Fakten zu großen Zusammenhängen. Jetzt fängt die Aufgabe an, den Sinn zu gewinnen, den diese Fakten für uns heute haben. Solcher Sinn ist über Dokumente, Statistiken und Dossiers allein nicht zu erreichen. Die historische Wahrheit setzt eine freie Seele und einen gestaltenden Geist voraus – das schöpferische Gedächtnis. Und dies ist eine Aufgabe für alle, nicht nur für die Historikerinnen und Historiker, die sich in den Kavernen unserer Archive abrackern. Bürger eines demokratischen Staates zu sein heißt mehr als Abstimmen und Wählen. Es heißt auch, aus der Bedrängnis der eigenen Zeit heraus die Vergangenheit dieses Staates so für die Gegenwart zu gewinnen – in einem Akt, welcher Wissenschaft und Kunst zugleich ist –, daß sich daraus ein festes Bewußtsein der eigenen Existenz im Strom und Strudel der Geschichte ergibt, erlebte politische Identität. Der demokratische Staat gehört zu den höchsten Errungenschaften, die es auf unserem gequälten Planeten gibt, und wo er existiert, ist er auch der zustimmenden Gefühle seiner Bürgerinnen und Bürger wert, einer vernunftgelenkten, herzlichen Zuneigung.

Der Stiefelreiter, der durch die Nacht rast, den Kopf verkehrt auf dem Rumpf, sieht seine Vergangenheit und sieht nichts anderes mehr. Er flieht vor seiner Schuld, seinem Verbrechen, seiner Unmenschlichkeit, aber dies alles tanzt wie Gespenster hinter ihm her, tanzt in gleicher Geschwindigkeit an seiner Seite, zusammen mit dem weißen Hündlein. Er hat die Freiheit der Seele und die Schöpferkraft der Erinnerung verloren, und je schneller er flieht, um so mehr kommt er sich selbst abhanden.

Wir sind hier versammelt, um uns zu erinnern, stellvertretend für alle Bürgerinnen und Bürger dieses Landes, wir sind Delegierte des Gedenkens.[1] Wir schauen zurück auf die Helvetik, von der man sagen kann, daß sie genau an diesem 17. Januar vor 200 Jahren begann, als die Liestaler den ersten Freiheitsbaum aufrichteten und den Tellenhut oben draufsteckten – so wie man sich damals den Hut von Wilhelm Tell eben vorstellte: breitrandig und mit dicken, farbigen Federbüschen garniert. Zur Beleuchtung brannten einige Schlösser in der Landschaft. Und wenig später konstituierte sich hier in Aarau das Parlament des neuen Staates. Daß die Erinnerung eine Aufgabe ist, daß die Vergangenheit von uns gestaltet werden muß aus der Erfahrung der Gegenwart heraus, zeigt sich selten so deutlich wie angesichts der Helvetik. Die Fakten liegen auf dem Tisch. Doch wer sich auf sie einläßt, dem surren sie bald einmal um die Ohren wie die Wespen. Jeder findet den Beweis, den er sucht – sei es für die arge Unterdrückung, sei es für die hochgemute Freiheit.

»Zürich, im ersten Jahre der schweizerischen Sklaverei, den 10. Mai 1798«, so unterzeichnete der berühmteste Zürcher, Johann Caspar Lavater, einen Protestbrief an die französische Regierung. Aber – zur gleichen Zeit erhielt die Schweiz erstmals in der Geschichte eine Verfassung, die von Schweizern gewollt und von Schweizern entworfen war. Aber – diese Verfassung wurde von der französischen Regierung umformuliert und dem Land mit Waffengewalt aufgezwungen. Aber – das Gesetzeswerk beseitigte endlich das Regiment der Städte über die Landschaften und erklärte alle Bürger der Schweiz zu Menschen gleichen Rechts. Aber – dabei wurden aus den souveränen Kantonen bloße Verwaltungsdistrikte, und alte demokratische Rechte fegte man vom Tisch, als wären sie dummes Zeug. Aber – eine Horde von Landvögten, die überall auf massiven Schlössern saß und Steuern einzog mit Fingern von unterschiedlicher Länge, rutschte endlich von den Sesseln und fuhr unter dem Jubel der Bevölkerung von dannen. Aber – das Volk durfte seine Richter und Regierungen nicht direkt wählen, sondern nur Wahlmänner bestimmen, die dann an den Wahlen beteiligt wurden. Aber – die Juden in der Schweiz erhielten Rechte und Freiheiten, wie sie ihnen nicht einmal die Bundesverfassung von 1848 wieder zugestand. Aber – Schweizer Bürger wie alle andern Schweizer durften diese Schweizer trotzdem nicht sein. Aber – erstmals galt jetzt in diesem Land die Freiheit der Presse, die Glaubens- und Gewissensfreiheit wurde festgeschrieben und die Folter abgeschafft. Aber – die Klöster durften keine neuen Mönche mehr aufnehmen, und die Wallfahrten, wo man sich neben Gottes Segen stets auch ein paar vergnügte Tage verschaffte, wurden verboten. Aber – die Führer der Helvetik erklärten die Bildung des Volkes zur schönsten Aufgabe des Staates und begründeten die allgemeine Schulpflicht für Mädchen und Knaben. Aber – die Schutzmacht Frankreich plünderte die Staatskassen der reichen Kantone, führte das Gold in soliden Karren nach Paris und schickte sogar die Bären aus dem Bärengraben hintennach, zu kulinarischen Zwecken. Aber – zum ersten Mal in der Geschichte besaß die Schweiz jetzt eine gewählte Landesregierung, fünfköpfig, bestehend aus einem Basler, einem Waadtländer, einem Solothurner, einem Berner und einem Luzerner. Aber – diese Regierung zögerte nicht, französische Truppen in die Täler zu schicken, die sich nicht fügen wollten, und deren Aufstände blutig niederzuschlagen. Aber – das Elend der Besiegten wurde durch landesweite Hilfsmaßnahmen gelindert, und die Regierung sandte ihren besten Kopf, Johann Heinrich Pestalozzi, den erleuchteten Geist im Aufzug eines Clochards, als Helfer und Lehrer in das geschändete Stans.

Die Fakten liegen auf dem Tisch. Die Zeugnisse und Dokumente füllen Bände. Das macht uns die Erinnerung nicht leichter. In der Rückschau kann einem die Helvetik sogar als ein einziger, ungeheuerlicher Tumult voller Brand und Pulverdampf erscheinen. Die Landesgrenzen sind durchlässig. Französische Armeen dringen über den Jura herein, die Österreicher über den Rhein, die Russen über die Alpen. Und das kracht aufeinander vor den Toren der vergelsterten Stadt Zürich, welche diese Truppen auch noch versorgen muß. Dabei hätte sie doch lieber etwas verdient an dem grimmigen Tourismus. Und wenn wir heute in Paris unter dem Arc de Triomphe stehen, wo alle glorreichen Schlachten eingemeißelt sind, und plötzlich lesen wir zwischen den donnernden Namen »Austerlitz« und »Marengo« und »Borodino« meterhoch geschrieben: »Dietikon«, und gleich daneben: »Muotathal«, dann wissen wir erst recht nicht mehr, sollen wir uns nun in die Brust werfen über soviel Weltruhm oder ist uns dieser Weltruhm eher etwas peinlich.

Das ist das Grandiose an der Helvetik, daß sie unsere abschließenden Deutungen immerzu scheitern läßt. Hier erfahren wir gründlich die Grenzen der Selbstherrlichkeit, mit der wir der Geschichte so gern gegenübertreten. Und selbst wenn wir dabeigewesen wären und zueinander sagen könnten: »Weisch no …?«, wir wären um nichts besser beschlagen. Zeitgenossenschaft allein macht noch keine Experten. Das Gedächtnis muß schöpferisch sein. Das heißt: es hat den Entscheid zu treffen, was uns diese Epoche gelten soll und warum wir ihrer mit Respekt und Dankbarkeit gedenken wollen.

Dieser Entscheid ist ein ethischer Akt. Er hängt ab von dem, wozu wir uns heute politisch und moralisch bekennen. Die Revolution von 1798, die im Kern von Schweizern gewollt und von Schweizern gemacht, von Schweizerinnen mitgewollt und mitgetragen wurde, entsprang der gewaltigsten Einsicht der Zeit: daß dem Menschen sein Denken nicht befohlen werden kann. Von diesem Blitz, der durch das Gehirn des Jahrhunderts zuckte, leitet sich alles andere her: die Idee der gleichen Rechte, und daß keiner von Geburt oder Geld aus Herr sein darf über den andern, und daß einer, der es trotzdem sein will, abfahren muß. Im Ja zu diesen Grundsätzen, zur Gerechtigkeit aufgrund der Menschenrechte, ist 1798 ein Teil unserer aktuellsten Gegenwart.

Der Blitz, der durch das Gehirn des Jahrhunderts zuckte, ließ vor 200 Jahren die Freiheitsbäume in der Schweiz aus dem Boden schießen, vom Waadtland bis in den Thurgau, von Basel bis ins Tessin, vom Unterwallis bis ins Toggenburg und nicht zuletzt im tapferen, tatkräftigen Aargau. – Und im Namen der Freiheit wurden sie dann wieder umgesägt.

Das ist der Pferdefuß der Sache. Kaum ist das Denken frei, wird die Freiheit auch schon verschieden gedacht. Und entsprechend verschieden sieht die politische Praxis aus. Zuerst steht Gedanke gegen Gedanke, dann Überzeugung gegen Überzeugung, dann Forderung gegen Forderung, dann Bajonett gegen Bajonett. Die Helvetik hat das erlebt. Der Wille zur Freiheit muß mit dem Bürgerkrieg rechnen. Auch das gilt es hier zu studieren. Nie ist uns die Freiheit ein für allemal gegeben, sowenig wie die Wahrheit der Geschichte. Die Freiheit ist ein Prozeß ohne Ende, langsam und gefährlich. Immer läuft eine Blutspur mit. Auch am Weg der modernen Schweiz, von 1798 bis 1848, von 1848 bis 1998, liegen Tote. Wir können diese Toten sehen wollen oder nicht. Wir können die chronische Gewalt vergessen über den eminenten Leistungen der Versöhnung, welche die Schweiz erbracht hat, aber wir haben das eigentlich nicht nötig. Vergessen ist keine Kunst, Kunst ist die gerechte Erinnerung. Dieses Land ist heute so weit, daß es in ruhigem Ernst auf alles zurückblicken kann, auf die großen Werke seiner politischen Kultur wie auch auf das Böse und die Schuld, und alles annehmen kann als Teil seiner selbst. Nur dann sitzt ihm der Kopf beweglich, frei und furchtlos auf den Schultern. Dann aber ist es auch bereit für das große Projekt der Zukunft – mit alten Nachbarschaften und neuen Bünden, mit alter Gerechtigkeit in einer neuen, geldbesessenen Arbeitswelt, mit alter Herzlichkeit zu neuen, buntgemischten Landsleuten, mit altem Trotz gegenüber neuer Arroganz und mit altem Helferwillen in einer neuen, weltverschwisterten Solidarität.

1 Diese Rede wurde gehalten am 17. Januar 1998 an der Gedenkfeier »200 Jahre moderne Schweiz« in der Stadtkirche Aarau (Kanton Aargau) vor dem versammelten Schweizer Bundesrat, den Vertretungen beider Parlamente und den Delegierten aller Kantonsregierungen.

Die Wahrheit und die Bajonette

Sobald Schüsse fallen, wird die Welt einfacher. Sobald Menschen einander auf Sichtweite gegenüberstehen, um sich gegenseitig zu töten, verschwinden alle Widersprüche. Man war in Probleme verstrickt, sie sind gelöst. Man hat sich mit Fragen herumgeschlagen, sie sind beantwortet. Die tägliche Last, wissen zu müssen, was man soll und was man will und was man wollen soll und was man sollen will, rutscht von den Schultern, als wäre sie nie gewesen. Man will nur noch eins, töten, man soll nur noch eins, töten, und nichts anderes mehr ist von Bedeutung.

Dort sind die Feinde, hier sind die Brüder, und die Wahrheit ist bei uns und bei den andern regiert die Lüge.

Die Vereinfachung der Welt im Feuer der Kanonen und Kartätschen, im Kugelhagel der Scharfschützen, im Anrennen mit dem blanken Bajonett beendet die Suche nach der Wahrheit. Sie beendet also das, was den Menschen erst zum Menschen macht. Das Tier kennt keine Wahrheit. Es *ist* wahr. Es lebt seine Natur, wenn es tötet, und es lebt sie, wenn es gefressen wird. Der Mensch aber muß die Wahrheit suchen und hat sie nie, und wenn er meint, sie zu haben, kommt sicher einer daher, der sie ihm wegbeweist. Solange er weitersucht, bleibt er menschlich; sobald er damit aufhört, wird er gefährlich.

Deshalb gilt der Satz in doppelter Weise. Wo das Kartätschenfeuer losbricht, endet die Suche nach der Wahrheit. Wo die Suche nach der Wahrheit endet, bricht früher oder später das Kartätschenfeuer los.

Am 9. September 1798 sind hier Schüsse gefallen, in diesem Kanton, in diesem Flecken, in dieser Kirche.[1] Das Feuer der Kanonen und Kartätschen hörte man bis in die Stadt Luzern, den neuen Sitz der helvetischen Regierung. Diese hatte den Befehl zum Schießen und Stechen gegeben. Der Krieg war ein Bürgerkrieg. Auch wenn die angreifenden Truppen Franzosen waren unter einem französischen General, war der Krieg doch ein Bürgerkrieg. Einer der vielen Bürgerkriege in der Geschichte unseres Landes, von denen wir nicht gerne reden. Wir verstehen uns lieber als das Land, wo alle so gut miteinander auskommen, die Sprachen, die Religionen, die Kulturen, und daß wir bisher noch in jedem Jahrhundert blutig aufeinander losgegangen sind, möchten wir gerne nicht weiter diskutieren.

Die Schüsse sind gefallen, die Kartätschen haben gekracht im Namen der Aufklärung, im Namen der Menschenrechte, im Namen der Freiheit, der Gleichheit, der Brüderlichkeit und der Toleranz. Die Schüsse sind gefallen und die Kartätschen haben gekracht im Namen Gottes, im Namen des angestammten Glaubens, im Namen des Rechts auf politische Selbstbestimmung gemäß den alten Freiheiten. Da stand Wahrheit gegen Wahrheit, eine so felsenfest gegründet wie die andere, jede erlebt im innersten Herzen, und wer zweifelt, ist schon ein Verräter. Nicht länger gesucht werden mußte die Wahrheit, sie war gegeben, ein für allemal, und also wurde es gefährlich, und es wurde das Feuer eröffnet morgens um 4 Uhr 30.

Zwei Figuren von seltsam pittoresker Natur verkörpern diese Haltung des unbedingten Wahrheitsbesitzes mit allen tödlichen Konsequenzen. Sie sind die Chefideologen der beiden Parteien, berühmt, berüchtigt, gehaßt und verehrt weit über ihre Lebenszeit hinaus. Der eine wurde später zum Heiligen der säkularisierten Schweiz und steht heute in dieser Funktion und nach sakralem Muster gestaltet auf einem hohen Sockel an der Zürcher Bahnhofstrasse, in Erz gegossen: Johann Heinrich Pestalozzi. Der andere war ein geistlicher Volkstribun barocken Zuschnitts, ein Kapuziner von tobender Gottesgewißheit und eine Kriegsgurgel ohnegleichen, Pater Paul Styger, der am Tag der Schlacht auf einem weißen Hengst im Husarensattel die Front entlangsprengte, segnete, betete, eigenhändig die Kanonen richtete und als Scharfschütze zahlreichen Franzosen persönlich zur frühzeitigen Seligkeit verhalf. Pestalozzi erließ vor dem Einmarsch in Nidwalden einen Aufruf an das Schweizervolk, sich mit der Landesregierung in allen Maßnahmen gegen diese »Landesaufwiegler«, »Landesverräter« und »Verbrecher« in den Bergen zu solidarisieren, und zur Beruhigung versprach er, das Vaterland werde die zu erwartenden Witwen und Waisen großherzig betreuen. Die Schüsse sind also gerechtfertigt im voraus. Pater Paul Styger wiederum betrieb die religiöse Propaganda. Er verfocht als Redner und Reiter, Einflüsterer und Guerillero die untrennbare Einheit von Glaube und Politik, Kirche und Staat. Das Heilige darf vom Weltlichen nicht geschieden werden, und wer dies vom Volke fordert, ist ein Verräter an den höchsten Gütern. Die Schüsse sind gerechtfertig im voraus.

Die Wahrheit als Droge, hier wie dort. Hier wie dort die Intellektuellen im Rausch des Rechthabens. Die Vordenker, die Wortmächtigen, die Herren der blitzenden Argumente und dröhnenden Parolen, hier wie dort sehen wir sie verzückt im Wissen, daß sie die Wahrheit besitzen, zweifelsfrei, die ganze Wahrheit und nichts als die Wahrheit. Im Rausch des Rechthabens wird alles andere zur Lüge, und wer die Lüge vertritt, wird zum Feind, und der Feind muß vernichtet werden – nicht mit Argumenten widerlegt, nicht mit Worten überzeugt, sondern umgebracht mit Flinten und Kartätschen.

Der Rausch des Rechthabens ist der unheimlichste narkotische Zustand, den es gibt. Man erkennt ihn unweigerlich daran, daß die Befallenen, die Fixer der Wahrheit, das Verletzen, das Schänden, das Töten von Menschen von vornherein in Rechnung stellen.

Aber waren denn nicht trotzdem die einen mehr im Recht als die andern? Stand denn nicht auf seiten der Helvetischen Republik die Zukunft? Und auf seiten der Nidwaldner – der nichthelvetischen Nidwaldner, muß man sagen, denn die helvetischen Nidwaldner hatten sich rechtzeitig aus der Gefahrenzone abgesetzt –, stand auf ihrer Seite nicht die Vergangenheit, das Gestrige, die Finsternis einer überlebten Zeit? Standen hier nicht die Menschenrechte gegenüber einem starren Fundamentalismus? Stand nicht die Freiheit, sich seines eigenen Verstandes zu bedienen, gegenüber dem befohlenen Denken? Stand nicht der Wille zur umfassenden republikanischen Freiheit gegenüber einer Teildemokratie mit vielen Freiheiten für die einen und bitteren Abhängigkeiten für die andern? Saßen nicht diese Söhne Tells als Landvögte im Tessin und am Bodensee, hatten zu Hause die Landsgemeinde, aber im Untertanengebiet das alleinige Regieren und Regenteln? Rühmten sie nicht in der Heimat den Apfelschuß, und im Tessin konfiszierten sie die Armbrüste?

Das stimmt. Es stimmt alles, und es ist nicht zu bestreiten. Aber die Wahrheit ist nicht immer auch schon die ganze Wahrheit. Das vergißt sich besonders leicht im Rausch des Rechthabens. Daheim die Landsgemeinde, draußen die Vogteien – hier liegt gewiß ein böser Widerspruch. Und dennoch, als im Februar 1798 diese Vogteien frei wurden, was geschah? Fast überall wurden Landsgemeinden eingerichtet, durch den Willen des Volkes, in Uznach und Sargans, im Rheintal und im Toggenburg – und im Namen der neuen Freiheit schritt die Regierung streng gegen diese neue Freiheit ein. Selbst Napoleon spottete später in seinen Memoiren über den Kampf des französischen Direktoriums gegen das Prinzip der Landsgemeinden: »Das Direktorium erklärte den Krieg gegen *diese Unsinnige,* die es wagten, freier sein zu wollen als *die Jakobiner.*« Und er meinte ganz generell: »Das Direktorium würde die Schweiz und ganz Europa für sich gehabt haben, wenn es verstanden hätte, die Demokratie der kleinen Kantone zu respektieren.« Nun ist Napoleon gewiß kein unbefangener Zeuge. Ein Jahr später, im November 1799, hat er das Direktorium in Paris gestürzt und sich selbst zum alleinigen Chef gemacht. Er hatte also ein Interesse daran, die alte Regierung in ein schlechtes Licht zu rücken, und im übrigen ist er ja eigentlich auch nicht als der glühende Verfechter der Basisdemokratie in die Geschichte eingegangen.

Wer also hatte recht? Oder das größere Recht? Oder ein bißchen mehr recht? Wenn hinter der Landesregierung die Mehrheit des Schweizervolkes stand, wäre der Fall nach den Grundregeln der Demokratie geklärt. Aber Pestalozzi selbst berichtet gleich nach dem 9. September, man sage »bald allenthalben im Land [...]: ›ja wir hofften, die guten Ländler siegen, und denn hetten wir auch etwas zu den Sachen geredt.‹« Und er kommentiert: »Dieses ›zu den Sachen geredt‹ hat wahrlich nicht weniger sagen wollen, als ›wir hetten uns zu ihnen geschlagen‹«. Worauf er zu einer offenen Drohung ansetzt: »Frankreich *will* und Frankreich *muß* die neue Ordnung der Dinge auf jeden Fall beschüzzen. Koste es eine Armee – es muss *syn*. Koste es zahllose unglückliche Landes-Einwohner – *es muss syn*.«

Die gute Sache, daß nämlich in der Schweiz der Wille der Mehrheit regiere, muß also dieser Mehrheit in der Schweiz mit Gewalt beigebracht werden. Ein schöner Widerspruch. Er verschwindet, wie alle Widersprüche, sobald Schüsse fallen und Kartätschen detonieren; aber wenn sich der Pulverdampf verzogen hat und man anfängt, die Toten zu zählen, ist er wieder da. In seiner Depesche an das Direktorium zu Paris meldet General Schauenburg nach der Strafaktion, er habe rasch zuschlagen müssen, weil auch in Appenzell und im Toggenburg der Eid auf die Verfassung verweigert worden sei und der Flächenbrand angefangen habe sich auszubreiten: »l'incendie commençait à se propager dans le canton de Säntis«. Die Verwüstung Nidwaldens war offenkundig als Signal gedacht für die ganze übrige Schweiz, so wie acht Monate später das Niederbrennen von Disentis und die Verwüstung des Oberwallis Signale waren an alle, denen es in den Sinn kommen sollte, den Kopf aufzuwerfen. Daß diese Strategie eine terroristische Dimension hatte, ist nach den Erfahrungen, die das 20. Jahrhundert mit Besatzungsarmeen gemacht hat, kaum zu bezweifeln.

Und dennoch muß man sagen: Die helvetische Regierung vertrat zum ersten Mal in der Geschichte der Schweiz den republikanischen

Staat im modernen Sinn, sie vertrat die Grundrechte der Menschen und die Beseitigung der falschen Privilegien, sie verstand die Schweiz als ein politisches Gemeinwesen aus gleichberechtigten, selbstverantwortlichen, von Vernunft und Menschlichkeit geleiteten Mitgliedern, die einander begegnen in der Freiheit der eigenen, im Anerkennen der andern Überzeugung. So war es niedergeschrieben in der Verfassung, und diese Verfassung sollte gelten im ganzen Land. Und hätte die Helvetik auch nicht mehr geleistet, als die Vogteien abzuschaffen, die Folter zu beseitigen und unseren jüdischen Landsleuten die Grundrechte zu gewähren, wir müßten ihrer schon deshalb in Hochachtung und Dankbarkeit gedenken.

Wer also hatte recht? Oder das größere Recht? Oder ein bißchen mehr recht? Wer steht besser da vor dem Richterstuhl der Geschichte?

Dieser berühmte Richterstuhl der Geschichte, wo befindet er sich denn? Er steht nicht in einer Seitenkammer der Universität, nicht im Bundeshaus und nicht im Landesmuseum; er ist auch nicht in Straßburg zu finden, und in New York oder Los Angeles schon gar nicht. Gibt es ihn überhaupt? Wohnt irgendwo die Instanz, welche die Wahrheit feststellt, ein für allemal, die Wahrheit über alles historische Geschehen, über Schuld und Unschuld, Sittlichkeit und Niedertracht, über Gut und Böse auch dort, wo Überzeugung mörderisch gegen Überzeugung krachte? Die hochgemute Rede vom Richterstuhl der Geschichte leitet sich her von der christlichen Vorstellung des Weltgerichts und des Weltenrichters Christus am Jüngsten Tag. Dieser, ein Herrscher von schrecklicher Majestät – rex tremendae maiestatis, wie es im Requiem heißt –, wird sitzen auf seinem Stuhl, und alles Verborgene wird an den Tag kommen, und nichts, was je Böses geschehen ist, wird ungestraft bleiben: Iudex ergo cum sedebit, / quidquid latet apparebit: / nil inultum remanebit. So lautet das auf lateinisch und gereimt.

Eine große Vision war das einst, und wer heute vom Richterstuhl der Geschichte spricht, möchte sich einreden, die theologische Vorstellung könne übertragen werden auf die Wissenschaft. Die Geschichtsschreibung als Weltenrichter: schön wär's. Den Satz »Die Weltgeschichte ist das Weltgericht« hat als erster Friedrich Schiller ausgesprochen, und er hat in dieser Formel gleich auch den Widerhaken versteckt. Denn wenn die Weltgeschichte das Weltgericht ist, muß sich mit dem Wandel der Geschichte auch das Urteil wandeln, dann wandelt sich auch das Gericht. Das heilige Buch, in dem alles unverrückbar steht, gibt es nicht. Und das wissenschaftliche Buch, in dem alles unverrückbar steht, gibt es auch nicht. Wir selbst sind verantwortlich für das Gericht über die Vergangenheit und also für die Gerechtigkeit und die Sorgfalt und die Umsicht in der Urteilsbildung. Dafür brauchen wir die Wissenschaft, aber sie kann uns den eigenen Entscheid nicht abnehmen. Hier liegt der Grund, weshalb wir uns nicht länger auf die handlichen Formeln und glatten Parolen stützen dürfen, mit denen der 9. September 1798 hier wie dort historisch abgefertigt wurde. Hier mit der Rede von den Märtyrern der Freiheit gegen eine Horde fremder Invasoren; dort mit der Rede von den unwissenden Bauern, denen fanatisierte Geistliche den Kopf verdreht hatten. Die plakativen Formeln haben ausgedient. Wer sie unbesehen gebraucht, verzichtet auf das eigene Urteil in Sorgfalt und Umsicht. Es ist unwürdig, die Vereinfachung der Welt, die sich einstellt, sobald Schüsse fallen und Kartätschen detonieren, hinüberzuschmuggeln in die Zeit des Nachdenkens über den verwickelten Gang der Geschichte und die schweren Widersprüche des Fortschritts.

Johann Heinrich Pestalozzi, der große Erzieher, hat Ernst gemacht mit einer der gewaltigsten Ideen der Aufklärung: daß die Welt verbesserbar sei. In kühner Weise hat er diesen neuen Glauben angewendet auf die Kinder, hat in ihrer Verbesserung den ersten Schritt zur Verbesserung des Ganzen erkannt und seine Lebensarbeit darauf ausgerichtet. Er hat begriffen, daß Erziehung langsam geht, umständlich, daß sie die Menschen nicht dressieren darf wie Affen oder Soldaten, sondern alles zusammen entwickeln muß, die Gefühle im Herzraum, den Scharfsinn im Kopf und die Geschicklichkeit der beweglichen Hand. Er hat es begriffen, hat es gelehrt, und meistens ist er in der Praxis gescheitert, weil sein funkelnder Kopf den tastenden Händen voraus- und davonlief. Aber versucht hat er es mit einer verzehrenden Glut. Auch in Stans. Das muß man daher zusammendenken können, hier und heute, den Chefideologen mit seinem entsetzlichen Satz: »Koste es zahllose unglückliche Landes-Einwohner – *es muss syn*«, und den Erzieher, Helfer, Lehrer, der vor einem Horizont schwarzer Brandruinen und in einer noch immer von Verwesung stinkenden Landschaft seinen Lebensglauben Tag für Tag verwirklichen will. Die aufgeklärten Freunde haben ihm zuletzt das Bein gestellt, und die konservativen Feinde haben darüber gejubelt. Für uns aber liegt im Widerspruch dieses Mannes die schwierige Wahrheit der Zeit. Schießen oder erziehen? Oder schießen *und* erziehen? Oder zuerst schießen und dann erziehen? Für eine saubere Logik schließen sich die beiden Tätigkeiten aus, nicht aber für die lebendigen Menschen und für die Geschichte. Und wenn wir die Hoffnung nicht aufgeben, daß das Erziehen eines Tages das Schießen in der Welt endgültig beenden werde, so tun wir es im Wissen, daß diese Hoffnung illusorisch ist. Illusorisch, aber unabdingbar. Logisch.

Napoleon hat den Widerstand der Bergkantone anders gelesen als die helvetische Regierung, anders als seine eigenen Generäle, anders als die Parolenmacher der heiligen Freiheit und anders als die Parolenmacher des finsteren Fanatismus. Vier Jahre nach dem Desaster von Stans diktierte er der Schweiz eine neue Verfassung und hielt dazu eine Rede, die es in sich hat. Das Land war unregierbar geworden. Vom Jura bis zum Säntis herrschten Zustände wie in einem Sack voll Katzen. Napoleon stellte nun den alten Föderalismus wieder her, nicht aus Ehrfurcht vor der Tradition, sondern aufgrund einer kühlen Analyse. Ausgangspunkt sind die kleinen Kantone, ihre Landsgemeinden und ihr Widerstand. Ich bin selbst ein Bergler, sagte der geborene Korse – »je suis montagnard moi-même« –, und ich kenne die Rauheit, die Widerborstigkeit der Bergbewohner – »je connais l'âpreté (des mœurs) des montagnards«. Die Differenz zwischen den ganz unterschiedlichen Kantonen mache die Schweiz unregierbar von einer einzigen Zentrale aus. Und er behauptet, sogar er selbst, der Herrscher der Franzosen, wäre nicht imstande, die Schweiz allein zu regieren. Deshalb sollten sich die einzelnen Kantone im Innern politisch so einrichten, wie es ihren Gebräuchen, ihrer Religion und ihren Überzeugungen entspreche. Die Schweiz sei nichts Großartiges, und sie solle sich hüten, ihren Ehrgeiz auf historischen Glanz richten; das käme nur teuer zu stehen und würde nichts bringen. Und es folgt der tolle Satz: »Wenn ihr Glanz und Größe anstrebt, gibt es nur einen Weg: ihr vereinigt euch mit Frankreich, bildet aus der Schweiz zwei französische Departemente und nehmt teil an Frankreichs Schicksal.« Aber dazu sei die Schweiz nicht geschaffen; sie sei geschaffen, um sich still zu halten zwischen den Großmächten und dafür von diesen ihre Neutralität garantiert zu erhalten. Als dann die Vertreter der Helvetik wenigstens die Beseitigung aller Klöster verlangten, meinte Napoleon, die Hirten in den Bergen hätten ja kein Theater, keine Oper, man solle ihnen die Kapuziner lassen und die feierlichen Messen, da hätten sie doch auch eine Art Grand Opéra. Das ist zwar keine sehr fromme Überlegung, aber sie bezeugt ein komplexeres, ein politisch und psychologisch ganzheitlicheres Denken als bei den Hauptakteuren von 1798.

Warum erzähle ich das? Ich erzähle es, um zu zeigen, wie unterschiedlich ein einzelnes historisches Ereignis gesehen und gedeutet werden kann. General Schauenburg hat Nidwalden in Schutt und Asche gelegt, weil er ein Zeichen setzen wollte. Er wußte, daß der Aufstand in der übrigen Schweiz selbst als ein Zeichen gelesen wurde, und diesem Zeichen wollte er *seine* Bedeutung diktieren. Das hinderte Napoleon nicht, diese Bedeutung noch einmal zu verändern und den Aufstand zum Beweis für das Lebensrecht der direkten Demokratie und für die Unabdingbarkeit eines vernünftigen Föderalismus in der Schweiz zu machen.

Wissen wir *jetzt*, wer recht hatte? Oder das größere Recht? Oder ein bißchen mehr recht? Wir wissen es nicht. Auch Napoleon ist nicht der Richterstuhl der Geschichte. Er wollte ohnehin vor allem Ruhe haben in den Alpen und den Gotthard nicht in den Händen der Österreicher. Wir wissen es nicht, aber wir sind vorsichtiger geworden im Umgang mit den Zeichen und Signalen unserer Geschichte. Der Sinn ist ihnen nicht gegeben von Natur aus, den Sinn setzen wir, und ihn gerecht zu setzen ist unsere Verantwortung. Rechthaben ist leicht, Gerechtsein ist schwer. Die Schweiz erlebt das im Moment auf drastische Art. Wäre das Desaster vom 9. September ausgeblieben, wenn die helvetische Regierung der Delegation aus Nidwalden den Dialog nicht verweigert hätte? Wenn die politische und militärische Führungsschicht sich nicht aus Stans abgesetzt hätte? Wenn die vielen Geistlichen im Kanton nicht Angst gehabt hätten um ihre Pfründen? Wenn Pestalozzi dem Direktorium geschrieben hätte: »Tut alles, aber schießt nicht!«?

Wir wissen es nicht. Wir wissen nur: es war furchtbar. Wir wissen: es gab Hunderte von Toten. Wir wissen, es kamen Frauen und Kinder um, Schwangere und alte Leute und Behinderte. Diesen Toten gilt heute unsere Ehrfurcht. Den Toten auf beiden Seiten. Auch die französischen Soldaten haben gern gelebt, und nicht alle waren Wüstlinge. Wir wollen nicht von Helden reden. Helden gibt es heute auch in Bosnien und Serbien und Kroatien und im Kosovo, und es gibt mehr davon, als uns allen lieb ist. Wir reden von Anna Maria Stulz, genannt die Landweiblerin, war 55 Jahre alt, flüchtete sich in diese Kirche und wurde beim großen Weihwasserkessel erschossen. Wir reden von Melchior Durrer, genannt der große

Schmied, wurde mit einer Eisenkette an das Haus gebunden und mit dem Haus verbrannt. Wir reden von Barbara Barmettler, genannt das Hutbabeli, bettelte kniend um ihr Leben und ward ins Herz getroffen. Wir reden von Franz, dem dreijährigen Kind der Margaritha Bläsi, erschossen in dieser Kirche auf dem Arm der Mutter. Wir reden von Anna Regina Odermatt, Baumwollspinnerin, kämpfte mit dem Knüttel zu Ennetmoos und wurde auf der Flucht umgebracht. Wir reden von Maria Anna Christen, war geistesschwach, in ihrem Zimmer eingeschlossen und verbrannte zusammen mit dem ganzen Haus. Wir reden von Anna Joller, 50 Jahre alt, war reich und fromm und wurde unter einem Birnbaum vor dem Haus mit Gewehren erschlagen. Wir reden von Anton Christen, genannt der Hinki, ein alter Mann, als Wächter bestellt im Hause des Landammanns Zelger, der mit seiner Familie rechtzeitig weggezogen war, wurde daselbst getötet. Wir reden von Franz Fischer, einem Knecht, lag schwerkrank zu Hause und wurde im Bett mit Bajonetten erstochen. Wir reden von Barbara Bachli, 22 Jahre alt, sie wälzte in Kehrsiten Steine von oben auf die Franzosen, wurde von einem Grenadier gefaßt, der ihr Pardon geben wollte, sie schlug ihn mit dem Knüttel auf den Arm, wurde erstochen und in ein Tobel gestürzt …

Doch was sind diese Namen gegenüber den Abertausenden, die damals auf den Schlachtfeldern Napoleons, auf den Schlachtfeldern der Kaiser und Zaren gefallen sind? Was sind diese Namen gegenüber den Millionen, die im 20. Jahrhundert durch Krieg und Terror getötet wurden – immer für eine absolute Wahrheit und 200 Jahre nach der Erkenntnis, daß die Welt kein Jammertal sei, sondern verbesserbar durch die Menschen selbst?

Diese Namen, zufällig herausgegriffen aus einem alten Buch, sind die Wirklichkeit der Geschichte. Erst wenn wir uns in das einzelne winzige Schicksal versenken, dämmert uns etwas von der Wirklichkeit des Ganzen. Sonst haben wir nur Zahlen vor uns, Theorien, Konzepte, effiziente Erklärungsmuster, die uns sagen, warum alles so passiert ist und wer schuld ist und wer recht hatte oder das größere Recht oder ein bißchen mehr recht. Gewiß, es kann einem die Übersicht zeitweise abhanden kommen, wenn man sich mit der Barbara Bachli beschäftigt und mit dem Hutbabeli und mit dem Hinki. Aber wer in der Geschichte die konkreten Menschen aus den Augen verliert, nähert sich der gefährlichen Blindheit jener Politiker und Wirtschaftsstrategen, die im Vollzug ihrer Konzepte das Schicksal der Einzelnen nicht mehr sehen können.

Das eine ist Geschichte, das andere ist Gegenwart. Ohne das Gestern entgleitet uns das Heute. Wer die Toten vergißt, verdient keine lebendige Zukunft.

1 Diese Rede wurde gehalten am 9. September 1998 in der Pfarrkirche Stans an der Gedenkfeier zum Kampf des Kantons Nidwalden gegen die französischen Truppen am 9. September 1798, in Anwesenheit der Delegierten des Bundesrates, der Parlamente und der Kantonsregierungen.

Die Inszenierung des politischen Unbewußten in der Literatur

Was seien sie doch einmal für tolle Kerle gewesen, hörten sie ihn von der morschen, wurmstichigen Kanzel herunter. Sie hätten die Österreicher, die Deutschen, und Karl den Kühnen vermöbelt, zerhackt, durchstochen und deren Köpfe an ihre Spieße gesteckt und gejodelt dazu.

Friedrich Dürrenmatt. Durcheinandertal

Ich gehe aus von einer theoretischen Position Jacob Burckhardts. Sie betrifft sein Konzept eines politischen Unbewußten und findet sich in seinem geheimnisvollsten Werk, dem Fragmentengefüge »Über das Studium der Geschichte«. Der Begriff des politischen Unbewußten fällt dabei zwar nicht explizit, wohl aber wird die Sache in einer präzisen und für den Cunctator Burckhardt verblüffend unzweideutigen, ja dramatischen Art bestimmt. Es geschieht im Zusammenhang mit den Überlegungen über die Entstehung des Staates und dessen innerste Beschaffenheit. Mit *einer* Handbewegung wischt der Historiker alle schönen Theorien von der Genese der Staaten aufgrund freier und freiwilliger Kontrakte, aufgrund von Vernunft, Einsicht und gemeinsamem Willen zur Gerechtigkeit vom Tisch. »Absurdität der Contracthypothese«[1], heißt es lapidar. Und dann: nie sei »ein Staat durch einen wahren, d.h. von allen Seiten freiwilligen Contract entstanden«, und es werde »auch künftig keiner so entstehen«[2]. »Und wenn einer so entstände«, fügt er an, »so wäre es eine schwache Schöpfung, weil man beständig um die Grundlage rechten könnte.«[3] Am Anfang steht vielmehr die blanke Gewalt: »Die Gewalt [ist] immer das prius.«[4] Ohne Gewalt, ohne die Unterdrückung von Schwächeren und Besiegten ist es nie zu einer Staatsbildung von Dauer gekommen. Und was die Herkunft dieser Gewalt betrifft, liegen für Burckhardt die Dinge klar: »Um *ihren* Ursprung sind wir nie verlegen, weil sie durch die Ungleichheit der menschlichen Anlagen von selbst entsteht.«[5]

Seinen Fortbestand gewinnt der Staat, indem er aus der akuten Gewalt des Anfangs zur eingerichteten Macht wird. Diese ist nun aber nicht das Gegenteil der Gewalt, sondern deren latente Form. Die eingerichtete Macht ist der Schlaf der Gewalt, und weil die Gewalt ein Ereignis vor und jenseits aller Moral ist, bleibt auch die

Macht in ihrem innersten Wesen außermoralisch. Dennoch wird sie zur unbestrittenen Voraussetzung des Gemeinwohls und einer entfalteten Kultur: »Es ist tatsächlich noch gar nie Macht gegründet worden ohne Verbrechen. Und doch entwickeln sich die wichtigsten materiellen und geistigen Besitzthümer der Nationen nur an einem durch Macht gesicherten Dasein.«[6]

Was geschieht nun im kulturellen Prozeß, wenn sich ein konsolidierter Staat in Liedern und Bildern, in Literatur und Kunst seiner selbst vergewissert? Es beginnen die sogenannten Überlieferungen zu zirkulieren, die Gründungssagen, die farbigen Geschichten vom angeblichen Ursprung und den »mythischen Repräsentanten (des Volkes und) seiner Einheit«.[7] Diese begeisternden Mystifikationen müssen verdecken, daß der Staat ein reines »Nothinstitut«[8] ist, Gestalt geworden aus Untat und Schrecken. Denn »auch der auf lauter Fluch errichtete Staat wird gezwungen, mit der Zeit eine Art von Recht und Gesittung zu entwickeln«, und »das Höchste, wozu er es bringt, ist dann das Pflichtgefühl der Bessern; der Patriotismus«[9]. Auf dieses Pflichtgefühl sind jene begeisterten Mystifikationen zurückzuführen. Aber auch der Patriotismus setzt sich immer noch zusammen aus zwei sehr unterschiedlichen Elementen. Einerseits aus dem »Haß gegen die welche nicht wir sind«, und andererseits aus dem »Bedürfniß der Hingebung an ein Allgemeines, der Erhebung über die Selbstsucht des Einzelnen und der Familie«[10]. Das tönt einigermaßen einfach, ist aber in Wahrheit von großem Gewicht. Denn das Doppelgesicht des Patriotismus, das Burckhardt diagnostiziert – Haß gegen die, welche nicht wir sind; Erhebung über die Selbstsucht des Einzelnen –, wird tatsächlich bis heute im öffentlichen Disput unterschlagen. Es wird je nach Interessenlage immer nur von der einen Seite dieser merkwürdigen Medaille gesprochen.

Was nun ist das politische Unbewußte? Es besteht in der zugedeckten Erinnerung an die ursprüngliche Gewalt. Burckhardt nennt es »verhüllte Überlieferung«. Er sagt: »Von den furchtbaren Crisen bei der Entstehung des Staates, von dem was er ursprünglich *gekostet hat*, klingt noch etwas nach in dem enormen, absoluten Vorrecht, das man ihm von jeher gewährt hat. Dies erscheint uns wie eine aprioristische Selbstverständlichkeit, während es wohl zum Teil verhüllte Überlieferung ist.« Und er stützt dieses Paradox eines unbewußten politischen Wissens anthropologisch und sogar biologisch ab: »Viele Überlieferung geht ungesprochen [sic!] durch die bloße Zeugung von Geschlecht auf Geschlecht.«[11] Das heißt im Klartext: Als Bürgerinnen und Bürger wissen wir nichts von unserem Wissen, daß der Staat aus verbrecherischer Gewalt entstanden ist und daß diese Gewalt im Kern seiner organisierten Macht fortdauert. Wir wissen nicht, wäre daraus beispielsweise zu folgern, wie genau wir wissen, daß die Schlächtereien, aus denen zu Beginn des 21. Jahrhunderts in Rußland und auf dem Balkan neue Staaten entstehen, auch der Confoederatio Helvetica und dem sich vereinigenden Europa in latenter Form innewohnen.

Nehmen wir einmal an, das alles stimmt. Da es sich um ein Phänomen des doppelten Bewußtseins handelt, können wir es nicht durch bloße Einfühlung, gesunden Menschenverstand und einen Blick ins Geschichtsbuch verifizieren. Angenommen also, es stimmt. Was besagt es nun für jene Literatur, die vom Staat redet? Es besagt, daß sie grundsätzlich und widersprüchlicherweise beides tun muß: die Gewalt zeigen und sie als ihr eigenes Gegenteil hinstellen – »Verhüllte Überlieferung«. Sie muß die verdeckte Gewalt ans Licht holen, aber so, daß sie mir, obwohl ich sie vor Augen sehe, weiterhin verborgen bleibt. Und wenn ich nun als Literaturhistoriker das literarisch-künstlerische Kontinuum der Schweiz betrachte, finde ich genau dieses Phänomen in jener langen Tradition, die ich den *Schlachtendiskurs* nennen möchte. Die zeremonielle Beschreibung der Schlachten gegen Feinde von außen ist ein zentrales Element in allen politisch gefärbten Geschichten, Liedern und Bildern der kulturellen Schweiz bis in die jüngere Gegenwart hinein. Noch ein so sanfter Dichter wie Robert Walser hat in seiner »Schlacht bei Sempach« eines der schrecklichsten Mordpanoramen unserer Literatur überhaupt geschaffen, vergleichbar nur mit der ungeheuerlichen Phantasmagorie der Helvetierschlacht in Gotthelfs Erzählung »Der Druide«. Damit verglichen nehmen sich Kellers Kappelerkrieg in der Novelle »Ursula« oder seine Franzosenschlacht in der Geschichte »Verschiedene Freiheitskämpfer« fast wie Idyllen aus. Die letzte ungebrochene Gestaltung von Rang ist vermutlich die Schlacht bei Rothenthurm in Meinrad Inglins Erzählung »Ehrenhafter Untergang« von 1952. Die modellbildenden Texte im 18. Jahrhundert, welche 200 Jahre lang weitergewirkt haben, finden sich in Johannes von Müllers »Geschichten der Schweizer«. Sie sind die Relaisstation zwischen den alten Chroniken und der Erzählkultur der neueren Schweiz. Von dem unübersehbaren Ausstoß trivialer und halbtrivialer Schlachtenbilder in der populären Produktion der letzten 200 Jahre muß hier nicht im einzelnen gehandelt werden.

Ein immer noch beträchtlicher Teil der heute lebenden Schweizerinnen und Schweizer hat als Kind lauthals das »Sempacherlied« singen müssen, mit Versen wie den folgenden: »Sie stürzen mit freier Brust, / Im Herzen Mut und Siegeslust, / Zum Kampfplatz, wo man in Schlachtwut / Dumpf brüllend sich wälzt im Herzblut ...«[12] Auf künstlerisch höchster Ebene und magisch verschlüsselt erscheint der Grundvorgang in Gottfried Kellers Lied vom »Haus zum Schweizerdegen«.[13] Es zeigt in symbolischer Verdichtung nichts anderes als die Schlacht als Fest. Und in der Tat liegt das eigentliche Ziel des Schlachtendiskurses darin, Gewalt und Fest in Einklang zu bringen, das eine im andern vorzustellen und auszuleben. Die ethnologische Ausprägung des Vorgangs läßt sich heute noch alljährlich in den Ritualen der Schlachtjahrzeiten mit ihren Festgottesdiensten, Festreden und Festzelten verfolgen: Todesmut, Bratwürste und Kartoffelsalat.

Die Inszenierung der patriotischen Schlacht als Fest bejaht die Gewalt, und sie anerkennt damit den dem Staat von Anfang an innewohnenden kollektiven Mord. Insofern ist sie verknüpft mit einem ältesten Gedächtnis. Aber sie deutet das Geschehen um von einem Ereignis der Gewalt nach innen, gegen die Eigenen, zu einem Ereignis der Gewalt nach außen, gegen die, »welche nicht wir sind«. Kellers Lied vom »Schweizerdegen« ist zehn Jahre nach einem Bürgerkrieg, dem Sonderbundskrieg, entstanden, mit dem eine fast zwanzigjährige Periode der Kleinkriege in der Schweiz zum Abschluß kam. Zehn Jahre reichen hin für die Konstitution von »Verhüllter Überlieferung«. Die literarische Inszenierung der Schlacht als Fest feiert das bestehende Gemeinwesen als eine freie Vereinigung guter, tapferer, gerechter, todesbereiter Leute. Sie ist ein Ritual des Gedenkens an die Gründung des Staates und stellt diese als Triumph der Selbsthingabe und Selbstlosigkeit dar. Gleichzeitig aber läßt sie die Erinnerung zu an die verbotene Wahrheit hinter dem Schleier politischer Sittlichkeit: die Amoralität der reinen Gewalt. Diese Doppelung entspricht auffällig dem Doppelgesicht des Patriotismus in Burckhardts Definition: gemeinsamer Haß auf die andern *und* Erhebung des Einzelnen über seine Selbstsucht. Wobei festzuhalten ist, daß dieses Doppelgesicht ein sittliches Paradoxon bleibt und nie in einer erträglichen Mittellage seinen Ausgleich findet, auch nie vollständig in nur einer der beiden Dimensionen aufgeht.

Aus diesen Zusammenhängen erklärt sich die immense emotionale Wirkung der patriotischen Literatur in der Schweiz über Jahrhunderte hin, ihre unvergleichliche Funktion in der politischen Kommunikationsstiftung. Denn alle patriotische Literatur war so oder anders, offen oder untergründig mit dem Schlachtendiskurs verknüpft. Und wenn statt des Sieges von Morgarten und Sempach die Niederlage von Marignano inszeniert wurde – ein großes Thema bei Ferdinand Hodler –, dann stellte dies keinen Bruch des Diskurses dar, sondern nur eine weitere Variante der Verschleierung. Die Niederlage als Hochzeitsfest, als konkretes Zusammenfinden zweier Liebender auf dem Schlachtfeld, sterbend in schrecklicher Seligkeit, bildet im 19. Jahrhundert ein charakteristisches Element der Erzählungen über die Franzosenschlachten von 1798 – am mächtigsten in Gotthelfs Novelle »Elsi, die seltsame Magd«.

Und heute? Heute ist das alles kalter Kaffee. Nichts wird von fortschrittlichen Leserinnen und Lesern gegenwärtig mehr verabscheut als die Highlights des Schlachtendiskurses. Der kritische Patriotismus in der Literatur der zweiten Jahrhunderthälfte, Max Frisch als Durchbruchs- und Leitfigur, dann die Diggelmann, Brodmann, Hilty, Walter, Muschg, Bichsel, Meienberg und ihre diversen Epigonen, sie haben aufgeräumt mit so zwielichtiger Art von nationaler Kommunikationsstiftung. Mythen waren das, und also wurde entmythisiert. Das Wort »Entmythisierung« hatte tatsächlich jahrzehntelang einen Klang, der die kritische Intelligenz begeisterte, wie einst das Wort »Vaterland« die patriotische Intelligenz begeistert hatte. Daraus ergab sich ein ausgebildetes ästhetisches Programm. Nur wurde jetzt der Begriff des Mythos kurzerhand auf die Vorstellung von blauem Dunst reduziert, den man nur wegzublasen brauche. Unter dem Aspekt der »Verhüllten Überlieferung« ist Mythos aber mehr: er ist nicht einfach Lüge, sondern eine Wahrheit in Lügengestalt, genauer noch: eine unerträgliche Wahrheit in Gestalt einer begeisternden Lüge. Die fraglos großartige Leistung des kritischen Patriotismus vom »Stiller« bis zur »Zeit des Fasans« fand ihre Grenze an dieser Vereinfachung. Man hat nur die Lüge denunziert; daß sie mit einer Wahrheit verwachsen war, hat man nicht gesehen. Und desgleichen fand die Leistung des kritischen Patriotismus ihre Grenze auch darin, daß sie dem Festcharakter des liquidierten Schlachtendiskurses kein Äquivalent entgegenstellen konnte, keine gefühlsbewegte Kommunikationsstiftung. Es gab zwar Ansätze in den siebziger Jahren, Ansätze zu einer Festlichkeit der linken Verbrüderung, wobei Che Guevara ikonographisch an die Stelle der Wilhelm-Tell-Ikone trat und sogar der begeisternde Schlachtendiskurs in der Guerilla-Verklärung wieder auflebte. Aber das hielt nicht lange vor. Denn die Wirklichkeit der in aller staatlichen Macht anwesenden Gewalt wurde allzu glatt auf das Klassenmodell reduziert, das Böse und das Gute wurden allzu sauber getrennt und auf die zwei Klassen verteilt. Heute wissen wir, daß weder Sarajewo noch Tschetschenien noch die Raketen und Bomben im Nahen Osten mit dem Klassenmodell allein zu erklären sind, daß sie sich überhaupt von keiner klinisch reinen Ausdifferenzierung in Gut und Böse her verstehen lassen. Mit den manichäischen Zweiersystemen ist es vorbei. Der kritische Patriotismus hat die Lüge des Schlachtendiskurses aufgedeckt, seiner Wahrheit war er nicht gewachsen. Er hat die Unmenschlichkeit des Hasses »gegen die, welche nicht wir sind«, ans Licht geholt, aber die Dimension der »Erhebung über die Selbstsucht des Einzelnen«, das Element einer gemeinsamen ethischen Verantwortlichkeit unterschlagen. Es ist zu vermuten, daß ohne die Mystifikationen des Schlachtendiskurses der indirekte Mord an den Juden an der verriegelten Schweizergrenze der vierziger Jahre nicht geschehen wäre, daß also das im Schlachtendiskurs freigesetzte Pathos der Gewalt auch diese Gewalt rechtfertigte. Aber das Potential an kollektivem Willen zu gegenseitiger Hilfe in der breiten Bevölkerung, das der Schweiz und vielen Flüchtlingen in der Schweiz überleben half, nährte sich ebenfalls aus jenem komplexen Gefüge von Bildern und Zeichen. Insofern ist auch die Auseinandersetzung um die Landi 39 und die Geistige Landesverteidigung bis heute eindimensional und undialektisch geblieben.

Das interessanteste Phänomen in der Kritik am Schlachtendiskurs mit den Mitteln der Literatur selbst sind deshalb die ironischen Texte. Das beginnt schon sehr früh mit Charles Ferdinand Ramuz' famosem Epos »La Grande Guerre du Sondrebond«, es wird bei Frisch in »Wilhelm Tell für die Schule« zum fröhlichen Skandal, es taucht bei Dürrenmatt vielfach auf, nicht zuletzt in seinem Vermächtnisbuch »Durcheinandertal« mit der dröhnenden Travestie der Morgartenschlacht am Schluß[14], und in jüngster Zeit ist es unverkennbar wieder da in Hürlimanns »Franzos im Ybrig«, einem Stück, das sich so präzis wie subversiv in die literarische Tradition der Franzosenschlacht von 1798 einfügt und dabei das Motiv des Liebespaars auf dem Schlachtfeld, die klassische Erotisierung des heroischen Patriotismus, in eine genußreiche Sexualfolklore der vernachlässigten Ehefrauen im Hinterland verwandelt.

Die Ironie schafft Gelächter. Gelächter aber ist ein Akt der Erkenntnis, eine spezifische Verbindung von Erkenntnis und Vergnügen, und es ist ein kollektives Ereignis. Vergnügen in Gemeinschaftlichkeit wiederum ist die kürzeste Definition des Festes. In den künstlerisch geglückten Ironisierungen des Schlachtendiskurses wird eine Art von kollektiver Festlichkeit erreicht, die es nicht nötig hat, die böse Wahrheit über die fortdauernde Gewalt zu unterschlagen. Die Ironie hält das Paradox aus und übersteigt den Widerspruch im Gelächter. Deshalb ist der gewaltsame Tod in den komödiantischen Texten von Ramuz, von Frisch, von Hürlimann, von Dürrenmatt immer dunkel und bedrohlich anwesend.

Literatur als Kommunikationsstiftung ist ohne den Festcharakter der Dichtung nicht möglich. Ein Fest zu sein, das öffentliche Fest zu ermöglichen, ist eine der ältesten Funktionen der Literatur. Die Notwendigkeit von Literatur hängt zusammen mit der anthropologischen Notwendigkeit des Festes. Leute, die zusammenleben, brauchen von Zeit zu Zeit das Fest als die kurze Spanne, in der das paradoxe Zugleich von Liebe und Haß, Aggression und Sympathie in symbolischen Bildern, in einer Performance des gegenseitigen Erschreckens und der Zärtlichkeit ausgelebt werden kann. Diese Notwendigkeit gilt auch für das politische Zusammenleben. Hier allerdings gelingen Fest und Festlichkeit heute kaum mehr. Es herrscht da nämlich mehr als sonst die Meinung vor, nur gute Menschen dürften Feste feiern, und ein Land wie die Schweiz dürfe nichts derartiges unternehmen, bevor es den Zustand sittlicher Makellosigkeit erreicht habe. Dabei wissen wir seit Jacob Burckhardt, daß Staat und sittliche Makellosigkeit sich per definitionem ausschließen. In der Literatur hat dieser moralische Absolutismus jahrzehntelang zu einer zwanghaften Sucht der Schweizer Schriftsteller geführt, im nationalen Maßstab pädagogisch zu wirken, die Mitbürgerinnen und Mitbürger unablässig zu ermahnen, ihnen ihre Fehler aufzuzählen, sie zu Scham, Reue und Buße anzuhalten und das ganze Land in einen verregneten Zustand des schlechten Gewissens zu überführen; er hat bei den Künstlern des Wortes den Zwang entstehen lassen, mit trübseligem Gesicht die verwaisten Kirchenkanzeln zu erklettern, um von dort aus Kunst und Kultur als umfassende Depressionsstiftung zu betreiben; er hat das eifernde Begehren geweckt, die Schweizerinnen und Schweizer ununterbrochen zu zerknirschen, statt von Zeit zu Zeit einfach aufzuspielen und mit allen Listen der Kunst zu erreichen, daß es ihnen im Sturm der Klänge und Farben wieder einmal so richtig wohl wird. Wie respekterheischend auch immer die erzieherische Sendung erscheint, der sich ein beträchtlicher Teil der Schreibenden noch immer verpflichtet fühlt, sie ist nicht dazu angetan, Erkenntnis im Gelächter und spontane Verständigung in der Festlichkeit zu schaffen. Die Ästhetik des gestreckten Zeigefingers beruht auf der trügerischen Meinung, daß das schlechte Gewissen als solches schon die Probleme löse, denen es entspringt, sie hat also auf ihre Weise einen Einschlag von Augenwischerei.

Das war der Versuch, die Kategorie des Festes in die Diskussion um die Literatur und deren öffentliche Notwendigkeit zurückzuholen. Nicht als Vorschrift. Die schöpferische Basis der Kunst gehorcht ohnehin keinen Vorschriften. Sie ist vielmehr eine unheimliche Sache. Sie ist zwielichtig wie die Phantasie überhaupt. Sie operiert notwendigerweise auch mit dem Verbotenen und dem Bösen. Sie läßt Lust zu, die es nicht geben dürfte und die doch zu uns gehört wie die Liebe und die Gewalt und das Elend. Deshalb hebt auch die Analyse des politischen Unbewußten dessen widersprüchliche Wirklichkeit nicht auf. Und wenn zuletzt herauskommen sollte, daß es in unserem Durcheinandertal ohne das Ferment des Bösen kein Fest und keine Kommunikationsstiftung in Kunst und Kultur gibt, werden wir uns eben damit abzufinden haben.

1 Jacob Burckhardt: Über das Studium der Geschichte. Der Text der ›Weltgeschichtlichen Betrachtungen‹ auf Grund der Vorarbeiten von Ernst Ziegler nach den Handschriften herausgegeben von Peter Ganz. München 1982. S. 75

2 S. 256

3 ibid.

4 S. 177, vgl. auch S. 257

5 S. 176

6 S. 401

7 S. 256

8 S. 262

9 ibid.

10 ibid.

11 S. 257

12 Der Schweizer Sänger. Eine Sammlung der schönsten und beliebtesten ältern und neuen Lieder mit genauer Angabe der Singweise. Luzern. 17. Auflage. 1930

13 Gottfried Keller: Schweizerdegen. In: Sämtliche Werke. Hrsg. von Clemens Heselhaus. Dritter Band. München 1958. S. 323

14 Auch im Roman »Saison« von Hugo Loetscher (Zürich 1995) wird mehrfach mit den Topoi des Schlachtendiskurses gespielt, am witzigsten S. 283ff, wo ein Föhnsturm am 1. August mit der Schlacht bei Morgarten überblendet und dabei die ganze patriotische Tradition des 19. und 20. Jahrhunderts in der Schweiz evoziert wird.

Der Zwiespalt der Wortmächtigen in der Geschichte

Eine Überlegung an Ulrich von Huttens Grab

Da fährt man also den See hinauf, den langen, leicht gekrümmten Zürichsee, bis hin zur kleinen Insel, auf der Ulrich von Hutten die letzten Wochen seines Lebens verbracht hatte, wo er starb und begraben wurde. Solche Fahrt auf diesem See hat ein Herkommen. Die Zürcher machen sie gern, wenn sie sich einer gemeinsamen Sache versichern wollen. Das ist ein alter Brauch, der weit zurückreicht. Zürich ist ja auf das Wasser in einer Art kühler Leidenschaftlichkeit bezogen. Noch in seinem Wappen führt es kein wildes Tier und kein pathetisches Symbol, nur das Blau des Wassers auf weißem Grund.

Aus dem See und dem Fluß heraus ist Zürich entstanden. Diesen See hinauf führt der alte Weg nach Süden, über die Bündner Pässe nach Italien, nach Rom. Über diesen See her ist mit den Legionären einst die Kultur gekommen und also auch der Wein, der jetzt noch, ohne übermäßiges Feuer, an diesen Halden wächst. Nur die Alemannen langten zu Fuß an.

Auch die Inspirierten, die Dichter, hat es hier stets zum See gezogen, auf den See hinaus. Klopstock und Goethe sind nicht die einzigen, nur die berühmtesten. Über diese Inspirierten fand der See zum Wort. Sie machten ihn zum Gegenstand mächtiger Gesänge und entzückter Rede, zutraulicher Idyllen auch, und nicht selten zum Ursprungsort zwielichtiger, gefährlicher Bilder.

Die Dichter und der See: als eine Urlandschaft entworfen, durchaus visionär, hat ihn einer, der selbst kein Zürcher war, sondern Pfarrer im Emmental: Jeremias Gotthelf in der Erzählung »Der Druide«. Der See wird bei ihm zum Kultraum einer vorchristlichen Muttergottheit. Das ist überraschend. Aber es fügt sich doch merkwürdig genau an das kultische Verehren der nachchristlichen Magna Mater, der Natur, wie es Klopstock und Goethe auf diesem See in lyrischen Aufschwüngen betrieben haben. Und noch bei Conrad Ferdinand Meyer ist dieses Gewässer der Ort des Mütterlichen, sehr privat nun allerdings, als Verbildlichung eines seelischen Leidens, für das die

Mutter und der Tod und die Wassertiefe das Schreckliche *und* das Ersehnte zugleich sind. Gottfried Keller hat es demgegenüber mehr mit den Lebendigen gehalten. In der Novelle von den Sieben Aufrechten macht er den nächtlichen See zur schwankenden Bühne für ein erfindungsreiches erotisches Spiel zwischen Mann und Frau.

Schön, ganz schön, so schön, daß es fast weh tut, erscheint der Zürichsee bei Robert Walser im Roman »Der Gehülfe«; das Schwimmen in diesem Flüssigen und Strömenden wird ihm zum träumerischen Ritual, einsam und genußsüchtig, kindlich und rebellisch in einem. Den bösen Gegenzug hat ein Autor unserer Tage getan, Gerold Späth; er hat diese Seelandschaft mit einer Fauna bösartig-unerlöster Spießbürger bevölkert, die hier triebstark und lustlos ihr Sonntagselend absolvieren.

Wahrhaftig, dieser See hat sein Wort gefunden wie nicht manches Gewässer. Ganz nur Zufall kann das nicht sein. Der vielfachen poetischen Anrede in zweieinhalb Jahrhunderten entspricht die vielfache historische Schichtung in zweieinhalb Jahrtausenden. Das betrifft nicht nur den See, nicht nur die alte Kultur- und Kriegs- und Geldstraße, es betrifft auch die Insel selbst, die mitten darin liegt. Sie war keltisch besiedelt und römisch, lange bevor die Alemannen kamen, und sie hatte auch damals schon ihre Heiligtümer, und ihre Archäologie war immer schon eine sakrale, nicht erst seit sie der lieben Schwarzen Frau von Einsiedeln gehört.

Das also ist zu bedenken: Was den lyrischen Deutschen im 18. Jahrhundert als reine Natur erscheinen wollte, war längst durchtränkt mit Geschichte, und das heißt: mit einer Vergangenheit aus Streit, aus Haß, aus Geldmachen und Menschentöten. Auch diese Insel ist mehrmals geplündert worden, von fremden wie von eidgenössischen Haufen, und es hat Fahrten zur Ufenau gegeben, die wahrhaftig alles andere als besinnlich waren.

Diese widersprüchliche Verbindung von friedlicher Natur und ganz böser Geschichte war es, was C. F. Meyer den Stoff finden ließ zu seiner Dichtung »Huttens letzte Tage«, einen Stoff, der ihm wie kein zweites Thema persönlich entgegenkam und der ihn tatsächlich überhaupt erst zum Dichter machte. Das langsame Sterben des Ritters Hutten auf dieser Insel, es entspricht Meyers tiefstem Wunschbild: auf dem See zu ruhen, reglos, und immer kühler zu werden und zuletzt in Schlaf und Tod und zur Mutter in die Tiefe zu sinken. Als literarischer Gegenstand gerechtfertigt aber wurde für ihn die Vision solcher Besänftigung dadurch, daß die Vergangenheit seines Ritters voll war vom Gegenteil, von mörderischen Kämpfen, ohne die sich der gründerzeitliche Dichter ein exemplarisches Menschenleben nicht glaubte denken zu dürfen.

Meyer hat nun aber nicht aus einem Fetzen Geschichte kunstreich ein Gebilde gemacht, sondern von Natur aus schon kam ihm der historische Gegenstand entgegen als eine geformte Sache. Ulrich Zwinglis Akt, mit dem er dem armen Ritter Hutten auf diese Insel verhalf (Max Wehrli hat es »die unvergleichliche Geste Zwinglis« genannt), dieser Akt war als solcher zeichenhaft, war nicht nur ein politischer Schachzug, sondern auch ein ergreifendes, ja wahrhaftig fast ein dichterisches Symbol. Inwiefern? Wirkte denn da nicht einfach die Nächstenliebe, zu der ein Diener Gottes ja wohl verpflichtet ist? Gewiß – aber mit der Nächstenliebe ist es so eine Sache in dieser Zeit, in diesem 16. Jahrhundert. Nächstenliebe tritt ja in Konflikt, ist lang schon in Konflikt getreten mit der Liebe zur Wahrheit – und wo solches geschieht, gibt es in der Regel schwere Jahre. Wer seinen Nächsten liebt, bedingungslos, muß bald einmal fünf gerade sein lassen; und wer ebenso bedingungslos die Wahrheit liebt, dem springt mit dem Haß auf die Lüge auch schon der Haß auf den Nächsten, der diese Lüge vertritt, aus dem Herzen – aus dem lautersten Herzen vielleicht. Der eine hält sich dann an Jesus, der die Kindlein ruft, der andere an Jesus, der den Tempel reinigt. So bleiben beide gute Christen.

Ulrich von Hutten – wer ist das? Auf der kleinen Insel Ufenau hat er vor viereinhalb Jahrhunderten seinen kampflustigen Geist aufgegeben, aus einem furchtbar zerstörten Körper heraus; hier hat er sich hingelegt – in guter Zuversicht, wie wir annehmen dürfen, auf eine fröhliche Auferstehung. Er war nicht alt, bloß 35jährig, und er hatte doch die ganze, dramatisch stürzende Entwicklung seiner Epoche mitgemacht.

Die deutsche Renaissance, glänzend und entsetzlich in allem, was sie will, was sie erreicht und was sie zerstört, diese deutsche Renaissance hat drei Dimensionen mit je einer archetypischen Gestalt: den Humanismus als Revolution der Wissenschaft mit Erasmus von Rotterdam, die Reformation als Revolution des Glaubens mit Martin Luther, den Bauernkrieg als politische Revolution mit Thomas Müntzer. Die drei, die wissenschaftliche, die theologische und die politische Revolution, sind auseinander heraus gewachsen und auf der Stelle auch schon gegeneinander angetreten. Luther eifert gegen Erasmus, nennt ihn einen glatten Aal; Müntzer tobt gegen Luther, nennt ihn einen tückischen Fuchs; Luther schimpft ihn wiederum den Erzteufel. Die Welt des Geistes wird zum Schlachtfeld, sehr bald schon zum tatsächlich blutbedeckten. Was aber Ulrich von Hutten betrifft, muß man sagen: Das gefiel ihm. So jauchzend fuhr keinem das Schwert aus der Scheide und das Wort aus dem Mund. Er war Humanist, das heißt ein Wissenschaftler und Poet, dann schlug er sich mit Getöse auf die Seite Luthers und griff gleich auch schon Erasmus an, und zum dritten hatte er auch noch seine handfesten politischen Ziele. Daß er Feinde besaß, war ihm ein Vergnügen. Allerdings erwiesen sie sich bald einmal als die Stärkeren. Er wurde verfolgt und aus Deutschland vertrieben. Ausgeplündert bis auf einen Säbel und eine Schreibfeder, fand er Schutz bei Zwingli – bei jenem Zwingli, dessen Genie nicht zuletzt auf der souveränen Balance von Humanismus und Theologie und Politik beruhte. Zwingli erkannte in Hutten einen verwilderten Bruder, und er gab ihm den Ort, die stille, einsame Insel, wo er ungestört sterben konnte: an seiner Zeit, an seiner Streitlust und an seiner Syphilis.

Ulrich von Hutten hat die Wahrheit geliebt. Nichts hat er so sehr und immer wieder beschworen und in die weite Welt hinausgerufen, zuerst lateinisch und dann auf deutsch, wie diese seine Liebe zur Wahrheit, zur einzigen und reinen Wahrheit.

Hierzu, wer Mannes Herzen hat,
Gebt vorder nit den Lügen statt. […]
Sie haben Gottes Wort verkehrt,
Das christlich Volk mit Lugen bschwert:
Die Lugen wölln wir tilgen ab,
Uf daß ein Licht die Wahrheit hab,
Die war verfinstert und verdämpft.
Gott geb ihm Heil, der mit mir kämpft. […]
Wer wollt in solchem bleiben dheim?
Ich hab's gewagt! das ist mein Reim.

Und anderswo:

Die Wahrheit ist von neuem gborn,
Und hat der Btrug sein Schein verlorn.
Des sag Gott jeder Lob und Ehr,
Und acht nit fürder Lugen mehr.
Ja, sag ich, Wahrheit war verdruckt,

Ist wieder nun herfür geruckt. [...]
Von Wahrheit will ich nimmer lan [...]
Wiewohl mein fromme Mutter weint,
Da ich die Sach hätt gfangen an:
Gott woll sie trösten, es muß gan; [...]
Ich hab's gewagt.

Es ist auffällig, ist ganz unübersehbar, wie sich in diesen Strophen der Begriff der Wahrheit, der festen, gegebenen, gesicherten Wahrheit, verbindet mit dem Begriff des Ich. Kein Wort wird so triumphal geäußert wie – neben dem Wort »Wahrheit« – dieses Wort »Ich«. Hutten, der Täter, von keinem Zweifel angefressen, seiner Sache unbedingt gewiß, der Mann, dem das Schwert und die Feder zwei blitzschnelle und todsichere Instrumente sind – dieser Hutten gewinnt seine Kampfkraft aus einem unerhörten Bewußtsein seiner selbst. Dieses Ich und diese Wahrheit, sie bedingen einander gegenseitig. Das eine ist undenkbar ohne das andere. Und daraus, aus dem festen Ich und der festen Wahrheit, entspringt dann das Wort, Huttens Wort in seinen Liedern und Kampfschriften, randscharf, kompromißlos und schwer verletzend. Wie es für ihn keinen Zweifel gibt, daß er die Wahrheit besitze, so kennt er auch keinen Zweifel, daß die Wahrheit bruchlos in das Wort eingehe. Dahinter steckt Humanistenglaube: Die Lüge in der Welt ist identisch mit dem verdorbenen Wort, und die Reinigung des Wortes ist identisch mit dem Gewinn der Wahrheit. So kann dann bei Männern wie Hutten alles zu einer einzigen Sache zusammenschießen: das Ich, die Wahrheit, das Wort und das Messer. Das bin ich; das weiß ich; das sag ich; dafür töte ich. Das ist großartig, glänzend und entsetzlich.

Erst achtzig Jahre nach Huttens Tod wird man die Stimme eines jungen Mannes vernehmen, der in Wittenberg studiert hat und nun die Erfahrung machen muß, daß zwischen den Wörtern und der Wahrheit ein furchtbarer Abstand besteht. Es ist die Stimme des Prinzen Hamlet in Shakespeares Trauerspiel, der den Begriff »Wort« nur noch mit Ekel in den Mund nimmt – »words, words, words ...« – und dem der Zweifel an der Wahrheitsfähigkeit des Wortes den bewaffneten Arm so lähmt, wie der Arm des Ritters Hutten vom Glauben an die Identität von Wort und Wahrheit gestählt worden war. Mit Hutten beginnt eine Epoche, in der man um des Wortes willen tötet wie nie zuvor, in der man mit dem Wort, dem neuartig gedruckten, verletzt und vernichtet wie nie zuvor. Es geschieht also über das Wort, daß die Liebe zur Wahrheit überhaupt in Konflikt treten kann mit der Nächstenliebe – über das Wort nicht als pneumatischen Andrang, sondern als erstarrte Wahrheit, als Dogma schwarz auf weiß. Dieses eiserne Wort verwandelt die Liebe spielend in Haß. Nicht *daß* gehaßt und getötet wird, ist so schrecklich, sondern daß es tatsächlich aus Liebe geschieht, aus Liebe und Leidenschaft zur festgeschriebenen Wahrheit.

Allerdings, jener Prinz Hamlet ist auch nicht besser dran. Ihm ist ja mit dem verläßlichen Wort auch die Liebe kaputtgegangen, die Fähigkeit zu lieben und zu handeln ganz und gar. Offenbar kann es für uns eine Wahrheit ohne das Wort eben auch nicht geben, und wir sind dem Ich-Verlust ausgesetzt, wo wir, wie der melancholische Prinz, das Wort der radikalen Kritik unterziehen. Kein energisches Ich, so scheint es, kommt aus ohne die Zuversicht auf das energische Wort. Der Gefahr, daß das Wort zur Waffe wird, daß die tiefe Verwandtschaft des Wortes mit dem Schwert sich handfest verwirklicht, dieser Gefahr, scheint es, kann man sich gar nicht entziehen. Das Wort sucht die Gewalt, und die Gewalttätigen suchen und brauchen das Wort, in allen Zeiten und in allen Sparten der Gesellschaft.

Die Humanisten haben es erfahren müssen. Sie bekamen die ganze böse Dialektik des Wortes zu spüren, am eigenen Leib und bis in ihre herzlichsten Beziehungen hinein. Man denke an Erasmus von Rotterdam, den Humanisten schlechthin. Er hat sein Leben dem Wort, seiner Reinheit, seiner Wiedergeburt gewidmet und hat geglaubt, die Sache mit dem Schwert werde sich zuletzt von selbst erledigen. Das sanfte Wort werde schließlich auch die Gewalt läutern und den Krieg zum Verschwinden bringen. Damit kam er bös zwischen Tisch und Bank zu sitzen. Die Geschichte der Freundschaft zwischen Hutten und Erasmus ist ein trauriges Schauspiel zum Thema. Glanzvoll und strahlend der Anfang, elend und niederträchtig das Ende. Es gibt kaum ein schöneres Dokument ursprünglich humanistischer Menschlichkeit als den Brief, in dem Erasmus seinem Freund Hutten die Person und den Lebensstil seines Freundes Thomas Morus beschreibt. Da sind sie noch ganz unter sich, die klugen Philologen aus England, Deutschland und den Niederlanden, geistvoll und brüderlich, vereint im kosmopolitischen Gespräch, begeistert vom neuen Jahrhundert und von ihrem schönen Latein, das nur ihresgleichen versteht. Sie leben einer leuchtenden Utopie, der Utopie des Humanismus, die ihre Größe hat, gerade weil sie dem Subtilen vertraut, der Nuance, der leise lockenden Verbesserung durch Forschen und Wissen, durch

Scharfsinn, Ironie und melodischen Satzbau. Siebzehn Jahre später sind alle drei tot. Thomas Morus ist geköpft; Hutten ist auf der Ufenau verkommen; Erasmus ist aufgerieben zwischen Fronten, die er nicht gewollt, nicht gesucht, gar nicht für möglich gehalten hatte.

Hutten und Erasmus – wie waren sie befreundet, wie haben sie einander geliebt, und wie sind sie zuletzt in Haß und Erbitterung auseinandergeraten! Dabei war jeder erfüllt vom Bewußtsein, recht zu haben und im Dienste der Wahrheit zu stehen. Es ist peinvoll zu sehen, wie die beiden großen Geister noch ganz zuletzt, als auf Hutten nichts mehr wartete als der Tod, gegeneinander polemisieren und intrigieren. Die Meister des Wortes, die Herren der schönen Sprache, sie fallen verbal übereinander her und wollen verwunden und wollen verletzen. Der letzte persönliche Brief des Erasmus an Hutten endet mit dem Bild vom geschriebenen Wort als einem in Gift getauchten Schwert. Sie wußten also beide, was sie taten.

Das Dilemma aller Humanisten beruht auf der bösen Zweischneidigkeit, auf dem Doppelleben des Wortes. Die Wahrheit will sich immer mit dem Wort verbinden, und das Wort mit der Tat und die Tat mit der Gewalt. Die Humanisten haben die Wahrheit geliebt und das Wort gepflegt, und die Gewalt hat ihnen die Fenster eingeschlagen.

Doch wo sind wir da überhaupt hingeraten? – Ich hatte keine weitere Absicht, als mich der Ausstrahlung einer Insel und eines alten Grabes auszusetzen. Ich wollte ihre Sinnbildlichkeit aufnehmen und ihre stumme Gegenwart zum Reden bringen. Nun liegen plötzlich lauter heiße Eisen herum. Der Genius loci, scheint es, ist kriegerischer, als die idyllische Szenerie vermuten läßt. Es klirrt im Boden. Von der Liebe zum Wort sollte geredet werden, von seiner Wiedergeburt aus der Liebe zur Wahrheit – bei den Humanisten, bei den Gläubigen, bei den Predigern, aber auch bei den Schriftstellern und Poeten. Und jetzt rede ich plötzlich von der verheerenden Hochzeit des Wortes mit der Gewalt. Ich kann nicht anders. Der tote Ritter zwingt mich dazu. Er öffnet mir den Blick in die Geschichte – und dann bringt er mir zu Bewußtsein, daß diese Geschichte ja weiterläuft, daß wir mittendrin stehen und immer noch zuschauen, wie sich das Wort mit der Gewalt zusammentut, wie es sich den Politikern anbiedert als die Wahrheit in Gebrauchsform und wie es diesen Politikern rechtfertigt, was immer sie gerechtfertigt sehen wollen. Die Gewalt braucht das einfache, schlagende, funktionstüchtige Wort; dieser Funktionstüchtigkeit gegenüber ist die Differenz zwischen Wahrheit und Lüge eine Nebensache. – Anders die Dichter und die Prediger, die Verliebten und die Verrückten. Sie haben das eine gemeinsam, daß sie das Wort zu gebrauchen suchen, als wäre es eben jetzt und nur für diesen Augenblick entstanden. Die moderne Lyrik ist eine einzige große Verschwörung gegen das funktionstüchtige und gebrauchsfertige Wort. Das geht bis zur Hilflosigkeit, aber noch in dieser Hilflosigkeit, über die wir uns vielleicht ärgern, wird jene glatte Funktionstüchtigkeit denunziert.

Dennoch: Das absichtlich unbeholfene Reden, das Raunen und Stammeln einsamer Poeten – es ist auch keine Lösung. Wir müssen mit der Zweischneidigkeit des Wortes leben. Insofern geht es uns allen wie den Humanisten. Das Wort hat uns einst zu Menschen gemacht. Über dem leisen, inständigen Reden der Eltern sind wir in frühsten Tagen zum Bewußtsein erwacht; im Reden mit ihnen und mit den Freunden haben wir unsere Vernunft gewonnen. Heute droht uns das Wort umzubringen. Kein Krieg kann beginnen ohne den prächtig formulierten Satz, der ihn rechtfertigt. Die Angst hat unser Ohr für solche Sätze geschärft. Wir sind alle Sprachforscher geworden, ohne es zu merken. Wir üben uns in der Linguistik des Weltuntergangs, sobald die großen Staatsmänner wieder etwas verlauten lassen.

Dabei müssen wir dann allerdings oft genug feststellen, daß die Dichter und Prediger selbst nicht ganz unschuldig sind an dem, was geschieht. Manches Wort, das zum Messer werden sollte, ist ihren klugen Gehirnen entsprungen; sie haben ihm das elegante Design verpaßt, das es erst so recht funktionstüchtig machte. Es ist kein Zufall, daß das Schicksal der großen Polemiker sich über Jahrhunderte hin so ähnlich bleibt. Hutten oder Lessing oder Heine – sie alle waren ihrer Wahrheit ganz verschworen und leidenschaftliche Ich-Sager dazu, und sie mußten erfahren, daß man ihnen das eigene Wort, ihr prächtiges, blitzendes Wort, vor den Augen umdrehte und an den eigenen Hals setzte.

Deshalb hat Lessing ganz am Ende seines Lebens, verfolgt und in die Enge getrieben wie Hutten, das Schauspiel von Nathan dem Weisen geschrieben. Darin setzte er an der entscheidenden Stelle, in den zwei wichtigsten Versen, die festgeschriebene Wahrheit demonstrativ zurück hinter etwas anderes, das er Liebe nennt. Allerdings, und das ist nun auch Humanistenglaube und Humanistenstolz, allerdings fordert er eine Liebe, die urteilsfähig und urteilssicher ist, die den Zweifel kennt und doch das Selbstgefühl nicht verliert, eine listige Liebe gewissermaßen, listig aus Menschenfreundlichkeit:

Wohlan!
Es eifre jeder seiner unbestochnen
Von Vorurteilen freien Liebe nach!

Von Vorurteilen freie Liebe – daraus könnte dann tatsächlich auch das Wort wiedergeboren werden, gütig und friedenstiftend, wie wir es erlebten, als wir zu Menschen wurden, und wie die Humanisten es erträumten. Man sollte wohl die Hoffnung nicht aufgeben.

Der Traum an der Grenze

Zur literarischen Phantasie in der Schweiz

»In dreams begins responsibility«
William Butler Yeats

Die Phantasie ist unteilbar. Ob sie in Künstlerinnen und Künstlern wirkt oder in Politikern und Politikerinnen – es ist stets die gleiche unberechenbar-ungestüme, zwielichtige Energie. Erst die konkrete Arbeit, mit der sie sich verbindet, schafft die Unterschiede. Die erfinderische List der Phantasie wohnt genauso in den großen Menschenfreunden, die das Elend bekämpfen, wie in den berühmten Ausbrechern, die aus jedem Gefängnis abhauen. Das Rätsel des plötzlichen Einfalls, dem derjenige, der ihn gehabt hat, so verdutzt gegenübersteht wie alle andern, prägt die Geschichte der Naturwissenschaften nicht weniger als die Geschichte der Literatur. Ein erfolgreicher Taschendieb bedarf der gleichen schöpferischen Imagination wie ein erfolgreicher Finanzminister – nur die moralische Differenz steht auf einem andern Blatt.

Die Erforschung der Phantasiearbeit und ihrer Strukturen kann deshalb unter Umständen Aufschluß geben über Dinge, die dem vordergründigen Gegenstand fernliegen. Aus dieser Vermutung frage ich hier nach der spezifischen Beschaffenheit der literarischen Phantasie in unserem Land. Ich gehe aus von einem auffälligen Phänomen. Tatsache ist, daß die unbestrittensten Spitzenwerke der Literatur der deutschen Schweiz geprägt sind von der Situation dessen, der aus der Fremde, aus langen Jahren der Fremde heimkehrt und nun in ein dramatisches Verhältnis gerät zur Heimat und zu den Einheimischen. Gotthelfs mächtiger Durchbruchsroman, der »Bauernspiegel«, der alles Romanschreiben in diesem Land begründet hat und bis auf den heutigen Tag prägt, ist von dieser Gegebenheit gezeichnet wie Kellers »Grüner Heinrich«. Und für Dürrenmatts »Besuch der alten Dame« gilt es genauso unübersehbar wie für Max Frischs »Stiller«. Daneben findet sich eine erstaunliche Zahl bedeutender Arbeiten, die der gleiche inspirative Stachel treibt: von Spittelers »Imago« bis zu Albert Bächtolds »De goldig Schmid« und Jakob Bührers »Sturm über Stifflis«, von Inglins »Wendel von Euw«

bis zu Paul Nizons »Untertauchen«, von Urs Widmers »Schweizer Geschichten« bis, in jüngster Zeit, Urs Jaeggis »Soulthorn« und Thomas Hürlimanns »Der Gesandte«. Der Heimkehrer als Gegenstand des Erzählens vernetzt sich dabei stets bald mit dem Heimkehrer *als* Erzähler. C. F. Meyers Armbruster im »Heiligen« ist ein Berichterstatter dieser Art und Kellers Pankraz, und in Adolf Muschgs elegantem Erstling, »Im Sommer des Hasen«, sitzt der heimgekehrte Erzähler nicht anders in der helvetischen Beiz als einst Gotthelfs Reisläufer Meiss, und während er da von japanischen Gärten und Liebesnächten hinter kühlen Papierwänden schreibt, knallt es rings um ihn dumpf und vaterländisch auf die Jassteppiche. Mit offenem Mund vernimmt der Gefängniswärter Knobel die Lügengeschichten Anatol Stillers, und vor ähnlich offenen Mündern spinnt Inglins Chlaus Lymbacher sein blinkendes Geflunker – bis man ihm auf die Schliche kommt und den Heimgekehrten wieder vertreibt, zusammen mit dem Ärgernis seiner Phantasie.

Nun geht es mir hier keineswegs um das statistische Auflisten eines literarischen Motivs. Ich weiß gut genug, wie viele wohlgeratene Bücher es gibt, in denen nie einer über die Grenze nach Hause kommt. Was mich beschäftigt, sind vielmehr die Fragen, die sich aus der Häufigkeit des Themas und seiner Inspirationskraft erst ergeben. Wir stehen vor einem Erlebnisfeld, das seine eigene Dynamik hat und dessen Voraussetzungen die nähere Betrachtung verdienen.

Die Geschehnisse sind vielfältiger, als die geläufige Meinung es nahelegt. Diese nämlich operiert immer wieder mit dem Begriff der »Enge«, der »engen Schweiz«, wo ein sensibler Mensch binnen kurzem erstickt und nur Holzköpfe überleben. Nach diesem Muster müßte die Dramaturgie der Heimkehr in der Literatur unausweichlich zusammenfallen mit der Pathogenese einer Asphyxie. Das gibt's, aber es ist nicht alles. Es gibt es allerdings schon seit langer Zeit. Carl Spittelers Roman »Imago« aus dem Jahr 1906, diese witzig-abgründige, anstößig narzißtische Männerstudie vom heimgekehrten Intellektuellen in der Kleinstadt, entwirft allein schon in ihren ersten paar Kapitelüberschriften die fatale Kurve: »Die Heimkehr des Richters« – »Eine schlimme Enttäuschung« – »In der Hölle der Gemütlichkeit«. Und wenn dieser Held seinen Landsleuten gegenüber loslegt, nimmt er alles vorweg, was später in Ludwig Hohls »Notizen« stehen wird und in Frischs »Stiller« und schließlich in all den nur noch epigonalen Schweiz-Beschimpfungen der letzten Jahre:

Das habe ich euch zu sagen: Eure ›Tugend‹? ein Mundstück, um den Nebenmenschen zu verlästern. Eure ›Offenheit‹? Ein angemaßtes Vorrecht, dem Nächsten Schnödigkeiten anzuwerfen, ohne selber den mindesten Tadel zu ertragen. Eure ›Aufrichtigkeit‹? Ein Erlaubnisschein, einem hinterrücks noch viel Schlimmeres nachzusenden, als was ihr einem ins Gesicht sagt. Eure ›Wahrhaftigkeit‹? Erkauft euch durch Wahrheitspedanterei in Nebensachen die Erlaubnis, im entscheidenden Falle ausnahmsweise zu lügen. Wenn ich mit solch einem Wahrheitsbold ein Geschäft abzuschließen hätte, der Halunke müßte mirs schriftlich unter vier Zeugen geben! Eure ›Gemütlichkeit‹? Egoismus in Herdenformat, schafwollene Oberhautanwärmung; wettert ein Unglück, hilft keins dem andern. Eure Familienseligkeit, eure Verwandtenliebe? Wirf ein Erbschäftlein dazwischen und sieh dann die Liebe! Eure Musik? O ihr jauchzenden Eiszapfen! Eure Bildung, eure Wonne über Kunst und Literatur? Wenn man euch zur Rechten die Tür zum Paradiese auftäte und zur Linken einen Vortrag über das Paradies ankündigte, ihr würdet sämtlich am Paradies vorbei in den Vortrag laufen. »Interessant, interessant!«

Das ist er, durchgeformt und ausgebaut, der böse Blick dessen, der über die Grenze zurückkam. Auf ihn bezieht sich Ludwig Hohl ausdrücklich, wenn er schreibt, daß die »Häßlichkeit« der Schweizer – er nennt sie einen ihrer »charakteristischen Züge« – »nur zu erkennen« sei, »wenn man aus dem Ausland kommt; und zwar nach so langem Aufenthalt, daß das Auge neutralisiert wurde«. Und er fügt gleich noch an, daß zu den Zehn Geboten der Schweiz vor allem der Satz gehöre: »Laß dich nicht gelüsten nach deines Nachbars Geist.«

Man kann aus den unterschiedlichen Gestaltungen durchaus ein spezifisches Heimkehrer-Bewußtsein herausarbeiten. Es ist geprägt von der Erfahrung der Grenze. Das Wissen um die Grenze des Landes und was sie bedeutet und wovon sie trennt, geht durch Leib und Seele. Und dieses körperhafte Bewußtsein der Grenze ist nun nicht nur die Eigenheit einiger literarischer Figuren, sondern es ist die eigentliche Produktionsbedingung für das Schreiben in der Schweiz. Das Bedürfnis, den Heimkehrer an der Grenze zu zeigen, ihn den Grenzübergang erträumen oder erinnern zu lassen, ihn mit seinem »neutralisierten Auge« den Einheimischen entgegenzuschicken, ist nur *eine* Konsequenz aus dieser umfassenderen Voraussetzung.

Falsch jedoch wäre es, aus den genannten Zeugnissen nun den Schluß zu ziehen, die Dramaturgie der Heimkehr sei unausweichlich ein Weg in die »Hölle der Gemütlichkeit«, wo man nur noch erstikken oder toben kann. Im größten Welterfolg der Schweizer Literatur, einem Roman, geschrieben von einer Frau, wird die Erlebniskurve der Heimkehr ebenfalls wie selbstverständlich zum Schlüsselereignis, aber sie führt nicht zur Asphyxie, sondern, im Gegenteil, zum erlösenden Aufatmen, als wäre aller Sauerstoff der Welt hier versammelt. Der Gang über die Grenze wird zum Weg in eine mutterhafte, schoßwarm umfangende Geborgenheit. Und dies verdeutlicht sich symbolisch handfest. Ein kleines Holzhaus und darin eine tiefe, dämmrige Nische und in ihr wiederum ein Bett in Gestalt einer weichen, mächtig gehäuften Masse, wo man, heimgekehrt aus der weiten Welt, selig versinkt:

> Da […] war das Bett schon wieder aufgerichtet, prächtig hoch und duftend, denn das Heu war noch nicht lange hereingeholt, und darüber hatte der Großvater ganz sorgfältig die sauberen Leintücher gebreitet. Heidi legte sich mit großer Lust hinein und schlief so herrlich, wie es ein ganzes Jahr lang nicht geschlafen hatte. […] Sein großes, brennendes Verlangen war gestillt worden: es hatte alle Berge und Felsen wieder im Abendglühen gesehen, es hatte die Tannen rauschen gehört, es war wieder daheim auf der Alp.

Man komme jetzt nicht gleich mit »Kitsch« und »Trivialität«. Was wären wir nicht für traurige Gestalten ohne unsere verschwiegenen Bestände an inwendiger Trivialität! Das Buch der Johanna Spyri, in dem sich Klischee und Genialität so seltsam verbinden, markiert als bedingungslose Erlösungslegende den Gegenpol zu den radikalen Erstikkungsgeschichten. In dieser Gegensätzlichkeit waltet die Dialektik des Mutterschoßes, und sie wird, als Erlebnisstruktur, auf das Ganze des Landes projiziert. Der eine gerät, kaum ist er über die Grenze, in die Seligkeit des »ozeanischen Gefühls«, den andern erfaßt die Beklemmung der Ungeborenen beim Einsetzen der Preßwehen. Im voraus das eine als wahrhaftig und das andere als verlogen zu bezeichnen geht nicht an. Entscheidend ist vielmehr, wie die Erfahrung im Einzelfall begründet, wie sie legitimiert wird. Wenn Ludwig Hohl alle Schweizer als häßlich bezeichnet, ist das genauso platt wie die Tatsache, daß es auf Heidis Alp nie regnet.

In der Dramaturgie der Heimkehr sind die kleinen Einzelheiten oft bedeutender als die pauschalen Ergebnisse. Ein Beispiel ist Ulrich Bräker, der arme Mann im Toggenburg, die brüderlichste Gestalt der Schweizer Literatur. Auch er war ein Heimkehrer und wurde darüber zum Autor. Die Beschreibung, wie er aus den friderizianischen Kriegen zurückkehrt, in die man ihn tückisch verkauft hat, ist unschätzbar in ihrer sittlichen Genauigkeit. Auf den letzten Hügeln über seinem Toggenburg überschwemmt ihn das Glück der Geborgenheit. Da unten, weiß er, ist er daheim, und da erwartet ihn das geliebte Ännchen:

> Als ich nun dergestalt meinem geliebten Wattweil immer näher und näher, und endlich auf die schöne Anhöhe kam, von welcher ich seinen Kirchturm ganz nahe unter mir erblickte, bewegte sich alles in mir, und große Tränen rollten haufenweis über meine Wangen herab. O du erwünschter, gesegneter Ort! so hab' ich dich wieder, und niemand wird mich weiter von dir nehmen, dacht' ich so im Heruntertrollen wohl hundertmal; und dankte dabey immer Gottes Vorsehung, die mich aus so vielen Gefahren, wo nicht wunderbar doch höchstgütig gerettet hat. Auf der Brücke zu Wattweil, redte mich ein alter Bekannter, Gämperle, an, der vor meinem Weggehn um meine Liebesgeschichte gewusst hatte; und dessen erstes Wort war: ›Je gelt! deine Anne ist auch verplempert; dein Vetter Michel war so glückselig, und sie hat schon ein Kind‹. – Das fuhr mir ja durch Mark und Bein.

Auf der Brücke, am scharfen Rand des heimischen Raums, begegnet ihm die Bosheit. Dem Glück antwortet als erstes die menschliche Kälte, die scheinheilige Schadenfreude. Genau damit aber wird nun auch jene vaterländische Trunkenheit literarisch legitimiert. Sie verwandelt sich nicht ins Gegenteil, sondern wird erkennbar als der Traum vom Ganzen, der nun der Prüfung unterworfen wird. Dieser Traum ist die erste Leistung jenes Bewußtseins der Grenze, und er wird seinerseits produktiv. Das Ganze zu denken und sich selbst darin, dahinter kann der Heimkehrer nicht zurück. Und tatsächlich erkennt Bräker schon in der nächsten Sekunde auch sich selbst anders. Er ist überrascht, wie gut er den Schock erträgt. »Zu meinem größten Erstaunen faßt' ich mich sehr bald und dachte wirklich: ›Nun freylich, das hätt' ich nicht hinter ihr gesucht! Aber, wenn's so seyn muß, so sey's, und hab' sie eben ihren Michel!‹«

Diese Erfahrung, daß der Traum vom Ganzen einer schroffen Prüfung unterworfen wird und dabei auch die eigene Person als umgeschaffen aufdeckt, kehrt wieder in Gotthelfs »Bauernspiegel«. Auch da kommt einer heim aus fremden Kriegen und wandert durch leuchtende Landschaften nach Hause:

> Vor mir lag meine Heimat […] Tief unten im Tale glänzte in der abendlichen Sonne die Wetterstange auf meines Großvaters Hause, das stolze Bauernhaus auf der Talwand oben sah ich auch mit seinen glitzernden Fenstern, und vor demselben die Elefanten der Schweiz, die stattlichen Kühe auf der Herbstweide. […] Mein Herz war weit und offen, alle da unten im heimischen Tale hätte es umfangen mögen.

Das ist der Moment des Traums, die Erfahrung des Ganzen. Hier will der Mann nun leben und etwas nützen. Er tritt ins Wirtshaus; keiner erkennt ihn; man fragt nach Kriegen und Schlachten und schließlich nach seinem Namen:

> Mir klopfte das Herz, als ich meinen Namen nannte, es klopfte in banger Erwartung, ob freundliche Gesichter mich willkommen heißen würden. Aber fast erschrocken sahen mich die Menschen an. ›An dich habe ich nicht gesinnet, es hat niemand geglaubt, daß du wieder kommest‹, hieß es von allen Seiten. Einer nach dem Andern schlich sich fort aus Furcht, ich möchte ihn für etwas, vielleicht für ein Nachtlager, ansprechen […] Der Wirt war bald mit mir allein, […] auf seinem Gesicht war die Angst zu lesen, ich möchte ihm einstweilen allein zur Last fallen.

Das ist die gleiche Kälte, wie sie Bräker auf der Brücke von Wattwil entgegenbläst. Nur ist dieser Meiss hier die wildere Natur. Es packt ihn der Zorn und die Rachsucht. Dann aber heißt es: »Da fing leise eine andere Kraft in mir sich zu regen an, die Kraft des Selbstbewußtseins, das Gefühl des eigenen Wertes …« Und es folgt der wunderbare Satz: »Ich verzieh den Vielbeladenen ihre durch Andere erzeugten Ängste.«

Was sich hier abzeichnet, ist ein doppeltes Gericht. Der Heimkehrer zieht die Heimat vor das Tribunal seines Traums und merkt, daß damit auch seine eigene Gerechtigkeit geprüft wird. Der Traum vom Ganzen und das Bewußtsein der Grenze, dem er entspringt, schärfen seinen Blick für die Blindheit der Eingeborenen. Er erkennt ihren verbissenen Pragmatismus, der immer nur die Nuß sieht, die es im Augenblick zu knacken gilt, und nie den Baum, von dem die harten Früchte herunterhageln. In dem Moment aber, wo sich der Heimkehrer auf den Richterstuhl schwingt, durchaus zu Recht auf den Richterstuhl schwingt, begreift er, daß der größere Blick nun auch ihn selbst in die Pflicht nimmt.

Dieses Paradox vom gerichteten Richter wird in den Texten selten direkt ausgesprochen. Es erscheint jedoch häufig im Modus des Erzählens, als Ironisierung der Figur und ihrer sittlichen Passion. Sehr auffällig ist dies bei Max Frisch. Seine diversen Heimkehrer, sei es der Mann in »Zürich-Transit«, sei es Isidor, der Apotheker und Fremdenlegionär, sei es Anatol Stiller selbst, sind Komödienfiguren, auf die das gleiche böse Licht fällt, in welchem sie ihre Landsleute sehen. Zuckende Intellektuelle am Rand einer zähflüssigen Gesellschaft, partizipieren sie, gescheit, wehrlos und hysteroid, an der Lächerlichkeit, die sie diagnostizieren. Und so erst wird, was sie zu sagen haben, literarisch legitimiert. Wie Bräkers vaterländische Trunkenheit Kitsch wäre ohne den Kälteschock auf der Brücke zu Wattwil, ist die vaterländische Schmährede Kitsch ohne die ironische Relativierung des angemaßten Pathos. Selbst Dürrenmatts Alte Dame, deren Richteramt sich doch aus einer kühnen Metaphysik herleitet, tritt auf, von Gelächter umschallt, als käme sie auf Stelzen aus einem phantastischen Karneval. Besonders häufig verdichtet sich solche Komik im Moment der ersten Begegnung mit den Schweizer Polizisten und Zollbeamten. In Meinrad Inglins fast vergessenem »Wendel von Euw« wird dies prächtig auserzählt. Den klassischen Fall bildet zweifellos Stillers Ohrfeige auf dem Basler Bahnhof, aber auch Urs Widmer arbeitet mehrfach damit, und Hugo Loetscher hat die Situation in seiner Parabel von der Entdeckung der Schweiz durch einen Trupp von Urwald-Indianern gründlich ausgenutzt. Wirklichen Sinn macht dieser eigentümliche helvetische Slapstick jedoch immer erst im übergreifenden Zusammenhang mit dem Traum vom Ganzen und seiner kritischen Überprüfung am lebendigen Objekt.

Eine der geheimnisvollsten Gestalten von Legitimierung der vaterländischen Trunkenheit findet sich in Robert Walsers Prosastück »Die Einfahrt«, dem ersten von fünf Texten, die ursprünglich unter dem Titel »Die Heimkehr« als Einheit zusammengefaßt waren. Da wird das Idyll aus sich selbst heraus doppeldeutig. Walsers Artistik konstruiert ein naives Geborgenheitsglück, das indessen durch seltsame Untertöne in die Nähe eines unheimlichen Verschlungen- und Verschlucktwerdens gerät. Dialektik des Schoßes einmal mehr – und nie gläsern-gefährlicher als hier:

> Mich beschlich eine wunderbare, angenehme Zärtlichkeit für das Land und für die Leute. Land und Leute öffneten sich mir so still, so groß. [...] Da schaute ich immer hinaus in die Landschaft mit ihren phantastisch-steilen, grünen Höhen und immer fuhr der Zug zart und leise weiter. Ich will die Fahrt nie, nie vergessen. Göttlich-schön war es, wie ich und die andern Leute so still hineinfuhren, hineingleiteten in die Berge. [...] Die Nation trat mir nah; das Vaterland und sein hoher, goldener Gedanke schwebten mir ums Herz. [...] O das war ein schönes Eisenbahnfahren mit mildgesinnten, klugen, ernsten Landsgenossen in die Umschlungenheit hinein. Es umschlang uns mit Felsen und mit Bergen. Liebe, grüne Täler lachten in der Tiefe und von der Höhe herab nickte stolz die edle Tanne. Ich sah das Haus an der Halde stehen und Menschen auf den Wegen gehen, die sich in die Wälder schlängelten. Das Land öffnete die Arme, und ich, ich sank hinein in die Umarmung und war wieder der Sohn des Landes und seiner Bürger einer. Allmählich wurde es Nacht.

So endet das Prosastück, und ein geisterhafter Satz am Schluß des ganzen Zyklus gibt nochmals das Echo auf diese Passage: »Eine himmelblaue Welle ist über mich gekommen und hat mich unter ihrem flüssigen, liebevollen Leib begraben.«

Den gewaltigsten Traum vom Ganzen und zugleich das gnadenloseste Gericht über den heimkehrenden Träumer birgt, wer wüßte es nicht, Kellers »Grüner Heinrich«. »Traum« ist hier wörtlich zu nehmen. Unmittelbar bevor der verlorene Sohn aus Hunger und Elend nach Hause aufbricht, überrennen ihn die nächtlichen Visionen. Der Traumtext ist nicht nur in seinen äußern Ausmaßen immens, er ist es auch in seinen innern Abgründen und Aufwerfungen und Umstürzen. Er macht eine erotisch-politische Phantasmagorie von solcher Bildergewalt aus, solcher Gefühls- und Denkentfaltung, daß alles Deuten sich darin verliert und der Interpret mit seiner ganzen Wissenschaft kentert, als wäre er in den Rheinfall gerudert. Das Privateste verknüpft sich mit dem Öffentlichsten, die intime Kindes- und Liebesnot mit der Geschichte des Landes und seiner politischen Kultur. Geschrieben um 1854, ist dieser Traum vom Ganzen unverkennbar genährt vom triumphalen Bewußtsein der liberalen Durchbruchsgeneration, die soeben den fortschrittlichsten Staat Europas, Europas einzige Republik, neu geschaffen hat. Und dem entspricht dann auch, daß der Einzelne unerbittlich in die sittliche und politische Pflicht genommen wird. Es ist diese komplementäre Unerbittlichkeit – komplementär eben zum großen Traum –, was den armen Heinrich den Kopf kostet. Die verschärfte Erkenntnis seiner selbst, die zum Bewußtsein der Grenze gehört und die bei Gotthelfs Heimkehrer zu dem bewegenden Satz führt: »… ich war in harter Schule, aber als vernünftiges Wesen ging ich daraus hervor, das seinen Schöpfer kennt und sich«, diese Erkenntnis führt bei Heinrich zur Selbstverurteilung. Er stirbt, weil er den Tod der Mutter verschuldet hat, stirbt aus sich selbst heraus einfach weg, so sehr schämt er sich gegenüber dem intakten Ganzen.

Keller hat diesen Schluß später gemildert, hat das Gericht über seinen Helden in dem Maße gnädiger ausfallen lassen, als sich herausstellte, daß das Ganze auch nicht durchweg hielt, was es im ersten Überschwang versprochen hatte. Der Bezug von Traum und Verantwortung bleibt indessen gewahrt, so, wie er alle diese Geschichten insgeheim bestimmt.

»In dreams begins responsibility«, lautet ein merkwürdiger Satz bei William Butler Yeats. Er könnte auch über den meisten Büchern stehen, die aus dem Bewußtsein der Grenze heraus entstanden sind – und damit über dem größeren Teil der Schweizer Literatur. Denn das Heimkehrer-Bewußtsein färbt diese ein, auch wenn sie keineswegs von weitgereisten Leuten berichtet. Das hat mit der doppelten Staatsbürgerschaft aller schweizerischen Literatur zu tun. Sie gehört zu diesem Land, und ebenso vollgültig gehört sie zur Gemeinschaft aller Länder deutscher Sprache. Wo sie etwas taugt, ist sie immer schon weit über das Nationale hinaus. Sie hat den europäischen Horizont, oder es gibt sie nicht. Selbst wenn sie in Trubschachen spielt oder in Niederbipp, kommt das gutmütige Dorf nur ins Blickfeld durch einen Zoom-Effekt, der es aus einem länderweiten Panorama herausgreift – und jederzeit wieder darin verschwinden lassen kann. Als Schweizer allein kann man keine guten Bücher schreiben – als Franzose hingegen wohl und auch als Italiener und Engländer. Das ist nicht so sehr eine Frage der geographischen Ausdehnung als der sachlichen Gegebenheit eines internationalen Sprachraums, der auch der homogene Raum aller Sprach*kunst* ist. Die Sprache ist ja nicht etwas, das zur literarischen Phantasie irgendwann als äußerliches Vehikel hinzutritt, sie ist mit ihr von Anfang im tiefsten vereinigt. Die kontinentalen Dimensionen der deutschen Sprache schlagen durch in jedes Wort, das in der Schweiz mit künstlerischem Willen geschrieben wird, auch wenn Albin Zollinger ein Gedicht über den Bachtel schreibt oder Helen Meier ein Prosastück über eine alte Frau in Weißtannen. Mit dem ersten Satz schon kehrt der Schreibende wie aus fernen Provinzen der deutschen Sprache zurück an den Ort, wo er jetzt vor dem weißen Papier sitzt, und er spürt die Landesgrenze im lebendigen Leib.

In den Paralipomena zum »Grünen Heinrich« beschreibt Keller den »beschränkten und einseitigen Patrioten«, dem »mit den Landesgrenzen die Welt mit Brettern vernagelt ist«. Von diesem sagt er: Wenn das Land »mit dem Jahrhundert und der Welt in Berührung tritt, so wird er sich in der Lage eines Huhns befinden, welches angstvoll die ausgebrüteten Entchen ins Wasser gehen sieht«. Dieses Hühnerschicksal ist mit der genuinen literarischen Phantasie in der Schweiz grundsätzlich unvereinbar. Ludwig Hohls sarkastisches Gebot »Laß dich nicht gelüsten nach deines Nachbars Geist« wird von der Schweizer Autorin, dem Schweizer Autor in dem Augenblick schon gebrochen, wo es sie überhaupt zu schreiben gelüstet.

Auf diesem Hintergrund werden die vielen Heimkehrer in unseren Büchern fast zu Allegorien der literarischen Phantasie. Und es stellt sich heute mehr als je die Frage, ob es ohne ihre spezifische Beschaffenheit eine schöpferische Phantasie irgendwelcher Art hierzulande überhaupt noch geben kann, sei es eine politische, sei es eine ökonomische, sei es eine wissenschaftliche. Das Heimkehrer-Bewußtsein mit seinem Traum vom Ganzen, seinem Verantwortungsgefühl und seiner Selbsterkenntnis, mit seiner Richtergeste, die selbst vor Gericht gerät, mit seinem Pathos, seinem Spott und seinen Lächerlichkeiten, ist es nicht der Prototyp jener weit umfassenderen wachen und weltläufigen Phantasie, von der wir uns als schweizerische Europäer allein noch den Ausweg aus der Klemme erhoffen können? »In dreams begins responsibility.« Die Verantwortung beginnt in den Träumen. Das war bisher nicht unbedingt ein eidgenössisches Sprichwort. Aber vielleicht kommt es noch soweit.

Ein Land sucht sein wahres Gesicht

»Chum Bueb und lueg dis Ländli a!
Wie das hätt keis de Säge!«
Text zum Tonsignet von Radio Beromünster, Studio Zürich,
von 1939 bis 1966; vorher Signet des Landi-Studios.

Wär's eine Ehe, man würde die Möglichkeit einer Scheidung nicht mehr unbedingt ausschließen. Das Verhältnis der Schweizer und Schweizerinnen zur Schweiz gleicht heute der Beziehung eines Paares, von dem die Freunde sagen: »Es giiged halt scho länger nümme richtig ...«

Der Vergleich mag abwegig erscheinen, ganz ist er es nicht. Das Verhältnis zum Land, dessen Bürger man ist, hat nämlich unausweichlich mit Liebe zu tun, mit dem stärksten, glückhaltigsten, gefährlichsten und gefährdetsten Gefühl, das es gibt. Und dies in allen Konsequenzen. Die Gesetze der Liebe walten hier nicht nur, wenn die Beziehung intakt ist, sondern auch wenn sie krisenhaft wird. Wenn Liebe kaputtgeht, beginnt eine unheimliche Verwandlung des Gefühls. Der Umschlag in den blanken Haß ist nur eine Möglichkeit. Er markiert das Ende einer Skala, auf der sich wie in einem Strindberg-Stück alle Abstufungen von Gereiztheit, Widerwillen, Abscheu, Hohn, Verachtung, Wut, Enttäuschung, Trauer, Bitterkeit und Melancholie finden. Sogar die demonstrative Gleichgültigkeit ist da gezielt und will verletzen.

Es gibt Gründe für die Annahme, daß die gefühlsmäßige Bindung an das Land, dessen Bürgerin oder Bürger man ist, eine anthropologische Gegebenheit darstellt, die zwar unweigerlich zur Ideologisierung strebt, selbst aber nicht das Ergebnis ideologischer Konstruktionen ist. Insofern wäre »Patriotismus« eine neutrale Sachbezeichnung für eine Grunderfahrung, die mit der gesellschaftlichen Organisation des Staates überhaupt gegeben ist. Aber auch als neutrale Sachbezeichnung meint »Patriotismus« immer noch eine Form von Liebe. Mithin können sich alle Gestalten, in denen Liebe lebt und verdirbt, im gefühlsmäßigen Verhalten der Bürger zu ihrem Land früher oder später zeigen. Und wie jede Liebe eine Geschichte hat und in dieser Geschichte einen gegenwärtigen Standort, kann man auch den »Patriotismus« nach seiner derzeitigen Verfassung und deren historischem Hintergrund befragen.

»Die Schweiz, aus der die heutige Schweiz hervorging, [ist] die Schweiz in der Zeit des Zweiten Weltkriegs«: so Friedrich Dürrenmatt in seiner Studie »Zur Dramaturgie der Schweiz«. Die Feststellung hat grundlegenden Charakter. Die für unsere Gegenwart vitale Vergangenheit reicht tatsächlich bis in die dreißiger Jahre zurück, ins Vorfeld des Zweiten Weltkriegs oder, anders akzentuiert, in die Epoche des triumphierenden europäischen Faschismus. Was vorher war, selbst der Landesstreik, ist viel stärker schon Historie.

Doch was heißt »vitale Vergangenheit«? Als ihr Kennzeichen kann gelten, daß alle Schuld und alle Verdienste dieser Zeitspanne von uns noch immer als die unseren erfahren werden. Wir bestimmen uns selbst im Blick auf diesen Zeitraum, und die Wahrheit über diesen Zeitraum hat direkte Konsequenzen für unser Selbstgefühl – unsere »Identität«, um das abgenützte, aber nicht zu ersetzende Wort zu gebrauchen.

Wenn man nun also nach der gefühlsmäßigen Beziehung der Schweizerinnen und Schweizer zu ihrem Land fragt, nach der aktuellen Beschaffenheit des »Patriotismus«, muß man die ganze Strecke der vitalen Vergangenheit im Blick behalten. Und da zeigt sich denn in der Übersicht ein Prozeß von hoher Dynamik, eine Spannweite der Emotionen, die an die Gefühlsbewegungen und -umschläge großer Schauspiele erinnert. Die Vergangenheit, von der her sich die Schweiz heute zu definieren sucht, enthält als dominantes Phänomen eine Phase des rückhaltlosen, unbedingten, nahezu ekstatischen Patriotismus. Diese ist zentriert um 1939, um die inszenierten rituellen Elemente der Landesausstellung, die fast bruchlos übergingen in die ungesuchten Rituale des Kriegsbeginns und der ersten Kriegsjahre: Mobilmachung, Generalswahl, Grenzbesetzung, Anbauschlacht, Rütlirapport, Reduit ... In die vitale Vergangenheit der heutigen Schweiz gehört also ein Höhenflug der Liebe, eine kollektiv-erotische Hingabe an das Vaterland, die in den unterschiedlichsten kulturellen Erscheinungen ihren Ausdruck fand. Am unmittelbarsten greifbar sind die Festspiele der Landesausstellung und des Jubiläumsjahres 1941 (650 Jahre Eidgenossenschaft). Was da im großen durchgeführt wurde, das wiederholte sich im kleinen in den blutrünstigen Vaterlandsliedern, die die Schulkinder landesweit singen mußten und begeistert sangen. Dabei wurde kein Unterschied gemacht zwischen der nachdenklichen Feierlichkeit etwa von Kellers »O mein Heimatland« oder des »Schweizerpsalms« und der prahlerischen Rhetorik anderer Texte: »Frei lebt, wer sterben kann, frei, wer die Heldenbahn steigt als ein Tell hinan ...« – »Schallt Kriegsgeschrei vom Tale, der Älpler drob erwacht; er steigt vom hohen Walle und stürzt sich in die Schlacht ...«

Daß jener Unterschied nicht gemacht wurde, deutet nun aber nicht auf eine allgemeine Blutrünstigkeit im hochgemuten Heimaterlebnis, sondern zeigt, daß es auf den Inhalt der Strophen im Grunde überhaupt nicht ankam. Ausschlaggebend war der Zeichencharakter des »Vaterlandslieds« als eines solchen. Die Gesänge fügten sich ganz selbstverständlich in ein weit umfassenderes Gefüge nationaler Zeichen, Signete und Symbole, an denen in den dreißiger und vierziger Jahren in dem Maße ein Überfluß herrschte, in dem sie sich heute nicht mehr finden lassen wollen.

Diese Zeichen regierten und lenkten das gesamtschweizerische Gefühlsleben so sehr und so unreflektiert, daß der Gegenzug gegen den Patriotismus der unbedingten Hingabe zu einem eigentlichen Aufstand gegen die Herrschaft der Zeichen werden sollte. Das patriotische Bildersystem der dreißiger und vierziger Jahre entfaltete sich auf verschiedenen Ebenen. Einerseits war es die fast atavistische Wiedererweckung der politischen Symbolsprache des 19. Jahrhunderts, der Jahrzehnte zwischen Helvetik und 48er Verfassung. Die erwähnten Lieder stammten ja fast ausnahmslos aus dieser Zeit. Es handelte sich damals um ein stark von der deutschen Romantik beeinflußtes metaphorisches Reden von der politischen Schweiz, in dem noch kein Bewußtsein der latenten sozialen Konflikte vorhanden war. »Der Schweizer« erschien darin als ein Einheitsmensch bäuerlichen Zuschnitts, den Gletschern und der Alpenflora innig verbunden und jederzeit anfällig für ein pathologisches Heimweh. Was in dieser Bilderrede ursprünglich soziale Ahnungslosigkeit war, wurde bei ihrer Wiedererweckung in den dreißiger und vierziger Jahren zur gezielten Verdrängung existierender Konflikte. »Der Schweizer« war nun als Einheitsmensch gewollt, gefordert, wenn nicht gar befohlen.

Neben diese Auffrischung musealer Symbolketten um die Nationalhelden, die Berge, die Freiheit und den lieben Gott als exquisiten Bündnispartner trat die damit verbundene, aber aus der aktuellen Erfahrung je neu entspringende Verbildlichung der Schweiz in ihrem Gegensatz zu den andern Ländern. Das prägte nun insbesondere den öffentlichen Diskurs. Dominant war die Vorstellung vom kleinen, sauberen Haus auf einem grünen Hügel, dessen Gegensatz man sich dann nach Belieben als Stadt oder Mietskaserne oder Palast oder schmutzige Höhle denken konnte: die Behausung jedenfalls der andern. Dieser Hügel wurde, wie in den gleitenden Vorstellungen des Traums, gerne zur Insel, zum friedlichen Eiland im Sturm, oder er verlebendigte sich zum Igel, klein, stachlig, ganz für sich. Auch das Bild der Arche stellte sich häufig ein, eine nicht unproblematische Vision, recht nah schon bei der Vorstellung vom Rettungsboot, das ja ebenfalls klein und deshalb einleuchtenderweise bald einmal »voll« ist. 1945 erscheint dieses Boot übrigens, von Viktor Surbek hochdramatisch gemalt, auf dem Briefmarkenblock der »Schweizer Spende an die Kriegsgeschädigten«. Man sieht, wie vier wackere Männer durch hohe Wogen rudern und ein fünfter einen letzten Schiffbrüchigen zu einigen Geretteten ins Boot zieht. Man sieht aber auch, daß jetzt keiner mehr Platz hat. Die philatelistische Hilfsaktion war also zugleich eine Selbstfeier der helfenden Schweiz und unterschwellig eine visuelle Exkulpation ihrer Flüchtlingspolitik.

Zu allen Verbildlichungen des Landes gehört jetzt ausnahmslos der Charakterzug der Kleinheit. Deshalb vielleicht verschwindet die Helvetia, die im 19. Jahrhundert so imponierend allgegenwärtig war, fast gänzlich aus dem Zeichenarsenal. Gleichzeitig wird diese Kleinheit dezidiert moralisch akzentuiert. Die Schweiz ist klein, bescheiden, arm, aber sauber und in guter Ordnung. Und so tritt denn nun auch, nicht zuletzt in der politischen Karikatur, neben die Chiffre des Chalets (»là-haut sur la montagne«) hauptsächlich die Chiffre des kleinen Knaben: das »Büebli«. Ein Büebli ist die Schweiz neben den Großmächten. Es trägt in der Regel ein Sennenkäppi und kurze Hosen; Rüstung, Helm und Schwert der andern wären ihm zu groß. Es ist harmlos, gutmütig, aber auch keck – und die Möglichkeit der Assoziation an den kleinen David mit der Schleuder liegt im Hintergrund bereit. Zu diesem Büebli gehört die welthistorische Unschuld so wie zum Chalet die Zufriedenheit in bescheidenen Verhältnissen. Reich und groß und historisch schuldhaft sind durchweg die andern. Wie sehr aber das angestammte Gewinndenken auch noch in solchen Demutssignalen stecken kann, zeigt der Text zum populärsten Radio-Tonsignet jener Jahre: »Chum Bueb und lueg dis Ländli a! Wie das hätt keis de Säge!« So klein beide sind, Büebli und Ländli, sie bekommen gerade dafür den Segen wie niemand sonst.

Der spezifische Patriotismus der dreißiger und vierziger Jahre mit seiner starkfarbigen Imagination prägt wesentlich die vitale Vergangenheit der heutigen Schweiz. Nur weil er noch als zu uns gehörig empfunden wird, kann er so offenkundig als nationales Trauma oder aber als Muster einer verlorenen Intaktheit erlebt werden. Die in der Bildersprache jener Jahrzehnte so entschlossen prätendierte Unschuld – »Ein Land ohne Schuld!« wird es in »Andorra« ironisch heißen – ist zu einer schweren Provokation für das Selbstbewußtsein des Landes geworden. Je mehr bekannt wurde über die Flüchtlingspolitik, den Judenstempel, die traurigen Erlasse der Polizeiabteilung (wonach Juden nicht als politisch Verfolgte gelten durften), je mehr man erfuhr über das Taktieren und Lavieren, über die Waffenlieferungen, die Goldgeschäfte, die zweideutige Haltung hoher Armeekreise, um so zwielichtiger mußte das »Büebli« erscheinen.

Was jetzt begann, war nicht nur ein Zerfall der Aussagekraft jener Zeichen und Symbole, nicht nur die wachsende Einsicht in ihren Propaganda-Charakter, um dessentwillen sie von den einen erbittert denunziert, von den andern trotzig im Verkehr gehalten wurden, es war eine unaufhaltsam wachsende Krise des gesamtnationalen Denkens und Fühlens. Der hochgemute, erotisch bewegte Patriotismus rutschte ab in die schleichende Misere einer Ehe, die lustlos und unbehaglich nur noch aus praktischen Gründen aufrechterhalten wird. Diese Krise wurde lange Zeit verdeckt durch die Aktivität eines technischen Pragmatismus, der unter der Parole des Fortschritts – »Fortschritt« war das Leitwort der Expo, der Landesausstellung von 1964 – das Land konsequent auf den Entwicklungsstand der weltweiten technischen Zivilisation bringen wollte. Daß ihm das gelang, und wie!, hat sich in den achtziger Jahren gründlich herausgestellt. Zum Inbegriff des Nationalen wurde nun das Autobahnsystem mit dem Großbuchstaben N, N1 und N2, das Schweizer Kreuz aus Beton, von bläulichen Abgasen überschleiert, ergab die historische Antithese zum Reduit der Kriegsjahre. Hier wie dort vermischten sich praktische Notwendigkeit und symbolische Aussagekraft auf nicht leicht durchschaubare Weise; hier wie dort folgten auf das von breiter Zustimmung getragene Unternehmen nach einigen Jahren Zweifel, Analyse, Vorwürfe, Polemik und Gegenpolemik. Die pragmatische Sachlichkeit der zwei Fortschrittsjahrzehnte, in deren genauer Mitte jene schnittige Expo 64 lag (mit dem einsamen Menetekel von Tinguelys »Heureka«), und der kühle Wortschatz der Planer und Macher, die fast alle aus der Aktivdienstgeneration stammten, den heroischen

Patriotismus mitvollzogen hatten und ihn nun in die Vision des landesweiten technischen Aufbruchs umpolten, das alles täuschte noch eine Zeitlang darüber hinweg, daß die sinnhaltigen Zeichen, in denen die Schweiz über sich selbst als ein Ganzes nachdenken konnte, zerfallen waren.

Heute muß eine Sinnkrise des Gesamtnationalen registriert werden, wie es sie so offenkundig wohl noch nie gegeben hat. Sie äußert sich nicht nur in der wachsenden Erbitterung und polemischen Schärfe, mit welcher der Raum der vitalen Vergangenheit ausgeleuchtet und der Verschleierung, der Heuchelei, ja der chronischen Unmenschlichkeit beschuldigt wird, sie äußert sich vor allem auch in einer unübersehbaren Bewegung vom Gesamtnationalen weg ins Regionale. Der Identitätsgewinn im Kleinräumigen muß wettmachen, was die Schweiz als Ganzes nicht mehr geben kann. Diese Kleinräumigkeit ist sowohl geographischer wie soziologischer Art. Die regionalen Museen schießen förmlich aus dem Boden und sind zum Teil von einem kantonalen Patriotismus beflügelt, wie er so ungebrochenselbstgewiß als landesweites Phänomen schlechthin nicht mehr zu denken wäre. Authentische Gemeinschaftserfahrung ist heute offenbar nur noch im Regionalen möglich, und auch da scheint die Tendenz zum immer Kleinräumigeren zu gehen. Man denke nur an die schweren Kooperationshemmungen der Innerschweizer Kantone angesichts der (ungelösten) Aufgabe, eine Landesausstellung 1991 zu schaffen. Ein Zerfallsprozeß ist das allerdings nicht. Geschichtlich gesehen drücken hier ältere Erfahrungsstrukturen wieder einmal durch. Das Bewußtsein des alten Staatenbundes, das die Gefühlsbindungen des Bundesstaates stets unterlagert hat, es wird heute wieder greifbar nicht nur im vielfältigen regionalen Zusammengehörigkeitserlebnis, sondern auch in jenem gesamtschweizerischen Vorgang, den man als den schleichenden Aufstand gegen Zürich bezeichnen könnte. Die Ballung der ökonomischen Macht im Großraum Zürich und deren unverkennbarer Einfluß auf die politischen Entscheidungsprozesse in der Schweiz ist das dominante Ereignis im zivilisatorischen Prozeß des Landes gegen Ende des Jahrhunderts. In dieser Zentralisierung spiegeln sich die technologischen Epochentrends der schnellen Computerisierung in Warenproduktion und Dienstleistungen ebenso wie die wirtschaftlichen Epochentrends der Konzernfusionen im nationalen und internationalen Rahmen. Dieser Prozeß hat Auswirkungen bis in die letzten Winkel des Landes. Zürich wird in einem

Maße zur faktischen Hauptstadt, daß es für das angestammte föderalistische Denken ein Skandalon und eine schwere Kränkung darstellen muß. Das freudige Reden von der Einheit in der Vielfalt, dieser Refrain aller patriotischen Rhetorik seit dem »Fähnlein der sieben Aufrechten«, wird zur Spiegelfechterei. In diesem Sinn hat »Zürich« für die Schweiz und ihr kollektives Gefühlsleben eine unheimliche Symbolkraft gewonnen. Es ist ein Zeichen geworden – für viele ein eiskaltes Zeichen an der Wand. Daraus nährt sich im Gegenzug die gelebte Regionalität, geographisch in den Kantonen, Tälern und Bezirken, soziologisch als die Partikularisierung der kulturellen Arbeit in gesellschaftlichen Gruppen, die sich voneinander polemisch absetzen. Das Phänomen, das man allzu pauschal mit dem Begriff »Alternativkultur« erfaßt, kann durchaus als ein Vorgang soziologischer Regionalisierung innerhalb der großen Agglomerationen begriffen werden.

Die Signete des heroischen Patriotismus vermittelten immer auch ein Gefühl der Geborgenheit im Kleinen und Geschützten, der Wärme in einem von der Weltgeschichte abgesetzten Raum. Das Gegensymbol »Zürich«, das zwar bisher noch nicht zu einem geläufigen Piktogramm visualisiert wurde, das aber im Bewußtsein aller Landesteile lebt, ist mit den gegenteiligen Empfindungen verbunden: Kälte, Macht, weltweite Verflochtenheit in Politik und Geschäft, verlorene Unschuld und verschwundene Geborgenheit. Man könnte auch sagen, der Begriff stehe signalhaft für die Tatsache, daß dem Land der Aspekt der Mütterlichkeit abhanden gekommen sei. Daß dieses »Zürich« als nationales Symbol mit Zürich als einer konkreten urbanen Realität nicht identisch ist, versteht sich ebenso leicht, wie sich darüber hinwegsehen läßt. Das Symbol lebt von der Unterschlagung dieser Differenz. »Zürich« ist ja wirklich nicht nur in Zürich. »Zürich« ist auch in Genf und in Lugano und in Basel am gequälten Rhein, es liegt auf den vom Tourismus geschändeten Bergen, an den kippenden Mittellandseen und auf den weitgedehnten blumenlosen Einheitswiesen. In diesem neuen nationalen Symbol denkt die Schweiz über sich selbst nach, prägnant, aber auch bedenklich vereinfachend. Die prekäre Stellung, in die das Land im Europa einer dynamischen und immer selbstbewußteren EU geraten wird, kann nicht aus der Welt geschafft werden, indem man die Verantwortung für alles wirtschaftlich und technologisch Bedrohliche diesem »Zürich« zuschreibt. Trotzdem ist der Gefühlsgehalt wichtig, der in der bildhaften Reflexion steckt. Die Sündenbockfunktion, die der Stadt an der Limmat ja nicht ganz grundlos zugewachsen ist, steigert das regionale Selbstbewußtsein. Sie verstärkt, pathetisch gesprochen, die Heimaterfahrung im kleinen Raum und in der übersehbaren Gruppe. Man fühlt sich zugehörig und darf das, dem man sich zugehörig fühlt, auch gern haben. Das aber ist die Voraussetzung zu jeder kollektiven Handlungsfähigkeit. Der Schmerz, nicht mehr lieben zu können, was doch der natürliche Gegenstand von Herzlichkeit und Zuneigung wäre, ist im öffentlichen Streit um Schuld und Unschuld der Schweiz spürbar, seit es diesen Streit gibt: von den ersten scharfen Stellungnahmen Max Frischs in den Nachkriegsjahren über die Optik auf das Land im Westschweizer Film der Tanner, Soutter und Goretta bis hin zur Thematisierung der Kriegszeit im Umkreis des fünfzigsten Jahrestags der Generalmobilmachung und der Volksabstimmung über die Armee – bis hin schließlich auch zur Verarbeitung der bitteren Tatsache jahrelanger systematischer Verletzungen der bürgerlichen Grundrechte durch die Überwachungs- und Registrierungsaktivitäten der politischen Polizei. Die Leidenschaftlichkeit, mit der die Frage nach dem wahren Gesicht des Landes immer wieder gestellt wird, kann ihre Herkunft aus alten, starken Gefühlsbindungen nicht verbergen. Das läßt die Hoffnung zu, daß die unausweichliche Neubestimmung der Schweiz im weltpolitischen Kontext, die Neubestimmung dessen, was am Beginn des 21. Jahrhunderts unter »Neutralität« und »Unabhängigkeit«, was unter »Freiheit« tatsächlich noch zu verstehen sei, nicht nur als mißmutige Reaktion auf internationale Sachzwänge verlaufen, sondern klarsichtig, überlegt und rechtzeitig an die Hand genommen werden könnte.

Kritischer Patriotismus

Die Auseinandersetzung der Schweizer Schriftsteller mit der guten und mit der bösen Schweiz

Zu reden ist von der Schweiz, von den Schweizer Schriftstellern, von der Schweizer Literatur, und zu reden ist davon, wie sich die Schweizer Schriftstellerinnen und Schriftsteller in ihren Werken mit der Schweiz auseinandersetzen – und doch ist da gleichzeitig von Dingen zu reden, die nicht nur diese Schweiz angehen, sondern jedes europäische Land.

Man soll sein Vaterland lieben, heißt es. Das sei eine urtümliche Eigenschaft des Menschen, so urtümlich wie die Liebe zur eigenen Mutter. Wer sein Vaterland nicht liebt, ist unnatürlich. Er ist kein guter Mensch, heißt es. Man soll sein Vaterland lieben, und man soll notfalls dafür sterben, und dieses Sterben ist – wenn man dem alten Horaz glauben will – sogar etwas besonders Schönes; es ist süß, süß wie die Liebe.

Wenn das so unverblümt gesagt wird, tönt es ironisch. Dennoch glaube ich, daß es stimmt. Ich glaube, daß es ein urtümliches Bedürfnis ist, das Land zu lieben, in dem man geboren ist, und ich glaube sogar, daß es eine urtümliche Bereitschaft gibt, für etwas, das man heftig liebt, zu sterben – unter Umständen auch für sein Vaterland. Oder sollen wir annehmen, alle Guerillas und Gegenguerillas überall auf der Welt seien nur gekaufte Söldner?

Wenn wir von Patriotismus reden, reden wir also von Liebe. Wir reden von einem erotischen Ereignis. Zwar gilt für viele Leute nur die Liebe zwischen den Geschlechtern als Erotik. Spätestens seit Sigmund Freud aber gibt es ein gesichertes Wissen, daß auch die Liebe zwischen Eltern und Kindern ein erotisches Geschehen ist, ebenso wie die Liebe zur Natur und die Liebe zum Kunstwerk – sollte da die Liebe zum Vaterland etwas ganz anderes sein?

Niemand sorgt so sehr für ein dauerndes Durcheinander unter den Menschen, niemand verursacht so viele Aufregungen und Konflikte in der Welt wie Eros, der Gott der Liebe. Da kann es nicht überraschen, wenn Aufregungen und Konflikte auch dort auftreten, wo es um die Liebe zum Vaterland geht. Der Patriotismus als elementares Ereignis im menschlichen Gefühlsleben ist ein Konfliktherd ersten Ranges, und zwar nicht nur für das Verhältnis der Völker zu ihren Nachbarn, sondern auch – und das vergißt man oft – für das Innenleben jedes einzelnen Landes.

Warum vergißt man das so oft? Ist es nicht selbstverständlich, wenn der Patriotismus doch eine erotische und also unruhestiftende Gegebenheit ist? Es ist aus *einem* Grunde nicht selbstverständlich. Zu allen patriotischen Konflikten gehört als Merkmal, daß der eine Patriot dem andern Patrioten den Patriotismus bestreitet, daß der eine Liebhaber des Vaterlandes dem andern zum Vorwurf macht, es fehle ihm gerade die Liebe zum Vaterland. Nichts hat so vielen Leuten den Vorwurf eingetragen, Verräter zu sein, wie deren tatsächlicher leidenschaftlicher Patriotismus.

Seit mehr als fünfzig Jahren ist die Schweizer Literatur durch solche Konflikte gekennzeichnet. Sie sind nicht harmlos, und sie sind nicht Nebenerscheinungen. Sie machen den Kern der neuen Schweizer Literatur aus und haben manchem großen und größten Autor das Leben verbittert. 1954 ist der Roman »Stiller« von Max Frisch erschienen. Es ist ein erotischer Roman, ein Roman um die Beziehung zwischen Mann und Frau: was sie einander geben, was sie einander antun, was sie einander nehmen. Und gleichzeitig ist es ein Roman um die Beziehung zwischen Bürger und Staat: was sie einander geben, was sie einander antun, was sie einander nehmen. Man kann in diesem Roman die erotische Verknüpfung des Mannes mit der Frau nicht trennen von der erotischen Verknüpfung des gleichen Mannes mit seinem Vaterland. Die Frauenliebe dieses Mannes hat die gleiche Struktur wie die Vaterlandsliebe dieses Bürgers. Wie er an der Frau hängt und leidet, so hängt und leidet er an der Schweiz. Mit beiden ist er zerstritten, an beide ist er gebunden, in einer schwierigen und bösen Liebe. Und da gilt es nun aufzupassen. Denn es könnte gesagt werden: Wenn es sich beim politischen Verhalten Stillers und damit auch des Autors Max Frisch um ein erotisches Ereignis handelt, dann ist der Inhalt dieses Verhaltens, das konkrete politische Denken, eine private Sache. Dann ist, zum Beispiel, die scharfe Kritik an der Schweiz kein staatspolitisch wichtiges Ereignis, sondern ein Phänomen der Psychologie.

Tatsächlich hat man in der Schweiz immer wieder und bis heute versucht, die Auseinandersetzung des Schriftstellers Max Frisch mit seiner Vaterstadt und seinem Vaterland als ein privatpsychologisches, ein subjektives, ein charakterbedingtes Geschehen hinzustellen und damit für öffentlich bedeutungslos zu erklären. Das ist falsch. Es ist nicht nur ungerecht, es ist schädlich. Wer die Kritik der Schriftsteller und Schriftstellerinnen an ihrem Staat als psychologisches Problem der Kritisierenden deklariert, macht den ersten, scheinbar harmlosen Schritt in einer Richtung, an deren Ende die gewaltsame Psychiatrisierung der unbequemen, dissidenten Köpfe liegt.

Wenn ich also den Patriotismus als ein Element vitaler Erotik betrachte, erkläre ich damit die Resultate seines Denkens und Argumentierens gerade nicht zu privaten Angelegenheiten, sondern zu Aussagen von besonderem Gewicht. Das hängt mit der Liebe als der höchsten Kraft im Menschen zusammen. Was geschieht denn mit dem, der liebt? Er bekommt zunächst einmal neue Augen. Er sieht alles anders und schärfer. Er wird nicht blind, sondern sehend, und weil er alles genauer sieht, will er es auch benennen. Die Geliebte bekommt einen neuen Namen. Sie soll anders heißen, weil sie anders ist, weil die Liebe die Wahrheit ans Licht gebracht hat. Liebe erkennt und will benennen – auch die Liebe zum Vaterland, das elementar patriotische Verhalten.

Genau hier aber muß ein Konflikt ausbrechen. Denn wenn es für jeden Liebenden eine Frau, für jede Liebende einen Mann gibt, gibt es für alle Patrioten doch immer nur dieses eine Vaterland. Der Konflikt, der nun ausbricht, ist daher zunächst einer des Benennens, der Identitätsbestimmung. Die Eifersucht im patriotischen Bereich wird unweigerlich ein Kampf um das Recht, der Heimat den wahren Namen zu geben. Seit Jahrzehnten können wir diesen Kampf in der Schweizer Literatur verfolgen, den scharfen Konflikt um die Bestimmung dessen, was die Schweiz ist, welche Namen ihr zukommen, welche Bilder und Zeichen ihrer wahren Identität gemäß sind. »Güllen« ist ein solcher Name, »Andorra« ist ein solcher Name, und »Jammers« und »Schilten« und »Ruch« und »Spießbünzen, Molchgüllen, Barbarswil«.

Der patriotische Konflikt als Streit um das Recht, dem Land den wahren Namen zu geben, und als Streit um diesen Namen – wenn man es so sieht, wird einem auch bewußt, daß der Roman »Stiller« in einem höchst kritischen geschichtlichen Augenblick erschienen ist. Er kam genau zu dem Zeitpunkt heraus, als die Kriegs- und Hitlerzeit endgültig der Vergangenheit angehörte und eine neue Epoche sich abzeichnete. Und da sagte dieser Roman unüberhörbar eines: Für die Zukunft, die jetzt beginnt, sind die Namen, die die

Schweiz trägt, falsch; der Begriff, den sich die Schweiz von sich selbst macht, ist schief; die Bilder und Zeichen, mit denen die Schweiz ihre Identität bestimmt, sind lügenhaft geworden. Der berühmteste Satz des Buches: »Ich bin nicht Stiller« bedeutet zugleich auch: »Die Schweiz ist nicht die Schweiz.«

Man wird sich erinnern, wie das im Roman dann zugeht. Alle Leute kommen zu Stiller und sagen: Tu doch nicht so, du bist doch unser alter Stiller, sei doch vernünftig! Und je freundlicher sie ihm das sagen, um so heftiger, ja kreischender behauptet er, er sei es nicht. Genau so hält er es auch mit der Schweiz. Je freundlicher sie sagen: Tu doch nicht so, das ist doch unsere alte Schweiz!, um so unerbittlicher sagt er nein, um so schneidender diagnostiziert er die offizielle Wahrheit der Schweiz als Lüge, das offizielle Gesicht der Schweiz als Maske, den offiziellen Namen der Schweiz als Pseudonym. Ein Strindberg des Patriotismus wird er, so wild, so bis ins Hysterische hinein tragikomisch, daß man die Leidenschaft dahinter, den Eros, nicht übersehen kann.

Ein falsches Gesicht? Wie konnte es dazu kommen? Die Antwort führt in die Geschichte. Viele Jahre lang war die Schweiz vom Faschismus unmittelbar bedroht, umstellt von einer riesigen kriegerisch-ideologischen Maschinerie. Diesem Propagandaapparat begegnete die Schweiz mit eigenen Bildern und Zeichen, welche ausdrücken sollten, daß sie anders sei, nicht integrierbar und nicht annektierbar. Aus einer Strategie des Überlebens heraus schuf sie eine Fülle vaterländischer Idole und Ideale recht einfacher Art. Aus geschichtlicher Not entwickelte sie einen altertümlichen emotionalen Patriotismus, und die Todesgefahr erfüllte die abgedroschenen Bilder mit neuem Leben. Das kleine saubere Schweizerhaus auf der umbrandeten Insel im Weltmeer, von einer liebenswürdigen Familie bewohnt, die konfliktfrei zusammenlebt, hilfreich ist wie Henri Dunant und todesmutig wie Wilhelm Tell – solcherart waren die Vorstellungen, die man als die farbenfrohe Wahrheit über sich selbst freudig verinnerlichte. Wer die Zeit als Kind erlebt hat, weiß mehr als ein Lied davon zu singen.

Der Krieg ging vorbei, das Hitlerreich verschwand, die Bilder blieben. Zu schön waren sie, zu einfach und eindeutig, als daß die Politiker und Festredner darauf verzichten wollten. Und genau hier trat Max Frisch mit seiner schneidenden Analyse auf den Plan. Die unvergeßliche Szene, wo der Bildhauer Stiller alle Gipsfiguren und Tonköpfe in seinem alten Atelier zerstört, erscheint heute – allegorisch – als dramatische Aufforderung an die damalige Schweiz: Werft die verstaubten Idole weg! Zerschlagt die falschen Bilder! Stellt euch der veränderten Welt und fragt euch unerbittlich: Wer bin ich? Was ist mein wahrer Name?

Heute erscheint der Roman »Stiller« wie eine Ouvertüre. Die Themen, die er anschlägt, wurden von der neuen Literatur der Schweiz in der Folge breit variiert und ausgestaltet. Diese neue Literatur war in spezifischer Weise eine kritische, politisch aggressive. Gemeinsam ist ihr nicht so sehr der Angriff auf bestimmte Realitäten der modernen Schweiz – Banken, Waffen, Politik als Geschäft, Beschönigung der Vergangenheit –, sondern vor allem und immer wieder das eine: der Vorwurf, daß man sich in diesem Land vor sich selbst verstecke und überlebte Zeichen und Namen für sich selbst verwende.

Und weil das ein öffentlicher Konflikt war und ein heftiger Konflikt, entstanden mit der Zeit zwei große gegensätzliche Bilder von dem Lande Schweiz, zwei Kontrast-Images: *die gute Schweiz und die böse Schweiz*. Das nahm sich aus wie zwei Wappen, und um beide sammelten sich starke, kämpferische gesellschaftliche Kräfte, ähnlich wie sich archaische Volksstämme um ihren Totempfahl herum zusammenrotten. Auf der einen Seite die etablierte Macht im Land, die Politiker, die alle sehr deutlich noch von der Kriegszeit geprägt waren, das konservative Bürgertum insgesamt, und auf der andern Seite die streitlustige Intelligenz. Dabei wirkten die Gesetze des Gegensatzes und deckten allzu oft die subtileren Unterschiede zu. Die beiden Wappenbilder oder Totems vereinfachten sich in der gegenseitigen Polemik. Genaue Analysen der Schriftsteller wurden pauschalisert zum Symptom eines blinden Hasses auf die Schweiz, und umgekehrt taten sich die Autoren schwer damit, dem politischen Gegner mehr als plakative Beschönigung zuzugestehen. Die gute und die böse Schweiz – sie wurden zu Leitbildern, die noch immer und unabsehbar wirksam sind. Das ist mehr als eine historische Zufälligkeit. Die Bilder sind verführerisch, denn sie verbinden sich mit uralten psychischen Erfahrungen, mit dem aus Mythen, Märchen und Träumen bekannten Gegensatz zwischen der guten und der bösen Mutter, der warmen und der kalten Mutter, der nährenden und der verweigernden Mutter, der beschützenden und der erstickenden Mutter. Es ist unverkennbar, daß diese im Unbewußten gespeicherte Erfahrungsstruktur in der aggressiven Literatur wie auch bei deren Gegnern mit dem Denken und Reden über die Schweiz sich vernetzte und immer wieder ein Ausdiskutieren, den schrittweisen, produktiven Ausgleich verhinderte.

Dazu kam nun die Merkwürdigkeit, daß diese vereinfachten Kontrastbilder der guten und der bösen Schweiz auch international und völlig unabhängig von der Literatur auftauchten. In der Weltöffentlichkeit, die sich nie durch besondere Differenzierungsfähigkeit auszeichnet, polarisierte sich die Vorstellung von unserem Land in den sechziger Jahren noch viel pauschaler. *Hier* die Schweiz als fleißiges und friedliches Land, das allen Leuten hilft und keinem schadet, wo man sparsam und sauber auf grünen Hügeln mit fetten Kühen lebt und fröhliche Seilbahnen baut für vergnügte Touristen, denen man nur so nebenhin einmal auch eine Uhr verkauft; *dort* die Schweiz als ein Ort des kalten Geschäfts, des zynischen Waffenhandels, wo bleiche fanatische Bankiers Fluchtgelder aufhäufen, höher als das Matterhorn, und wo die Frauen ängstlich in der Ecke kauern, weil sie kein Stimmrecht haben. Diese grobkörnige Polarisierung in der internationalen Öffentlichkeit nimmt sich aus wie eine Parodie auf den Kampf der Bilder, der in der Schweiz selbst auf literarischem Gebiet gelaufen ist.

Ein Kampf der Bilder, sage ich, und meine damit, daß der kritische Patriotismus in der Schweizer Literatur dem emotionalen Patriotismus vor allem in der Absicht entgegengetreten ist, die falschen Metaphern und Vorstellungen von der Schweiz zu zerstören. Daran arbeiteten auf unterschiedliche Art ganz unterschiedliche Talente. Otto F. Walter setzte im Roman »Die ersten Unruhen« die Verfahren der literarischen Avantgarde ein, ähnlich wie Kurt Marti in seiner Lyrik. Peter Bichsel entwickelte aus dieser Aufgabe heraus einen eigentümlich verschlagenen essayistischen Stil. Paul Nizon brachte seine Kunst der melodramatischen Selbstinszenierung auf den Höhepunkt, indem er sich zum Exilautor erklärte, der in einem so schrecklichen Land ersticken müßte. Er lancierte dabei das Wort von der »Enge« der Schweiz, das im Diskurs um die Identität des Landes eine beispiellose Karriere machen sollte, bevor es zum billigen Klischee wurde. Adolf Muschg, der Weltläufige, Jongleur mit vielen Tellern, konfrontierte die wackere helvetische Erzählprosa mit der blitzenden Raconteurship der amerikanischen Ostküste. Jörg Steiner, neben Gerhard Meier der folgerichtigste Erzähler, warf den Lichtstrahl auf die Opfer, die Randständigen und evozierte in scharfen Reflexen die ungeschorenen Täter. Herbert Meier wurde zum herausragenden Vertreter des Schweizer Dokumentartheaters und schuf mit »Stauffer-Bern« einen ungestümen kleinen Klassiker der politischen Systemkritik. Widerborstiger noch bewegte sich Hansjörg Schneider auf der Bühne. Erica Pedretti, mit Jörg Steiner im Ansatz verwandt, begründete mit Laure Wyss zusammen jenes neue weibliche Schreiben in der Schweiz, das formale Strenge mit einem unbestechlichen Wissen um die sozialen Hintergründe der seelischen Leiden verbindet. Ihr folgten wenig später Gertrud Leutenegger und die trotzige Mariella Mehr; Ruth Schweikert und Eleonore Frey führten die Linie mit ganz neuen Tönen fort. Bewegt von Witz und Spielvergnügen trat Franz Hohler unter die Sprachversessenen. Er hatte ein Cello dabei, setzte es aber nicht zur Beruhigung der Gemüter ein. Man vertrieb ihn deshalb zeitweise von der Mattscheibe des staatlichen Fernsehens. Das Cello brummte weiter auf hundert kleinen Bühnen. Anders als Nizon mit seinem Kult der Großstadt Paris, präziser im ethnologischen Blick, aber ein Erotiker auch er und also ebenfalls ein rarer Vogel in der Landschaft, stellte Jürg Federspiel der Schweiz die Wirklichkeit der USA gegenüber, nicht romantisch-schwärmerisch, sondern in präzise recherchierten Konfigurationen. – Man könnte und müßte weitere Namen nennen, und man könnte und müßte dabei zeigen, wie alle immer wieder anders arbeiteten und dabei doch am gleichen Ziel festhielten, dem Ziel einer aufklärerischen Beseitigung des falschen mythischen Denkens.

Das ist das Stichwort: Beseitigung des mythischen Denkens in der Politik und in allem Reden über die Schweiz. In der Todesgefahr, dem Hitlerfaschismus gegenüber, waren mythische Bilder aufgetaucht, weil vor dem Tod die bloße Vernunft versagt. Im Nachkrieg verstaubten diese nationalen Mythologeme zu Kostümen und Klamotten; zudem wurden sie zu billigen Propagandamitteln im neuen Interessenkampf des Kalten Krieges umfunktioniert. Weg damit! war die Parole der jungen Literatur. Und es konnte nicht anders sein, als daß sich dieser Streit schließlich zuspitzte auf den zentralen Mythos des emotionalen Patriotismus, auf Wilhelm Tell. Der brillante Erzähl-Essay Max Frischs aus dem Jahr 1971 tat mit unwahrscheinlich genauer Bewegung nichts anderes, als diesen Mythos vom Schützen Tell in einer anderen Sprache zu erzählen: kompromißlos rational. Frisch übersetzte die Tell-Legende aus der Redeweise des emotionalen in die des kritischen Patriotismus: eine scharfsinnig-analytische, witzig-psychologische Diktion. In diesem Neon-Licht erschien der alte Heros plötzlich als ein Wesen von kläglicher Gewöhnlichkeit. Frischs »Tell« muß aus grundsätzlichen Überlegungen als *der* Archetyp der kritisch-literarischen Auseinandersetzung mit der Schweiz betrachtet werden – nicht allein wegen des Gegenstandes, sondern vor allem wegen der Methode. Der Mythos, in der Sprache der Vernunft erzählt, erlischt. So geschieht es immer bei den großen Aufklärern. So trieb es Voltaire mit Jeanne d'Arc, so trieb es Heine mit Barbarossa. Im Angriff auf den Mythos vom Schützen Tell verdichtet sich also exemplarisch das, was ich den Kampf der Bilder genannt habe.

»Wilhelm Tell für die Schule« erschien 1971. Inzwischen ist der kritische Patriotismus literarisch eine Konvention geworden – so wichtig er politisch weiterhin bleibt. Was einst ein tollkühner Partisanenstreich war, kann heute jeder. Man erwartet es sogar von den Autoren und Autorinnen. In der Öffentlichkeit hat sich die Vorstellung festgesetzt, Schriftsteller sein heiße, die Denkschablonen der vaterländischen Festredner attackieren und der »guten Schweiz« den Spiegel der »bösen« vorhalten. Es gibt einen geläufigen Literaturbegriff, der etwas anderes schon gar nicht mehr registriert, und das hat zur Folge, daß mittelmäßige Autoren überzeugt sind, wenn man das tue, sei man auch schon ein richtiger Schriftsteller. Das hat in seltsamer Art selbst auf einen Großen wie Max Frisch zurückgeschlagen. Einige seiner späten Werke, die sich nicht an dieses Muster hielten, hat man bei uns jahrelang kaum zur Kenntnis genommen. Man suchte die laute Attacke, fand sie nicht, war irritiert und legte das Buch in sichtlicher Verlegenheit rasch beiseite.

Es dürfte sich lohnen, unter diesem Aspekt die erste öffentliche Reaktion auf die Bücher »Der Mensch erscheint im Holozän« und »Blaubart« gesamthaft zu studieren.

Das besagt nun, daß das Denkschema von der guten und der bösen Schweiz ebensosehr eine Struktur der Aufnahme von Literatur wie eine Struktur ihrer Produktion ist. Wer die Literatur konsequent beobachtet, muß sich allerdings üben, darüber hinauszusehen. Dann zeigen sich gelegentlich merkwürdige Dinge.

Ein Beispiel. 1979 hat die junge Schriftstellerin Gertrud Leutenegger eine Erzählung veröffentlicht, einen traumartig-autobiographischen Text, wie es ihre Art ist. Das Prosastück »Das verlorene Monument« handelt vom niedergebrannten Bahnhof der Stadt Luzern, einem Prachtgebäude aus dem 19. Jahrhundert, das mit seinen altertümlichen Riesengemälden für das kleine Mädchen einst ein Ort bewegender Erfahrungen war. Und mitten aus der privaten Erinnerung heraus an die verbrannten vaterländischen Szenen und Landschaften kommt Gertrud Leutenegger zu einem scharfen Angriff auf Max Frisch, einem Angriff, ausgerechnet, auf seinen Umgang mit Wilhelm Tell.

> Hier sitzen nur noch Schlafwanderer, lautlos aus dem Riesengemälde der Gotthardpaßhöhe herausgefallen, seit kurzem auch der als überflüssig deklarierte Tell, ein für allemal aus dem gefährlichen Zwielicht des einsamen Mörders verdrängt, auch diesen Tod habe ich nicht verstanden sowenig wie seine Gloriole im Lesebuch, ich hörte ihn immer nachts die alte Straße zum Gotthard hinaufgehen, ein verschlossener kundiger Säumer, der wußte, warum man den Fremden lang vor der Paßhöhe die Augen verband, da sie sonst angesichts der finsteren Schluchten hysterisch zu schreien anfingen, er, der sicher Umgang mit den Venedigern hatte, blieb den Eigenen fremd, sie duldeten zwar den verbrecherischen Aufrührer mit Scheu, aber jetzt hat ihn einer, einer von hier, der sich in dieser Sache so ausländisch verhält, daß ihm Tell die Augen verbunden hätte, mit vielgerühmter lakonischer Souveränität von seinem Zwielicht entlastet, ihm nur unermüdlich reaktionäre Breitbeinigkeit und sture Sommersprossen attestiert, so ist unser Land auch noch vom letzten beunruhigenden Stachel, von einem Attentäter, einem Anarchisten gereinigt, gesäubert, nicht einmal mehr das Aufbegehren eines Einzelnen traut man uns zu, liebe Mutter, einen flammend roten Unterrock, oder ich muß auswandern.

Diese offene Attacke von Schriftstellerseite lag so quer zu allen geläufigen Vorstellungen über Literatur und Patriotismus, daß sie, obwohl im Grunde sensationell, nicht zur Kenntnis genommen und schon gar nicht diskutiert wurde.

Was geschieht in diesem Text? Sein symptomatischer Charakter zeigt sich schon im Sprachlichen, in seiner Methode. Die Autorin operiert gleichzeitig mit zwei Redeweisen, der eigenen und einer fremden, von ihr abgelehnten. Und staunend stellt man fest, daß dieses abgelehnte Reden genau jene mythenfeindliche, aufklärerisch-rationale Sprache ist, die der kritische Patriotismus entwickelt hat. Sie selbst beschwört den Tell mit poetischer Emphase als eine geheimnisvoll-mächtige Gestalt: »das gefährliche Zwielicht des einsamen Mörders« – »ich hörte ihn nachts die alte Straße zum Gotthard hinaufgehen« – »sie duldeten den verbrecherischen Aufrührer mit Scheu«. Und gleichzeitig greift sie das rationalistisch-kalte Reden über diesen

Mythos an, indem sie es zitiert: Tell sei »als überflüssig deklariert« worden; man habe ihn »verdrängt«, »von seinem Zwielicht entlastet«, ihm »nur reaktionäre Breitbeinigkeit attestiert«. Dabei schlägt sich Gertrud Leutenegger nicht etwa auf die Seite des alten emotionalen Patriotismus. Sie lehnt diesen – »die Gloriole im Lesebuch« – deutlich ab. Wohin stellt sie sich also? Sie nimmt offensichtlich eine Position ein, die nicht ins vertraute Schema passen will. Ihre Erzählung beklagt den Untergang des alten, verschnörkelten Bahnhofs mit der Pracht seiner Kuppeln, einer unnötigen Pracht, funktional gesehen, die es beim Neubau nicht mehr geben wird. Den planen, als sie das schreibt, bereits die kühlen Rechner. Der Untergang des altmodischen Bauwerks steht zeichenhaft für alles, was seit den sechziger Jahren in der Schweiz unter dem Zeichen von Fortschritt und Weltoffenheit und dynamisch-technischer Entwicklung geschehen ist. Die Fortschrittsexplosion hat das Gesicht des Landes verändert, und sie wird unverblümt als große Zerstörung hingestellt. *Ein* Element dieser Zerstörung aber – so die literarisch wichtige Pointe – ist das kalte Ausräumen aller mythischen Substanz aus der Überlieferung und Selbstreflexion des Landes. Deshalb die Passage über Frisch und Tell, deshalb der Angriff auf den großen Kollegen.

Das heißt: die Opposition zwischen dem emotionalen und dem kritischen Patriotismus wird seit längerem schon querüber von einer neuen Frontlinie gekreuzt. Was sich anmeldet, ist ein neues Denken, ein anderes Erfahren. Der Anspruch der technischen Vernunft, alle Probleme der Zivilisation planmäßig zu lösen, ist gescheitert. Was sie aufgebaut hat, hat sie bezahlen müssen mit Zerstörungen, und die Rechnung ist noch lange nicht beglichen. Dabei hat die technische Vernunft diese dunkle Seite ihrer Leistungen selbst nicht sehen können. Sie ist auf einem Auge blind und weiß es nicht. So auch ihre Sprache, die Sprache der scharfsinnigen Analyse: sie trifft immer nur die halbe Wahrheit und hält sie für das Ganze. Gerade darauf reagiert die jüngere Schweizer Literatur nicht zuletzt auch in ihrem Reden über die Schweiz. Sie sieht plötzlich wieder Dinge, von denen sie lange nichts mehr wissen wollte. Jahrelang gehörte es zur Kritik an der Schweiz, daß man als Gegensatz New York beschrieb und verherrlichte. Die Hymne auf New York war für den kritischen Patriotismus so zentral wie die Abschaffung von Wilhelm Tell. New York und die Schweiz: das war Weite gegen Enge, Offenheit gegen Beschränktheit, Wirklichkeit gegen Illusion. Auch hier hatte Max Frisch im »Stiller« den Auftakt gegeben, und man muß heute sagen, daß, abgesehen von Jürg Federspiel und Kuno Raeber, kaum einer seiner vielen Nachfolger New York so differenziert gesehen hat wie er. Als Gegenreaktion darauf zeigt sich in der Schweizer Literatur seit geraumer Zeit die Tendenz, sich dem zuzuwenden, was vorher am meisten verachtet wurde, dem kleinen Dorf, dem Winkel, dem Kaff. Es ist der Inbegriff dessen, was in der Provinz Schweiz nochmals Provinz ist. Ein früher genialer Wurf in dieser Richtung war die Erzählung »In Trubschachen« von E. Y. Meyer. Was in diesen Texten geschieht, ist nicht Flucht in eine Idylle, sondern die Suche nach einer andern Schweiz innerhalb der Schweiz, nach einem nicht durchrationalisierten und durchfunktionalisierten Ort in einem Land, das von der totalen Technik bedroht ist. Da kann dann ein gewöhnliches Wirtshaus oder ein simpler Bahnhof nuancenreicher und feiner strukturiert erscheinen, etwas viel Wichtigeres sein als Chinatown, Washington Square und die ewigen Eichhörnchen im Central Park.

Schon bei E. Y. Meyer verbindet sich mit diesem Gang ins Abseits innerhalb der Schweiz die Wiederannäherung an ein mythisch-bildhaftes Erleben, ein vormodernes zyklisches Denken. Der Rand der Vernunft wird erreicht, und siehe da: jenseits ist immer noch etwas. Das ganz Gewöhnliche wird zum Übergang in einen surrealen Bereich. Ein frappantes Talent in dieser Art des Schreibens, eines eigentlichen helvetischen Surrealismus, zeigt – neben E. Y. Meyer, neben Gertrud Leutenegger, neben jenem Dürrenmatt, der um den Minotaurus-Mythos ringt – Franz Böni, ein schwieriger und gefährdeter Mann, dem einige stärkste Prosaseiten zu verdanken sind. Böni beschreibt das Alltägliche, das sich ganz langsam ins Unwirkliche verschiebt. Es gleitet weg in eine seltsame Vergangenheit. Man biegt um einen Hügelzug und ist in einer vorindustrialisierten bäuerlichen Welt, die es nicht mehr gibt und die doch ganz wie die unsrige aussieht. Und das ereignet sich in Landschaften, die so frappierend schweizerisch sind, wie es seit Meinrad Inglin keiner mehr zustande gebracht hat.

Etwas Ähnliches unternahm Hermann Burger im Roman »Die künstliche Mutter«, nur geht es bei ihm nicht geisterhaft leise zu, sondern laut, schrill, heulend und rasselnd. Auch Burger greift demonstrativ wieder zurück auf den mythischen Fundus der Schweiz. Der Gotthard, der vaterländische Berg schlechthin, wird ihm zu einem monströsen Mutterschoß, von dem er verlangt, er müsse ihn nochmals gebären, nochmals in die Welt werfen, besser, gesünder, glücksfähiger als das erste Mal. Burgers Einfall ist unerhört. Er hätte daraus den Roman eines Jahrzehnts machen können, so genau bündelt er alle Tendenzen des neuen helvetischen Surrealismus. Aber er hat den Roman wohl zu rasch fertiggemacht und damit vielleicht *die* Chance seines Lebens vertan. Einiges hat er allerdings erreicht. Er inszeniert ein Ritual, das für das bildhafte Nachdenken über die Schweiz ungemein aussagekräftig ist: Er will, tobend und fluchend und betend, die böse Mutter in die gute verwandeln, die kalte in die warme, die verweigernde in die nährende, die erstickende in die beschützende. Damit bestätigt er, ohne es zu wissen, wie sehr alle literarische Auseinandersetzung um die Schweiz seit Jahrzehnten von den Mutterbildern in der Tiefe gesteuert war.

Burgers Roman hat sich nun aber noch in anderer Hinsicht als exemplarisch herausgestellt. Er ist auch das Buch von einer *Krankheit*. Er handelt von schweren körperlichen Leiden, die ihre Ursachen nicht nur in diesem Körper selbst haben, sondern in Familie und Gesellschaft und Politik. Wenn man das feststellt und gleichzeitig die Jahre um diesen Roman überblickt, zeigt sich eine eigentliche Tradition. Die Todeskrankheit, das Zerfressenwerden des Leibes von innen heraus, taucht gleichzeitig mit der Krise der analytischen Rationalität in der Literatur auf. Der Durchbruchtext ist »Mars« von Fritz Zorn, die Aufzeichnungen eines krebskranken jungen Mannes aus der besten Zürcher Gesellschaft, kurz vor seinem Tod niedergeschrieben, von Adolf Muschg herausgegeben und bald in viele Sprachen übersetzt, ein Welterfolg. Als das Buch herauskam, schien es nichts weiter zu sein als die geläufige Kritik an der bösen Schweiz in einer extravaganten Variante. Dann aber erschienen weitere Krebs- und Krankheitsbücher, eine unheimlich große Zahl. In ihrer Mitte steht immer die Krankheit, vor der die brillante technische Medizin versagt. Walter Matthias Diggelmann, Maja Beutler, Thomas Hürlimann, Walter Vogt, Claudia Storz sind da, neben Zorn und Burger, zu nennen, in gewissem Sinn auch Christoph Geiser und Hugo Loetscher und nicht zuletzt natürlich Adolf Muschg, der ja vom Thema der Krankheit förmlich besessen ist. Und als das Ergebnis einer bereits vertrauten literarischen Form standen die »Diktate über Sterben und Tod« von Peter Noll monatelang auf den Bestsellerlisten.

Hat das auch etwas mit der Schweiz zu tun? Krebs und Patriotismus – gibt es eine absurdere Wortverbindung? Die Absurdität steckt leider in der Wirklichkeit. Krebs ist in der heutigen Gesellschaft eine Realität *und* ein großes Sinnbild. Am Krebs scheitert die technische

Medizin, vor ihm versagt beispielhaft die planende Vernunft. Krebs ist eine mythische Hieroglyphe geworden für die Grenze des Fortschritts. Deshalb trat er in der Literatur zugleich mit dem neuen Surrealismus auf. Wie dieser bestreitet er den totalen Herrschaftsanspruch der Rationalität. In einem neuen, anders gerichteten Kampf der Bilder wurde er einige Jahre lang zum zentralen Teil. Das muß in der Schweiz auch diese Schweiz selber angehen. Denn was ist Krankheit, wenn nicht ein elementares Ereignis der Natur. Krankheit ist kein Defizit, sondern eine Gewalt. In der Krankheit schlägt die Natur zurück gegen die Technik, so wie in den Bildern der Dichter das ganzheitliche Denken zurückschlägt – gegen die einseitige Vernunft. Wir haben in der Schweiz wie anderswo die Natur rücksichtslos ausgebeutet und tun es weiterhin. Eines Tages zahlt sie es zurück mit katastrophaler Gewalt. Die Bäume sterben. Die Gewässer veröden. Die Blumen und Käfer, das Universum der winzigen, farbigen, kletternden, kriechenden Wesen, verschwindet lautlos und traurig. Dafür haben wir etwas mehr Geld. Krebs als Sinnbild erscheint wie das babylonische Wort an der Wand: Mene Tekel Upharsin – auch im Computerzeitalter nicht digital auszudrücken. Die Schriftsteller haben uns mit dem Thema der großen Krankheit konfrontiert, als wir noch nichts vom sterbenden Wald und vom giftigen Regen wußten. Wir haben damals gemeint: jetzt werden die Dichter wieder privat; jetzt haben sie genug von der Politik und vom Streit um die gute oder böse Schweiz; jetzt reden sie nur noch von sich selbst. Heute wissen wir es besser: die Dichter redeten damals schon, auf ihre Weise, von der Schweiz, von der kranken Schweiz. Sie zeigten die große Krankheit als den dunkeln, bedrohlichen Rand unserer Zivilisation. Im Privaten zeigten sie, was öffentlich kommen sollte. In ihrer altertümlichen Art, die Welt zu erfahren, verspürten die Dichter das ganze Land wie den eigenen Körper und den eigenen Körper als Teil des ganzen Landes, und so wurde ihre Rede ganz intim und furchtbar verbindlich für alle.

Wir denken in Bildern, auch wenn die Bilder logisch unpräzis, moralisch ungerecht sind. Das hängt im tiefsten mit der Liebe zusammen. Die Liebe will Vollkommenheit, und wer Vollkommenheit will, wird enttäuscht. In der Enttäuschung aber wird man aggressiv, bösartig, ungerecht und gleich darauf doch wieder von Gefühlen überschwemmt, von Sehnsucht heimgeholt.

Man kennt nur, was man liebt, sagen die einen. Man kennt nur, woran man leidet, meinen andere. Möglicherweise liegt hier kein Widerspruch vor.

Swiss is beautiful

Vom Vergessen und Wiederentdecken in der Schweizer Literatur

Ein Wort geht um hierzulande. Es ist ein schlichtes Alltagswort, aber es hat einen Gefühlsgehalt gewonnen, der es zu einem kulturpolitischen Ereignis macht. Die emotionale Aufladung dieses Wortes ist vielleicht sogar wichtiger als die Dinge, auf die es von Fall zu Fall verweist. Das Wort heißt »Wiederentdecken«. Gebraucht wird es entweder mit aufmunternd-beschwörenden Begleitgesten – »gilt es dringend …, sollte längst schon …« – oder aber dankbar registrierend: »hat uns endlich …, ist nun wieder …«. Gemeint sind immer Schweizer Autorinnen und Autoren – Autoren mehr als Bücher: die Nuance könnte wichtig sein –, und sie stammen immer aus dem gleichen Zeitraum: der ersten Jahrhunderthälfte. Es hagelt zeitweise förmlich von verlorenen Söhnen und verschollenen Kindern, die endlich wieder heimfinden. Sie laufen in offene Arme, und jedem wird sein Kalb geschlachtet. Die lebenden Autoren schauen dem Geschehen zu, leicht verdutzt, mit gelegentlichen Zeichen des Beifalls, wenn auch keines besonders überschwenglichen. Sie haben es ja selber nicht allzu gut, werden geschätzt als Schar, im einzelnen könnten sie sich die Zuneigung inniger vorstellen. Ohnehin schon in einem Netz von gegenseitigen Konkurrenzen stehend, über die sie sich nicht öffentlich aussprechen dürfen, sehen sie nun auch noch die vergessenen Verwandten, die totgeglaubten Tanten und Großonkel aufmarschieren: Wir sind alle wieder da!

Freuen dürfen sich die Leserinnen und Leser. Unverhofft finden sie die Landschaft verändert. Was noch vor kurzem weiter nichts war als eine dumpfe Erinnerung an Großmutters Bücherschrank, ist auf einmal prächtig glänzend vor aller Augen, in vieler Mund und in mancher Hand. Gerade bei den Lesenden aber zeigen sich nun auch Anflüge von Beunruhigung über den ganzen Vorgang. Man fühlt sich in etwas verwickelt, woran man aktiven Anteil hat und das man doch nicht ganz durchschaut. Fragen tauchen auf, und die Antworten fehlen. Die Wiederentdeckungswelle hat Signalcharakter, aber was sie signalisiert, bleibt unklar. Schärfer gesagt: Wir selbst signalisieren uns da etwas, was wir nicht verstehen und doch gerne begreifen möchten.

Der Akt des Vergessens

Wiederentdecken setzt das Gegenteil voraus: Vergessen. Das heutige Geschehen muß sich also irgendwann in umgekehrter Form mit gleicher Schubkraft abgespielt haben. Vergessen, soviel weiß man heute, ist nie etwas, was einem einfach so passiert. Vergessen ist ein Akt, der zielgerichtet vollzogen wird, von einzelnen oder von vielen zusammen, auch wenn es nicht bewußt geschieht und also im Moment nicht bedacht werden kann. Der Gefühlswert, der dem Begriff und der Tätigkeit des Wiederentdeckens in der Schweizer Literatur zukommt, macht deutlich, daß auch der einstige Akt des Vergessens seinen emotionalen Einschlag gehabt haben muß. Wenn das aber stimmt, dann laufen in unserem kulturellen Leben Prozesse ab, die ihr Unheimliches haben. Dieses kleine, weiß Gott überschaubare Literaturland ist offenbar imstande, die Produktion einer ganzen Epoche kurzerhand aus dem Gedächtnis zu streichen. Von einem beträchtlichen Stück eigener Vergangenheit wird eines Tages das Interesse abgezogen, gründlich und umfassend. Wer dann noch an einzelnen Namen oder Titeln festhält, riskiert, zum einsamen Spinner zu werden, den man in Antiquariaten nach verstaubten Dingen stöbern sieht. Das müßte eigentlich die heutigen Autoren beschäftigen. Wieso soll sich der Vorgang nicht wiederholen? Den Ungeborenen ist nie zu trauen. Für die sind wir alle unvermeidlich von vorgestern.

Vergangenheit also ist getilgt worden. Wie meine private Vergangenheit ein vitaler Teil ist von mir selbst, so ist unsere gemeinsame Vergangenheit ein vitaler Teil von uns allen. Vergangenheit auslöschen ist immer eine Operation am eigenen Leib. Das tut keiner zum Spaß. Warum konnte es in und an unserer literarischen Geschichte geschehen? Es müssen verschiedene Faktoren sein, die da ineinandergreifen, sonst wäre die Lage durchsichtiger. Einzelnes kann man ausmachen, vorsichtig und mit Vorbehalten.

Schreiben in der Schweiz

Was immer literarisch geschieht bei uns, steht in Beziehung zur Hauptstruktur, die die Arbeit unserer Schriftsteller und Schriftstellerinnen prägt und bis in die geisterhaften Inspirationsmomente hinein bestimmt. Ich meine ihre doppelte Identität, ihre doppelte Bürgschaft. Sie gehören gleichzeitig und noch in den heikelsten Abläufen ihrer Selbstfindung, Selbstvergewisserung zwei unterschiedlichen Existenzräumen an, einem politisch-nationalen und einem literarisch-kultursprachlichen. Hier wie dort sind sie naturwüchsig angesiedelt, historisch angestammt mit allen Rechten und Pflichten. Beide Bereiche sind ideelle *und* handfest materielle Wirklichkeiten: der eine als die organisierte Macht des Staates, der andere als die harte ökonomische Realität des literarischen Marktes. Diese doppelte Identität ist nicht abhängig vom subjektiven Erleben der Autoren. Sie wird unausweichlich akut in und mit dem Akt des literarischen Schreibens hierzulande (und bei den Exilierten auch noch in ihrem Exil). Das sind Determinanten, so objektiv und nicht aus der Welt zu schaffen wie die Tatsache, daß sich der 8. Längen- und der 47. Breitengrad in der Schweiz schneiden, irgendwo an den Flanken des gewittergeplagten Napf.

Der Bumerang-Effekt

Eine Binsenwahrheit? Gewiß – nur werden die Konsequenzen wenig bedacht. Ein faszinierender Aspekt dieser Doppelstruktur ist deren Verlängerung in die Lesenden hinein. Wo immer es um einen guten Text von einem schreibenden Schweizer geht, taucht im Kopf des Lesers, taucht in Gesprächen und Kritik unausweichlich die Frage auf nach dessen Anerkennung außerhalb der politischen Grenzen. Uns selbst als Lesern also ist diese zweite Bürgschaft der Autoren – ein Bürger*recht* durchaus – spontan vertraut. Wer hierzulande schreibt und liest, gehört gleichzeitig zwei Systemen an, die in einer vertrackten, nur unzureichend geklärten Beziehung zueinander stehen. Eine Auswirkung ist der bekannte Bumerang-Effekt im Schweizer Literaturgeschehen. Literarischen Ruhm genießt im Lande auf die Dauer nur, wer ihn auch außerhalb genießt. Das Aufsehen, das einer hier macht, muß zu einem Aufsehen im größeren Literaturraum führen; dieses wiederum wird bei uns scharfäugig registriert, und erst jetzt ist der Schriftsteller solide anerkannt. Der Ruhm muß über die Grenze und wieder zurück. Das ist ein Vorgang, der sich weit ins 19. Jahrhundert zurückverfolgen läßt, und er spielt sich heute noch vor aller Augen ab. Das kann bis in literaturethnologische Kuriositäten gehen. Wenn ein großer deutscher Verlag für seine Schweizer Autoren guten Glaubens eine Schweizer Filiale eröffnet, treibt er damit diese Autoren zur Verzweiflung.

Selbstverachtung?

Wie ist das also? Verliert, wer nur unsern eigenen Respekt genießt, deswegen unseren Respekt? Seltsame Wirtschaft! Ob da zuletzt mit unserem Selbstbewußtsein etwas nicht in Ordnung sein sollte? Geht es irgendwo um Minderheitenpsychologie, um die berühmte Selbstverachtung bei Minoritäten, die von zeitweisen Schüben der Selbstverklärung unterbrochen wird (»Black is beautiful«)? Heikel! Karl Schmid hat seinerzeit die Schweizer Autoren in dieser Richtung psychologisch zu fassen versucht und ist darüber in eine peinvoll-bittere Kontroverse mit Max Frisch geraten. Tatsächlich geht es so einfach nicht. Daß der Schweizer als Bürger dieses Staates auch die Seelenprobleme eines Zwergwüchsigen habe, ist eine Fehldiagnose. Das Staatsbewußtsein und damit die Selbsteinschätzung der Schweizerinnen und Schweizer kommt nämlich nicht über die Kategorie der Quantität zustande, sondern über die Kategorie der Dauer, des Vorhandenseins und Überlebens in der Geschichte. Tatsächlich heißt ja auch die Schicksalsformel dieses Landes nicht: »Wir wenigen!«, und die Ursituation ist nicht das Häuflein von Marignano, sondern über unserer ganzen Geschichte steht der zwielichtige Satz: »Mehr Glück als Verstand«, und die Ursituation ist die des Davongekommenen, des aus Verschlagenheit, Gutmütigkeit und einigen altertümlichen Instinkten just noch Entlaufenen. Mit solchen Gestalten beginnt unsere Literatur: Der Uli Bräker in der Lobositzer Schlacht und der Meiss in Gotthelfs »Bauernspiegel« sind beide haarscharf Davongekommene, mit einem blauen Auge der eine, der andere mit einem zerschlagenen Arm. Und vielleicht gehört auch der kläglich gefesselte Krieger Anatol Stiller im Ginstergestrüpp vor Toledo zu ihnen und der Fremdenlegionär Lös in Glausers »Gourrama« und der unerschrockene Füsilier Schelbert in Inglins Meisternovelle »Die Lawine«.

Von Selbstabwertung rein aus politischem Kleinstaatenbewußtsein heraus kann also nicht die Rede sein. Als möglicher Grund für das Vergessen der literarischen Vergangenheit und für die Zwänge des Bumerang-Effekts fällt das außer Betracht. Anders ist es im Bereich jener komplexen Überlagerung politischer und literarischer Strukturen, die sich im Schreiben und Lesen des Schweizers ereignet. In ganz auffälliger Weise kann hier von keiner der beiden Dimensionen je ganz abgesehen werden. Was theoretisch als das nächstliegende Rezept für den schreibenden Schweizer erscheinen möchte, daß er die Schranken des politischen Raums von Anfang an überspielt, indem er sich konsequent um zeitlos-allgemeine Themen bemüht und nur für den Literaturraum schreibt, hat sich in der Praxis immer als Sackgasse erwiesen. Schweizerischer Klassizismus ist eine alte Verlockung. Einige sind daran zugrunde gegangen. Reüssiert hat keiner. Der schreibende Schweizer muß von helvetischen Dingen schreiben, und wär's auch nur in Szenerie und Einfärbung – immer aber so, daß man es auch in Österreich und in Deutschland lesen mag, obwohl diese helvetischen Dinge den Leuten dort so lang wie breit sind. Diese Regel ist ein empirischer Befund. Es gibt Einzeltexte als Ausnahmen, nicht aber größere Werkkomplexe. Die Ursachen sind nicht ganz durchsichtig. Auf jeden Fall laufen sie zusammen im spannungsreichen Prinzip der Untrennbarkeit zweier disparater Größen, der nationalen und der kultursprachlichen Identität.

Deshalb gilt auch das Umgekehrte. Sowenig der Schweizer Autor und die Schweizer Autorin nur für den Menschen an sich schreiben können, sowenig können sie nur für ihre Landsleute schreiben. Die Ausklammerung der politischen Identität des Autors aus dem Schreibprozeß führt bei uns zum totgeborenen Klassizismus; die Reduktion des Literaturraums auf das politische Vaterland führt zur Lokalpoesie, schließlich zur Folklore. Auf beides reagieren die Leser in der Regel rasch, indem sie die Gefolgschaft verweigern. Der Bumerang-Effekt aber ist nichts anderes als der einfachste Test, dessen diese Leser sich dabei bedienen. Er ist ein schnödes und fahrlässiges Verfahren, beruht jedoch unverkennbar auf der Volonté générale der lesenden Schweiz.

Die Aufgaben der literarischen Öffentlichkeit

Auf diesem Hintergrund wird besser einsehbar, warum ein halbes Jahrhundert von Deutschschweizern geschaffener Literatur so gründlich aus dem öffentlichen Bewußtsein verschwinden und zur Sache vereinzelter Liebhaber werden konnte. Mit der gleichen Fahrlässigkeit, mit der wir den Bumerang-Effekt als Qualitätstest gelten lassen, wurde in der Nachkriegszeit die literarische Produktion der vorhergegangenen Jahrzehnte ungeprüft folklorisiert. Sie erhielt in Bausch und Bogen das Brandmal des Lokalpoetischen, der Heimatkunst, galt bald einmal und für lange als ein einziges, großes literarisches Alpenglühen. Daß dies auch mit dem sensationellen Erfolg von Frisch und Dürrenmatt in den fünfziger Jahren zusammenhängt, ist unbestreitbar. Die Folklorisierung der älteren Autoren war das genaue Kontrastphänomen. Der Rückstoß der allgemeinen Begeisterung über die blendende Weltläufigkeit zweier Schweizer wischte deren Kollegen en bloc ins Dämmerlicht.

Die literarische Öffentlichkeit ist doppelt gefordert. Den Wiederentdeckten gegenüber darf sie sich noch weniger leisten, was schon den Heutigen gegenüber allzuoft geschieht: Man läßt eine Runde der Kritik laufen, läutet kräftig die Glocken, schießt sogar – in ausgeprägten Bumerang-Fällen – ein paar Mörser ab, dann hat sich's. Es gibt nicht nur Entdecken, Vergessen und Wiederentdecken. Entscheidend ist ein anderes: im Bewußtsein stehen, wahrhaftig auf die Dauer vorhanden sein, nicht nur als Farbakzent in der Wohnwand. In dieser Weise gegenwärtig ist ein Buch nicht schon dann, wenn es einmal wohlwollend betrachtet wurde auf den nationalen Kulturseiten, sondern erst wenn man sich seiner bei anderer Gelegenheit erinnert: als eines Musters oder Gegenstücks in der Kritik, als eines klärenden Zeichens in der öffentlichen Diskussion, als eines der lautlos redenden Bilder, die mir in Zweifelzuständen auf den Begriff helfen und es mir ermöglichen, mich mit mir selbst und mit andern zu verständigen. Da liegt eine Aufgabe vor für die Medien und die Schulen und die Kulturträger jeder Art. Es müssen neue Strategien des *Gedenkens* entwickelt werden, nicht zuletzt auch im Interesse der jetzigen Schriftsteller und Schriftstellerinnen, die ein Recht haben, aus dem mörderischen Wechsel von Rampenlicht und Versenkung herauszukommen. Literarisches Gerümpel soll Gerümpel bleiben; Wurmstichigkeit allein macht auch bei Büchern nicht den Sammlerwert aus. Man wird die kritischen wie die behaglich bejahenden Traditionen unserer Literatur in aller Ruhe auf ihre einstige und heutige Berechtigung hin überprüfen müssen. Man wird aber auch mit der gleichen Ruhe versuchen müssen, jene Wiederentdeckten, deren Stimme uns stark und anrührend in die Ohren fällt, über den Rhein hinaus in den großen kultursprachlichen Literaturraum einzubringen. Schreibende Schweizer genießen ja weiter nördlich einige Sympathie. Das kann sich ändern, war auch schon ganz anders. Noch 1930 sprach die »Literarische Welt«, das führende deutsche Literaturblatt, der Schweiz grundsätzlich die Möglichkeit ab, im 20. Jahrhundert Literatur von Weltrang hervorzubringen. Albin Zollinger protestierte damals erbittert; seine Gegendarstellung wurde nicht gedruckt. Solche Abhalfterung kann wieder geschehen. Daß wir selbst dann dazu neigen, unsere Autoren ebenfalls im Stich zu lassen, ist, wie gesagt, ein historisch belegter Vorgang.

Kultur und Krieg und Kuckucksuhren

Ich bin ein Beobachter der Literatur. Das ist größtenteils harte Arbeit, durchsetzt von einigen hochvergnügten Augenblicken. Oft gleicht die Tätigkeit der Aufgabe eines Wildhüters, der den eingewanderten Luchsen und Wölfen auf den Fersen bleiben muß. Auch ein Mammut ist ab und zu darunter. In der Kunst sterben nämlich keine Geschöpfe aus.

Kunst hat mit der Wildnis zu tun. Sie entsteht an den Rändern der Zivilisation, der gesellschaftlichen und der seelischen. Ihr Ort ist die Grenze, dort, wo das Andere beginnt: das Unheimliche, das Wüste, das radikal Gute auch, das so unheimlich ist wie das radikal Böse. Die Kunst blickt von der Ordnung in die Wildnis und von der Wildnis in die Ordnung. Sie ist aufrührerisch und unendlich begütigend. Sie hält es mit den Banditen und mit den Engeln. Sie legt uns sanft die Hand auf die Stirn, und in der Nacht heult sie wölfisch ums Eigenheim. Sie ist unvorhersehbar. Sie läßt sich nicht steuern. Die Künstler kann man einsperren. Man kann sie umbringen, ihre Bücher und Bilder verbrennen. Aber schon am Tag darauf ist wieder Bewegung am Horizont. Ferne Schreie sind zu vernehmen. Von den Rändern her dringt es abermals herein.

Auch das vollendete Werk bleibt nicht, was es ist. Es mag verschwinden, hundert Jahre lang. Dann steht es plötzlich wieder da, lachend, mit jungen Augen. Ganz und fertig ist es nie. Seine Teile können sich verselbständigen. Ein einzelner Satz macht sich auf und wird ein Weltereignis. »A rose is a rose is a rose« – wo steht das eigentlich? Immer wieder entlaufen Sätze ihren Büchern und beginnen ein eigenes Leben. »Wenn ich dich lieb habe, was geht's dich an?« – Wer sagt das? Und warum? Kommt es überhaupt darauf an, wer es sagt? Wir denken in diesen entlaufenen Sätzen, wir orientieren uns an ihnen, auch wenn wir nicht mehr wissen, wann und wie sie geäußert wurden. Der professionelle Beobachter aber freut sich, wenn er auf solche Sprachwesen stößt. Da macht er sich auf. Dem setzt er sich auf die Spur.

Ich gebe ein Beispiel. Es geht uns alle an. Der Satz taucht seit Jahren immer wieder auf. Innerhalb der letzten Monate ist er mir in Zeitungen des ganzen ernstzunehmenden politischen Spektrums begegnet. Es ist ein Satz aus einem berühmten Film, ein geformter Satz, also geformte Sprache, also Literatur. Er redet von der Schweiz. Und so lautet er im englischen Original:

> What the fellow said: In Italy for thirty years under the Borgias, they had warfare, terror, murder, bloodshed, but they produced Michelangelo, Leonardo da Vinci and the Renaissance. In Switzerland, they had brotherly love, they had five hundred years of democracy and peace, and what did that produce? The cuckooclock.

Zu deutsch:

> Wie mal einer sagte: In Italien unter den Borgias, da hatten sie dreißig Jahre lang Krieg, Terror, Mord und Blutvergießen, aber sie brachten Michelangelo hervor, Leonardo da Vinci und die Renaissance. In der Schweiz, da hatten sie die Bruderliebe, hatten fünfhundert Jahre lang Demokratie und Frieden. Und was hat das hervorgebracht? Die Kuckucksuhr.

Der Satz, so bekannt er ist, bewahrt seinen unwiderstehlichen Effekt. Alle Journalisten, die ihn in der jüngsten Zeit hierzulande zitiert haben, haben ihn zustimmend zitiert, dankbar für die sichere Pointe, und im Dienste jener subtilen schweizerischen Selbstverhöhnung, die sich als sittliche Leistung versteht, auch wenn sie längst zum Automatismus geworden ist. Seht her, wie schonungslos wir mit uns umgehen! Soll uns mal einer nachmachen!

Doch wie verhält es sich mit dem Satz ganz genau? Wer spricht ihn aus? Und warum? Es ist an der Zeit, der Sache einmal nachzugehen.

Der erste Reflex darauf bleibt einem im Munde stecken. Man möchte ausrufen: »Die Kuckucksuhr kommt ja gar nicht aus der Schweiz. Die kommt doch aus dem Schwarzwald.« Aber da hört man im Geist auch schon die Antwort: »Also nicht mal das!«, und man verbeißt sich den Protest.

Daß der Satz im Film »Der dritte Mann« von Carol Reed fällt, ist einigermaßen bekannt. Orson Welles äußert ihn dort in der Rolle des Harry Lime. Das Drehbuch ist von Graham Greene, einem der moralisch sensibelsten Autoren des 20. Jahrhunderts. Er wußte, wie man sich an die Menschen heranschreibt, ohne sich zu verkaufen, und bekam dafür den Nobelpreis nicht. Wir kennen ähnliche Fälle.

Steht nun wirklich Graham Greene hinter diesem Satz, der Verfasser von »Brighton Rock«, »The Power and the Glory« und »The Human Factor«? Er hat sich einmal dazu geäußert. Im Vorwort zur Buchausgabe des »Dritten Manns« macht er die Bemerkung, jenen Satz über die Kuckucksuhren habe Orson Welles selber ins Drehbuch geschrieben. Der Schauspieler wollte offenbar einen zusätzlichen Effekt herausholen. Es ist ihm wahrlich gelungen.

Aber das bringt uns noch nicht weiter. Wir müssen wissen, warum das gesagt wird und was es im szenischen Zusammenhang meint.

Innerhalb des Films beschließt der Satz eine Szene, die der geheime Höhepunkt des Werks und ein ethisches Manifest zugleich ist. Harry Lime, der charmante Verbrecher, betreibt im halbzerbombten Wien ein organisiertes Geschäft mit verfälschtem Penicillin. Viele Menschen sterben an dem Stoff; Kinder werden für ihr ganzes Leben debil. Ein Freund aus Jugendtagen hat nun diesen Harry Lime aufgespürt und stellt ihn zur Rede. Das ist die entscheidende Szene. Die beiden sind allein in einer Kabine des Riesenrads im Wiener Prater. Als sie ganz oben schweben, beginnt Harry Lime sich zu verteidigen. Er deutet in die Tiefe, auf die vielen schwarzen Menschenpünktchen, und fragt: »Würdest du wirklich Mitleid empfinden, wenn eines dieser Pünktchen aufhörte zu laufen – für immer? Und wenn ich dir zwanzigtausend Pfund offerierte für ein Pünktchen, das nicht mehr weiterläuft, würdest du dann ohne Zögern sagen, ich soll mein Geld behalten? Würdest du nicht doch vielleicht ausrechnen, wie viele Pünktchen du beiseite schaffen könntest? Steuerfrei, mein Lieber, steuerfrei.«

Die Szene ist großartig, weil sie uns in einem Moment des kalten Schreckens vor Augen führt, daß Menschlichkeit eine Frage der Distanz ist. Mit dem Abstand verändert sich unser Gewissen. Also brauche ich, wenn mir mein Gewissen lästig wird, nur auf Distanz zu gehen, dann funktioniert das moralische System wieder reibungslos. Graham Greene hat den charmanten Verbrecher Harry Lime mit dieser Szene nicht nur charakterisiert, sondern auch zum Typus gesteigert. Der Mann verlängert die Verbrechen des Nazi-Regimes bruchlos in den Frieden hinein. Und mit seiner Rechtfertigung macht er deutlich, warum auch jene Verbrechen möglich wurden. Man mußte nur auf Distanz gehen. Der Blick vom Riesenrad wird damit zu einer grundsätzlichen Kategorie der Ethik. Auch unsere Ethikkommissionen sind mit ihm noch nicht zu Rande gekommen.

Orson Welles hat den Satz über das Verhältnis von Krieg, Kultur und Kuckucksuhren durchaus folgerichtig an diese Szene angefügt.

Sein Harry Lime nimmt für sich in Anspruch, das Prinzip Krieg auch im Frieden zu verkörpern. Allerdings gerät er so in einen Widerspruch zu seiner These über die Schweiz. Denn wenn das Prinzip Krieg nicht an Bomben und Granaten gebunden ist, dann muß ja wohl damit gerechnet werden, daß der latente Krieg auch in einem friedlichen Land Wirklichkeit sein kann. Und tatsächlich gab es, wie wir heute wissen, innerhalb unserer Landesgrenzen auch so ein Riesenrad, von dem aus nur noch schwarze Pünktchen zu sehen waren.

Die Wahrheit des berühmten Satzes von Orson Welles ist die Allgegenwart des Krieges. Krieg ist nicht nur dort, wo die schweren Waffen detonieren, sondern auch dort, wo damit nur gehandelt wird und die Verträge auf dem Riesenrad unterschrieben. Der schleichende Krieg ist auch dort, wo jeden Samstagabend auf der Hälfte aller Fernsehkanäle Menschen in Großaufnahme erschossen werden, weil das den Menschen, die zuschauen, nach dem Zeugnis der Einschaltquoten ein so inniges Vergnügen macht.

Die Lüge des berühmten Satzes von Orson Welles aber ist der behauptete Zusammenhang von Krieg und Kultur. Harry Lime rechtfertigt seine Morde mit Michelangelo und Leonardo da Vinci. Nur wo getötet wird, sei Größe und könne Großes entstehen, große Taten, große Kunst. Das ist intellektueller Kitsch, ein altes, zählebiges Stück intellektueller Kitsch. Es leitet sich her aus einem falsch verstandenen Gedanken Heraklits: polemos panton men pater esti – der Krieg ist Vater aller Dinge. Diese schiefe These hat im 19. und 20. Jahrhundert eine unheimliche Karriere gemacht, nicht einmal so sehr bei Nietzsche, dem man sie am flinksten zuschreibt, sondern etwa beim Marinetti der futuristischen Manifeste, beim Thomas Mann der »Betrachtungen eines Unpolitischen«, beim Gottfried Benn der Reden von 1933 und 1934 und bei den Nazi-Größen selbst.

In dem Film »Der dritte Mann« wird der Satz über Krieg, Kultur und Kuckucksuhren zusammen mit dem Verbrecher Harry Lime, der ihn ausspricht, vor Gericht gezogen. Die Szene im Riesenrad ist auch der Urteilsspruch über den Mann, der sich mit diesem Satz rechtfertigt. Von jetzt an wird er gejagt. Die Ratten in den Kloaken Wiens werden zum Sinnbild seiner Existenz.

Warum aber gefällt der Satz unseren Journalisten so über die Maßen? Warum werden wir ihm mit Gewißheit schon morgen wieder irgendwo begegnen? Es geschieht vielleicht deshalb, weil sich hier mit der subtilen Schweizer Selbstverhöhnung auch ein wackeres Stück Schweizer Selbstlob verbinden läßt. Seht her, wir sind zwar das

Vaterland der Langeweile, aber wir sind gute Menschen! Beides stimmt nicht, glücklicherweise und leider Gottes. Die Schweiz hat immer große Künstler hervorgebracht, und sie hatte immer Dreck am Stecken.

Aber wo bin ich hingekommen? Ich wollte ja nur von der Literatur reden und zeigen, was ein einziger Satz auslösen kann, wenn er geschliffen genug daherkommt. Die Form macht den Gedanken gefährlich. Nicht nur in der Poesie, auch in der Politik. Wenn die Form stimmt, kann eine literarische Sekunde brisanter sein als sieben Romane. Ein paar genau gesetzte Wörter vermögen das Selbstbild eines Landes zu verändern und Einfluß zu nehmen auf seine Erscheinung in der Welt. So etwas will beobachtet sein. Die Literatur ist nicht nur in den großen Werken präsent. Sie durchdringt unser Leben hundertfach in Splittern und Fetzen. Und immer ist sie zwielichtig, weil sie von den Grenzen her kommt, weil sie aus der Ordnung in die Wildnis schaut und aus der Wildnis in die Ordnung.

Der Wahn und die Weisheit

Über Johann Caspar Lavater

Seine Begegnung mit der Nase Friedrichs des Großen bringt alles zum Vorschein: Lavaters Glanz und Glauben, sein ekstatisches Erkennen und seine unsägliche Kurpfuscherei. Er hat einen Kupferstich des Preußenkönigs vor sich. Die Hoheit sitzt auf dem Roß, in Paradeuniform. Es ist ein etwas groteskes Bild für den heutigen Betrachter. Der Zopf hängt wie ein nackter Rattenschwanz über den kleinen Buckel, und die Haltung ist die eines eher unsicheren Reiters. Man fürchtet, Majestät könnten nächstens nach hinten kippen. Chodowiecki, der große Kleinmeister, nach dessen Vorlage der Kupfer gestochen wurde, nähert sich hier Goyas entlarvendem Blick auf die spanischen Royals. Und Lavater muß daran denken, wie er den König einst leibhaftig gesehen hat – »damals wußte ich noch nicht, was Physiognomie war« – und wie ihn der Anblick überwältigte. Der Kupferstich verschmilzt mit der Erinnerung, die physiognomische Betrachtung des Gesichts bestätigt den damaligen Schauder, und der Akt der physiognomischen Deutung wird auch schon zum Beweis für die Wahrheit dieser Wissenschaft: »Alle Neider – und alle Antiphysiognomisten – müssen beym Anblick dieses Mannes, wo nicht sagen, doch empfinden – ›Ein großer Mann!‹ –«

Irgendwo im Hinterkopf des hingerissenen Betrachters scheint sich allerdings der Gedanke zu regen, die Empfindung der Neider und Antiphysiognomisten könnte vielleicht doch eher auf ihrem Vorwissen über Friedrichs Kanonenkarriere beruhen als auf der schlichten Ansicht eines reitenden Rheumatikers. Also verschärft Lavater die Argumentation und gelangt dabei zu einem der tollsten Momente seiner ganzen Seelenforschung. Er erklärt sich zum Experiment bereit, zum zentralen Beweisverfahren also jeder empirischen Wissenschaft. Nur bleibt der Vorgang imaginär, ein Phantasma des Wissenschaftlers, und entsprechend phantastisch ist das Resultat. Das Experiment betrifft die königliche Nase und ist als Blindtest angelegt:

> »Man verbinde dem Physiognomisten die Augen – man erlaube ihm, mit dem bloßen Gefühle der äußersten Fingerspitze von der Höhe der Stirne bis an das Ende der Nase sanft herabzuglitschen –

> neuntausend, neunhundert, neun und neunzig vor ihm werden ihm vorgeführt – FRIEDRICH sey der Zehntausendste ... und der Physiognomist wird niederfallen und ausrufen – »Ein prädestinirter König – oder – Welterschütterer!«

Unter zehntausend Nasen also getraut sich Lavater, diejenige eines Königs mit verbundenen Augen herauszufinden. Das fiktive Experiment liest sich wie eine unfreiwillige Komödienszene von molièreschem Rang. Die Zirkelschlüsse sind dabei überwältigend. Die Tatsache, daß er den Test wagen würde, wird zum Beweis für den objektiven Zeichenwert des durchlauchten Körperteils, und der so bewiesene Zeichenwert beweist seinerseits die Lehre der Physiognomik überhaupt.

Und so erregt ist Lavater jetzt durch den spektakulären Vollzug seiner Begabung, daß er sich selbst nicht mehr Einhalt gebieten kann. Er muß die Tätigkeit auch noch auf die königlichen Stiefel ausdehnen: »Der spornlose Stiefel ist in so fern physiognomisch, als man ihn als Emblem voll Wahrheit und Bedeutung ansehen kann«. Und zuletzt wird wahrhaftig sogar Friedrichs Roß noch einbezogen: »Das Pferd hat eine Königsphysiognomie, obgleich der Hals obenher um etwas zu dick ist.«

Solche Vorgänge sind sonst aus der Pathologie der Verliebtheit bekannt. Auch der Verliebte findet das banalste Detail einzigartig. Jede Haarsträhne, jeder Handschuh bestätigt ihm die Herrlichkeit des geliebten Wesens. Nun ist Lavater zwar nicht verliebt in den Preußenkönig, aber seine ganze Kunst des Gesichterlesens ist ein erotisches Ereignis. Die innerste Energie im Akt der physiognomischen Erkenntnis ist immer die Liebe – oder aber ihr Gegenteil, der leidenschaftliche Abscheu. So wie die Verehrung des Königs auch noch dessen Stiefel beseelt, kann umgekehrt, wo die Ablehnung regiert, alles im Gesicht des Gedeuteten zum Beweis seiner Verworfenheit werden. Das Porträt des französischen Philosophen La Mettrie zum Beispiel, den die fromme deutsche Aufklärung wegen der Parole vom »Homme machine« zum schlimmsten Atheisten erklärt hatte, liefert für Lavater auf der Stelle den Beweis, daß ein gottloser Denker auch ein optisch erkennbares Scheusal sei. Mit der Autorität des inspirierten Physiognomikers deckt er am bloßen Gesicht des Philosophen die ganze Verkehrtheit von dessen Denken auf. Dahinter liegt einmal mehr einer der entwaffnenden Zirkelschlüsse: Wer schlecht denkt, dem muß es ins Gesicht geschrieben sein. Hier seht ihr einen, der schlecht denkt. Und tatsächlich: welch abscheuliches Gesicht!

> Spottgeist, Witzmuthwille, krasse, triefende Sinnlichkeit möchte ich sagen. Das Gesicht steht da, wie Satan unter den Kindern Gottes vor dem Herrn. Welche Viehheit, gefangen in den Stricken des Lügners und Mörders vom Anfang! Der untere Theil des Gesichts hat den letzten Tropfen von Religionsgefühl für Wollust hingegeben.

La Mettrie ist im gleichen Augenblick erkannt und gerichtet. Neben die schwärmerische Apotheose des Königs tritt jetzt die stampfende Verdammung des Gottesleugners. Dort hat die Nase den großen Mann bewiesen, hier deckt das Kinn nicht nur den geborenen Wüstling auf, sondern auch, was besonders exquisit ist, einen längeren Prozeß abnehmender Religiosität und wachsender Unzucht.

Es ist leicht, zu leicht, sich über solche Praxis des Gesichterlesens lustig zu machen. Es ist offensichtlich, zu offensichtlich, daß Lavater völlig ungescheut seine Sympathien und Abneigungen in die Bilder der Zeitgenossen, aber auch in historische Gestalten wie Michelangelo oder Leonardo, Jesus oder Homer projiziert. Schwierig wird es erst, wenn man die Wirkung dieses Mannes zu begreifen sucht. Lavater war ein europäisches Ereignis. Nie mehr ist solcher Glanz von Zürich ausgegangen. Die Erkenntnisekstasen des staksigen Pfarrers auf der Kanzel zu St. Peter vibrierten in alle Salons und Boudoirs des Kontinents hinein. Es war ein Fieber, vergleichbar nur mit den Delirien, die zur gleichen Zeit Lavaters Frankfurter Freund mit seinem »Werther« auslöste.

Auch Werther ist ein Ekstatiker der Liebe. Auch er fühlt und erkennt im gleichen Moment. Er ist unwiderstehlich durch die lodernde Eindeutigkeit seiner Leidenschaft, und genau dies muß auch Lavater unwiderstehlich gemacht haben. Der Zauber, der von ihm persönlich ausging, läßt sich nicht mehr wiedererwecken. Als fernes Echo anwesend ist er aber noch in vielen seiner Texte, am meisten dort, wo ihn der akute Zusammenfall von Gefühl und Erkenntnis aus aller sprachlichen Ordnung reißt, wo er in Satzfragmenten und Exklamationen dahinzuckt und die Rede ihm durchhagelt wird von Ausrufezeichen, Fragezeichen, Punktreihen und Bindestrichen … – lauter Signalen des Unaussprechlichen im Akt des Sprechens selbst.

In solchen Passagen gerät Lavater zum großartigen Autor. Uralte magische Praktiken verbinden sich jetzt mit der modernen pietistischen Seelenzergliederung. Der puritanische Zürcher wird zum tanzenden Schamanen. Mit den beschwörenden Wortkaskaden des Exorzisten treibt er seinem Gegenüber nicht den Teufel aus, sondern treibt ihm, wo er liebt, die Liebe in den Leib, treibt ihm, wo er verabscheut, die Bosheit in Haut und Knochen.

Es ist aufschlußreich, Lavaters Stellung in der Wissenschaftsgeschichte zu beobachten. Auf der einen Seite vergeht er sich gegen alles, was die Wissenschaftstheorie seiner Zeit verlangt. Die berühmte Streitschrift Lichtenbergs gegen Lavater ist nichts als die Stimme der naturwissenschaftlichen Vernunft, welche von der neuzeitlichen Forschung zwei Dinge verlangt: Differenzierung und Experiment. Zu differenzieren wäre zwischen der festen Form des Gesichts und dem wechselnden Ausdruck der Gefühle. Zu differenzieren wäre zwischen dem Angeborenen und dem Erworbenen. Zu differenzieren wäre zwischen dem Meßbaren, das klare Skalen kennt, und dem Unmeßbaren, das sich nur über ein poetisch-metaphorisches Reden vermitteln läßt. Zu differenzieren wäre zwischen der materiellen Ebene von Knochen, Knorpel und Haut, die empirisch erfaßt werden kann, und der immateriellen Ebene der moralischen Beschaffenheit, deren Kategorien auf diffusen sozialen Konventionen beruhen. Zu differenzieren wäre zwischen Experiment und Ahnung, zwischen Beweis und Vermutung, zwischen Resultat und Überzeugung.

Lavater aber liquidiert das Prinzip der Differenzierung von allem Anfang an. Das Gebot der Unterscheidung, der »Kritik« – um das Schlüsselwort der Epoche zu nennen –, gilt ihm gar nichts gegenüber dem leidenschaftlich praktizierten Gegenteil: der Erkenntnis des ungetrennten Ganzen im verzückten Augenblick. »Physiognomik ist ein dichterisches Gefühl, das die Ursache in der Wirkung erkennt«, sagt er einmal, und ergänzt es durch eine förmliche Deklaration dieser Sekundenerkenntnis zum einzig zuverlässigen Modus des Wahrheitsgewinns:

> Hellblick, Schnellblick, Ganzblick (was die Franzosen coup d'œil nennen) ist die größte, einfachste, reichhaltigste Gabe, die der Himmel einem Erdbewohner verleihen kann. Wer diesen hat, der hat Alles, und wer ihn nicht hat, dem fehlt Alles, was gut und groß macht.

Schroffer ist die Abkehr von Differenzierung und Experiment nicht zu denken. Und dennoch war Lavaters Anmaßung gegenüber der messenden, rechnenden Wissenschaft ebenso zeitgemäß, wie sie gegen den Stand der wissenschaftlichen Methodik verstieß. Er scheute sich nicht, die Physiognomik als die Wissenschaft aller Wissenschaften hinzustellen und in ihr sogar das Ende aller andern Wissenschaften anzukündigen, ein Wahnsinn zweifellos, aber er hatte doch so etwas wie Methode: »Sie wird werden die Wissenschaft der Wissenschaften, und dann keine Wissenschaft mehr seyn – sondern Empfindung, schnelles Menschengefühl!«

Wenn *ein* übergreifendes Epochenbewußtsein hinter Lavaters Wahn steht, dann ist es die Überzeugung, am Rand eines neuen wissenschaftlichen Zeitalters zu stehen. Tatsächlich häufen sich in seinen Jahren die Durchbrüche in den Naturwissenschaften. Die moderne Chemie beseitigt die zähen Überreste alchimistischen Denkens. Luft und Wasser werden als zusammengesetzte Stoffe erkannt, und damit ist die Lehre von den vier Elementen dahin. Mit dem entdeckten Wasserstoff fliegen die ersten »aerostatischen Maschinen«, die Luftballone. Im Bereich der Elektrizität erhoffen sich nicht nur Physik und Chemie rasche und unabsehbare Entwicklungen, sondern auch die Psychologie und allgemeine Anthropologie glaubt, in der Elektrizität das lange gesuchte Bindeglied zwischen Körper und Geist gefunden zu haben. Man sieht sich auf dem Weg zu einer Physik der psychischen Vorgänge. Mesmer verkündet die der physikalischen Magnetkraft parallele Anziehung und Abstoßung der Seelen und verspricht die baldige Heilung aller Krankheiten durch ein Lenken der magnetischen Ströme. Was noch heute in hundert paramedizinischen Theorien herumgeistert, daß Krankheit die Stockung unsichtbarer Strömungen sei, Genesung aber deren Verflüssigung durch den begabten Heiler, das wird im europäischen Mesmerismus als gesicherte Erkenntnis propagiert, und – wen wundert's? – Lavater macht begeistert mit. Er beginnt zu magnetisieren und heilte gleich einmal seine eigene Frau. Wie sehr er aber dies alles verflochten sieht mit der Bewegung in den andern Wissenschaften, zeigt ein Satz aus seiner Schrift zur Verteidigung des zwischenmenschlichen Magnetismus: »Hundert mißlungene mineralisch-magnetische, elektrische, ärostatische Versuche heben kein einziges ganz kompletes, ganz positives Faktum auf, das die Kraft des Magnetes, der Elektrizität und die Wirkungen der verdünnten Luft unwidersprechlich beweist. Dieselbe Logik werde auf den Magnetismus angewandt.«

Lavater teilt das triumphale Gefühl der Epoche, am Rand unerhörter Entdeckungen zu stehen. Dieses Gefühl ist wahr. Die Naturwissenschaft wird in wenigen Jahrzehnten zu grundstürzenden Ergebnissen gelangen. Im einzelnen täuschen sich die Vorhersagen, im ganzen haben sie Recht. Die Elektrizität wird die Welt verändern, auch wenn die erhoffte Physik der Seele blauer Dunst bleibt. Auch Lavater täuscht sich im einzelnen, in der Weltbedeutung seiner Physiognomik, und hat im ganzen seiner Erwartung recht. Er vergleicht sich mit Kolumbus. »Kolomb ist mein Mann. Sind wohl darum unsere Gesichtsbildungen sich ähnlich?« Die Verteidigung seiner Wissenschaft ist durchzogen von Begriffen des Kommenden: »Es wird eine Zeit kommen, wo mich jedes Kind auslachen wird, daß ich dieses noch erst bewiesen habe.« Und er hat keine Hemmung, die Stelle aus dem ersten Korintherbrief über das irdische und das jenseitige Erkennen auf seine Arbeit hin zu säkularisieren: »Noch ist's Stammlen eines Kindes, was ich schreibe! [...] Denn jetzt sehn wir die Herrlichkeit des Menschen nur durch ein düster Glas – bald von Angesicht zu Angesicht – Itzt fragmentweise; dann werd ich's durch und durch erkennen.«

Ob Lavater mit seinem Kult der ganzheitlichen Erkenntnis im ekstatischen Augenblick weit hinter die Wissenschaft seiner Zeit zurückfällt oder ob er dieser vorausgreift in das Alleinheitsdenken der Romantik und der drei Tübinger Stiftler, wer will es entscheiden? Er markiert eine tiefe Krise der Aufklärung, ist deren Symptom und hält sich für die Therapie. Wie könnte er anders, wo doch die Welt ihm zujubelt in Dankbarkeit! Man muß sein Porträt auf dem Titelkupfer der wunderbaren französischen Ausgabe von 1806 betrachten, um zu wissen, wie er den Zeitgenossen erschienen ist: ein herrlicher Kopf, auf dem ein Glanz liegt wie von höherem Licht, und nur ganz leicht erinnert die Nase an den Kranich, mit dem ihn der alte Goethe verglich.

Hinweise auf einen unbeschönigten Gotthelf

Den Star muß man ihnen stechen

Drei Monate nach seiner Geburt brach in der Schweiz die Revolution aus. Am 17. Januar 1798 fuhr in der Nähe von Basel der erste Freiheitsbaum aus dem Boden. Das Volk jubelte und tanzte. Die Städte, die bisher grimmig über die Landschaften geherrscht hatten, und die alten Kantone, die einen großen Teil der heutigen Schweiz als Kolonien ausbeuteten, mußten die Macht abgeben. Dabei hatten allerdings die Franzosen von Anfang an ihre Finger im Spiel. Sie marschierten bald mit mehreren Armeen in die junge »Helvetische Republik« ein, um sie gegen Reaktion und Widerständler zu schützen. Als vordringliche Maßnahme ihrer demokratischen Besorgtheit verschoben sie sogleich die Staatskassen der reichen Schweizer Städte nach Paris, und die fetten Bären aus dem Berner Bärengraben schickten sie hinterher. Zum ersten Mal in der Geschichte besaß die Schweiz eine moderne Verfassung, und einmal mehr in der Geschichte stand sie im chronischen Bürgerkrieg.

Der kleine Albert Bitzius, dem Herrn Pfarrer im bernischen Murten eben in die Wiege gelegt, muß die Schüsse und Kanonaden dieser Jahre gehört haben. Fünf Jahre lang verzog sich der Pulverdampf nicht mehr aus dem Land. Und solange Bitzius lebte, blieb die Schweiz ein Ort erbitterter Verfassungskämpfe. Jede politische Bewegung in Europa schlug sofort auf die Eidgenossenschaft durch. So auch die Revolution von 1830 in Paris, welche die Restauration in Frankreich beendete. In Bern, wo seit Napoleons Sturz das alte Patriziat wieder auf den morschen Sesseln saß, kam es zum Aufstand. Erneut fuhren Freiheitsbäume hoch. Die Oligarchen mußten abdanken. Die Souveränität des Volkes und die Gleichheit aller vor dem Gesetz wurden beschlossen und festgeschrieben. Zu den Vorkämpfern der neuen Demokratie gehörte der junge Pfarrer Bitzius.

Das heißt: er war ein »30er«. Wie Büchner, wie Heine, wie Börne wurde er in seiner politischen und schriftstellerischen Existenz für immer geprägt durch die Vorgänge des Jahres 1830. Aber im Unterschied zu Büchner, Heine und Börne hatte er an einem erfolgreichen

Umsturz mitgewirkt, hatte erlebt, wie man die eigene Welt politisch neu einrichtet, in welche Klemmen man dabei geraten kann und welche Mengen handfester Entscheide getroffen werden müssen.

Der neue Blick

Die 30er erkennt man nicht nur an ihren politischen Überzeugungen, man erkennt sie auch, und besser noch, an ihrem neuen Blick auf Welt und Wirklichkeit. Heines »Französische Zustände«, Börnes »Briefe aus Paris«, Büchners »Woyzeck« und Gotthelfs Erstling, »Der Bauernspiegel«, das sind die vier mächtigen Zeugnisse dafür, daß der deutschen Literatur in diesen Jahren andere Augen aufgegangen sind. Die Welt ist plötzlich nicht mehr durchsichtig auf eine höhere, eine romantische Wahrheit hin. Was jedermann vor Augen liegt, ist nicht mehr das Vordergründige und Vorläufige, auf das es nicht ankommt. Der Traum ist kein Verfahren der Erkenntnis mehr und das Lied nicht länger das oberste Medium der Wahrheit. Im Jahr des »Woyzeck« und des »Bauernspiegels«, 1837, erscheint im Deutschen Musenalmanach Eichendorffs »Wünschelruthe«: »Schläft ein Lied in allen Dingen, / Die da träumen fort und fort, / Und die Welt hebt an zu singen, / Triffst du nur das Zauberwort«. Das ist der letzte genuine Zauberspruch der deutschen Romantik. Mit ihm nimmt sie ihren Abschied und versenkt, wie Prospero, die magischen Geräte: »I'll break my staff … I'll drown my book.«

Auch Woyzeck hat Visionen und sieht den Weltuntergang am glühenden Horizont: »Ein Feuer fährt um den Himmel und ein Getös herunter wie Posaunen«, aber das ist kein Blick ins Jenseitige, sondern ein pathologisches Symptom. Es zeigt mit nüchterner Deutlichkeit den Zustand eines gequälten und zerstörten Kopfs. Wenn Gotthelf seine neue Ästhetik formuliert, beschäftigen ihn gleichfalls die Augen der Menschen. Was sie sehen und was sie nicht sehen, treibt ihn um. Blind aber sind sie nun gerade für das Vordergründige, das Nächste und Konkrete. Was ihnen vor der Nase liegt, vermögen sie nicht zu erkennen. Wie Brechts oberste Maxime im Satz beschlossen ist, daß man »den Frierenden die Kälte zeigen« müsse, so meint Gotthelf, etwas drastischer noch, es gelte den Leuten, denen der Gestank in die Nase steigt, klarzumachen, daß es stinkt: »Denn selbst sehen und erkennen können die meisten Menschen nicht, sie sind blind geboren, den Star muß man ihnen stechen. Mancher, im Unrat geboren, merkt ihn nicht, bis man ihm die Nase darauf stößt und ihm sagt: ›Das stinkt‹.«

Landschaften

Frappierend erscheint Gotthelfs neuer Blick insbesondere in den Landschaften und in den Beschreibungen der Gehöfte. Einerseits operiert er mit den geläufigsten Klischees – wie sich denn überhaupt in seiner Prosa der Sprachramsch fröhlich mit der Gewalt originaler Rede mischt –, andererseits aber nimmt er die Landschaft bis ins einzelne als eine gewordene und sich geschichtlich verändernde wahr. In seine Lebzeiten fallen die großen Veränderungen der agrarwirtschaftlichen Produktionsweise: das Ende der Dreifelderwirtschaft, die Privatisierung der Allmenden und ungenutzten Landstreifen, die Einführung nicht nur der Kartoffeln, sondern auch neuer Futterpflanzen. Das Aufkommen der Stallfütterung schont die Weiden und produziert mehr Dünger. Dieser verwandelt die kargen Böden, erbringt mehr Futter, ermöglicht den Bauern mehr Kühe und also wiederum mehr Dünger und also wiederum bessere Wiesen. Auch die Bauernhäuser verändern sich, Glasfenster kommen auf, die gefährlichen Strohdächer gehen zurück. In der Literatur kann das zu erzählten Landschaften ganz neuer Art führen. Nicht mehr die Schönheit einer angeblich zeitlosen Natur wird da gefeiert, sondern ein Anblick, der erfreulich ist, weil er von menschlicher Klugheit und Tatkraft zeugt:

> Die ganze Landschaft schien mir umgewandelt. Neue Häuser glänzten überall zwischen wohlunterhaltenen Bäumen hervor, die nicht mehr voll Moos und Misteln waren. Große Scheiben, helle Fenster zeugten von helleren Menschen, und blaue Schieferdächer von vorsichtigen und klugen. Und waren das die magern Äcker noch, die früher gähnten und ermatteten, wenn sie einige Grasstengel tragen sollten, und jetzt bedeckt mit bürstendichtem, knietiefem Grase oder mit dem zarten, üppigen Klee, der Kühe Zukkerbrot? Erdäpfelfelder streckten sich in ihrem dunklen Grün weithin, wo ehedem nur einzelne Stauden gestanden in wehmütiger Magerkeit. [...] Bis an die Spitze der rundlichen Hügel hatte der Fleiß der Menschen gereutet und gebaut. Es war das gleiche Land wie ehedem, und doch wie ganz anders jetzt!

Hier ist Hand angelegt worden. Selbstverantwortliche, geschulte Leute haben ihre Arbeitswelt neu eingerichtet und den Grund gelegt zu jenem Reichtum, den Gotthelf in seinen berühmtesten Romanen auf breiter Leinwand feiert als irdisches Gegenstück zur himmlischen Vollkommenheit. Dieser Pfarrer, der leidenschaftlich dabei war, als der Staat politisch umgebaut und in die Verantwortung aller gestellt wurde, hält am Ethos diesseitiger Praxis fest und bekämpft sein Leben lang das falsche, faule Gottvertrauen. Wiederholt taucht bei ihm die Geschichte von dem Bauern auf, der gefragt wird, wie die Ernte war, und zur Antwort gibt: Wo sie tüchtig Mist angelegt hätten, sei alles prächtig gewachsen, wo sie hingegen den Lieben Gott hätten walten lassen, da habe es fast gar nichts abgetragen.

Erfolg in Deutschland

Der neue Blick, er ist nicht nur Gotthelfs Begabung und Instrument, er soll auch dem Volk der jungen Republik vermittelt werden. Wem der Star nicht rechtzeitig gestochen wird, der taugt auch nicht zum Bürger. Also haben die neuen Dichter zu tun. Diese in Politik getauchte Ästhetik hat Gottfried Keller bei Gotthelf gelernt. Sie hat den »Grünen Heinrich« möglich gemacht. Und das bis heute Beste, was zu Gotthelf geschrieben wurde – neben dem einzigartigen Buch Walter Muschgs von 1931 –, sind denn auch Kellers Aufsätze über den älteren Berner Kollegen. Dabei war Keller, der Achtundvierziger, parteipolitisch und philosophisch dessen scharfer Gegner. Er zahlte ihm die schmetternde Polemik gegen den radikalen Liberalismus ungeschminkt zurück, aber nannte ihn gleichzeitig »ohne alle Ausnahme das größte epische Talent, welches seit langer Zeit und vielleicht für lange Zeit lebte«. Ein kostbarer Moment in der Geschichte deutscher Literaturkritik, die so gern die Kunst nur gelten läßt, wo man gleicher Meinung ist!

Gotthelf heute: das ist »Die schwarze Spinne« plus ein diffuses Gerücht. Die Einsprengsel von Dialekt, die man einem Grass nicht übelnimmt und bei einem Arno Schmidt kultisch genießt, wirken heute so abschreckend, daß wenig Hoffnung besteht, Gotthelf könnte je wieder seinem Rang gemäß Anerkennung finden. Dabei zählte er bei seinem Tod zu den erfolgreichsten und höchstbezahlten Autoren in ganz Deutschland. Die Berliner von 1850, bei denen er am meisten Sensation machte, sind seinen berndeutschen Dialogfetzen offenbar weit weniger zimperlich begegnet als unsere polyglotte Gegenwart. Sie lasen ihn wie wir heute die Südamerikaner: eine fremde Welt, in der die eigene unverhofft aufleuchtet und wo das gelegentlich Unverständliche indianerhaft exotisch erscheint. Und auch sein donnernder Gott, der eine weitläufige, gutgeheizte Hölle mit hohen Einlieferungsquoten unterhält, mußte dem liberalen Lesepublikum der Metropole so bemerkenswert vorkommen wie ein Manitou aus den Rocky Mountains.

Epiker der Seelenqual

Die neuen Landschaften entstehen bei Gotthelf so nebenhin. Er kann gar nicht anders, denn in seiner Sachkenntnis vermag er keinen Hügel, kein Tälchen anzuschauen, ohne eine agronomische Diagnose zu stellen. Seine größte Leistung indessen betrifft die Landschaften des Innern. Die unerschrockene Drastik, mit der er die bäuerliche Welt schildert, die strahlende Pracht, in die er sie zu Zeiten tauchen kann, sie verstellen bis heute die Einsicht, daß es einen scharfsichtigeren Psychologen im deutschen Erzählen des 19. Jahrhunderts nicht gegeben hat. Der Stachel, der Gotthelf hier antreibt, ist wiederum ein demokratischer. Er macht es sich zur Aufgabe, der lesenden Welt vor Augen zu führen, daß die Ungeschulten, die Einfachen, die vom Lande eben, in ihrem Seelenleben um keine Nuance weniger komplex und schmerzempfindlich sind als die bürgerlichen Schichten mit ihrer angelesenen Gefühlskultur. So wie er dem ökonomischen Hochmut der Städte triumphierend den ungeheuren Reichtum eines bernischen Hofes vorzuhalten liebt, konfrontiert er den sozialpsychologischen Hochmut der Bourgeoisie mit den seelischen Abgründen und Paradoxien, die es in der bäuerlichen Welt so schneidend und reißend gibt wie anderswo. Seine Psychologie entspringt einem republikanischen Zorn über die Projektionen der Gebildeten auf die Ungebildeten. Er weiß: Wer die Sensibilität des Volkes verkennt, muß eines Tages politisch dafür bezahlen. Das spricht er im »Jowäger«-Roman unzweideutig aus:

> Das ist eben, und ich habe es schon manchmal gesagt, das große Unglück, daß man meint, unter anderm Tuche seien auch andere Herzen und unter verschiedenem Zuschnitt verschiedene Empfindungen. Um dieses Vorurteiles willen mißverstehen die verschie-

denen Stände sich so sehr, um desselben willen beleidigen die obern Stände die untern so oft und müssen so oft schwer es büßen.

Diese Aussage fällt nun gerade im Blick auf eine von Gotthelfs derbsten Figuren, die starrsinnige, immerzu maulende Dienstmagd Mädi, die mit ihrer intellektuell ebenso vernagelten Hausherrin in einem dreißigjährigen Küchenkrieg lebt und den ganzen Roman mit handfester Komik versorgt. Der Höhepunkt dieser Komik ist Mädis verblendete Verliebtheit und ihr schroffer Sturz aus allen Illusionen. Und genau da, wo man das laute Lachen nicht mehr zurückhalten kann, wird der Erzähler plötzlich still und ernst und fordert Einfühlung in die Not des Küchentrampels: »Man denke sich doch so recht in des armen Mädis Herzenleid hinein und meine nicht etwa, so ein Mädi, ein vierzigjähriger Kuchimutz, sei nicht ebenso empfänglich für Liebesschmerz und Liebeswonne als des Pfarrers Tochter zu Taubenheim.« Das ist Gotthelfs dramatische Humanität. Er macht aus dem Kuchimutz kein Gretchen. Der Küchentrampel bleibt, was er ist. Aber gerade deshalb soll ihm das Mitgefühl zuteil werden, wie es jedem Menschen zusteht. Hier, bei diesem einfachen Fall, beginnt Gotthelfs Psychologie. Von hier aus steigert sie sich, und sie erreicht ihre Höhepunkte in den ausgreifenden Inszenierungen der Seelenqual, die sich in jedem seiner Romane finden. Diese furchtbaren Brände des Innern sind um so schrecklicher, als sie stets zusammengehen mit der Unfähigkeit, darüber zu sprechen. Versiegelten Mundes krümmen sich die Menschen in ihrer Nacht, ohne Hoffnung, je davon reden zu dürfen. Was daraus entstehen kann, wie Gewalt und schwere soziale Konflikte in solcher Stummheit ihren Ursprung haben, mag man im »Bauernspiegel« nachlesen, sofern man es wagt, sich diesem unerbittlichen Roman, dem »Woyzeck« in Prosa, überhaupt zu stellen.

Der Diagnostiker unserer Bosheit

Gotthelf, der Polemiker, war in der Schweiz weithin verhaßt, noch über den Tod hinaus. Selbst das Grab hat man ihm geschändet, aus Wut, aus Rachsucht, als Zeichen des Triumphs über den politischen Gegner. Solange er lebte, war er ein Splitter im Fleisch der Nation. Den flatternden Überschwang der Begeisterung über die neue Verfassung von 1848 hat er mit heiseren Schimpfreden begleitet, und dem Triumph des aufgeklärten Liberalismus hielt er schon früh den grimmigen Satz entgegen: »O du Lehre von der persönlichen Freiheit, wie ähnlich siehst du dem Grundsatz, daß der Stärkere Meister sei!«

Inzwischen hat man gelernt, dem Ärgernis durch Verharmlosung zu begegnen. Eine undurchdringliche Schicht von Rustikalkitsch und Nostalgiegastronomie, von Regionalchauvinismus und Heimatfilmerei versperrt heute den Zugang zu Gotthelfs Werk. In Lützelflüh verkauft man »Ueli-Käse«, und am Schweizer Fernsehen durfte Hannes Schmidhauser, der Film-Ueli, gratis dafür werben. In einem Land, wo die Skirennfahrer mit Steuergeldern als Emmentaler verkleidet werden und so über die Minsch-Kante rasen müssen, betrachten auch die Staatsmedien die Verbindung von Literatur und Milchprodukten als mustergültige Erfüllung des Kulturauftrags.

Gotthelf gilt als der literarische Albert Anker. Diese Vorstellung ist nicht mehr aus der Welt zu schaffen, obwohl zwischen dem Autor und dem dämoniefreien Maler ein Unterschied besteht wie zwischen den Niagarafällen und einem Karpfenteich. Der Schleier Albert Anker – diese strickenden Mädchen! und diese Schulbuben mit ihren Schiefertafeln! – übt eine klare Funktion aus. Er verdeckt alles, was bei Gotthelf stören, ihn aus dem Reservat einer stubenwarmen Vergangenheit hervorbrechen und als furchtbar gegenwärtig erscheinen lassen könnte.

Das Reden von der Niedertracht

Denn furchtbar ist er, furchtbar in seiner Rede von den Menschen, furchtbar in der Diagnose ihrer Niedertracht, ihrer Kälte, ihrer steinharten Bosheit. Kein deutscher Autor hat es bis heute gewagt, die menschliche Bosheit, die sich gelassen an sich selbst erfreut, so deutlich als eine schlichte Wirklichkeit hinzustellen wie Gotthelf. Schurken und Schufte gibt es zwar überall in der Literatur, Bilderbuch-Bösewichter wie Lessings Marinelli oder Schillers Franz Moor im 18. Jahrhundert, wie Koeppens Judejahn, Hochhuths Doktor oder Christa Wolfs Achill im 20. Jahrhundert. Aber sie sind meistens pädagogische Anfertigungen, aus dem Gegensatz zur Norm des guten Menschen heraus konstruierte Negativexempel, über die man sich problemlos empören kann. Bei Gotthelf empört man sich erst mit der Zeit. Zuerst erschrickt man, dann graust einem, man beginnt leibhaftig zu frieren und ertappt sich schließlich dabei, wie man das Buch weglegt, um von der Szene fortzukommen. Diese Figuren sind nicht Reproduktionen des Teufels in einer säkularisierten Welt, keine mythologischen Zitate, sondern ganz gewöhnliche, alltägliche Menschen, nur ganz heimtückisch und perfid.

Ein Blick auf die zwei Bauern in Gottfried Kellers Romeo-und-Julia-Novelle, mit der sich der Zürcher zum älteren Berner als seinem Lehrmeister bekannte, mit der er sich aber auch von diesem freischrieb, bringt den Unterschied sofort an den Tag. Manz und Marti, die zerstrittenen Nachbarn, sind starrsinnig und unbeweglich. Zu unfrei sind sie im Kopf und in der Seele, um ihre harmlose Streitsache rechtzeitig zu einer vernünftigen Lösung zu bringen. Aber eigentlich bös sind sie nicht. Sie schaffen sich ihr Unheil selbst und wissen bis zuletzt nicht recht, was geschieht. Für den jungen Keller, dem an einer wandlungsfähigen Schweiz gelegen war, stellte die Erstarrung das oberste Unheil dar.

Der Schuft am Fenster

Demgegenüber jener Bauer im »Bauernspiegel«, der den Vater des Erzählers langsam ins Unheil treibt und immer vergnügt dabei ist und vergnügt zusieht, wie eine ganze Familie zugrunde geht. Freundlich gibt er falschen Rat, freundlich fördert er den Ruin, an dem er mitverdient. Selbst am Tod des Vaters ist er schuldig. Er verlangt im eisigen Winter, daß eine Buche am Steilhang gefällt werde, verlangt es im Wissen um die Gefahr und ebendeswegen. Die folgende Stelle zeigt auf kleinstem Raum den Erzähler Gotthelf, einerseits in seiner detailgenauen, von Fachwissen geprägten Realistik, andererseits in der kontrapunktisch gesetzten Inszenierung der Gefühle:

Als sie die gefällte Buche schneiteten [d.h. entasteten], war sie wahrscheinlich auf dem glatten Boden nicht genug verstellt; als mein Vater einen Ast abhieb, schoß sie den Berg ab, drehte sich an einem Stock und ergriff den Vater, ihm beide Beine zermalmend. Ach ich sehe ihn noch, wie man ihn auf dem Schlitten daherbrachte, blutig über und über und schmerzlich wimmernd, wir alle laut schreiend und kaum imstande, ihn in die Stube aufs Bett zu tragen, während der Bauer, dem er die Buche gefällt, tubakend aus dem Läufterli gwunderte.

Was soll der Aufwand, mag man denken, um das Fällen des Baumes, das Schneiten und Verstellen und Hinabschießen und Abdrehen? Da nach der Logik der Erzählung nun einmal gestorben sein muß, würde es doch genügen, wenn der Baum kurzerhand auf den Mann stürzt. So stellen wir uns schließlich alle einen Unfall beim Holzfällen vor und finden ihn beim Lesen überzeugend. Die Vergegenwärtigung des Geschehens, wie sie hier geschieht, erfordert vom Leser doch nur Anstrengung und Konzentration.

Diese Anstrengung ist nun aber genau die des tückischen Bauern selbst. Sein Fachwissen sagt ihm, daß das Unternehmen, das er veranlaßt, übel enden wird, und erst die präzise Deskription des Unglücks deckt den präzisen Mechanismus der Bosheit dahinter auf. Damit wird auch die Voraussetzung geschaffen für den Kontrast der Gefühle, in dem der Abschnitt gipfelt. Über dem halbtoten Mann und den verzweifelt schreienden Kindern erscheint im Nebenhaus der Bauer am Fenster, ruhig an seiner Pfeife ziehend, und betrachtet mit behaglicher Neugier das Ereignis: »... während der Bauer, dem er die Buche gefällt, tubakend aus dem Läufterli gwunderte«. Im größeren Zusammenhang des Romans wirkt der Satz in seiner Verbindung von Gemütlichkeitssignalen und Herzenskälte fast unerträglich, wobei das plötzliche Operieren mit dem Dialekt die Dissonanz sowohl spiegelt als auch verstärkt.

Was hier Ereignis wird, ist nicht die überlebte Starrheit der Manz und Martis, es ist vernunftgelenkte, planende Niedertracht, über Monate hin lautlos durchgezogen. Eine Niedertracht zudem, die sich auszahlt. Der Bauer führt sein schandbares Werk an der vaterlosen Familie weiter und beraubt sie in kurzen, raschen Aktionen des gesamten verbliebenen Besitzes. Die Mutter rettet nicht mehr als ein altes Bett, die Kinder werden auf entfernte Verwandte verteilt oder als billige Arbeitskräfte an den Meistbietenden öffentlich verkauft.

Dem Bauern selbst aber geschieht gar nichts. Kein Blitz fährt vom Himmel. Keine Seuche sucht seine Ställe heim. Er ist noch etwas reicher geworden, und so steigen auch sein Ansehen und seine Beliebtheit in der Gemeinde. Gott selbst schaut der Sache offenbar genauso ruhig zu wie der Bauer aus seinem Läufterli heraus. Die Vorstellung, daß dem Pfarrer Bitzius nichts mehr am Herzen liege, als zu zeigen, wie der Herr im Himmel auch auf Erden Gerechtigkeit übe und strafend auf die bösen Sünder niederfahre, stimmt nicht. Wohl hat er auch Geschichten dieser Art geschrieben, aber das Phänomen der erfolgreichen Niedertracht zieht sich daneben durch sein ganzes Werk. Der Typus dieses Bauern aus dem »Bauernspiegel«, kalt, klug, schadenfroh, erscheint immer neu in den Romanen und Erzählungen.

Vom Erzählen regiert

Gewiß, der Autor hält dabei an der Vorstellung eines jenseitigen Gerichtes fest und macht zwischendurch entsprechende Bemerkungen. Nur sind die radikal Bösen bei ihm stets auch die Leute, denen dieser Gedanke überhaupt nichts ausmacht. Als Christ müßte er an ein innerstes Gutes in den Menschen glauben und als Aufklärer an ihre grundsätzliche Perfektibilität. Sobald er aber schreibt, tritt er auf paradoxe, auf nie ganz auflösbare Art aus aller Theologie und Philosophie heraus und gerät in der rasenden Fahrt seines Schaffens zu schauerlichen Wahrheiten. Die stehen dann einfach so neben seinen andern Lehren, auch seiner emphatisch vertretenen Orthodoxie, stehen da als das Andere der schlüssigen Systeme, bewiesen durch keine Bibelstellen, wohl aber durch die Gewalt seiner Erzählrede und die Kühnheit seines sozialen Blicks.

Das ist schwer auszuhalten. Literatur soll schließlich aufgehen, wie man zu sagen pflegt. Und damit auch Gotthelf aufgehe, hat sich die Bitzius-Forschung und -Propaganda bisher überwiegend darauf konzentriert, die manifesten Widersprüche, die den Landpfarrer erst zum säkularen Autor machen, wieder aus der Welt zu argumentieren.

Daß er nicht Herr seines Erzählens sei, sondern von diesem regiert werde, hat Gotthelf selbst mehrfach gesagt. Die Figuren werden ihm unter der Hand zu Wesen, denen er nur noch zuschauen kann, nicht selten entsetzt wie wir. Er hat sie einst irgendwo im Land gesehen, so wie sie eigentlich nicht sein dürften, und so tauchen sie nun in der Trance des Schreibens vor ihm wieder auf. Es ist schwer vorzustellen, daß er nicht selbst bis ins Innerste erschrecken mußte, als er den Satz unter seiner Feder erblickte, den Satz über eine mehrfache Mutter in einer frühen Erzählung: »Allemal, wenn Kinder begraben wurden, klagte die Lisabeth, wenn es recht zuginge, so müßten ihr auch welche sterben, aber ihr verrecke nie eins.«

Nun gibt es sicher irgendwo eine Theologie der »Verstocktheit«, die diesen merkwürdigen Begriff aus der Bibel (von Jesaja 6.10 bis Römer 9.18) auch auf Gotthelf anzuwenden wüßte und den Autor damit zu allgemeiner Erleichterung wieder auf das Stereotyp vom romaneschreibenden Prediger reduzieren könnte. In der Bibel erscheint die Verstocktheit nicht nur als eine Form der Versündigung gegen Gott, sondern auch als eine Form der Strafe, die Gott an den Menschen vollzieht. Damit kann man alles machen: der Schuft ist stets als solcher schon gestraft. Nur entlarven die schieren Beschreibungen des Genusses, den die Herzversteinerten bei Gotthelf täglich aus ihrer Herzversteinerung ziehen, solche Argumentation als fromme Sophistik. In einer Kalendergeschichte kommt ein Geizhals vor, dem der Arzt den Tod angekündigt hat. Auch in seinen letzten Stunden bedrückt den Mann nur eins: daß ein anderer Mensch etwas von seinem Geld haben könnte. Er wälzt sich noch einmal aus dem Bett, und man achte auf die Verbindung von Bosheit und Genuß und Erzählkunst, wenn es nun heißt:

> [Er] kroch zu seinem Schreibtisch, nahm ein Päcklein aus demselben, welches aus Kassenscheinen im Wert von hunderttausend Talern bestand, legte dasselbe sachte aufs glimmende Kaminfeuer, setzte sich in den dabeistehenden Armstuhl und sah mit dem innigsten Behagen zu, wie es zu glimmen begann, die Funken hin- und herschossen, die Flamme aufloderte und wieder zusammensank, die einzelnen Scheine sich krümmten, schwarz wurden, in Asche zerfielen oder das Kamin aufflogen, und sein Behagen stieg von Schein zu Schein, bis das Häufchen verglommen war. Dann kroch er wieder zu Bette und legte sich zum Sterben hin …

Der Mann wird zwar gestraft, indem das Vergnügen therapeutisch wirkt und ihn wieder gesund macht, aber das Ereignis der Identität von unbedingter Bosheit und hohem Genuß, ein Skandalon durchaus, wird dadurch nicht aus der Welt geschafft.

Die größte Leistung Gotthelfs in der Analyse der Herzenskälte sind aber dennoch nicht die vielen Einzelporträts. Die größte Leistung liegt in der Aufdeckung dessen, was man die vernetzte Bosheit nennen möchte. Hier ist er neu, markiert er einen Erkenntnisdurchbruch weit über sein Jahrhundert hinaus. Und auch dies beginnt schon früh, im Erstlingsroman, beginnt wiederum im Zusammenhang mit jenem Bauern aus dem »Bauernspiegel«. Der Einzelschuft, der dieser zunächst ist, vervielfältigt sich nach dem faktischen Mord am Vater zu einer kollektiven Schuftigkeit der ganzen politischen Gemeinschaft. So derb dieses sechste Kapitel des Romans teilweise auch erzählt ist, so subtil wird dabei doch die Praxis gemeinsamer Niedertracht dargestellt und transparent gemacht. Es gibt zwei, drei Männer, die entschieden und gezielt korrupt sind, aber sie könnten nichts ausrichten, wenn nicht alle Ämter und Beamteten, Gemeinderäte und Ausschüsse und Delegierte, und schließlich auch die regionale Regierung, das Spiel mitspielten oder doch zuließen. Viele von ihnen sehen, was läuft und wie da eine verlassene Frau mit einer Schar kleiner Kinder verraten und bestohlen wird. Sie sehen, wie das Unrecht zum Recht gemacht wird, mit viel juristischem Papier und roten Stempeln drauf. Sie sehen, wie man zuletzt noch der Frau selbst die Schuld an allem gibt, weil sie in ihrer Not gelegentlich haltlos schimpft und die Amtsinhaber beleidigt. »Frau, du hast ein böses Maul, das sehen wir jetzt und haben schon lange davon gehört«, heißt es dann, »du willst jetzt Andere hineinstoßen und wirst wohl selbst schuld sein«, oder es tönt begütigend: »Fraueli, das verstahst du nit.« Und als ein junger Knecht etwas merkt und ein Wort wagt, läuft wiederum ein charakteristischer Mechanismus ab: »Da sagten die Mannen: ›Bürschli, nimm dih in acht, wasd redst, chaschs bewise?‹ Und das Bürschli erschrak und schwieg.«

Viele also sehen die vernetzte Bosheit, nicht nur die Herren in den Ämtern, sondern auch Frauen und Männer aus der breiten Bevölkerung, und viele fühlen Erbarmen – »allein sie hatten es, wie es im Sprichwort heißt: Was dich nicht beißt, das kratze nicht; was dich nicht brennt, das blase nicht«. Selbst vom Gemeinderat wird gesagt, daß darin »meistens brave Männer sitzen«, und dies ist ohne Ironie gesprochen und auch so zu verstehen. Nur tritt die Präzisierung hinzu: »Freilich wissen sie wohl, daß nicht alles mit rechten Dingen zugeht, allein es scheut sich doch jeder von ihnen, öffentlich aufzutreten. Du weißt, man macht sich nicht gerne unwert.«

In seinen Geschichten von der vernetzten Bosheit unterläuft Gotthelf die idealistische Vorstellung, daß das Böse stets auf den einzelnen beschränkt sei, der nachdenkt, sich entschließt und handelt. Er zeigt zwar solche Fälle, und wie!, aber daneben tritt das unheimliche Schauspiel einer Demokratisierung des Bösen: Alle haben ihren Anteil daran; niemand ist allein schuld; jeder kann sagen, er habe das nicht gewollt, habe nur zugeschaut, habe zwar nicht dagegengeredet, aber dagegenzureden auch keinen Anlaß gehabt; es hätte ja auch nichts genützt, und man hätte es ihm doch nur falsch ausgelegt. Die Schuld an Untaten schwerster Art verteilt sich so wie ein Fluidum über die ganze Gemeinschaft, und es gibt keinen Richter. Auch das Gesetz kennt ja nur den einzelnen als Übeltäter.

Wenn Gotthelf auf die Abläufe der vernetzten Bosheit kommt, zeigt er sie als ein Geschehen, dem fast kein Widerstand entgegengebracht wird. Fabelhaft leicht fällt die Schandbarkeit den Leuten, wenn sie nur wissen, daß sie nicht allein sind in der Sache, daß sie nicht Täter sind nach dem herkömmlichen Muster, daß die andern es auch so halten. Am berühmtesten geworden ist die Darstellung des Vorgangs in der »Schwarzen Spinne«. Aber die pittoreske Modellhaftigkeit der Pestsage – die Dürrenmatt ein Jahrhundert später wieder für seine »Alte Dame« benützen wird – sollte den Blick nicht ablenken von den vielen Kapiteln in Gotthelfs Gesamtwerk, wo illusionslos, mit Schopenhauers Pessimismus und Nietzsches analytischem Blick, aufgedeckt wird, wie die Menschen gemeinsam, in nachbarschaftlichem Einverständnis und ohne Schuldgefühl die subtilste Perfidie betreiben.

Zur Demokratie gehört das Gelächter

Gottfried Keller und die gelungene Revolution

Wieviel Ironie verträgt ein demokratischer Staat? Von den Diktaturen weiß man, daß sie das Gelächter mehr fürchten als die langen Messer, die geflüsterten Witze mehr als die geflüsterten Parolen. Und die alten Monarchien, die noch vom Lieben Gott persönlich eingerichtet wurden, reagierten auf den Spott gegen den Thron wie auf Gotteslästerung: mit Einsperren und Aufknüpfen. Daß zur Demokratie das Gelächter gehört, das Gelächter über alles, was sie selbst ausmacht, und in allen Säuregraden und Abstufungen der Ätzkraft, hängt nicht nur mit der Meinungsfreiheit zusammen und mit der Freiheit des Redens und Publizierens. Es gründet tiefer: im Wissen, daß die eingerichtete Ordnung etwas Vorläufiges ist und von denen, die sie gemacht haben oder gegenwärtig so haben wollen, jederzeit wieder geändert werden kann. Ein gesundes Defizit an metaphysischer Fundierung ist eines der Kennzeichen der Demokratie.

Das ist gar nicht so leicht zu ertragen. Es kann zu Gefühlen der Leere führen. Deshalb haben die Diktaturen des zwanzigsten Jahrhunderts und alle, die mit ihnen geliebäugelt haben und liebäugeln, stets die Erfolgsformel gekannt: Man muß den Leuten auch in der Politik etwas Heiliges vorspiegeln. Man ersetze die Last des Entscheidenmüssens durch die Lust kollektiver Aufschwünge, und schon erlebt sich die Entmündigung wie ein Geschenk. Keine Demokratie ist gefeit gegen die Versuchung, dem Volk eines Tages wieder einen metaphysischen Knochen hinzuwerfen – »welthistorische Sendung«, »begnadete Nation«, »Auserwähltheiten« aller Art – und ihm damit die Zähne zu blockieren, die es für die Kontrolle der Macht im Lande braucht.

Gottfried Kellers politische Novellen sind die subtilsten Lehrstücke in dieser Sache. Man muß allerdings auf der Hut sein. Kellers Ruhmesgeschichte ist mit der Zeit auch zu einem Verharmlosungs- und Vereinfachungsprozeß geworden, und man hat sich heute gegen eine starke Strömung zu stemmen, will man dem alten Rauner auf alle Schliche der erzählerischen und politischen Kultur kommen. Förmlich auf die Lauer legen muß man sich beim Lesen, um die Verschiebungen von Ironie und Ernst, die hinterhältige Regie von Pathos und Gelächter zu durchschauen, mit der dieser Republikaner von der Republik redet. Paradebeispiel ist das »Fähnlein der sieben Aufrechten« aus den »Züricher Novellen«.

Spitzwegmäßiger, denkt man, kann es nicht mehr zugehen. Und die Erzählung gilt ja auch landläufig in der Forschung weithin als der Text, in dem sich Keller mit den politischen Zuständen am versöhntesten zeige, wo er die Errungenschaften seiner Republik – einer kleinen, aber immerhin der einzigen im damaligen Europa – ganz vorbehaltlos und zuversichtlich preise. Ausdruck der tiefen Befriedigung, sagt man, sei die Novelle, der Befriedigung nämlich über die Einrichtung eines konsequent liberalen Staates in der Schweiz. Tatsächlich fanden hier 1848, im sonst eher glücklosen europäischen Revolutionsjahr, mehrere Jahrzehnte heftiger politischer Auseinandersetzung mit rabiaten kleinen Feldzügen und diversen Staatsstreichen ihr glückliches Ende. Die letzte, heftigste Krise, der Bürgerkrieg von 1847, führte zur Schaffung des modernen Bundesstaats, der dem Muster Amerikas verpflichtet war und seinerseits für andere zum Muster werden sollte.

Angefangen hatte alles 1798 mit dem Einmarsch der napoleonischen Truppen, der das *Ancien régime* in der Schweiz erstmals beseitigte, und seither waren sich die Wechsel zwischen finsterer Restauration und einem militanten Liberalismus in unterschiedlichen Zeitabständen gefolgt. So gab es in den fünfziger Jahren des neunzehnten Jahrhunderts, als Keller das »Fähnlein« schrieb, in Zürich noch etliche Leute, die mitgekämpft hatten von Jahr zu Jahr, von Putsch zu Putsch, vor allem seit der zweiten und diesmal eigenhändig vollzogenen Beseitigung des *Ancien régime* nach 1830.

Noch heute belegt die Weltsprache, wie sehr diese Vorgänge in der Schweiz europäischen Modellcharakter hatten. Das Wort »Putsch« nämlich, jetzt ein global verwendeter Terminus, stammt aus dem Zürcher Dialekt jener Jahre. Es war die herkömmliche Bezeichnung für einen krachenden Zusammenprall und wurde nach 1830 zum Fachausdruck für einen Regierungssturz durch zornige Volksversammlungen, Demonstrationen und Märsche in die Hauptstadt. Allmählich ging das Wort dann von der schweizerischen auch in die internationale Politsprache über.

»Die Zeit der Putsche«, das ist bei Keller ein stehender Ausdruck für jene kämpferischen Jahrzehnte, bei deren Finale er selbst publizistisch noch mitfocht – und darüber zum Dichter wurde. So faszinierten ihn die alten Männer, von denen er wußte, daß sie stets dabeigewesen waren und für ihre Sache gestritten hatten bis zur festen Einrichtung der neuen Ordnung. Er beobachtete sie scharfäugig, unbestechlich und nachdenklich. Sie hatten einen historischen Prozeß von epischen Ausmaßen durchlebt, einen Prozeß, der bald heroisch, bald kurios verlief, von Haß gezeichnet war wie von Versöhnlichkeit, von Bruderliebe wie von bitterer Konkurrenz und kühler Berechnung. Angesichts solch vernarbter Figuren setzte er mit seiner politischen Novelle von den »sieben Aufrechten« an. Es ging ihm nicht, wie man gerne meint, einfach um sieben wackere Bürger. Es ging ihm um sieben grimmige Revolutionäre, die, entgegen dem Sprichwort, von ihrer Mutter nicht gefressen worden waren, sondern überlebt hatten und nun fortlebten in einer höchst merkwürdigen Mischung von Stolz und Spießertum, Redlichkeit und Sprüchemacherei, ernster politischer Sittlichkeit und schrulliger Staatsfolklore.

Gescheiterte Revolutionen sind heroisch, und heroisch, erhaben, erschütternd sind die gescheiterten Revolutionäre. Die Dichter lieben sie und schreiben über ihr Schicksal düstere Tragödien. Auch die Geschichtsschreiber machen von ihnen stets einen besonderen Aufwand. Die erfolgreichen Insurgenten indessen, die mit Mut und List, aber ohne Blutrausch und Märtyrerverzückung an ihr Ziel zu gelangen wußten, die nie Helden waren im überlebensgroßen Sinn, sondern tatkräftige Leute gewöhnlichen Zuschnitts und solche denn auch blieben – sie zum Gegenstand der Literatur zu machen, ist viel schwieriger und deshalb weit weniger üblich.

Gottfried Keller hat es unternommen. Er hat den vielen heldenhaften Untergängen in der Literatur eine Geschichte gegenübergestellt vom unheroischen Reüssieren, den vielen sterbenden Revolutionären ein kleines Grüpplein von Umstürzlern, die weitergelebt haben und schließlich in die Jahre gekommen sind wie alle andern.

Hier liegt die Voraussetzung zu der kostbaren und raffinierten Ironie in dieser – das Wort sei gewagt – visionären Novelle. Alles ist politisch in dem Text, und wer immer auftritt, ist auf seine Weise ein Homo politicus, aber nichts Politisches ist ohne komischen Einschlag, und kein politisch Bewegter bleibt ohne Karikierung. Allerdings gilt auch das Umgekehrte: Sobald die Geschichte ins nur noch

Possierliche zu treiben scheint, blitzt es plötzlich herein mit tödlichem Ernst. Auflösen läßt sich dieses Ineinander nicht. Man studiere nur einmal die Thematisierung der politischen Rhetorik in der Erzählung. Zu Hause in ihren vier Wänden, wo sie sich nach altem Brauch versammeln, als ginge es immer noch um gefährliche vaterländische Konspiration, halten die sieben alten Kämpfer immerzu feierliche Polit-Suaden und tun nichts lieber als das. Sobald sie ihre Eloquenz aber einmal öffentlich unter Beweis stellen sollten, geraten sie in entsetzliche Panik. An ihrem häuslichen Sprüchemachen, das angesichts eines tatsächlichen Rednerpults so kläglich verstummt, zeigt Keller, wie zweideutig alles steile Pathos in der praktizierten Demokratie auf die Dauer ist. Aber dann fügt er gerade in dieses ironisierte Perorieren der sieben freigesinnten Haustyrannen Sätze und Passagen ein, die aus der Mitte seiner eigenen leidenschaftlichen Weisheit stammen und von einem Wahrheitsklang sind, der nach weit über hundert Jahren nichts verloren hat.

So ist die berühmte Stelle, in der die Gefährdung des schwer erkämpften liberalen Staates durch eine entfesselte Geldwirtschaft benannt wird, eingelassen in eine Situation, in welcher sich der Redner denkbar fragwürdig ausnimmt. Man ist verdutzt, solche Sätze in diesem Moment aus diesem Mund zu hören, und zieht vor ihnen gleichzeitig schweigend den Hut:

> Glücklicherweise gibt es bei uns keine ungeheuer reichen Leute, der Wohlstand ist ziemlich verteilt; laß aber einmal Kerle mit vielen Millionen entstehen, die politische Herrschsucht besitzen, und du wirst sehen, was die für Unfug treiben! [...] Es wird eine Zeit kommen, wo in unserm Lande, wie anderwärts, sich große Massen Geldes zusammenhängen, ohne auf tüchtige Weise erarbeitet und erspart worden zu sein; dann wird es gelten, dem Teufel die Zähne zu weisen; dann wird es sich zeigen, ob der Faden und die Farbe gut sind an unserem Fahnentuch!

Ebenso betroffen, fast erschauernd, liest man die Stellen, wo plötzlich und in einer beinahe festlichen Art vom Untergang dieses jugendlich lebendigen Vaterlands die Rede ist:

> Wie es dem Manne geziemt, in kräftiger Lebensmitte zuweilen an den Tod zu denken, so mag er auch in beschaulicher Stunde das sichere Ende seines Vaterlandes ins Auge fassen, damit er die Gegen-

> wart desselben um so inbrünstiger liebe; denn alles ist vergänglich und dem Wechsel unterworfen auf dieser Erde. […] Nein! Ein Volk, welches weiß, daß es einst nicht mehr sein wird, nützt seine Tage um so lebendiger …

Hier wird deutlich, daß das feine Gelächter, das sich so unvergleichlich durch Kellers ganzes Erzählen zieht, nicht nur in einem vital republikanischen Denken wurzelt, sondern auch in einer mutigen Vertrautheit mit dem Tod und dem Ende aller Dinge. Auch solches leugnet ja eine politische Propaganda, die auf Sendung und Weihe aus ist, versucht es zu widerlegen mit Marmorsäulen und Bronzegüssen, damit nur immer metaphysisch erscheine, was simples Menschenwerk ist.

Die Ironisierung des bürgerlich-liberalen Revolutionärs geschieht im »Fähnlein der sieben Aufrechten« auf mehrfache Art. Auch die Konspiration der Frauen gegen die regierenden Männer gehört dazu, der erzählerisch geführte Nachweis, daß der Männerstaat ohne das erfinderische Eingreifen der Frauen nicht bestehen könnte. Mehrfach geschieht es in dieser Novelle, daß der Mann ans Ende seiner Weisheit kommt und hilflos dasteht, jämmerlich, obwohl das in seinen Theorien vom selbstverantwortlichen Bürger nicht vorgesehen ist, und von den Frauen gerettet werden muß, gerettet und übers Ohr gehauen zugleich. In der Veranschaulichung dieser Zusammenhänge gewinnt auch die Liebesgeschichte ihren politischen Sinn und ihre Notwendigkeit. Das Leitmotiv der Waffe, des Gewehrs, das sich durch das Gesetz zieht und sehr einfach, aber auch sehr genau auf die Gewalt verweist, ohne die es die Freiheit jetzt nicht gäbe, ist in einer Weise mit den Frauen verknüpft, daß man Anstoß nehmen könnte. Aber gerade so kann Keller auch seine hinterhältige Kritik an der starren Patriarchalität des klassischen bürgerlichen Revolutionärs anbringen: Die empfindlichste Stelle der Männlichkeit versagt ohne das selbstgewisse Zutun der Frauen.

Man weiß es, die Ironisierung des bürgerlichen Revolutionärs hat ihre Geschichte seit den ersten Durchbruchskämpfen, und sie hat viele Formen angenommen, insbesondere bei den erklärten Feinden jeder Republik, von den Edelkonservativen mit ihrer blasierten Verachtung bis zum faschistischen Mob mit seiner stereotypen Parlamentsbeschimpfung. Daß die Ironisierung aber auch ein Überlebensmittel des demokratischen Staates selbst ist, vergißt man darüber leicht – und die Politiker vergessen es noch leichter. In ihr manifestiert sich spielerisch, bald liebevoll, bald grimmig das Bewußtsein der Vorläufigkeit aller Dinge im Staat, aller Macht und aller Machthaber, das Bewußtsein, daß nichts, aber auch gar nichts einen Anspruch hat auf Ewigkeit.

Conrad Ferdinand Meyers burleske Ästhetik

Das Strandkloster

Bollwerk und Mauern trutzen
Dem Wellenwurf schon ein Jahrtausend ja,
Wir singen, elf Kapuzen,
Ein kräftig schallend Deo Gloria!

Die Kutten, stark gewoben,
Umhingen uns in braunen Lappen lang,
Sie sind gemach verstoben,
Die Stäubchen irren durch den Klostergang.

Die Orgel im Empore
Spielt unser zwölftes totes Brüderlein,
Hier rieselt uns im Chore
Der morsche Kalk sanft ins Geripp herein.

Es glitt vor tausend Jahren
Dem Strand ein Sarazenensegel nah,
Sobald's vorbeigefahren,
Anstimmten wir ein kräftig Gloria.

Ergötzt von unserm Singen,
Nahm der Pirat zu uns zurück den Lauf,
Zwölf Köpfe ließ er springen,
Das Blut schoß wie aus Brunnenröhren auf.

Wir singen ohne Kehlen,
Wir sitzen fröhlich ohne Schädel da,
Wir singen mit den Seelen
Ein kräftig schallend Deo Gloria!

Der Morgenstrahl, der schiefe,
Durchs rechte Fenster äugelt er herein,
Vergoldend in der Tiefe
Ein lustiglich psallierend Totenbein.

Der Abendstrahl, der schräge,
Durchs linke Fenster blinzelt er herein,
Und zählt, ob allerwege
Wir richtig unser elf Gespenster sei'n.

Oft übertäubt das Dröhnen
Des Meers die Noten unsrer Litanei,
Aus unsern Orgeltönen
Erhebt sich oft ein schriller Möwenschrei –

Bollwerk und Mauern trutzen
Dem Wellenwurf noch tausend Jahre ja,
Wir singen, elf Kapuzen,
Ein kräftig schallend Deo Gloria!

Wer den Verfasser dieses Gedichts nicht kennt, wird nicht auf Meyer kommen. An Gottfried Keller könnte einer denken oder eher noch an Uhland, dessen »Versunkenes Kloster« so beginnt:

Ein Kloster ist versunken
Tief in den wilden See,
Die Nonnen sind ertrunken
Zusamt dem Pater – weh'!
Der Nixen muntre Scharen,
Sie schwimmen stracks herbei,
Nun einmal zu erfahren,
Was in den Mauern sei.

Und dann spielen und imitieren die Nixen in toller Art das alte Klosterleben. Aber diese Verwandtschaft betrifft nur den derben Ton, betrifft eine Tradition der zweideutig-komischen Gespensterballade, die einst bei Bürger und Hölty begonnen hat, von Goethe aufgenommen wurde und im 19. Jahrhundert nicht ungern gepflegt wurde. Uhlands Text ist als Teil dieser Tradition von Bedeutung, nicht aber als unmittelbare Anregung.

In der zentralen Erfindung scheint sich bei diesem Gedicht nichts mit Meyers gewohntem Motiv- und Themenkatalog zu decken, ausgenommen vielleicht die Elemente einer Klostersatire, das Verspotten der Kutten und Kapuzen. Man mag an die Novelle »Plautus im Nonnenkloster« denken, wo das Gelächter der Moderne über die geistlichen Rituale des Mittelalters inszeniert wird.

Aber gerade dieser Aspekt führt hier ins Abseits. Keiner der üblichen Mechanismen der Mönchs- und Nonnensatire ist im »Strandkloster« auszumachen. So grotesk das Ganze ist, so unverspottet erschallt doch bis zum Schluß das tausend Jahre alte Deo Gloria. Und nochmals tausend Jahre lang wird es erschallen. Das hat einen grandiosen Zug.

Eine Spannung tut sich also auf zwischen dem Komischen und dem Großartigen. Eines ist im andern nicht begründet. Beide stehen in einem Verhältnis des Widerspruchs. Kann Großartiges überhaupt komisch sein? Und trotzdem ist das Gedicht für die sprachsinnliche Erfahrung ein einziger, prächtiger, in sich selbst vergnügter Wurf.

Da muß etwas dahinterstecken.

Wenn wir uns versuchsweise das Gedicht ganz ernsthaft denken, nicht komisch und nicht grotesk, dann erscheint darin sogleich das Gattungsmuster der Legende. Es gibt hundert Geschichten von frommen Märtyrern, die durch böse Heiden auf phantasievolle Art zu Tode gekommen sind und nachher, zum Beweis ihrer Heiligkeit, in einer ebenfalls phantasievollen Art noch ein Stück weitergelebt und Wunder gewirkt haben. In Zürich muß man nicht lange suchen. Den drei Stadtheiligen, die immer noch das Staatssiegel zieren, wurde wie Meyers Mönchen der Kopf vom Leib getrennt, worauf sie zwar nicht zu singen begannen, wohl aber mit dem wertvollen Körperteil unter dem Arm noch ein Stück gewandert sind, vom Felsen in der Limmat, wo heute die Wasserkirche steht, bis zum Großmünster. Und in Graubünden marschierte der heilige Placidus auf diese Art sogar von Chur bis Disentis, den Kopf aus Bequemlichkeitsgründen in ein Tuch geknüpft.

Eine ähnliche Legendenfabel ist in dem Gedicht deutlich auszumachen. Daß es auch ironisch gebrochene Legenden gibt, hat in den gleichen Jahren Gottfried Keller vor Augen geführt. Aber die naheliegende Vermutung, es könnte sich beim »Strandkloster« um ein lyrisches Gegenstück zu den »Sieben Legenden« handeln, widerlegt sich bald. Kellers fragiles Spiel mit den Formen geistlichen Erzählens, ihre Verweltlichung und geheimnisvolle Wiedervergeistlichung im Sinne einer irdischen Theologie, findet in Meyers drastischem Totentanz keine Entsprechung. Und doch führt das Stichwort der Legende einen Schritt weiter.

Legenden erzählen gern vom Martyrium um des Glaubens willen. Das Martyrium haben wir hier auch, ebenso die Heiden, die Sarazenen, als Vollstrecker. Aber nun produziert das Gedicht eine überraschende Differenz. Es ist nicht der Glaube, was das Massaker bewirkt, sondern allein der prächtige Gesang. Die Mönche haben voller Begeisterung zu singen begonnen, als sie meinten, die Gefahr sei vorbei, und diese Musik hat den Piraten so gefallen, daß sie wieder umdrehten: »Ergötzt von unserm Singen, nahm der Pirat zu uns zurück den Lauf«. Das Todesurteil scheint also eher eine derbe Form von Applaus zu sein als eine strenge Christenverfolgung. Sarazenen reagieren so auf starke ästhetische Erlebnisse. Und die erzählenden Mönche sind von dem Vorgang selbst am meisten fasziniert; sie beschreiben ihn höchst anschaulich und überdies mit einem hörbaren Anklang an Meyers berühmtestes Gedicht, den »Römischen Brunnen«: »Aufsteigt der Strahl ...«, heißt es dort; »... schoß wie aus Brunnenröhren auf«, heißt es hier. An ihrem Leben aber ändert die Hinrichtung nichts. Begeistert, wie sie schon immer gesungen haben, singen sie weiter:

Wir singen ohne Kehlen,
Wir sitzen fröhlich ohne Schädel da,
Wir singen mit den Seelen
Ein kräftig schallend Deo Gloria!

Der Tod ist belanglos, belanglos der Verlust des Kopfes: »Wir singen mit den Seelen«. Ein schöner Vers. Und in schroffem Gegensatz zu allen Legenden gibt es hier auch keinen Unterschied zwischen Diesseits und Jenseits. Die Sänger bleiben auf dieser Erde, vergnügt in ihrer Musik, wie sie es immer schon waren. Die Kutten zerbröseln, die Körper zerfallen, das Deo Gloria tönt mächtig fort. Das Wunder ist die Unzerstörbarkeit des Gesangs.

Darin berührt sich die Geschichte mit altem mythischem Material. So singt im Märchen vom Machandelboom der geköpfte Junge als schöner Vogel weiter, so singt der Kopf des von den Mänaden zerstückelten Orpheus unbeirrt fort, schwimmt singend den Hebros hinunter, singend hinaus in die weite Ägäis. Dies wird dann für Rilke wichtig: daß der Gesang des Orpheus fortdauert über die Zerstörung des Leibes hinaus:

Schließlich zerschlugen sie dich, von der Rache gehetzt,
während dein Klang noch in Löwen und Felsen verweilte
und in den Bäumen und Vögeln. Dort singst du noch jetzt.

So in II.26 der »Sonette an Orpheus«. Und in I.5 heißt es:

Ein für alle Male
ists Orpheus, wenn es singt.

»Wenn es singt« – in diesem »es« übersteigt der Gesang das Subjekt des Sängers. Der Orpheus-Mythos, aufgenommen in das ästhetische Bewußtsein der Moderne, verdichtet sich zur Frage nach dem Verhältnis zwischen der Individualität des Dichters und der ganz anderen, der immensen Zeit seiner Kunst. Wer bringt was hervor: der Dichter die Kunst oder die Kunst den Dichter? Erst im Kontext dieser Frage ist das Wort vom »Tod des Autors« mehr als ein Schlagwort.

Wird Meyers lyrisches Spektakelstück mit solchen Bezügen nicht überfrachtet? Wird den elf dröhnenden Kapuzen und ihrem orgelspielenden Brüderlein damit nicht zuviel Ehre angetan? Sind diese Strophen wirklich mehr als ein Kind der guten Laune, flink gemacht und flink gelesen?

Daß sie mehr sind, geht aus der Entstehungsgeschichte hervor. Am Anfang nämlich steht ein rätselhafter Text, von dem man nach den Angaben im Kommentar der Historisch-kritischen Ausgabe nicht weiß, stammt er von Meyer selbst oder hat er ihn irgendwo abgeschrieben, ist es ein Werk oder eine Arbeitsnotiz oder ein Stück Material. »Herkunft unbekannt«, meint Hans Zeller, der Editor der erwähnten Ausgabe, lapidar. Dreimal hat Meyer die Passage auf zwei Blättern kurz nacheinander festgehalten und sogar noch ein viertes Mal damit angefangen. Er muß von den Sätzen tief erfaßt, ergriffen worden sein. Hat er sie mehrfach aufgezeichnet, um ihren Klang in das eigene Schreiben hereinzuholen? Der Abschnitt lautet:

> Ich bin einmal am Meeresstrand gestanden, die Muschel liegt noch da, die ich dort aufgelesen. O Meeresstrand, o tiefes Meer, o tiefes Leid, o weite See, o weites Sehnen! Ach, wär ich ein Kloster auf Inselufer u: schaute hinaus ins Wogengebraus u. hörte des Sturmes Tosen u. des Reihers Geschrei! Meine Gedanken, das wären die Mönche, die in mir wandelten in den Gängen des Gehirnes u. lägen in der Gruft der Brust – u. meine Gefühle, das wäre die Mitternachtsmette, Gesang u. Orgelton u. Glockenton. Gesang u.

Das tönt nach Brentano, nach Kleists »Mönch am Meer«, nach Nietzsche, nach keinem ganz. Entscheidend ist das zentrale Phantasma von der eigenen Person als einem Kloster am Meer, bewohnt von Mönchen, wobei der Kopf und die Brust architektonisch handfest übersetzt werden in die Klostergänge und die Krypta. Die Gedanken wandeln durch das Gehirn, die Gefühle erschallen als Gesang und Orgelmusik. Die lebendige Person ist in diesem Bild also eine Vielzahl. Ich bin viele Mönche, wandelnde, singende, orgelnde Mönche, müßte diese Person sagen. Als Körperwesen bin ich das steinerne Gebäude, und als denkende, fühlende, schaffende Existenz bin ich alle Bewohner dieser Festung zugleich. Man muß es so paradox ausdrükken, um die elementare Wahrheit des Phantasmas zu verdeutlichen. Sie gleicht dem Paradox von Rimbauds berühmtem Satz: »Je est un autre«. Das wäre hier abzuwandeln in: »Je sont beaucoup«.

Die geheimnisvolle Prosapassage ist nachweislich die Basis des Gedichts. Aus ihr als einer ursprunghaften Zündung ist es hervorgegangen, wobei die Zwischenstufen hier belanglos sind. Die zunächst melancholische Vorstellung, die als Wunsch ausgesprochen wird – »Ach, wär ich ein Kloster auf Inselufer« –, hat sich dem Autor eines Tages in eine triumphale Vision und in zehn klingende Strophen verwandelt.

Die Übersetzung der eigenen Person in ein Bauwerk ist aus der Traumlehre bekannt. In der Literatur ist sie als bewußte oder unbewußte Allegorie gelegentlich greifbar, so bei E. T. A. Hoffmann, so bei E. A. Poe, so auch bei Regina Ullmann in der frühen, unheimlichen Geschichte »Das steinerne Haus«. Am erschütterndsten erscheint sie bei der Droste, im Gedicht »Das öde Haus«. Da spiegelt der Zerfall der Mauern das zerfallende eigene Leben, das verlorene Glück und, mit quälend genauen Zeichen, die ungelebte Sexualität. Bei Meyer haben wir ebenfalls eine Ruine, aber – paradox auch dies – eine unzerstörbare. Dem »Bollwerk« und den »Mauern« kann das Meer, kann die Zeit nichts anhaben, genausowenig wie dem Gesang der vergnügten Bewohner. Im Gegenteil, die Natur, die sonst alles Gebild von Menschenhand unaufhaltsam vernichtet, prallt nicht einfach nur an den Steinen ab, sie verschwistert sich sogar mit dem Bauwerk und dem Gesang. Davon reden die letzten vier Strophen. Täglich zweimal grüßt die Sonne die tönende Brüderschaft, und deren Choräle klingen in eins mit dem Dröhnen des Meers und den wilden Möwenschreien.

Man kann nun das Ganze nach zwei Richtungen lesen. Die eine berührt sich mit dem privaten Schicksal Meyers, die andere ist poetologischer Natur. Hier wie dort geht es um ein Paradox. Meyers ganzes Werk ist geprägt von *einer* dramatischen Zeiterfahrung: Zwischen Nacht und Nacht gibt es nur eine kurze, heftige, in gleißendes Licht getauchte Strecke. Aus der Finsternis von Wahn und Depressionen war er spät aufgetaucht, ans Licht, und er wußte immer, daß die Finsternis wieder auf ihn wartete. In ungezählten Gedichten über die Schwelle zur Nacht, die Schwelle zum Tod versuchte er, den Übertritt zu bannen und den Moment hinauszuschieben, wo er die Grenze wieder würde passieren müssen. Oder er bekämpfte – in der unheimlicheren Variante – eine lauernde Lust, sich vorzeitig in die Finsternis zu werfen. Leben, Leidenschaft, Glück und Kunst, alles ereignet sich in dieser Spanne, auf dieser »*einen* kurzen, kleinen Strecke«, wie es im Gedicht »Auf dem Canal grande« heißt. Dann ist Schluß, Finsternis. Es bleibt nur noch »ein unverständlich Murmeln«.

Auf dieses tiefste Wissen antwortet unser Gedicht. Es gesteht den Untergang ein, den Sarazenenbesuch, den Tod; es gesteht auch den Zerfall des Körpers ein im Bröckeln der schönen Gewölbe: »Hier rieselt uns im Chore / Der morsche Kalk sanft ins Geripp herein«. Und es jubelt über die Unzerstörbarkeit des Gesangs. Das Paradox der unverwüstlichen Ruine und des Singens ohne Kehle entspricht der uralten Gleichgültigkeit der Dichter über ihren persönlichen Tod, wenn nur das Gedicht lebt, wenn nur das Gedicht dauert – aere perennius oder, mit Shakespeare: »So long as men can breathe or eyes can see, / So long lives this.« Das ist nicht Eitelkeit. Es ist eine der ältesten Gesten der Kunst überhaupt. Auch Hölderlin hat von den Parzen »nur *einen* Sommer« verlangt. Insofern ist der physische Tod, der Sarazenenbesuch, tatsächlich nicht mehr als eine Form von Applaus.

Damit bin ich vom privaten Schicksal des armen C.F.M. in die allgemeine Poetologie geraten. Hier wird nun die Vielzahl der Mönche wieder interessant. Zwölf sind es, wie die Apostel, elf Sänger und ein Organist – und kein Meister in ihrer Mitte. Die Zahlen werden fünfmal erwähnt – elf, zwölf, zwölf, elf, elf –, eine Häufung, die angesichts der Wortökonomie eines Gedichts mehr als merkwürdig ist. Die Assoziation an die Apostel wäre durch eine einmalige Erwähnung bereits gesichert. Die Mehrzahl als solche dürfte also wichtiger sein, das Ich als ein Kollektiv, wie es in dem zitierten Inspirationstext des Gedichts erscheint: »Ach, wär ich ein Kloster auf Inselufer«. Das Subjekt des Dichters fächert sich auf.

»Denn unser sind viele!«, der Schlußsatz von Meyers berühmtem »Chor der Toten« meint auch das Paradox der dichterischen Individualität. So wie die biographische Zeit in Abstand tritt zur Zeit des Werks, die »schon ein Jahrtausend« und »noch tausend Jahre« dauert, tritt das biographische Ich in Abstand zur schaffenden Instanz des Werks: Wir singen ohne Schädel.

Das kann durchaus gelesen werden als ein frappanter und unerwarteter Gegenzug zur zeitgenössischen Verklärung des einmaligen schöpferischen Subjekts, zur Apotheose des Künstlers als der einzigartigen Person, die aus der Masse der Gewöhnlichen ragt, singulär er selbst, singulär sein Werk. So hat Meyer sonst durchaus selber gedacht, und er hat in der renaissancistischen Manier der Zeit die ragenden Großen der Kunst und der Geschichte verherrlicht. Und wäre er nicht mehr gewesen als ein modebewußter Poet der 1870er und 1880er Jahre, so hätten wir diese Verherrlichungen längst eingelagert in den Magazinen der Literaturgeschichte, zusammen mit der Totenmaske des Poeten. Gelegentlich aber hat er, haben die vielen, die er war, die zwölf meisterlosen Apostel einer tausendjährigen Kunst, »mit der Seele« gesungen, ohne das Lied mit dem Kopf genau zu begreifen. Dann hörte man, hört man heute noch Orpheus.

Und nun ist noch etwas nachzutragen. Der geheimnisvolle Inspirationstext, den der Herausgeber als von unbekannter Herkunft erklärt, ist so geheimnisvoll doch nicht. Meyer selbst hat auf seinen Blättern die Herkunft angegeben, das Buch »Witterungen der Seele« von Alban Stolz, erschienen Freiburg im Breisgau 1867, ein Stück bekenntnishafter Erbauungsliteratur der Zeit. Meyer hat aus diesem Buch gleichzeitig noch einen zweiten, viel längeren Text exzerpiert, und der Herausgeber hat die bibliographische Angabe des Dichters allein auf diesen zweiten Text bezogen. Tatsächlich aber findet sich die zitierte Stelle wörtlich und genau so, wie Meyer sie notiert hat, bei Alban Stolz S. 335. Der sonst für seine Akkuratesse berühmte Editor hat hier einfach zu früh aufgehört zu suchen.

Sosehr man nun auch philologisch zufrieden sein mag über die Auflösung des Rätsels, ein wenig bedauerlich ist sie doch. Etwas vom Geheimnis der Stelle strahlte ja auch auf das Gedicht aus. Ist jetzt nicht alles recht banal geworden? Nicht unbedingt. Es bleibt das Phänomen, daß ein kurzer Abschnitt mitten in einem sonst belanglosen, etwas betulichen und belehrenden Buch dem Autor in die Seele fährt, so sehr, daß er ihn zwanghaft mehrmals nacheinander abschreiben muß und sich erst mit einem seiner ungewöhnlichsten Gedichte wieder davon zu befreien vermag. Dieser elektrische Schlag einer unbedingten Identifikation mit einem teilweise absurden Text – »Ach, wäre ich ein Kloster!« – erlaubt einen ungewöhnlichen Blick in Meyers schwierige Seele und in die geheimen Prozesse seines Schaffens. Das ist nach der philologischen Klärung sogar noch besser möglich.

Warum man mit Robert Walser nie zurande kommt

Robert Walsers Zorn

Man darf bei Robert Walser nicht von der Schizophrenie ausgehen, nicht vom stilistischen Schnörkel und nicht von der Neigung zu ausladend gebauten Frauen mit energischem Blick. Sein Faible für Ohrfeigen ist nur beschränkt erkenntnisfördernd. Die Stilbeschreibung führt kaum weiter als zu einem Text, der etwas unbeholfener abgefaßt ist als sein Gegenstand. Die psychiatrische Diagnose setzt die Kenntnis dessen voraus, was man mit ihrer Hilfe herausfinden möchte.

Da ist ein Dilemma: Es hat Jahrzehnte gebraucht, bis die Einsicht sich durchsetzte, daß Walser unvergleichbar sei, einzigartig, nicht zu erfassen mittels der geläufigen literarischen Reihen. Aber sobald man ihn entschieden als Einzelfall nimmt, bleibt man auch wieder stekken. Wo gehört er hin? In welchem Umfeld zeigt er seine genaue Größe, vor welchem Hintergrund wird sein Umriß zuverlässig und nachprüfbar deutlich?

Es muß ein historisches Terrain von einiger Ausdehnung gefunden werden, innerhalb dessen er angesiedelt ist. Jedes Terrain hat Grenzen; sie wenigstens sollten sich benennen lassen.

Am Epochenrand

Während Walser zur Schule geht, in Biel, erscheinen Kellers »Martin Salander«, Meyers »Richterin«, Fontanes »Irrungen, Wirrungen«, Raabes »Stopfkuchen«, Storms »Schimmelreiter«. Stauffer-Bern wird berühmt, radiert die großen Autoren, macht den Skandal und verkommt. Zerrüttet treibt er sich nochmals in Biel herum; Walser ist zwölfjährig, die beiden können einander gesehen haben. Als der Jüngere die Schule verläßt, ist Stauffer tot und Meyer im Wahnsinn.

Walsers Bubenzeit: literaturgeschichtlich sind es erlauchte Jahre. Was da entsteht – tapfere, redliche, verläßliche Kunst, geborgen im Glauben an die Verläßlichkeit der Sprache –, ist bis heute Pièce de résistance des Deutschunterrichts geblieben. Die ästhetischen Regeln, auf denen es beruht, gelten noch immer für die überwiegende Anzahl der Lesenden als Naturgesetze der Literatur. Die Dichter können zwar abweichen davon, dürfen es auch in jüngeren Jahren, zuletzt aber, so geht die Meinung, werden sie doch immer wieder dahin zurückfinden. Was sich davon unterscheidet, gilt seit nunmehr hundert Jahren als modern.

Die ästhetischen Regeln zu Walsers Bubenzeit: das sind nicht nur die Grundsätze eines tüchtigen Erzählens, das mitten ins Menschenleben greift, in kraftvoller Sprache Charaktere aus Fleisch und Blut schafft und mit ihrer Hilfe auf Tiefes verweist, das jeden angeht. Ebensosehr liegen hier Regeln der schriftstellerischen Lebensführung vor, an die sich die Autoren, oft genug gegen inneres Drängen, ernsthaft zu halten bemühen. Sollte die Geschichte von des deutschen Dichters Arbeitszimmer je geschrieben werden, hier fände sie ihre Krönung. Das verhalten, aber eindrücklich möblierte, locker aufgeräumte Arbeitszimmer gehört zur öffentlichen Seite des bedeutenden Autors des späten 19. Jahrhunderts wie die Erstpublikation in der »Deutschen Rundschau« und der geprägte Leinwanddeckel der Buchausgabe. Nach dem Tod des Dichters wird das Arbeitszimmer sogleich konserviert – bis hin zum abgewetzten Teppich und zum rührenden Bleistiftstümpchen. Sollte das Wohnhaus anderweitig gebraucht werden, baut man alles in einem öffentlichen Gebäude nach. In diesen Räumen und ihrer abbildlichen Verbreitung durch die junge Photographie materialisiert sich nicht so sehr die tatsächliche gesellschaftliche Geborgenheit des Schriftstellers jener Jahrzehnte als vielmehr das Gebot solcher Einbettung, unter welches sich die Autoren mit um so größerer Entschiedenheit stellen, je stärker die verschwiegene Erfahrung des Gegenteils ist.

Auf die Jahrhundertwende hin wird alles anders. Das Arbeitszimmer des großen Poète bourgeois wird historisch. Der Ort, wo man schreibt, ist nun zunächst ein phantastisches Lokal: exotisch ausstaffiert in der Nachfolge von Huysmans' Romanhelden Des Esseintes; melancholisch feudalisierend bei den Wienern; als die dauernde Wunschgestalt einer mehrfach verriegelten Höhle vor den Augen Kafkas. Trakl schreibt in den Kaffeehäusern vom zerfallenden Interieur; Else Lasker-Schüler nomadisiert; George bewegt sich gemessen durch Europa: halb exilierter Monarch, halb Sarrasani-Direktor.

Das breite Spektrum preziöser, verrückter, feierlicher, armseliger, großstädtisch-verruchter oder pflanzenhaft-naturnaher Wohnstätten, das die Schriftsteller jetzt dem Publikum als ihre je unabdingbare

Voraussetzung zum Schreiben bekanntmachen, muß gesehen werden unter seinem gemeinsamen Aspekt, dem schroffen Abrücken von den Arbeitsbedingungen (und damit auch dem Kunstbegriff) des Bürgerdichters der Bismarck-Zeit. Diese Orte haben etwas Forciertes. Sie überzeugen nur halb. Oft genug wirken sie als unzureichende Verkörperung von viel großartiger Vorgeträumtem. Unübersehbar aber bringen sie zum Ausdruck, daß die Schriftsteller ihre verbindliche, von einer Mehrheit anerkannte gesellschaftliche Rolle verloren oder aufgekündigt haben. Von nun an herrscht Kostümzwang. Allerdings, im freien Ermessen der Dichter steht das alles nicht. Jener Rollenverlust hat geschichtlich benennbare Ursachen. Die Autoren müssen sich damit ab-, müssen zu einem Gesicht aus zweiter Hand hinfinden. Einige versuchen, die reine Negation, die Eigenschaftslosigkeit, zu ertragen: Trakl, Kafka, Musil. Das hält genau so lange vor, als es sich sprachlich noch vermitteln läßt. Dann bricht's ab.

Eine schöne Kunstfigur

Auch Robert Walsers Mansarden haben einen artifiziellen Zug. Sie sind Produktionsbedingungen, durchaus in der Art von Marcel Prousts Räumen ohne Tageslicht hinter geschlossenen Fensterläden. Aber was heißt schon »artifiziell«, wenn Ort und Bewohner, Gesicht und Maske dermaßen ineinanderwachsen, daß die Trennung gleicherweise tödlich wäre wie die völlige Einswerdung? Die Diagnose des Künstlichen setzt die Möglichkeiten eines Naturhaften voraus; das aber ist hier nicht gegeben. Sobald Walser schreibt, von den frühesten gedruckten Seiten an, ist seine eigene und einzigartige Poesie da, zusammen mit der Kunstfigur des mitgedichteten Dichters. Es ist eine Kunstfigur im ernsthaftesten Sinn des Wortes – »keine Puppe ist es nur, eine schöne Kunstfigur«, heißt es bei Brentano –, und es wird nie eine Biographie geben, die das Verhältnis der beiden Gesichter zueinander, ineinander wird auflösen können.

Natürlich kann man die Gestalt beschreiben, nach Alter und Charakter und Verhaltensweisen. Es ist ein junger Mann, auf der genauen Grenze zwischen Adoleszenz und Erwachsenenalter. Diese Grenze ist scharf, messerscharf möchte man gerne sagen. Sie wird von jedem einmal überschritten, in einer der vielen regulären Krisen menschlichen Älterwerdens. Auch Robert Walser wächst auf sie zu und passiert sie. Aber im gleichen Moment, im Augenblick des Durchgangs, bildet er sich selber ab, formt sich nach, fast wie in einer Wachsgestalt; es ist Abguß und Verdoppelung, ist leibhaftig aus dem Spiegel gerissen. Von nun an lebt das brüderlich zusammen, und nichts wird geschrieben ohne beider Zutun.

Daran ist zunächst wenig Unheimliches. Nichts erinnert an Golem. Im Grunde ist es etwas Fröhliches. Es ermöglicht Glückszustände, wie sie sonst nur auf jener messerscharfen Schneide flüchtig erlebt werden, ermöglicht die Reproduktion solcher Glückszustände als Schreiben, Schreibarbeit, und als Geschriebenes, als lesbare, erfahrbare, in die Welt entlassene Poesie, schwarz auf weiß. Es ist genauso heiter und so beklemmend, wie sich die Pointe der bekanntesten Walser-Anekdote – sein Auftritt vor dem »Lesezirkel Hottingen« – in seinem eigenen Prosastück »Der Leseabend« ausnimmt:

> Als nun die Stunde da war, saß der, der vorlesen sollte, unauffällig unter den Zuhörern und jener trat hervor und las aus des ersteren Büchern und alles ging gut; es wurde geklatscht, und ich klatschte mit; weshalb hätte ich's nicht tun sollen? War's mir doch, als säße ich da wie irgendein Beliebiger und mein Kamerad läse Dinge, die mir völlig neu seien. Wie überraschte es mich, daß es sich so nett anließ, und wie freute ich mich, spüren zu dürfen, daß die Leute alle in ihrem Innern Befriedigung fühlten. Ich war es nicht und war's doch, und es war nicht mein und doch wieder niemand anderes Werk als meines.

Die Erschaffung der Kunstfigur mit porträtähnlichen Zügen, die als Erzähler, Berichter, Verfasser dem realhistorischen Schreiber vorgeschaltet wird, ist Robert Walsers entscheidender dichterisch-erfindender Akt. Diese Figur hat ihre Verwandten im 20. Jahrhundert, von K. bis Stephen Dedalus, von Gantenbein bis Baur und Bindschädler, und sie darf sich neben ihnen zeigen. Ihr Gesicht rückt dem Leser nah, kaum hat er die ersten paar Sätze gelesen. Er sieht es immerzu vor sich, fühlt es als Strahlung, als fremde Körperwärme. Es hat die Wirklichkeitsgewalt eines tatsächlichen Vis-à-vis und die geronnenen Konturen einer Maske.

Die Kunstfigur übertreibt und chargiert, in feinen Stufen, aber unablässig. Sie ist von einer nahezu chinesischen Höflichkeit. Ihr Lächeln, ihre Beseligungen können einen verfolgen. Ihre Versöhnlichkeit ist penetrant; diese blüht schon auf, wo von Streit noch keine

Rede ist. Wesentliche Elemente stammen aus dem Erfahrungsfächer krisenhafter Adoleszenz: der Zugang zu ekstatischen Glücksmomenten; der freie Blick auf die Lebensstrecke als Ganzes; das scharfe Bewußtsein des Draußenstehens, das sich vor der endgültigen Integration in die Erwachsenenwelt in einigen heftigen Momenten gleichsam entlädt; die Gleichgültigkeit dem möglichen eigenen Untergang gegenüber. Dies alles verbindet sich aber auch wieder mit Elementen aus der Literatur. Wie ein Kindergesicht zwei, drei Verwandten gleichzeitig gleichen kann, scheinen in diesem phantastischen Gegenüber die Gesichtszüge auf von Büchners wanderndem Lenz, von Dostojewskis Fürsten Myschkin und, mehrfach bestätigt, von Jean Pauls Walt aus den »Flegeljahren«. Dies nicht zuletzt ist wichtig: Die Kunstfigur entspringt einem überhellen ästhetisch-literarischen Bewußtsein, aber sie gibt sich als treuherziger Liebhaber einiger Bücher und Poeten. Eine Parallele dazu findet sich im Sprachtechnischen. An syntaktischer Souveränität, an schierem Deutschkönnen übertrifft er die meisten Schweizer Autoren des Jahrhunderts, und was damit erreicht wird, ist jener abgründige Aufsatz-Ton, der sich als das genaue Gegenteil ehrgeiziger Satzarchitektur gibt.

Leserbedrängnis

So wird Walser-Lesen ein unablässiges Hereinfliegen. Die Irritation, die einen dabei überfallen kann, hängt damit zusammen, daß der Leser vom höflichsten Autor deutscher Zunge unerbittlich in eine Rolle befohlen wird. Nie fühlt man sich selber mehr Philister, als wenn man Walser liest. Die Zustimmung zu seinem Draußenleben ist zwingend verhängt mit einer gesteigerten Selbsterfahrung als Spießer und Eingepaßter. Man rettet sich daraus sogleich ins Onkelhafte, ertappt sich bei Phantasien, wie man ihm raten könnte, helfen könnte, und spielt damit genau das von ihm angebahnte Spiel.

Die seltsame Verdopplung der Autorschaft in das reale Ich und die Kunstfigur, welche nie zur Deckung und nie zur Trennung kommen, wiederholt sich so als Lesererlebnis. Ein leises Schüttern und Schlingern erfaßt die Selbstgewißheit. Das Verfügen über die eigene Existenz, das man sich als Leistung zugute hält, erscheint unversehens als ein Paket fertiger Antworten auf die Ansprüche der Umwelt. Überragendes Charakteristikum von Walsers Poesie ist die Unvorhersehbarkeit des nächstfolgenden Satzes. Diese ist ebensowenig zufallsbestimmt, wie sie aus unbeherrschtem Assoziieren stammt oder aus einer Abwandlung der Ecriture automatique der Surrealisten. Als Herkunftsraum ist eine Freiheit anzunehmen, die vom Leser nicht mimetisch nachgefühlt, nachgeschaffen werden kann. Er begegnet ihr als einer Wirklichkeit, auf die er selber vielleicht einmal angelegt gewesen wäre. Jetzt kann sie ihn nur noch streifen und beunruhigen. Der Lesevorgang besteht deshalb aus einer andauernden Folge winziger Verblüffungen, leise puffender Explosionen von Überraschung und Verdutztheit, die durchaus nicht immer leicht auszuhalten sind. Wo noch eine einigermaßen traditionelle Struktur das Ganze hält, wie in den drei Romanen, bleibt man länger im Spiel. Bei den Prosastücken aber wird einer ganz gefordert. Entsprechend klein ist denn auch die Zahl von wirklichen Kennern dieser Texte. Die kritischen Energien von Walsers Dichtung sind nicht als runde Aussagen in die Schriften eingelassen – sein expliziter Tiefsinn ist eine brüchige Angelegenheit –, sondern sie werden vom Leser selbst hervorgebracht, sind ein Teil der unverwechselbaren Erfahrungen, die er mit diesem Autor machen muß. Meist verfallen sie rascher Verdrängung. Das onkelhafte Wohlwollen, das die Walser-Rezeption bis weit über des Dichters Tod hinaus kennzeichnete, ist in Wahrheit eine Schutzhaltung.

Walsers Zorn

Weh dem, der das Onkelhafte zu weit trieb! Da brach Walsers Zorn aus. Nicht die sympathische Grobheit, die zum Gebaren der Kunstfigur als eines zeitweisen Stromers gehört, sondern die weiße Wut dessen, der sich dagegen wehren muß, für das genommen zu werden, was er mimt. Die davon berichten, haben die Zusammenhänge selber oft nicht durchschaut. Wo Walser wirklich schneidend böse wird, nach dem Zeugnis von Anekdoten und Briefen, ist der Zorn unweigerlich ausgelöst worden durch eine Geste der Herablassung beim andern, eine Andeutung von Schulterklopfen. Da packt es ihn spastisch, wie bei Ernst Hubacher, wo er zitternd, feuerrot, am Rand von Gewalttätigkeit hervorstößt: »Halten Sie mich vielleicht für einen Paillasse?« Oder er trifft mit grausamer Witterung die Stelle, wo der andere sterblich ist, so zu Hofmannsthal: »Könnten Sie nicht ein wenig vergessen, berühmt zu sein?«

In den Briefen gehen Wut und Mimikry in solchen Fällen eine seltsame Mischung ein. Man kann es studieren in den Korrespondenzen mit und über Eduard Korrodi, Max Rychner, Walter Muschg. Sie waren seine besten Leser, aber auch sie konnten nicht in jedem Moment die artifiziellen Einschläge der Mansardenexistenz von der handgreiflichen Misere unterscheiden. Von den Häuptern der literarischen Kritik im Lande verlangte er es jedoch unausgesprochen und unbedingt. Er wußte, daß er ein Recht hatte, von ihnen als einer der größten lebenden Prosaautoren angeredet zu werden. Deshalb löste allein schon ein mit lebenspraktischen Ratschlägen untermischter Respekt die Wut aus. Den Ausdruck »Shakespeare des Prosastücklis« hat er Max Rychner nie verziehen. Er sah genau, wie das Zutreffende dieser Formel hinter den ironischen Beiklängen verschwand. Die Wahrheit über ihn wurde hier gleichzeitig mitgeteilt und aufgelöst, zersetzt, vernichtet. Wenn er schriftlich zurückzuhauen suchte gegen »Mäxchen«, gegen die Doktoren »Korridor« und »Muschgetnuss«, gelang es stets nur halb. Zu sehr war die Courtoisie der Schreibermaske auch lebendiges Gesicht, hing das Gesicht auf Tod und Leben von der Schreibermaske ab.

Von Bedeutung sind also nicht nur die Erscheinungsformen dieses Zorns, sondern zunächst die Tatsache als solche: Walsers Zorn als ein ganz spezifischer Vorgang. In ihm zerfällt für kurze Zeit das schwebende Gerüst einer doppelten Identität, deren eine Hälfte dem Leser angeboten wird als graziös verkommende Poetengestalt, deren andere sich selber definiert im Vergleich mit den Spitzen europäischer Literatur. Seine »wahre Identität«, wenn das als Begriff so einfach einmal gesetzt werden kann, ist nur im Prozeßhaften zu fassen, im Vorgang jenes phantastischen Spiels vor dem Leser, das dem Spieler die sensationellen Freiheitsgefühle des Draußenlebenden, des Nichtsozialisierten verschafft, das unentwegte Morgenglück dessen, dem es gelingt, die Zweite Geburt (und damit das Erste Sterben) zu verweigern. Aber dieser Vorgang setzt seinerseits wieder einen szenischen Rahmen voraus, der anderswo verankert und abgesichert sein muß. Verankert und abgesichert wird solches jedoch nur in der Zustimmung durch Mitlebende, die bestätigen, daß das Spiel ein Spiel und, der es treibt, ein großer Dichter ist. So lebenswichtig diese Zustimmung war, so wenige gab es, die hierfür in Frage kamen. Max Rychner war einer davon. Die Briefe an ihn beben von Spannungen, von Hoffnung auf das große Ja, Mißtrauen und Wut. Signale der Verachtung wechseln ab mit Zeichen der Unterwerfung. Er entbietet Respekt, aber die höfliche Gebärde fährt gleich wieder ins Beleidigende aus. So beschreibt er ihre Beziehung:

> Während ich Sie bemißtraue, Sie könnten ein Manuscript von mir bloß hohnvoll belächeln, trauen Sie mir ihrerseits zu, mit Honoraren in ein erstklassiges Restaurant zu gehen, um es zu versoupieren und mich so über Sie und Ihre naheliegenden Interessen zu mokieren. Wir stehen uns wie zwei Wildwestleute mit gespannten Revolvern gegenüber.

Einmal redet er ihn an: »Mein unschätzbarer Herr. Hoher Gönner, eventuell auch teurer Freund«; ein andermal betont er schnöde: »Lieber Monsieur«. Er grüßt: »In unvorstellbarhoher, ächter Hochachtung als Ihr hochgeborner Diener«, oder: »Ihr diensteifriger Herrscher«, oder: »In treuer Untertanenhuld ehrfurchtsvoll und gnädig«. Alle diese Grußformeln verbinden in offener Paradoxie Herrschaftsanspruch und Erniedrigung. Der stolze Aristokratismus, der in Walsers Dienerroman »Jakob von Gunten« immer wieder durchschimmert und der seine Herkunft von Nietzsches Definition des »Vornehmen« als der »beständigen Übung im Gehorchen« nicht verleugnen kann, blitzt auch in solchen Worten auf. Es nimmt sich aus, als hätte Rychner durch diesen Sturm von Widersprüchen zu einem Wort gezwungen werden sollen, das ihm gleichzeitig – wie in einem Märchen – so schwer wie möglich gemacht werden mußte. Er hätte im Müllerburschen den Königssohn sehen, den Königssohn anrufen müssen. Ob dies möglich gewesen wäre, ist nicht mehr auszumachen. Die Korrespondenz endet mit den vielleicht härtesten Sätzen, die Walser je geschrieben hat:

> Sie finden mich vielleicht uninteressant, weil aufrichtig; daher beeile ich mich, Sie so interessant und gekünstelt wie möglich zu grüßen, und bleibe in unaufrichtigster, dafür aber schimmerndster Hochachtung, die ich frei von Herzlichkeit hoffe, weil Letztere müde macht, Sie aber unter allen Umständen leistungsfähig zu bleiben haben, Ihr ergebener Robert Walser.

Es wäre kein eigentliches Mißverständnis, sollte sich eine Gegenwart, die, frei von Müdigkeit, unter allen Umständen leistungsfähig zu bleiben entschlossen ist, von diesen Sätzen mitbetroffen fühlen.

Weltverfinsterung

Zu einem Walser-Gedicht

Was fiel mir ein?

Ja, es war hübsch für mich, mich nach der Göttin
zu sehnen, alle Plätze, alle Straßen hatten
ein Ansehn wie von reicherer Lebendigkeit.
Wie war's mir mannigfaltig in der Seele, seit
ich sie für auserlesen herrlich hielt,
obschon ich offenherzig zu mir sprach: »Sie schielt.«
Das Fehlen der vollkommnen Schönheit
gab mir zu glauben Grund, sie sei die Schönste,
da Zärtlichkeit ja doch die Bildnerin
selbst ist. Wie kühl ist mit der Zeit das Herz mir
geworden. Habe ich den Schmerz vergessen,
der eigentlich das Sonnigste des Lebens ist,
woran ich mich erquickte, wie ich noch an keinem
Vergnügen hing? Wann ging die feine Stäubung
dem Schmetterling in mir verloren?
Wann fing es an, wann, wo begann, was mich
entfärbte, weshalb war's mir eines Tages nicht
mehr möglich, süß um sie zu sterben, so
wie Liebende den blumenduftenden
Tod verstehen? Sieht für mich nun alles wie
entzaubert aus, doch müssen nicht die andern
auch lieblos durch das lange Leben wandern?
Was fiel mir schönheitstrunkner Seele ein?

Sind das nicht zwei Gedichte? Verschieden im Klang, in den Bildern, in der Art des Redens? Beginnt in der zehnten Zeile nicht ein anderer Text? Dieser ist herzzerreißend, während der erste Teil in der Art von Walsers Prosastücken daherplaudert. Gewiß, auch der Anfang ist doppelbödig. Er umspinnt eine seltsam schrille Dissonanz – »Sie schielt« –, als müßte sie entschärft werden. Er reflektiert mit zierlicher Umständlichkeit, ist »hübsch« im Walserschen Sinn und kann nachdenklich machen – ergreifend ist er nicht. Ergreifend, erschütternd werden die Verse erst nach dem Satz: »Wie kühl ist mit der Zeit das Herz mir geworden.«

Das Bewegende daran liegt nicht nur in der Mitteilung, daß einem glücksmächtigen und trauerstarken Menschen die Gefühle in der Brust absterben, daß er die Aufschwünge des Entzückens ebenso verloren hat wie die Sehnsucht und jene »unendlichen« Schmerzen, welche die Götter, nach den Worten des 28jährigen Goethe, »ihren Lieblingen ganz« geben. Außerordentlich sind die Zeilen deshalb, weil sie den Verlust der Schönheit und das Ende des Werbens um den Zauber der Welt aussprechen mit Worten von magischem Glanz. Über die hereinbrechende Nacht wird in einer Sprache geredet, durch die zum letzten Mal das Licht fährt wie durch blühende Bäume.

Ein Blick auf die grammatische Beschaffenheit des Textes zeigt, warum dies möglich ist. Die zweite Hälfte des Gedichts besteht aus lauter Fragesätzen. Aus ihnen entspringt die Paradoxie. Es sind die alten Fragerufe der Elegien: Wo seid ihr? Wo ist das Glück geblieben? Wo nehm ich, wenn es Winter ist, die Blumen? Die rhetorische Frage, die den Verlust bestätigt, nennt das Verlorene noch einmal und gewinnt dabei einen Widerschein von dessen Schönheit. So heben, um das gewaltigste Beispiel zu nennen, die elegischen Fragen in Hölderlins »Archipelagus« durch ihre inständige Wiederholung die versunkene Herrlichkeit der griechischen Welt ans Licht empor.

Allerdings sind Walsers Fragen nicht nur rhetorisch. Der hier spricht, weiß, daß er am Kaputtgehen ist. Die Wüste wächst, um ihn und in ihm. Aber warum das so ist, weiß er nicht. Das Pathos der großen Elegie wird begleitet von einer rührenden Hilflosigkeit. Während sich Hölderlin am prophetischen Gestus aufrichtet und darüber einen öffentlichen Ort gewinnt, ist Walser ganz auf seine Zimmerexistenz zurückgeworfen. Er hat nur sich und seinen Koffer.

Er ist der Alleinstehende schlechthin, der »Zimmermann« im wörtlichsten Sinn. So nennt er sich tatsächlich einmal, in den »Prosastücken« von 1916, und sein Bruder Karl, der große Maler, hat den Text illustriert und den Dichter gezeichnet, wie er in seinem Zimmer auf dem Koffer sitzt, nachdenklich, den Chaplin-Hut auf dem Fenstersims, ein Anachoret der Moderne.

Kein Anachoret ohne seinen Gott. Hier ist es eine Göttin. Der Mann in den billigen Zimmern hat mit ihr gelebt, bis »es anfing«. Sie schwebte vor ihm als Ziel der Sehnsucht, und doch wußte er genau, daß er sie selbst in den Raum strahlte, mit seinen farbenschaffenden Augen, seiner farbenschaffenden Seele, Schmetterlingsseele. Nicht aus einem tatsächlichen Himmel stieg diese Gottheit nieder wie einst die Engel zu den Wüstenvätern, sondern er strahlte sie in den Raum, und dann sehnte er sich nach ihr, und sein Glück schien ihm größer als das aller andern. Eine Frau im Kaffeehaus, am Tisch schräg gegenüber, konnte zur Göttin werden, oder die Sonne über dem Jura. Das war sein Lebensspiel. Immer war er auch der Herr seiner Herrinnen. Wenn sie schielten, bestätigte das seine Macht. Er lachte sie aus unter Tränen des Verlangens, und seine Dichtung war ein kultischer Dienst. Ganz feierlich und ganz ironisch.

Das Gedicht entstand ein Jahr, bevor Robert Walser, fünfzigjährig, in die Berner Klinik Waldau eintrat.

Die Schwäche des Vaters und das Vergnügen des Sohnes

Über die Voraussetzungen der Fröhlichkeit bei Robert Walser

> *Und dann noch das, sein Vater hatte keinen geschäftlichen Erfolg. Hauptsächlich deshalb sind dem Räuber seine zierlichen Epauletten abgenommen worden.* (XII/I, 195)

> *Verlorene Söhne sind durchaus faßbar. Ein verlorener Vater aber verliert vor Scham den Bart. Er hebt ihn auf, setzt ihn wieder ans Kinn und wischt sich die Augen.* (III, 360)

Da findet sich in einem Prosastück von Robert Walser ein Satz, der wörtlich zutrifft auf den bisherigen Verlauf und den gegenwärtigen Stand der Walser-Diskussion. Er lautet, in kostbar verwinkelter Syntax, aber sehr genau in der Mitteilung:

> Darin, daß wir, und zwar offenbar zugunsten der Mutter, die wir freilich immer ganz bestimmt nicht hoch genug ehren und lieben konnten, den unscheinbaren Vater bisher irrtümlicherweise vielleicht unterschätzt, und ohne zu wollen oder zu wissen, vielfach verkannt haben mögen, sind wir ohne Zweifel ziemlich lange etwas einseitig gewesen. (III, 292)[1]

Es sind die Kinder, um ihren toten Vater herumstehend, die zu dieser Einsicht kommen. Die Einseitigkeit, mit der sowohl die leibhaftigen Kinder in diesem Prosastück als auch die Germanisten im Verlauf der Forschungs- und Rezeptionsarbeit den Vater »zugunsten der Mutter« unbeachtet ließen, hat allerdings ihre guten Gründe. Zu gewaltig, zu drohend und wiederum wollüstig lockend fällt der Schatten dieser Mutter ins Leben und ins Werk des Autors hinein, als daß man anders hätte handeln können. Man mußte zunächst diese Gestalt und ihr kompliziertes Weiterleben im schreibenden Sohn zu begreifen suchen. Wo der Sohn liebt, tauchen die mächtigen Konturen der Mutter vor ihm auf; wo die Konturen der Mutter auftauchen, liebt er. Das unberechenbar Heftige und Plötzliche, der aus dem hellen Himmel schlagende Zorn, gesteigert und gestaltet durch die Schauspielerei der Hysterischen und so für das Kind stets zugleich schrecklich und dramatisch-faszinierend: es ist das Verhalten der Frau Elisa Walser, und es bestimmt atmosphärisch das Leben der Familie, lange bevor die seelische Krankheit der Frau offenkundig wird. Die Elemente dieses Verhaltens aber bilden einen Fächer von Gebärden und Signalen, der für den Sohn erregend, kostbar, luxuriös bleibt, wo immer er ihm an einer Frau begegnet. Denn dieser jähe Zorn der Mutter ist schon für das Kind die Abspiegelung auch des Gegenteils: einer ebenso plötzlich hereinbrechenden, ebenso unverdienten, ebenso leidenschaftlich eingefärbten Liebe. Jeder Sturm von Zorn und Strafe versichert das Kind einer komplementären gewitterhaften Zärtlichkeit.

Das findet sich deutlich in den biographischen Dokumenten und deutlich auch im Werk – obwohl man die subtilen Umgestaltungen der Lebenswirklichkeit in den Texten meist zu wenig beachtet und die Prosawerke direkt biographisch liest, um dann mit Hilfe dieser ›Fakten‹ auch die übrigen Texte lebensgeschichtlich herzuleiten. Es sind sehr heikle Vorentscheide, die bei Walser im Spannungsfeld zwischen Biographie und Dichtung getroffen werden müssen, und sie werden nicht immer überlegt getroffen.

Vorschnell angenommen wird meist der folgende Zusammenhang: Da die Mutter-Imago mit erkennbaren Zügen der Elisa Walser-Marti im Werk Robert Walsers unvergleichlich öfter aufscheint als die Vater-Imago mit erkennbaren Zügen des Adolf Walser, sei für Leben und Schreiben des Sohnes die Mutter die entsprechend wichtigere, bestimmendere Gestalt, und als solche sei sie auch ein entsprechend vordringlicher Gegenstand der Walser-Forschung. Diese Annahme läßt nun aber beispielsweise die Tatsache außer acht, daß im Seelenleben das Verschwiegene bedeutungsvoller sein kann als das Eingestandene – eine der frühen Einsichten der Psychoanalyse. Allerdings fügt sich daran auch die Tatsache, daß nicht alles, wovon keine Rede ist, bereits ein Verschwiegenes darstellt. Verschwiegen ist nur, was da ist, aber die Rede verbietet oder die Möglichkeiten der Rede übersteigt. Psychoanalytisch gesprochen, heißt dies: Verschwiegen ist nur, was anderswie als über die explizite Rede sich bemerkbar macht; was verhüllt, verkleidet, maskiert seinen Weg sucht in die Zonen des Bewußtseins; was als Zeichen mit doppeltem Sinn in der zwischenmenschlichen Verständigung zirkuliert. Doch wenn das Verschwiegene als etwas anderes daherkommt, wie soll man es dann erkennen?

Ich gehe hier von der Annahme aus, daß der Vater und die Vater-Imago im Leben und Arbeiten Robert Walsers so bestimmend und unablässig wirksam sei wie die Mutter und die Mutter-Imago, obwohl dieser Annahme der Blick über das Gesamtwerk hin zu widersprechen scheint. Dazu muß ein erster Grund angeführt werden können, sonst wäre schon die hypothetische Behauptung fragwürdig.

Poetenleben und Lebenskrisen

Der Grund kann angegeben werden. Ich entwickle ihn über den Hinweis auf eine Grundgegebenheit des Seelenlebens. Im Entwicklungsgang des Menschen unserer Zivilisation finden sich Krisen, die individuell sind, bedingt durch die je besondern Umstände und den je besondern sozialen Rahmen. Es gibt aber auch Krisen, die regulär sind, die über die Gesetze des Größerwerdens, des Erwachsenerwerdens, des Gesellschaftlichwerdens unausweichlich zustande kommen. Man kann sie jedem Kind vorhersagen, und man kann sie in jedem abgeschlossenen Lebensgang zeitlich ungefähr lokalisieren. Was sich mit Sicherheit annehmen läßt, ist allerdings nur die *Tatsache* gewisser extrem riskanter Lebensphasen; von der Art und Weise, wie das jeweilige Individuum diese bewältigt und bestanden hat, weiß man damit noch nichts. Ja, es ist nicht einmal ausgemacht, ob es eine richtige, wünschenswerte, gewissermaßen ideale Weise der Krisenbewältigung gibt, die sich von halbgeglückten oder geradezu scheiternden Formen unterscheidet. Daß Therapeuten und Erzieher von der normativen Gegebenheit einer ›gesunden‹ Krisenbewältigung ausgehen müssen, versteht sich leicht. Sie haben damit aber nicht unbedingt auch schon recht. Wenn man nämlich diese Lebenskrisen – die berühmtesten sind die ödipale Phase, die Pubertät, das Klimakterium – nicht nur als innerseelische Erschütterungen, sondern als dramatische Prozesse der Einpassung und Neueingliederung in die je vorhandene Gesellschaft begreift, dann wird man sagen müssen, daß der Vorgang stets in dem Maße glückt, als das betreffende Menschenwesen die Schäden dieser Gesellschaft als natürlich-rechtmäßige Gegebenheiten annimmt, und daß der Vorgang in dem Maße mißglückt, als das Menschenwesen sich weigert, die Schäden dieser Gesellschaft mit dem eigenen Dasein zu legitimieren. Das Paradox ist zuletzt nicht aufzulösen. Reduziert auf die Begriffe ›gesund‹ und ›krank‹, müßte es lauten: die Gesundheit des einzelnen ist die Krankheit, die alle andern haben; die Krankheit des einzelnen ist die Gesundheit, die allen andern fehlt.

Angesichts eines konkreten Lebensgangs kann ich also fragen: Unter welchen Bedingungen und mit welchen Folgen hat sich diese oder jene reguläre Krise abgespielt?

Angesichts des konkreten Lebensgangs von Robert Walser kann ich also fragen: Unter welchen Bedingungen hat sich seine primäre Sozialisation im Durchgang durch das ödipale Dilemma um das vierte/fünfte/sechste Lebensjahr abgespielt? Das ist nun eine wesentlich weniger vorentschiedene Frage als der Satz: Wie war die frühe Kindheit eines Mannes beschaffen, in dessen späterem Leben die Mutter eine so auffällige Rolle spielt?

Bei der ersteren Frage gehe ich nicht von einem feststehenden Resultat aus, nicht von eingestandenen, unverschwiegenen Gegebenheiten des späteren Lebens, sondern versuche nur, die besondern Bedingungen der primären Sozialisation zu eruieren und in Vergleich zu stellen mit dem gesetzmäßigen Grundgeschehen.

Das Grundgeschehen der ödipalen Krise (für das männliche Kind): der Übergang aus dem symbiotischen Zweiersystem Kind–Mutter in das Dreiersystem Kind–Mutter–Vater, die Entstehung eines schweren emotionalen Dilemmas im Kind und das schließliche Überstehen, Erledigen oder Verarbeiten dieses Dilemmas. Das Dilemma selber kann so beschrieben werden: Der Eintritt der Vater-Instanz in die Mutter-Kind-Dyade ist zunächst für das Kind eine Erfahrung großartiger Natur. Es begegnet einem neuen, sensationellen Liebesobjekt, das bislang zwar vorhanden, aber in der Mutterinstanz gewissermaßen aufgehoben war. Jetzt ist erstmals der Dritte da und mit dem Dritten alle Andern, alle spätern Andern seines Lebens. Die Drei ist hier zugleich eine Zahl und die Summe aller Zahlen jenseits der Zwei. Der Vater ist hier zugleich eine Person und die Summe aller Personen jenseits der Mutter. In ihm erscheint die reale historische Gesellschaft. Über die Konfrontation mit der Drei gerät das Lebewesen erstmals unter die Vielzahl. Über die Konfrontation mit dem Vater wird das Lebewesen erstmals ein Teil der Gesamtgesellschaft. Das Dilemma aber liegt nun darin, daß jenes neue, sensationelle Liebesobjekt von der Mutterinstanz dadurch unterscheidbar wird, daß es sich als Besitzer dieser Mutter erklärt und als Verbieter jeden Anspruchs auf das, was für das Kind bisher selbstverständlicher Besitz war. Nun gibt es auf einmal ein Verbot und damit die Wirklichkeit ›Gesetz‹. Und es gibt die Phantasie von Auflehnung und Strafe und damit die Wirklichkeit ›Tod‹. Denn der Wunsch, die neue Dreiheit, die Triade, rückgängig zu machen, erzeugt die Vorstellung vom getöteten Vater. Eben dieser Vorstellung aber entspringt auch eine neue, gesteigerte Liebe zu ihm, eine stürmische Sehnsucht, ihn zu retten.

Das ist die große Ambivalenz, die paradoxe Gleichzeitigkeit von radikaler Liebe und radikalem Haß, die das Kind stumm erträgt – hinter der ersten Maske seines Lebens. Erstmals muß es von etwas schweigen, und während es für sich dieses Schweigen lernt, lernt es für die andern reden. Schweigend scheitert es mit seinen Lösungsversuchen: ›Ich will bei der Mutter der leibhaftige Vater sein!‹ – ›Ich will beim Vater die leibhaftige Mutter sein!‹ Bis es dann eines Tages sagen kann: ›Ich will sein *wie* der Vater!‹ (In den Worten Kaspar Hausers: »Ich will ein Reiter werden!«) Damit ist sowohl die sprachfähige als auch die gesellschaftsfähige Lösung gefunden. Über die von der Sprache offerierte Struktur der Metapher (›sein wie ein anderes‹) ergibt sich die Möglichkeit, eine metaphorisch strukturierte Existenz ins Auge zu fassen. Der Bedeutungskern (das *signifié*) ›wie der Vater‹ kann nun alle möglichen Bezeichnungen (*signifiants*) anziehen: Reiter, Löwe, Räuber, König oder Lokomotivführer. Und er kann mit diesen Bezeichnungen alle möglichen handfesten Lebensläufe eröffnen. Die heraldischen Figuren der Bubenjahre sind also austauschbar in dem Maße, als ihre geheime Bedeutung gleichbleibt. Der monarchische Glanz indessen, den sie für das Phantasieleben der ausschwärmenden Gassenjungen bekommen, ist die letzte Erinnerung an das Pathos jener radikalen Liebe und jenes radikalen Hasses, die nun gemeinsam, wie sie entstanden waren, wieder versunken sind und dem Prinzip einer herzlichen Kollegialität Platz gemacht haben. Fortan reiten zwei, ein Größerer und ein Kleinerer, vertraulich Seite an Seite, bis die nächste Krise – die Pubertät – den Konflikt wieder aufreißt.

Niedergang eines Geschäftsherrn

Die Begegnung mit dem Dritten und die Lösung des Dilemmas über den Entschluß, zu werden ›wie‹ dieser, ist also ein gesetzmäßiger Vorgang. Ich darf deshalb fragen: Wie stand es im Einzelfall, wie stand es im Fall Robert Walsers zur kritischen Zeit um jenen Dritten? Während man in der Regel auf solche Fragen nicht mehr zu hören bekommt als eine Charakterbeschreibung (ernst, fröhlich, streng, gutmütig ...), ergibt sich hier etwas ganz Besonderes. Das überragende Geschehen nämlich, das diese kritischen Jahre kennzeichnet, ist der unaufhaltsame ökonomische und soziale Abstieg der Familie wegen des geschäftlichen Versagens des Vaters. Dieser Vater ruiniert sich und die Seinen in einem kontinuierlichen, offensichtlich irreversiblen Niedergangsprozeß.

Das ist insofern merkwürdig, als er gelernter, gutgeschulter Handwerker (Buchbinder) ist und sich mit Hilfe eines ansehnlichen Erbes zu eben dem Zeitpunkt selbständig gemacht hat, als die Stadt Biel in die rasanteste Entwicklungsphase ihrer Geschichte gelangte. Industrialisierung und Bevölkerungszuwachs hatten dort um 1870 annähernd explosiven Charakter. Adolf Walser beginnt mit einer Buchbinderwerkstatt, macht sich aber mit der Eröffnung eines Papier- und Spielwarengeschäfts schon bald zum Handelsmann. Selbst wenn man die Konjunkturschwankungen jener Jahre einberechnet, ist der anschließende ökonomische Zerfall schwer verständlich. Alle Zeugnisse erwecken den Eindruck eines fatalen Mechanismus, für den die zwingenden Gründe fehlen. Man spricht von »wenig Energie« oder von »mangelndem Glück«, aber das erklärt die Sache nicht. Ein finanziell solide fundiertes Geschäft mit handwerklich-gewerblichem Hintergrund in guter Lage in einer prosperierenden Stadt, geführt von Leuten mit bürgerlichem Ansehen: das braucht zwar nicht unbedingt zu expandieren, aber es sollte sich doch wohl halten lassen. Statt dessen ereignet sich eine steile Talfahrt, die über Stationen kränkendster Art führt: Man muß das Geschäft verlegen, aus der guten Lage in eine wenig respektierte ziehen, ja man muß den Betrieb zuletzt peinlich glücklos verkaufen. Im Sozialleben der Kleinstadt stellt dies nicht nur ein scharfbeobachtetes wirtschaftliches Schauspiel in vier tragikomischen Akten dar, sondern vor allem auch ein Gesellschaftsstück über den Weg einer Familie von der Achtung zur Ächtung, reich ausgestattet mit jenen Vorgängen, Gebärden und Signalen, mit denen die Menschen einander in solchen Fällen die Abstufungen im Ansehen zu erkennen und zu verspüren geben. Der Sohn über den Vater:

> Daß die Leute ihn auf der Straße nunmehr nur noch mit schlecht verdeckter Mißachtung grüßten, wobei die Hände träge genug zum Hut hinaufgingen, um besten Falles dessen Rand zu streifen, sah er wohl und merkte er deutlich. (III, 291)

Es war von Konjunkturschwankungen die Rede. Tatsächlich verhält es sich so, daß Adolf Walsers Geschäftsgründung und -erweiterung in die Zeit eines allgemeinen wirtschaftlichen Aufschwungs fällt – es sind die konjunkturellen Auswirkungen des preußischen Siegs über Österreich von 1866 –, der sich noch steigert zum großen Boom nach dem deutschen Sieg über Frankreich 1870/71. 1873 allerdings, neun Jahre nach der Walserschen Geschäftsgründung, bricht das ein. Es kommt die schwere Krise und anschließend eine lange, sehr lange Stagnation. In diese hinein wird Robert Walser geboren, 1878, ein Jahr bevor sich erste Zeichen einer möglichen Besserung zeigen. Grundsätzlich dauert die wirtschaftliche Depression bis in die 90er Jahre hinein an. Dann allerdings, in eben den Jahren, als Robert Walser auf seine Art ins Geschäftsleben eintritt, wird es endlich allgemein wieder mächtig aufwärts gehen, und man wird sich dannzumal regelrecht anstrengen müssen, wenn man nicht von der Welle mit hochgetragen werden will.

Es wäre nun denkbar, das wirtschaftliche Fallieren des Vaters kurzerhand auf die Wirtschaftskrise von 1873 zurückzuführen. Das hieße aber doch die immerhin neun fetten Jahre vergessen, in denen sich ein solches Unternehmen wohl konsolidieren konnte. Der Verlust an sozialem Ansehen, den die Familie erdulden mußte, deutet überdies klar darauf hin, daß ihr wirtschaftliches Schicksal von den Leuten nicht als zeitgemäß und zeitbedingt betrachtet wurde. Es ging mit diesen Walsers viel entschiedener und heilloser abwärts als mit allen vergleichbaren andern.

Die lautlose Waffe

Die Zeugnisse insistieren auf der Schuld, auf der Schwäche des Vaters. Man stellt ein Defizit an Ehrgeiz, Härte, Planung und Tatkraft fest. Gleichzeitig spricht man genau diese Eigenschaften der Mutter in hohem Grade zu. Die Vorwürfe an den schwachen Vater waren denn auch, lange bevor sie von den Biographen aufgezeichnet wurden, je schon die Vorwürfe der Frau Elisa an ihren Mann: heftig und unablässig repetierte Vorwürfe. Dahinter steckt nun aber eine Crux. In einem Geschäft wie dem Walserschen, einem exemplarischen Familienbetrieb, ist die ökonomische Aktivität nicht an den Mann gebunden. Die Schwäche des Mannes kann hier ohne weiteres durch die entschlossene Arbeit der Frau wettgemacht werden, ja die

Freundlichkeit des anscheinend Untüchtigen könnte vom planenden weiblichen Kopf im Hintergrund durchaus effizient und marktgerecht verwertet werden. Genau das aber geschieht nicht. Der steile soziale Ehrgeiz der Mutter und die rätselhaft rasche Nachgiebigkeit des Vaters blockieren einander. Alle Tätigkeit nach außen verkümmert, während der Innendruck im Familiensystem steigt. Die Aktivität der Mutter verlegt sich ganz auf unablässige, qualvoll übersteigerte Beschuldigungen, auf Ausbrüche von Klage, Vorwurf und Verachtung dem Vater gegenüber. Dieser aber hat nun seinerseits seine lautlose Strategie. Es gibt in seinem Verhalten einen Faktor, der die Mutter zur Raserei treibt, etwas, das zwar stumm ist, das man aber vorsichtig erschließen kann. Die »Felix«-Szenen, in denen Robert Walser Jahrzehnte später das Familienleben in einigen verdichteten Auftritten reproduziert hat, geben etliche Hinweise auf diese Strategie der Schwäche. Explizit charakterisiert wird der Vater hier zwar nur vom Fehlen aller besonderen Eigenschaften her: »Es handelt sich um einen kleinen braven Handelstreibenden, der anscheinend keinen Charakter hat, der eben weiter leider Gottes nichts tut als der leidigen Not gehorcht.« (XII/1, 54)

Um so aufschlußreicher sind die indirekten und wie unterderhand gegebenen Informationen über sein Verhalten. Die Regel, nach der er handelt, ist das sofortige Nachgeben in jeder Konfliktsituation. Das nennt man, wenn man fixe Eigenschaften sucht, ›Schwäche‹. Wenn man hingegen das Beziehungsspiel zwischen Mann und Frau betrachtet, ist es eine raffinierte Kampfmethode. Er entzieht ihr unentwegt den Gegner; er taucht unter ihren Händen weg; er ist unfaßbar, in einer Weise nicht zu treffen durch sein ständiges Beigeben, daß der Mutter nur noch die irrationale Explosion übrigbleibt.

Sobald man das Schwächeverhalten des Vaters als Methode begreift, erkennt man, daß das schrille Machtverhalten der Mutter ebenfalls keine fixe Charaktereigenschaft darstellt, sondern durch jene Strategie des Partners bedingt wird. Das ganze unheimliche Beziehungsspiel absorbiert die produktiven Kräfte ihrer Lebensgemeinschaft, die den äußeren Erfolg sonst ohne weiteres schaffen und halten könnten. Die faszinierendste Szene des »Felix«-Fragments ist sicher die, in der die Mutter unverhofft aufschreiend das Messer wirft (XII/1, 48). Aber für die Strategie der Schwäche beim Vater ist die scheinbar harmlose fünfte Szene (S. 23) die aufschlußreichste. Hier wird er nämlich für einen Moment in der eigenen Schlinge gefangen.

Das geht so: Er rügt seine kleine Tochter ziemlich streng (der Gestus des gleich wieder verlöschenden Zorns gehört ja bei ihm dazu, es ist jene Reaktionsweise, für die man umgangssprachlich den Begriff des ›Gummilöwen‹ kennt). Das Kind widerspricht und macht dem Vater einen Vorwurf. Da wird er auch schon verlegen und gibt nach. Soweit entspricht dies dem üblichen Ablauf. Nun aber folgt hier gleich darauf ein Vorwurf der Mutter, und zwar hält sie ihm mit scharfen Worten (»Schämst du dich nicht ...?«) vor, daß er der Tochter so schnell nachgebe. Das muß ihm die Strategie verheddern. Gibt er hier auch nach, hat er der Tochter gegenüber Position zu beziehen und Widerstand zu leisten; gibt er nicht nach, bezieht er eben damit Position und leistet Widerstand. Um nicht kämpfen zu müssen, müßte er kämpfen. Das ist eine unlösbare Beziehungsfalle. Was tut er? Sprachlich kann man sich in einer solchen Situation nicht mehr äußern. Walser beschreibt das Verhalten in einer Bühnenanmerkung:

> Der Vater macht auf diesen Vorwurf hin das bedenklichste Gesicht, das vielleicht je in Familienkreisen gemacht wurde. (S. 23)

Die hier dargelegte Beziehungsstruktur der Eheleute Adolf und Elisa Walser gleicht in auffälliger, ja verblüffender Weise dem Grundriß pathogener Familien, wie ihn die neuere Schizophrenieforschung herausgearbeitet hat. Murray Bowen legt in seiner Studie »Die Familie als Bezugsrahmen für die Schizophrenieforschung« ein Modell vor, das er im Verlauf langjähriger Untersuchungen erarbeitet hat. Das Zusammenleben aller von Bowen erforschten Familien, aus denen je ein schizophrenes Kind hervorging, wurde primär bestimmt durch die »emotionale Trennung« der Eltern und durch ein schroff komplementäres Verhalten der beiden, das offenbar eine genaue Konsequenz jener »emotionalen Trennung« ist:

> In sämtlichen Familien handeln die Eltern in der Situation der emotionalen Trennung nach festgelegten Verhaltensmustern [...] Der eine [...] operiert mit einer Fassade übertriebener Tüchtigkeit (overadequacy). Der andere [...] operiert mit einer Fassade der Untüchtigkeit (inadequacy). Die Übertüchtigkeit des einen funktioniert in Wechselbeziehung zur Untüchtigkeit des andern. Keiner der beiden ist fähig, in der Mitte zwischen Übertüchtigkeit und Untüchtigkeit zu operieren. [...] Untüchtigkeit meint eine Funktionsfassade der Hilflosigkeit, die ebensowenig der Realität

entspricht wie die Fassade der Stärke in der andern Richtung. Wenn die Mutter als übertüchtig fungiert, ist sie dominierend und aggressiv, während der Vater hilflos und unterwürfig ist.[2]

Und in der Exemplifizierung dieser Theorie an einem konkreten Fall wird berichtet:

> Der Vater war automatisch, ohne sich dessen bewußt zu sein, in bezug auf die extrem übertüchtige Mutter in Funktionsuntüchtigkeit zurückgefallen. Mit seinem Geschäft ging es bergab. Binnen eines Jahres machte er Bankrott, ohne daß ihm im leisesten bewußt wurde, daß sein Bankrott irgend etwas mit der funktionellen Interdependenz der zentralen Familientriade zu tun haben könnte. (S. 214)

Wichtig und wesentlich ist an diesem Verweis nicht einfach die frappante Ähnlichkeit der Verhältnisse, sondern die hier nachgewiesene Tatsache, daß in solchen Beziehungsspielen die Schwäche des einen, die Schwäche des Vaters also, nicht einen schlichten Mangel darstellt, sondern daß sie vielmehr eine genauso eindeutige und (unbewußt) gezielte Aktivität ist wie das Imponiergehabe des Partners. Ja, wenn man bedenkt, daß der ›Starke‹ sich in *diesem* Fall physisch und psychisch rasch aufrieb und vorzeitig starb, während der ›Schwache‹ vergnügt und als jedermanns Freund zu hohen Jahren kam (die Mutter starb mit 56, der Vater mit 81), wird einem das wahre Potential solcher Schwäche, die Dialektik solcher Untüchtigkeit bewußt.

Zwei Arbeits- und Genußsysteme im Konflikt

Das war nun ganz psychologisch argumentiert. Es lassen sich aber von da aus merkwürdige und bedenkenswerte Parallelen ziehen ins Sozialgeschichtliche. Das Verhalten der Mutter und das Verhalten des Vaters gehorchen gleichzeitig auch unterschiedlichen gesellschaftlichen Handlungsnormen. Daß die Mutter den Vater nicht versteht (»er fühlt nicht, was ich fühle«, XII/1, 52), hängt nicht nur mit der psychologischen Gegebenheit der »emotionalen Trennung« zusammen. Vielmehr begreift die Frau die Regeln und Grundsätze nicht, nach denen der Mann handelt. Er operiert von einer Erfahrungsebene aus, die ihr unbekannt, rätselhaft, unheimlich ist. Die »verehrungswürdige Ehrgeizige«, wie Walser die Mutter in einer unvergleichlichen Formulierung nennt (III, 288), verkörpert in dem Maße die Normen des kapitalistischen Konkurrenzdenkens, wie ihr Mann, unbekümmert um den Wandel der Zeit, den Normen eines vorkapitalistischen, vorliberalen Handwerkers gehorcht. Er *ist* es nicht; er benimmt sich nur so, als lebte er noch in der Ära vor aller Gewerbefreiheit, als Zunftordnungen, Privilegien und Erbrechte den kleinen Gewerbetreibenden grundsätzlich vor dem Allerschlimmsten bewahrten. Insbesondere benimmt er sich so, als gäbe es den radikalen Wettstreit aller gegen alle, das Konkurrieren auf Tod und Leben noch gar nicht. Adolf Walser hat zwar sein Handwerk sofort aufgegeben, als die Frau es verlangte, hat sein Geld sofort ins Geschäft gesteckt, hat äußerlich sofort ja gesagt zu den Prinzipien Konkurrenz, Spekulation, Risiko, gewagtes Gewinnen, Expandieren oder Untergehen. Von innen her aber sabotiert er das alles. In einem System, wo's immerzu ums Ganze geht, lebt er nach dem Prinzip: Es kann mir nichts geschehen. Im ringsum ausgebrochenen ökonomischen struggle for life lebt er den friedlichen Tag des Handwerkermeisters spätfeudaler Zeiten, der gemächlich arbeitet, und der feiert, wie es die Stunden oder das momentane Ruhebedürfnis gebieten. Was er praktiziert, ist ein Ethos der Arbeit, zu dem zwar der Begriff ›Fleiß‹ gehört – und fleißig ist Adolf Walser ohne allen Zweifel –, dem aber das ökonomische Gesetz noch unbekannt ist, daß der Wert eines Produkts von der Zeitdauer abhängt, in der es hergestellt wird. Solange die Zunftgesetze vor der Konkurrenz schützen, gilt für den Arbeitenden: Was lange währt, wird endlich gut. Ein Schuh ist um so kostbarer, je länger daran gearbeitet wurde. Sobald die freie Konkurrenz herrscht, gilt: Man prosperiert nur in dem Maße, als man die Arbeitsgeschwindigkeit des andern unterbietet. Ein Schuh ist um so kostbarer, je weniger lang daran gearbeitet werden mußte. Damit beginnt jener universale Geschwindigkeitszwang, der von allen unseren verinnerlichten Terrorsystemen heute eines der schlimmsten und am wenigsten durchschauten ist.

Das große Denkmal, die literarische Abschiedssymphonie für diesen vorindustriellen und vorliberalen Begriff von Arbeit und Lebensführung sind Gottfried Kellers Leute von Seldwyla, insofern sie einen ökonomischen Typus darstellen und als ein Kollektiv präsentiert werden. Die einzelnen Helden der Novellen sind ja alle atypisch für die

Gesamtheit. Das Diagramm des Seldwylers, das Keller in den Vorreden und Zwischenkommentaren liefert, zeigt eine erstaunliche Ähnlichkeit mit dem Verhalten Adolf Walsers. Die Seldwyler weigern sich, die Lebensarbeit als Aufstiegsprozeß zu verstehen. Sie weigern sich, den einzelnen Arbeitsgang dem Gesetz: ›Wert gleich abhängig von Geschwindigkeit‹ zu unterwerfen. Da liegt der Grund für jene merkwürdige und scheinbar dunkle Äußerung Kellers, wonach die Seldwyler sich alle dadurch auszeichnen, »daß sie sehr geschickt Fische zu essen verstehen«[3]: Es gibt nämlich keine Tätigkeit, in der ein größeres Mißverhältnis zwischen Produkt und Zeitaufwand besteht, als beim Fischessen.

Die Seldwyler nehmen den eigenen Konkurs, das wirtschaftliche Fallieren, bei Gelegenheit mit größter Gelassenheit zur Kenntnis, sind sie doch getragen von der begründeten Überzeugung, es könne ihnen im letzten nichts geschehen und der ökonomische Kollaps sei keineswegs und niemals auch ein existentieller (der reale Grund dafür liegt in ihrem genossenschaftlichen Waldbesitz). Und über allem haben sie noch die Fähigkeit, aus jeder Bagatelle ein kräftiges Vergnügen zu schlagen. Sie verfügen noch voll über jenes altertümliche Genußsystem, das der totale Geschwindigkeitszwang außer Kraft gesetzt und durch die ›sinnvolle Freizeitbeschäftigung‹ ersetzt hat.

All dies aber ist nun auch von Adolf Walser überliefert. Im Prosastück »Bild des Vaters« stellt Robert Walser mit einem einzigen grandiosen Satz ebenjene zentrale Differenz heraus zwischen denen, die den wirtschaftlichen Ruin als eine zugleich existentielle Katastrophe erfahren, und denen, die ihn als ein bloßes Ungemach ohne weitere Erschütterung zur Kenntnis nehmen. Man muß bei der Lektüre dieses Satzes mitbedenken, daß zu jenen andern, für die der »Fall aus dem Ansehen« tödliche Konsequenz hat, nicht zuletzt Elisa Walser zählte:

> Die Folgen seines Falles aus dem Ansehen trug er demütig oder, um es genauer zu sagen, mit freundlichem Lächeln; starb deswegen wahrhaftig noch lange nicht, lebte noch gern weiter, tat durchaus nicht, wie Bankdiktatoren und -direktoren, verfehlte, gewagte Herren Spekulanten, Börsianer und sonstige Finanzindianer allfällig tun, die sich, weil sie verschmähen, geduldig am Leben zu bleiben, sondern vorzuziehen scheinen, anmaßlich umzukommen, eine stolze, impertinente, hochvornehme, dumme, daneben freilich absolut nicht spaßhafte, vielmehr todverursachende, äußerst ernsthafte Kugel à la Trauerspiel von Kotzebue

und Compagnie durch den hilflosen Kopf jagen, wofür ich merci beaucoup sage. (III, 291)

Alle die Formeln, die sich in Walsers Werk – meist nebenhin – für den Vater finden, sind demnach weniger als psychologische Charakterbeschreibungen zu lesen denn als Benennungen eines nur sozialgeschichtlich begreifbaren Verhaltens, einer anachronistisch gewordenen Charaktermaske: »ein armer, aber lebensfröhlicher Mensch« (IV, 27); »eine Natur, die das Energische nicht so sehr liebte wie das Sich-wohl-sein-Lassen« (IV, 326); »kein Sieger« (III, 286) usw. Robert Walser treibt mit diesen Beschreibungen eines seiner hinterhältig-raffinierten Spiele. Einerseits tut er so, als ob er selbst ganz in einer schlichten Charakterpsychologie befangen wäre und sie noch mit der ebenso schlichten Lebensweisheit: ›arm, aber glücklich‹ krönte; andererseits erkennt man, sobald man gewarnt ist, daß der Vater in Tat und Wahrheit jedesmal in einen genauen ökonomie- und sozialgeschichtlichen Kontext gestellt und von da aus auch definiert wird. Man kann da beispielhaft den analytischen Scharfsinn studieren, der hinter Walsers zierlichen Gebärden steckt.

Die Fatalität des erfüllten Wunsches

Damit sind drei Gegebenheiten dargelegt: erstens die grundsätzliche Funktion des Vaters in der kritischen Phase der primären Sozialisation des Sohnes; zweitens die Schwäche des Vaters Adolf Walser als strategisch getarnte Macht im Beziehungsspiel seiner Ehe; drittens die »emotionale Trennung« der Eheleute Walser als Verlängerung einer unterschiedlichen ökonomischen Sittlichkeit in das intime Zusammenleben hinein.

Daraus sind Schlüsse zu ziehen. Die nächstliegende Folgerung wäre: Robert Walser bewältige die Krise seiner primären Sozialisation durch den Entschluß, ›wie der Vater‹ zu werden, und er mache sich in der Folge ganz gezielt zu einem, der ›kein Sieger‹ ist, sondern eben ›arm, aber lebensfröhlich‹. Dieses Ergebnis hat seine Wahrheit, aber es ist zu einfach. So glatt geht das nicht auf. Der große Autor Robert Walser, auch wenn er in Mansarden wohnt, läßt sich nicht als mimetische Nachbildung des fallierten Krämers Adolf Walser begreifen. *Im Leben des Vaters ist nichts, was der Kunst des Sohnes entspräche.* Im Gegenteil: insofern sich diese Kunst an den höchsten Mustern weltliterarischer Prosa schult und mißt, schlagen in ihrem Vollkommenheitswillen weit eher die Traumziele der »verehrungswürdigen Ehrgeizigen« durch. Was das Kind leibhaftig vor Augen hatte und erfuhr, war der Prozeß des Niedergangs, die soziale Destruktion des Vaters, begleitet und täglich bestätigt durch die wilden Klagen der Mutter. Dieser Prozeß tritt dem Knaben zur gleichen Zeit ins Bewußtsein, als er aus der Symbiose mit der Mutter durch den ›Dritten‹ herausgebrochen wird und diesem gegenüber in die schreckliche Gleichzeitigkeit von Vernichtungswunsch und begeisterter Liebe gerät. Wir wissen, daß die regulären Destruktionswünsche gegen den Vater vom Kind als schuldhaft erfahren werden, obwohl sie nur phantasiert sind. Denn das kindliche Subjekt glaubt an eine reale Wirkungsgewalt seiner Phantasien. Die schließliche Identifikation mit dem Vater, der Entschluß: ›Ich will ein Reiter werden!‹, neutralisiert im regulären Fall diese Schuldgefühle, und zwar zur gleichen Zeit, als auch die Unwirksamkeit des eigenen Phantasierens erkannt wird. Die archaische Waffe ›magisches Denken‹ verwandelt sich in das zivilisierte Spielzeug ›Tagtraum‹. Beim kleinen Walser indessen liegt der Fall anders: *Vor den Augen des Knaben ging der böse Wunsch in Erfüllung.* Die Schwäche des Vaters war, so mußte es scheinen, die Tat des Sohnes: die Tat und der Triumph, die Tat und die Schuld des Sohnes. Der Sohn erfuhr sich als partiellen Sieger. Die Mutter blieb ihm, gehörte ihm weiterhin an in genau dem Maße, als er den Vater real erniedrigt und gestürzt sah.

Wie diese Mutter-Symbiose weiterdauert, darüber hat am genauesten Urs Herzog gearbeitet.[4] Seine Ergebnisse werden hier in keinem Punkte bestritten. Es ist nur so, daß, was hier interessiert, nicht die Gestaltungen und Konsequenzen der konservierten Mutter-Symbiose in Robert Walsers Leben sind, sondern die Formen der Verarbeitung jenes phantastischen Sieges über den schwachen Vater. Insofern der Sieg, vom Grundmodell des ödipalen Konflikts her gesehen, irregulär ist, geht von ihm ein doppelter Energiestrom durch die spätere Existenz des Sohnes: ein Weiterdauern der Triumpherfahrung und ein Weiterdauern der Schuld. Das eine, das Siegerglück, möchte bewahrt, möchte genossen, repetiert und immer neu verspürt sein; das andere, die Schuld, möchte gebüßt, abgegolten, immer neu gesühnt werden.

Wie kann das zugehen? Es muß ein Weg gefunden werden, auf dem sich *büßen und genießen* läßt. Das Vergnügen am Sturz des Machthabers muß verstattet bleiben dadurch, daß es gleichzeitig oder schon im voraus abgebüßt wird. Nun gilt aber für das Seelenleben die Regel der Talion: Gleiches mit Gleichem. Die Schuld des Sohnes an der sozialen Destruktion des Vaters wird abgegolten, indem der Sohn die eigene soziale Destruktion durchführt oder durchspielt. Aber während der Niedergang beim Vater in einem einzigen kontinuierlichen Bogen verlief, macht nun der Sohn das gleiche vielfach, kurzfristig, in einer Art von unablässig wiederholter Mikroreproduktion. Man kennt die Mechanik seiner vielen Stellenan- und -austritte: die kurze musterschülerhafte Bewährung, die beginnende Regelverletzung, die wachsende innere und äußere Auflehnung gegen das Angestelltenverhalten, schließlich den Bruch mit unzureichender Begründung. Da wiederholt sich in fast szenischer Verdichtung immerzu der gleiche Vorgang. Das unerhörte Wohlgefühl beim Aufgeben einer Anstellung, das die Werke Walsers noch und noch dokumentieren, leitet sich her von der Tatsache, daß in diesem einen und einheitlichen Geschehen völlig Gegensätzliches zur Deckung gelangt: Der alte, infantil-vorweltliche Sieg über die Vaterinstanz wird genossen durch ein mimisches Nachspielen, ein Erinnerungsritual, und er wird rückhaltlos ausgekostet, weil der eigene »Fall aus dem Ansehen« dabei alle Schuld wettmacht. Dieser eigene Sturz ist lustvoll, weil er die Erinnerung an die Extremzustände der großen Kindheitskrise gestattet, eine Erinnerung, in der nicht nur das Empörerglück steckt, sondern auch das Versprechen auf den Besitz der ersten Geliebten, der schönen Mutter. Insofern ist bei Walser der Stellenaustritt, jeder dieser kurzen Abläufe sozialer Desintegration und Destruktion, unmittelbar erotisch besetzt.

Aber das ist noch nicht alles. Solche Destruktion läßt sich nicht nur unbeschränkt wiederholen, sie ist auch bloß in einer Richtung tatsächliche Destruktion. Denn dieser Fall aus Rang und Ansehen ereignet sich innerhalb des Systems ›Leben gleich Karriere‹, und eben dieses System wurde von ihm nie ganz akzeptiert, nie ganz verinnerlicht. Das heißt: Was von Robert Walser durchgespielt wird, ist zwar ein wirklicher sozialer und ökonomischer Niedergang, aber kein existentieller. Und es ist dies nur möglich auf Grund der Tatsache, daß der Sohn jene alten Weigerungen des Vaters in sich aufgenommen hat: das Nein gegenüber dem liberal-kapitalistischen Erfolgszwang, das Nein gegenüber dem ins eigene Gewissen versenkten Karrierebefehl, das Nein gegenüber dem Gesetz, daß der Wert des Produkts von der Geschwindigkeit des Produzierens abhänge. Das altertümlich-handwerkliche Arbeits- und Genußsystem des Vaters, das dieser vielleicht nur wegen seiner Brauchbarkeit als Waffe im Geschlechterstreit konserviert hatte, wird vom Sohn auf dem Weg der natürlichen Identifikation übernommen.

Die komplizierte Fröhlichkeit

Doch was beim Vater stumme Praxis war, wird beim Sohn zur großen Rede. Die geheime Lebenslehre des Vaters tritt im Werk des Sohnes jedesmal dort ins Laute und Schallende über, wo er seine Integrations- und Karriereverweigerung öffentlich begründet. Jeder Walser-Leser weiß, daß die großen Reden, die die Romanhelden und das Ich vieler Prosastücke halten, zu den hinreißendsten Passagen des Gesamtwerks gehören. Spontaneität und Schauspielerei, Pathos und Ironie gehen darin unauflösbar durcheinander. Die Urszene aber, in der diese vielleicht kostbarste Rhetorik der neueren Literatur entspringt, ist das Ritual des Stellenaustritts, die große Marquis-Posa-Geste des Bürogehilfen vor dem verdutzten Prinzipal. Das ist nie ein schlichtes Abhauen. Nie ist es da so, daß einer einfach von der Arbeit wegbleibt, weil er es nicht länger aushält oder weil ihn eine dumpfe Verzweiflung lähmt. Im Gegenteil. Der junge Mann erscheint feierlich wie nie, gesammelt zunächst, dann aufstrahlend in einem rhetorischen Raptus (IV, 15ff; 42ff). Der Zustand erinnert auffällig an die Art, wie Freud die manische Begeisterung beschreibt: »Das Ich befindet sich in einem seligen Rauschzustand, es triumphiert, als hätte das Über-Ich alle Kraft verloren oder wäre mit dem Ich zusammengeflossen, und dieses freigewordene manische Ich gestattet sich wirklich hemmungslos die Befriedigung aller seiner Gelüste.«[5] Begeisterung solcher Art hängt also immer zusammen mit dem Empfinden, jetzt ganz und gar nach jenen Normen zu handeln, die einst das Leben und Handeln eines maßgeblichen Lebensvorbildes bestimmten. Das Lebensvorbild: der in Fröhlichkeit fallierende Vater.

›Die Schwäche des Vaters und das Vergnügen des Sohnes‹ – gerade einfach sind also die Verhältnisse nicht. Wenn hinter der Schwäche des Vaters selber schon ein verstecktes und listiges Vergnügen lag, dann ist das Vergnügen des Sohnes gleichzeitig eines *an* der Schwäche und eines *in* der Schwäche des Vaters. Und wenn aus solchem zusammengesetzten Vergnügen die spezifische Fröhlichkeit der Dichtungen Robert Walsers entspringt, muß diese Fröhlichkeit selber nicht minder komplex und widersprüchlich sein. So wie in dem Vergnügen Schuld und Buße wohnen, so wohnen in der Fröhlichkeit Trauer und uralter Schrecken. Jeder Leser hat einmal erfahren, daß man die sonderbare Heiterkeit von Walsers Prosa mit unseren geläufigen Begriffen Ironie, Komik, Witz, Humor usw. unmöglich analysieren und aufklären kann. Sie läßt sich nicht analysieren, weil sie auf einer Paradoxie beruht: auf dem Widerspruch jenes Vergnügens an und in der Schwäche des Vaters.

Etwas einfacher werden die Dinge, wenn wir, statt auf die Sprachgestalt der einzelnen Prosaseite, auf Grundstrukturen und wiederkehrende Konstellationen in den Romanen achten. Da tritt das Verflochtene deutlicher nebeneinander. Alle drei fertigen Romane, »Geschwister Tanner«, »Der Gehülfe« und »Jakob von Gunten«, führen im Kern der Handlung einen Mächtigen, einen »Herrscherähnlichen« (IV, 371) vor, mit dem es ökonomisch unaufhaltsam bergab geht. Und jedesmal wohnt die Hauptfigur des Romans – Simon, Joseph, Jakob – diesem Niedergang bei in einer höchst seltsamen Mischung der Gefühle. Die großartige Komik des Gehülfen-Romans ist unverkennbar geprägt vom Genuß, den das Schauspiel des Zerfalls eines »Herrscherähnlichen« dem dienstbereiten Gehülfen verschafft. Das subtil Diabolische solchen Genusses ist dabei im voraus entsühnt durch die niedrige und verachtete Position dieses Beobachters selber, durch die Tatsache also, daß Joseph Marti allbereits dort ist, wo Herr Tobler bald einmal landen wird. Die Frau Tobler wittert denn auch instinktiv die Doppelbödigkeit im Verhalten dieses Diensteifrigen und sagt es ihm auf den Kopf zu: »Da ist man ja wahrhaftig gezwungen, anzunehmen, entweder Sie sind Ihrem Herrn sehr zugetan, oder aber, Sie hassen ihn heimlich. Was soll man glauben?« (V, 188). Ähnlich verhält es sich mit der Figur des Herrn Agappaia in den »Geschwistern Tanner«. Sie ist zwar weniger detailliert ausgearbeitet, aber alles, was über sie mitgeteilt wird, fügt sich zusammen zu diesem Grundriß, insbesondere die Gleichzeitigkeit von Machtgebärden und Schwäche.

Diese Schwäche der »Herrscherähnlichen« wird übrigens in allen drei Romanen zusätzlich in phallische Signale übersetzt: Agappaia geht nachts in den Wald und gibt Schüsse ab, die nicht mehr bewirken als diesen ihren Knall; Tobler baut Apparate, die so prahlerisch wie funktionsuntüchtig sind; Benjamentas Attribut ist der lange Säbel, der quer über der Tür hängt und dessen erste Beschreibung schon die ganze Ambivalenz deutlich macht: »Ich möchte diese wahrscheinlich bei einem alten Trödler erhandelten Schmuckstücke nicht geschenkt erhalten« (IV, 363).

Der besondere Rang und Charakter, der den Figuren Tobler, Agappaia und Benjamenta zukommt, tritt in dem Moment klar zutage, wo man sie vergleicht mit dem Typus des Prinzipals oder Bürovorstehers, vor dem sich der freiheitssüchtige Kommis in die erwähnte Marquis-Posa-Haltung zu werfen pflegt. Diese Prinzipale sind durchweg streng, unerschüttert und unerschütterbar. Sie vergegenwärtigen drastisch und prall bis ins Fleischliche die gesellschaftliche Macht, der sich der junge Mann verweigert. Deshalb können sie den Symptomenkatalog verhehlter Schwäche aus ebenso spezifischen Gründen nicht aufweisen, wie er zu jenen andern gehört. Es liegt hier eine Opposition zweier Typen vor, die für weite Teile von Walsers Werk konstitutiv ist.

Der Roman »Jakob von Gunten« ist in seiner Gefühlslage durchweg bestimmt von der Tatsache, daß Jakob einerseits mit unerbittlichem Scharfblick die finanzielle Misere und soziale Kläglichkeit des Herrn Benjamenta durchschaut und sie auch offen verhöhnt, daß er aber andererseits sich bemüht, das Bild vom herrlichen starken Mann, vom ›Riesen‹ und ›entthronten König‹ trotzdem aufrechtzuerhalten. Am Schluß dieses Romans reiten Herr und Zögling Seite an Seite in die Ferne. Dieses Bild ist das einfachste Zeichen einer bestandenen Sozialisation. Psychoanalytisch gesprochen, bedeutet es den aufgelösten Ödipus-Komplex. Allgemeiner, grundsätzlich-menschlich geredet, bedeutet es die Verwandlung von Herrschaft in Brüderlichkeit, von Macht in Solidarität. Die Reise geht hier allerdings in die Wüste, ins gesellschaftliche Nichts. Damit sabotiert die privat-intime Sozialisation ihre Ausweitung ins Öffentliche. Was zwischen Vater und Sohn glückt, *die Urversöhnung*, sollte ja eigentlich unmittelbar übergehen ins Verhältnis zwischen dem Sohn und der ganzen Gesellschaft, sollte sich verlängern in soziale Integration. Hier aber wird der Sohn zum Gesellschaftswesen, indem er wie der Vater aus dieser Gesellschaft fällt.

Das reicht wohl aus für einen Romanschluß, nicht aber für ein Menschenleben. Für dieses bleibt eine solche Lösung halb und scheinhaft. Denn im konkreten Leben Robert Walsers tritt ja neben den schwachen Vater immer auch die »verehrungswürdige Ehrgeizige« mit ihren leidenschaftlichen Wünschen. Ihr gehorcht der Sohn, indem er ein großer Autor wird und Prosa schreibt von schwindelerregender Vollkommenheit. Deshalb gehört ihm die Mutter an im Schreiben und durch das Schreiben. Die Erniedrigung des Vaters aber spielt er persönlich durch mit furchtbarer Konsequenz. Oder soll man es umgekehrt sagen: Er gehört dem Vater an in der Armut seiner Dachzimmer und spielt als Schreibender, was die Mutter zu sein so heftig wünschte? Oder gelangt hier ganz einfach unser Denken, das zwischen Rollenspiel und Leben unterscheiden möchte, an seine Grenze?

1 Alle Zitate nach: Robert Walser, Das Gesamtwerk, hrsg. von Jochen Greven, Genf und Hamburg 1966–1975. Lateinische Zahlen geben den Band, arabische die Seiten an.

2 G. Bateson et al., Schizophrenie und Familie. Frankfurt a.M. 1972, S. 193f

3 In der Vorrede zum ersten Teil der »Leute von Seldwyla«.

4 Urs Herzog, Robert Walsers Poetik, Tübingen 1974. Die weitere Literatur ist jetzt zusammengestellt und teilweise auch kommentiert bei: Katharina Kerr (Hrsg.), Über Robert Walser. Zweiter Band. Frankfurt a.M. 1978.

5 Sigmund Freud, Studienausgabe, Band 1, Frankfurt a.M. (Fischer) 1969, S. 500.

Die Fäulnis hinter den Fassaden

Über Friedrich Glauser

Die Waldau – das ist die große psychiatrische Klinik in Bern. Robert Walser lebte dort, schrieb dort seine letzten Texte. 1933 brachte man ihn in eine Anstalt in der Ostschweiz, wo er seine Bleistifte nicht mehr anrührte. Wenige Monate nach Walsers Abreise wird Friedrich Glauser in die Waldau eingeliefert, ein 38jähriger Mann, schwer morphiumabhängig, ein ängstlich-freundlicher Mensch mit einer unwahrscheinlichen Vergangenheit. Er beginnt, kaum ist er in der Anstalt, einen Roman zu schreiben, einen Kriminalroman, der nichts weiter sein will als eben ein guter Kriminalroman und den er so billig wie möglich an den Bahnhofskiosken verkauft sehen möchte.

Das Buch, »Wachtmeister Studer«, gehört heute zu den paar Fixpunkten, von denen aus die literarische Landschaft der Schweiz vermessen wird. Das mag, als Feststellung, manchen überraschen, der an die berühmten Namen denkt, mit denen sich die deutschsprachige Schweiz in der Nachkriegsliteratur ihren Platz geschaffen hat. Gibt man Friedrich Glauser solchen Rang? Tatsächlich haben jene berühmten Namen, haben Frisch und Dürrenmatt zweierlei bewirkt. Sie haben den lebenden und nachrückenden Autoren eidgenössischer Herkunft beträchtliches Ansehen eingetragen, eine Art Gruppenglanz, die älteren Schriftsteller aber haben sie in einem gegenläufigen Prozeß aus dem Sichtfeld verschwinden lassen. Literatur aus der Schweiz zählt erst ab 1945 – das war lange Zeit wie abgemacht, auch in der Schweiz selbst. Erst die große Walser-Renaissance, eines der merk- und denkwürdigsten Spektakel auf der literarischen Piazza der späten siebziger Jahre, hat den Denkzwang gebrochen. Der Blick zurück wurde frei, und neben Walser trat, bescheiden, aber nicht zu übersehen, Friedrich Glauser.

Ihm ist etwas gelungen, was nur ganz wenigen Autoren glückt und was keiner vorausplanen kann: Er hat eine Figur geschaffen, die sich aus ihrem Rahmen, unter den Buchdeckeln hervor emanzipierte und ein eigenes Leben begann. Heute ist diese Figur, der Polizeiwachtmeister Studer, weit mehr Leuten unmittelbar vertraut, als je Friedrich Glauser gelesen haben. Das hängt mit einigen Begleitumständen zusammen, mit der wachsenden politischen und kulturellen Isolation der Schweiz in den dreißiger Jahren, mit einer frühen Verfilmung durch den emigrierten Leopold Lindtberg, mit einem populären Schauspieler auch – trotzdem, der Wurf, der allem zugrunde liegt, ist die Leistung Glausers, das Werk eines scheuen, von innen und außen furchtbar geplagten Menschen, der vor seiner Sucht und Verlorenheit in die Anstalten flüchtete und aus dem gleichen zehrenden Hunger immer wieder ausbrach und ins Weite schweifte. So verschwand er dann auch, kaum war »Wachtmeister Studer« fertiggeschrieben, im frühen Morgengrauen aus den Mauern jener Berner Klinik.

Wie aus diesem Leben heraus eine solche Romanfigur sich bilden konnte, das beruht auf einer seltsamen, oft beredeten und nie ganz durchschauten Chemie. Die meisten Schriftsteller operieren bei ihren zentralen Erfindungen mit Projektionen der eigenen Person, die sie auf dem sozialen Feld mehr oder weniger stark verschieben, oder aber dann mit Konträrgestalten aus den Arsenalen ihrer Wünsche und Ängste. Mit diesem Entweder-Oder als Arbeitsinstrument, so schlicht es sich ausnimmt, kommt man bei der kritischen Tätigkeit in der Regel recht weit. Es führt zwar nie zum Wesen der Sache, aber immerhin zu einer angenehmen Transparenz. Ebendieses Entweder-Oder gerät nun im Fall Glauser/Studer sehr kurios durcheinander. Einerseits schafft sich hier der Verstoßene und Gehetzte, der lebenslange Bub mit der wimmernden Verschlagenheit eines herrenlosen Hundes, seine starke und gütige Beschützerfigur, andererseits aber stammt alles, was »den Studer« über das drohende Klischee hinaushebt – alles also, was auf die Dauer überhaupt zählt –, aus einer tief eingelagerten Schwäche dieses Mannes, einer rätselhaft mit Ahnungen getränkten Hilflosigkeit.

Die Ungeschütztheit erfaßt den Fahndungswachtmeister in plötzlichen, starken Stößen, unerwartet, mitten im entschlossenen Handwerk, oder sie senkt sich als eine dumpfe Last auf ihn nieder und krümmt den robusten Mann langsam zusammen. Hier, in diesen inneren Vorgängen und in der Funktion, die sie im Romanablauf gewinnen, wird die Studer-Gestalt zur literarischen Leistung. Hier setzt sie sich nicht nur vom geläufigen Charaktermodell der bärbeißigen Herzlichkeit ab, sondern stößt auch in Zusammenhänge vor, die weder in den konventionellen noch in den exquisiten Mustern des Kriminalromans zu finden sind.

Zwar ist die zeitweise Schwäche des Detektivs dieser Gattung sehr wohl bekannt. Sie bildet einen Topos spätestens seit Philip Marlowes depressiven Stunden am einsamen Schachbrett. Bei Studer aber, dem

Fahnder aus Bern, der einen kleinen Mord in einem kleinen, penetrant gewöhnlichen Schweizer Dorf aufklären soll, hat die Schwäche nicht den Charakter einer schmerzhaften Entspannung zwischen den Phasen harter Action und brillanten Scharfsinns, sie hat vielmehr einen merkwürdig meditativen, fremdländisch tranceartigen Einschlag. Der Roman reflektiert das nie, er beschreibt nur; dennoch prägt es ihn entscheidend.

Studer muß die Wahrheit finden. Sie ist nicht nur die Wahrheit über ein einzelnes Verbrechen, sie ist mehr: die Wahrheit, die lautlose, gefährliche, verbotene Wahrheit über eine ganze Gesellschaft, über die maßgeblichen Kreise der soliden bürgerlichen Schweiz mit ihren soliden Institutionen. Der Fahnder gehört selbst dahinein, er ist kein Außenseiter, er hat nur, fast als wäre es eine Beschädigung, seine mediale Begabung, die hinter den Fassaden verborgene Fäulnis zu wittern. Das hat ihn einst die große Karriere gekostet. Er wurde degradiert, weil er eine Bankaffäre aufdeckte, in die helvetische Politiker verwickelt waren, und nicht aufhörte, als man ihm von oben einen Wink gab. Darauf fing er ganz unten wieder an, brav und solid.

Aber immer wenn er in den Umkreis des Verbrechens kommt, in den Umkreis der verborgenen Schäden seiner Welt, gerät er in eine Benommenheit wie unter Drogen. Er beginnt zu fiebern, wird tatsächlich krank. In diesem Zustand treibt er dann ganz langsam auf die Wahrheit zu, fast wie ein Stück Holz in einem stehenden Gewässer. Wohl beherrscht und praktiziert er die Techniken der Kriminologie – in Paris und Wien hat er einst bei Kapazitäten gelernt, und er verkehrt noch immer mit den Kollegen dort –, aber den Ausschlag gibt das nie. Das Entscheidende passiert immer während seiner Anfälle von Traum und Fieber, einer Stimmung fatalistischer Tatenlosigkeit, die in Wirklichkeit, ohne daß Studer das zu wissen scheint, ein anderes Denken darstellt.

Glauser selbst war solchen Verfassungen ausgesetzt bis ins Tödliche. Wo immer man sein Leben anschaut, sieht man ihn an den Grenzen zum ganz Andern. Er soll, blutjung, in Zürich studieren; schon nach einem Semester ist er nicht mehr aufzufinden; dann steht er plötzlich im Cabaret Voltaire auf der Bühne, in Dada mittendrin, lange bevor es berühmt ist, schlägt die Trommel und spielt den Tod in Kokoschkas »Sphinx und Strohmann«. Eine Zeitlang lebt er bei Hugo Ball auf einer Alp im Tessin; das Morphium bringt ihn an den Rand der Kriminalität: er wird entmündigt, wechselt zwischen Spitälern, Anstalten und Gefängnissen; der eigene Vater hilft ihm – welche Ungeheuerlichkeit! –, in die Fremdenlegion zu gelangen.

Es folgen zwei Jahre Marokko, eine Zeit mit heftigeren Krankheiten, der Begegnungen allerdings auch mit fremden Giften, fremder Trance, fremder Zeiterfahrung – der Roman »Gourrama« wird später davon berichten –; dann in Paris, entlassen wegen Herzleiden, in den Kohlengruben von Charleroi, schließlich wieder in der Schweiz: Morphium, Anstalten, Schreibversuche. Auch Gärtner ist er zeitweise, arbeitet still in abgelegenen Baumschulen, bis ihn die Sucht von neuem kriminalisiert. »Wachtmeister Studer« ist die Quintessenz: ein Roman, harmlos auf den ersten Blick und immer hintergründiger bei längerer Betrachtung, ähnlich dem berühmten Foto vom lächelnden Glauser, das ein so entsetzlich ergreifendes Bild ist. 1938 stirbt er, mit 42 Jahren, in Nervi am Meer, am Abend vor der Hochzeit mit einer Frau, die ihn in der Klinik als Pflegerin einmal betreut hat – ein Tod, als hätte ihn Horváth erfunden.

Die unwahrscheinliche Kunst der sprachlichen Reduktion, die bei Horváth, mit dem Glauser tatsächlich viel gemeinsam hat, jedem einzelnen Wort zu eigener Strahlung verhilft, hat bei ihm allerdings kein Pendant. Gelegentlich wird er wohl auch zu deutlich, um es seinen Lesern etwas leichter zu machen. Schlüsselvorgänge für das Ganze können daneben wieder so verhalten angedeutet werden, daß man mehrmals hinschauen muß. So der Versuch des Gemeindepräsidenten, einem jungen Mädchen zu nahe zu treten, ein winziges Geschehen, nebenbei erwähnt, ein Haarriß bloß in einer weißen Wand, aber mit der Zeit wird deutlich, daß dieser Haarriß in andere Risse überläuft, in ein weitläufiges Netz von Spalten und Schrunden, das die Gesellschaft durchzieht und das man mit sehr viel Verputz überpflastert hat und überpflastert hält.

Hier, in der sozialen Diagnose, liegt die zweite bedeutende Leistung des Romans. Wohl gibt es einen Mord und einen Verbrecher, aber den bösen einzelnen, mit dessen Eliminierung auch das Ganze wieder heil würde, gibt es nicht. Die Wahrheitssuche Studers führt weniger zu schlechten Menschen als zur wirtschaftlichen Misere, zur Krise um 1930 als dem alles bestimmenden Hintergrund. Dabei zeigt sich der charakteristische Machtaufbau der Schweiz, dicht verhäkelt von unten nach oben, ein zähes Geflecht von Repräsentanten und Einflußreichen, vom Gemeindepräsidenten an aufwärts zu den Parlamentariern, Bankräten, hohen Offizieren, oft genug in Kumulation der Ämter, mit vielfachen gegenseitigen Kollegialitäten und Verpflichtungen. Man hilft sich ohne große Worte, zuverlässig und unterderhand. Auf der Strecke aber bleiben im Konfliktfall die Kleinen: sie müssen herhalten, um die Angesehenen zu decken. Kein Schweizer Autor hat das je so genau, mit einer so leidenschaftlich demokratischen Humanität diagnostiziert wie Glauser – auch Dürrenmatt nicht, der doch aus Glauser und Studer heraus seinen Kommissär Bärlach entwickelte. Versehen mit dem scharfen Bewußtsein des Intellektuellen der zwanziger und dreißiger Jahre, lebte Glauser mehr als sein halbes Leben unter den kleinen Straffälligen, den in jeder Hinsicht Armen und Ärmsten, verurteilt und hinter Mauern wie sie und doch mit einer ganz anderen Kenntnis der Welt und seiner selbst. Das gab ihm den durchdringenden Blick für die Zusammenhänge von Ökonomie und Moral.

Der Handlungsgrundriß des Romans zeigt das deutlich. Zu Beginn scheint der Fall schon abgeschlossen, der Mörder steht für alle offiziellen Instanzen fest: ein junger Bursche, der viele Delikte und die entsprechenden Gefängnisstrafen hinter sich hat, der Inbegriff also eines Menschen, dem man »alles zutraut«. Tatsächlich aber hat das Verbrechen der begangen, dem man es am wenigsten zutraut, einer der Einflußreichen selbst, der Mann mit den vielen Verbindungen zur Hauptstadt. Schon lange bevor das feststeht, wird auf Studer Druck ausgeübt, er solle die Schuld des ersten Verdächtigen nicht weiter in Zweifel ziehen und den Fall endlich abschließen. Die bloße Vermutung des Fahnders, daß an der ganzen Sache etwas nicht stimme, ruft Gereiztheit bei den Einflußreichen hervor.

Studer sorgt schließlich für Gerechtigkeit, aber auf eine merkwürdige Art: er erhebt keine öffentliche Anklage. Er ermöglicht dem Täter den Suizid und hält nach außen mit seinem Wissen zurück. Es soll niemand unnötig mitbetroffen werden. Auch die Fassaden bleiben intakt. Der Fahnder ist kein Revolutionär. Er ist radikal in seiner Gerechtigkeit, aber pragmatisch in der Anwendung. Was das Politische angeht, so ist er für das Flicken, nicht für das Abreißen. Das ist glanzlos, ohne Pathos, aber human. Im ständigen Flicken zahlt die Demokratie ihren Preis. Sie verzichtet auf die ästhetische Großartigkeit der unbedingten Aktion und handelt mit der Unansehnlichkeit des täglichen Kompromisses das tägliche Überleben ihrer Mitglieder ein. 1936, als der Roman erschien, hatte das seine eigene Aktualität.

Die Mythen des Mythenbekämpfers Max Frisch

Wahrheit, Wut und strenge Kunst

Was hat Max Frisch in unserem Lande angerichtet? – Er hat die Atmosphäre verändert.

Das ist, was ihm viele bis heute nicht verzeihen können, was sie ihm grimmig nicht verzeihen wollen.

Nichts, was er je im einzelnen gesagt hat, würde man ihm auf die Dauer krummnehmen. Aber was er mit dem Klima anstellte, das ist eine andere Sache.

Da nützt es nämlich nichts, ihn einfach nicht zu lesen. Selbst überhaupt keine Bücher zu lesen bietet längerfristig keinen Schutz gegen eine veränderte Atmosphäre.

Unter diesen Bedingungen ist in der Schweiz ein neuer Typ von Schriftsteller nachgewachsen: selbstbewußt, unverfroren, mit Flair für das Ungehörige und Lust am kalkulierten Ärgernis. Es gibt seither so etwas wie eine Kultur der literarischen Unbotmäßigkeit in diesem Land. Sie ist, ob man sie schätzt oder nicht, eine historische Realität. Daß sie auch Schwadroneure hervorgebracht hat, wer wollte es bestreiten? Sie bestätigen auf ihre Art das spezifische Gewicht derer, auf die es ankommt.

Atmosphärisches, Klimatisches – das ist leicht zu spüren und schwer zu analysieren.

Noch Albin Zollinger hat mit seinen kulturpolitischen Manifesten, diesen tapferen und taghellen Texten, »wie in Watte hinein« geredet, bis er an der Watte erstickt ist.

Max Frisch wurde gehört. Er operierte unter einer anderen Akustik. Was eben noch jeden Schall verschluckt hatte, schien ihn jetzt zu verstärken. War das sein Verdienst, oder hatte er einfach Glück? Daß er, der Debütant von 1934, aus der würgenden kulturellen Depression der vierziger Jahre mit einem blauen Augen davonkam, ungeknickt und waghalsig wie neben ihm vielleicht nur noch Alberto Giacometti, wie ging das zu?

Es hängt zusammen mit der Beschaffenheit seiner Person und der Beschaffenheit jenes historischen Moments. Die Beschaffenheit seiner Person – ich meine damit das verdeckte mythische Fundament des Mythenbeseitigers, die Bilderrede des Bilderzertrümmerers. Wenn es *eine* Erfahrungskurve gibt, der er sich immer wieder nähert, in die er immer wieder einbiegt, um seinen charakteristischen zentrifugalen Schwung zu gewinnen, dann ist es die Erfahrungskurve der Wiedergeburt. Dafür gibt es uralte Muster und Bilder, sehr feierliche Muster und Bilder. Sie tauchen bei Frisch vielfach auf, aber so unfeierlich, so witzig, daß man ihnen die Herkunft nicht mehr anmerkt.

Ein einziges Beispiel: Anatol Stiller im Januar 1946, tief im schwarzen Schiffsbauch, zwischen den Chiantifässern, ölig, schwitzend und stinkend in der wochenlangen Finsternis, »blind wie ein Maulwurf, taub vom Gedröhn der Schraubenwelle« – er taucht rituell in den Schoß zurück, um seine Wiedergeburt zu bewerkstelligen. Ein Vorgang, so sprechend in der kahlen Bildhaftigkeit, wie nur je in Mythen und Sagen ein Abstieg ins Bergwerk, ein Niedertauchen in den Mahlstrom, ein Verschlucktwerden vom großen Fisch als kahles Zeichen sprechend und bedeutend war.

Das ließe sich verfolgen. Der Roman ist voll von diesen Signalen. Sein Witz und seine Verdüsterung stammen aus dem gleichen Phantasma von gefährlicher Häutung, Verwandlung und neuer Geburt.

Das ist nicht einfach Psychologie, und also privat. Das ist Geschichte, und also öffentlich. Die Situation der Schweiz nach den Jahren der Selbstverbunkerung, der historische Moment, wo die äußeren Riegel springen und die inneren zur Diskussion stehen, wird im Roman »Stiller« umgesetzt in eine schwarze Komödie.

Anatol Stiller scheitert. Wörtlich und traurig: »Ich kann nicht noch einmal auf die Welt kommen.« Dabei hatte er das andere erlebt, wörtlich und hingerissen: »Ich hatte die bestimmte Empfindung, jetzt erst geboren worden zu sein, und fühlte mich mit Unbedingtheit bereit, niemand anders zu sein.«

Stiller scheitert. Sein Autor bricht durch. Er bricht durch, indem er in privater Verschlüsselung den Roman von der Stunde Null der ganzen Schweiz schreibt, den Roman einer historischen Chance, die Tragikomödie eines utopisch geladenen Moments.

Dieser Erfolg hat zu einem neuen Literaturbegriff in diesem Land geführt und hat die Bedeutung des Wortes »Schriftsteller« in der Schweiz verändert. Von jetzt an definiert sich, wer hier schreibt, anders als vorher, schreibt, wer hier schreibt, wie in einer andern Luft.

Das geschieht nicht ohne Umfeld. Wer arbeitet schon ganz allein? Im gleichen Januar 1946, dem Beginn des ersten Nachkriegsjahres, als Stiller in den Schiffsbauch kriecht und Frisch selbst an seinem Tagebuch schreibt, sitzt Friedrich Dürrenmatt über seinem gewaltigen Wiedertäuferstück und nimmt es auf seine Weise mit der Verbunkerung der Heimat auf.

Die mythische Basis des Mythenbeseitigers, die Bilderrede des Bilderzertrümmerers – in ähnlicher Polarität verhält sich bei Max Frisch die kühle Ausdauer bei der Erforschung seiner Zeitgenossen zur plötzlichen Aktion, die ruhige Beobachtung zur weißen Wut. Es ist mit ihm wie mit jenen großen Lastwagen, hinter denen man gelegentlich herfährt und die einem dieses sonderbar mulmige Gefühl bescheren, weil hintendrauf geschrieben steht: »inflammable«.

Das mag ein Charakterzug sein. Als solcher ist er nebensächlich. Einen Charakter hat schließlich jeder. Entscheidend ist, daß das Plötzliche bei Max Frisch eine metaphysische Dimension hat. Nur im Plötzlichen ereignet sich für ihn die Wahrheit. Wahrheit als Blitz und Schlag und Explosion: das ist eine riskante Sache. Solche Wahrheit ist nicht abgesichert. Sie rechtfertigt sich nur aus sich selbst. Sie geschieht außerhalb aller Normen und Gebräuche. Dennoch ist sie die einzige Chance, dem vorgedachten Denken zu entkommen. Aus diesem Grund gehören Wahrheit und Wut bei ihm zusammen, und der Satz: »Nur die Wut nicht verlieren!«, der im Theaterstück so komisch, so ironisch, so decouvrierend ist – dieser Satz kann auch ganz ernst gelesen werden. Wer die Möglichkeit zur Wut verliert, verliert auch den Zugang zur Wahrheit als einer unmittelbaren Erfahrung, als einem plötzlichen, senkrechten, unbedingten Wissen. Dann aber kommt so etwas wie Wahrheit nur noch über die Normen zustande, die Abmachungen, die Gebräuche, über den Konsens und die Spielregeln.

Womit wir bei der Demokratie wären.

Wahrheit sei für ihn an den plötzlichen blendenden Augenblick gebunden …

Wenn man Wahrheit übersetzt in den Bereich des Handelns, wie heißt sie dann? – Dann heißt sie Gerechtigkeit. Also setzt auch Gerechtigkeit eine abrupte Erfahrung voraus.

Sowenig es Wahrheit gibt einfach durch Konsens, sowenig gibt es Gerechtigkeit einfach durch Spielregeln.

Damit ist der Konflikt unausweichlich.

Die direkte Demokratie, diese umständliche, schildkrötenhaft langsame Staatsform, deren höchste Leidenschaft darin zu bestehen scheint, in jeden Wein ein braves Quantum Wasser zu gießen, sie kann nichts anfangen mit unbedingten Erfahrungen von Wahrheit und Gerechtigkeit. Statt dessen setzt sie in der Regel eine Kommission ein.

Dennoch gibt es keine Demokratie, die nicht ihren Ursprung hätte in einem plötzlichen und unbedingten Schmerz über das, was einfach nicht recht ist.

Wenn Max Frisch den Begriff des Schriftstellers in der Schweiz neu geprägt hat, wenn er ihm härtere Kanten gab, dann geschah es dadurch, daß er sich und seine Kollegen, seine Kolleginnen unter die Verpflichtung stellte, diesem existentiellen Ursprung der Demokratie öffentlich Stimme zu geben.

Er insistierte darauf, daß die bilderschleudernde Phantasie ihre politische Pflicht hat, sosehr sie im übrigen Willkür ist und Willkür bleiben soll. Denn nur die Phantasie kann den Zugang freihalten zum Schock der ersten Erkenntnisse. Von Problemen reden können alle. Den Schmerz der Wahrheit vermitteln kann nur die Phantasie. Selbst die Philosophen verheddern sich ja irgendeinmal in ihren Sprachnetzen, und da baumeln sie dann.

Daß Max Frisch in der Sache immer und jedesmal recht hatte, darf man fröhlich bezweifeln. Entscheidend ist, daß er die vollständige Abschottung der Politik gegen die Phantasie in diesem Land verhindert hat. Eine Tür wurde zugeschmettert, und siehe da: Einer hatte den Fuß drin.

Das ist eine patriotische Tat im sachlichen Sinn des Wortes – wie ja überhaupt die ganze Geschichte von Max Frisch und seinem Vaterland eine Liebesgeschichte ist. Eine Liebesgeschichte von Max Frisch.

Reden ist eines, Gehörtwerden ein anderes. Wer schreibt, ist damit nicht auch schon gelesen, und wer einen lauten Schrei tut, verstärkt meistens nur die Stille um sich herum.

Was Max Frisch Gehör verschafft hat, ist seine Kunst. Seine Autorität steht im direkten Bezug zu seinem Rang als Künstler. Das muß man deutlich sagen, bei uns noch etwas deutlicher als anderswo. Einen Unterschied zwischen literarischer Prosa und Gebrauchsprosa, Verschleißprosa hat es bei ihm nie gegeben. Jeder Satz, wo immer er steht, ist formal verantwortet. Noch in der abgelegenen Rede für ein mäßig aufmerksames Publikum stößt man auf Passagen, die rhythmisch durchorganisiert sind, vibrierend in Taktwechsel und Synkopen, als ging's um ein ehrgeiziges Gedicht. Frischs unbedingter Anspruch an die Form hat etwas Unheimliches, ist radikal wie sein

Wahrheitsbegriff. Dabei könnte er es so viel leichter haben als Drauflosschreiber für Drauflosleser. Kunst ist gut gemeint und tief empfunden, gut gemacht ist elitär: gegen diesen Grundsatz ist bei uns schwer anzukommen. Ihm stellt Frisch keine ästhetische Theorie entgegen, nur seine beharrliche Praxis. Daß die Prosaseiten des ersten Tagebuchs heute so blank und deutlich dastehen und so gar nichts haben vom klebrigen Niederschlag jener Jahre, hängt mit diesem formalen Ethos zusammen. Dieser Dichter arbeitet beim Dichten.

Daher auch sein Witz.

Nichts verlangt einen solchen Grad von Planung und Genauigkeit wie das Lachen des Lesers. Darauf aber hat es Frisch immer wieder abgesehen. Hier ist er am objektiv gefährlichsten. Wo sich bei vielen Autoren eine Art Winseln einstellt, ein Winseln, das zwar Sensibilität bezeugt, aber deshalb nicht auch unbedingt schon Literatur ist, da steht bei ihm der rasche Witz, da entwickeln sich die langfristigen Strategien seiner Ironie. Auch der Witz ist seiner Natur nach unverhofft, plötzlich, explosiv. Und *sein* Witz hängt tatsächlich untrennbar zusammen mit seiner Wahrheit und mit seiner Wut. Deshalb muß man bei ihm dort am meisten aufpassen, wo er einem das größte Vergnügen macht. Die komischen Höhepunkte sind die Momente der schärfsten Erkenntnis: Momente des Gerichts und des Urteils.

Das ist die List der Lese-Lust, die dieser Autor verschafft; das ist die Verschlagenheit des Vergnügens. Jeder Leser ist ja auf Genuß aus, man soll sich da nichts vormachen. Die entschlossenen Aufklärer haben das immer gewußt. Sie haben das vitale Begehren der Leser gekannt und darauf vertraut: Swift und Voltaire und Lessing so gut wie Heine und Brecht. Sie wollten gelesen sein und wußten, wie man es macht. In ihrer Kunst verbindet sich die arbeitende Vernunft mit dem Instinkt der großen Köche.

Max Frisch gehört zu der Sorte. Wir sind ihm dankbar.

Der Gestus des sauberen Schnitts

Ihm grauste vor allem Dumpfen. Wo andere noch lange von Behaglichkeit reden, von Atmosphäre, von wohliger Wärme, da sah er Mief und Stickluft. Und dann wollte er weg, fort, hinaus ins eindeutige Licht und in die ungemischten Lüfte. Vom Licht des Engadins und von den scharfen Konturen der gestaffelten Berge konnte Max Frisch reden, als wäre er der erste, der es sah, und als hätte es ihn getroffen wie die Farben der Wüste den frühen einsamen Afrikaforscher. Um Trennung ging es ihm und um die klare Unterscheidung. Er wollte den sauberen Schnitt, und er wußte ihn zu ziehen. Dafür war er bereit zu zahlen, und daß auch andere dafür zahlen mußten, wohl oder übel, war ihm genau und bitter bewußt.

Das Wort »Schuld«, das sich unabweisbar, aber auch unauflösbar durch sein spätes Schaffen zieht, hängt mit dem elementaren Gestus des sauberen Schnitts zusammen. Die Zweideutigkeit dieser Metapher, der Einschlag von Grausamkeit, der sich in ihr mit den Vorstellungen von Reinheit und Befreiung kreuzt, pflanzt sich fort in der Tatsache, daß Max Frisch von vielen für gefährlich gehalten wurde, insbesondere in seiner Heimat und in seiner Vaterstadt. Er perhorreszierte den Kompromiß in einem Grade, der für die eingewurzelte schweizerische Kompromißkultur nicht nur anstößig war, sondern ihr förmlich ans Heiligste gehen mußte.

Dabei wußte er sehr genau, daß es keine Politik gibt ohne den langsam erarbeiteten Kompromiß und daß unbedingte Kompromißlosigkeit nur in der Kunst möglich ist. Er wußte, daß die Kunst, unabhängig von allem Inhalt, allein schon durch die bedingungslose Kompromißlosigkeit ihrer Form der Politik einen Maßstab vorsetzt, den diese zwar nie erreichen kann, den nicht erreichen zu können sie aber auch immer zu bedauern und zu beklagen hat. Was ihn ergrimmte, waren die zwielichtigen Verständigungen im voraus, die schmierigen, abgekarteten Spiele, welche die Angst vor der Entscheidung und die Rücksichtnahme auf anonyme Interessen als politische Notwendigkeit hinstellen und den Kuhhandel zur staatsmännischen Weisheit verklären. Da trat er dann auf und bezichtigte und nannte die Lüge Lüge und die Schande Schande.

Er tat es ohne Pathos, brillant zwar in der Formulierung, mit blitzenden, kalkuliert gesetzten Lichtern, aber ohne den dantonesken Aufschwung und den großen Gong der reisenden Volksredner. Das hing damit zusammen, daß er den Gestus des sauberen Schnitts auch auf seine eigene Arbeit anwandte. Es gibt kaum einen Text, bei dem er sich nicht selbst ins Wort fällt, plötzlich zurückschreckt vor der großartigen Gebärde, sie unterläuft und den Satzbau kappt, schroff, mit einem seiner berühmten Gedankenstriche, abbricht mitten aus der entfalteten Klimax heraus und eine trockene Feststellung macht oder eine Frage stellt, eine seiner berühmten Fragen.

Sein Ehrgeiz war nie die Antwort, immer nur die Frage. Das legendäre Axiom, daß man sich kein Bildnis machen solle, der Satz, an den sich seither alle Interpreten klammern, ist für sein Werk in Tat und Wahrheit eher nebensächlich, weit belangloser jedenfalls als die Strategien seines Fragenstellens. »Eine Frage dermaßen zu stellen, daß die Zuschauer von dieser Stunde an ohne eine Antwort nicht mehr leben können« – das nannte er schon im ersten Tagebuch seine Aufgabe als Dramatiker. Und im zweiten Tagebuch hat er mit den sogenannten »Fragebogen«, scharfsinnigen Litaneien ineinandergreifender Interrogativsätze, eine neue, irritierend faszinierende Form des Aphorismus geschaffen. Darin, im Stellen der Frage, der man nicht mehr entkommt, liegt die innerste Dynamik seines Werks. Wer Frisch liest, so liest, wie die Bücher gelesen sein wollen, tritt in eine dialektische Falle, die ihn auf sich selbst zurückwirft, und wo man meint, das Innenleben eines Intellektuellen zu beobachten, sieht man sich unverhofft mit dem eigenen Innenleben konfrontiert. Das kann gereizt machen, und an gereizten Lesern hat es Frisch nie gefehlt. Ihm grauste indessen auch vor der wohligen Wärme einer Lesersympathie, die sich bestätigt und beruhigt fühlen will und dafür zu jeder Dankbarkeit bereit ist.

Er hatte es zu büßen. Es gibt in seiner Arbeit einen Ablauf, der beunruhigt, weil er so leicht durchschaubar ist und doch nicht durchschaut wird. Die männlichen Hauptfiguren wirken bei ihm stets autobiographisch. Sie haben einen heftig privaten Einschlag, der zwar bei genauerer Betrachtung fragwürdig wird, für das spontane Lesen aber außer jedem Zweifel steht. Da nun der erzählende Autor diesen Figuren so unerbittlich entgegentritt, wie es seiner Gier nach Klarheit, seinem Willen zu unbedingter Unterscheidung entspricht, da er ihnen gegenüber den gutmütigen Kompromiß am wenigsten zulassen will, verwechseln die Leser rasch einmal die gezeichnete Gestalt mit der Person des Zeichners, und das Gericht, das der Autor über die Figuren hält, wird zum Tribunal für ihn selbst. Wer Frisch gekannt hat, mit ihm gelegentlich zusammentraf, weiß, wieviel von seinem eigenen Wesen er den schwierigen Männern in seinem Werk auch vorenthielt, wieviel an Herzlichkeit, an Wärme, an Lebensfreude und Freundschaftsfähigkeit, an Gesprächs- und Erzähllust, an Behagen und Genuß und Liebenswürdigkeit und Liebe.

Der Gestus des sauberen Schnitts ist bei Frisch ebensosehr eine moralische wie eine existentielle und eine artistische Aktion. Existentiell erscheint sie als der plötzliche Aufbruch, weg aus allem Bisherigen, aus der eingelebten Ordnung, der eingelebten Liebe, dem eingelebten Mobiliar. Was in seinem Werk insgesamt an Einrichtungsgegenständen zerschlagen wird, ist phänomenal. Meist achtet man nur auf die Beziehungen, auf die Ehen und Liebesgeschichten, aus denen sich einer herausreißt wie der Raubfisch aus dem Netz. Aber das gleiche spielt sich tatsächlich auch auf der Ebene der Sachen und Dinge ab. Unverhofft fühlt sich einer von Stühlen und Schränken so bedrohlich umstellt, wachsen sie um ihn herum so surreal an, daß ihm graust. Es überfällt ihn das Dumpfe, und er muß weg.

Dieser jähe Aufbruch um des eigenen Lebens willen, der immer neue Aufbruch, die dritte, vierte, fünfte Geburt, ist so etwas wie die Schicksalskurve im Leben und Werk Max Frischs. Sie mag in Herkunft und früher Erfahrung dunkel begründet sein, im kleinbürgerlichen Milieu, das der erfolglose Vater verschuldet und durch seine ökonomische Unbeholfenheit dem Sohn und der geliebten Mutter aufbürdet. Immens produktiv aber wurde dieses Erlebnis- und Aktionsmuster erst, als es zusammenschoß mit der Dezisionskultur des französischen Existentialismus der vierziger Jahre. Der unvermittelte Aufbruch, der Wille zu einem Dasein ohne Kompromiß, die rücksichtslose Selbstsetzung – Frisch liebte das Wort »Selbstsetzung«, sprach es auch privat mit eigentümlicher Betonung aus –, dies alles waren epochale Chiffren der Camus- und Sartre-Zeit. Max Frisch verwirklichte sie in seinem Werk gleichzeitig mit den Franzosen und auf seine eigene Art. Sein größter Roman, »Stiller«, zeigt, daß er sich der Gefahr einer romantischen Verklärung dieses Dezisionismus bewußt war. Das Buch geriet zur Tragikomödie einer schiefen, verrutschten, peinvoll mißglückten Selbstsetzung, einer Neugeburt hinein in den alten Mief.

Dazu kam in jenen Jahren die kulturelle Restauration der Adenauer-Zeit, kamen die politischen Denkzwänge und Gefühlsbefehle des Kalten Krieges. Das ideologische Mobiliar wuchs wieder an, surreal, und Max Frisch wurde in dieser Szenerie zur verkörperten Brisanz.

Die um Jahrzehnte Jüngeren erlebten ihn als einen Gleichaltrigen. Er zeigte ihnen Möglichkeiten der Freiheit und des Selbstgewinns. Er repräsentierte die politische Verpflichtung der Poesie bei wütender Unabhängigkeit von den Parteisekretariaten. Er war unfromm in einer prinzipiellen, zwar witzigen und eleganten, aber durchaus anstößigen Weise. Vieles in seinem damaligen Werk war gezielte Travestie, wobei manches Travestierte inzwischen vergessen ist. So entstand »Biedermann und die Brandstifter« als spöttischer Gegenzug zu Max Mells betulichem »Apostelspiel« – ein legendenkritisches, mystifikationsfeindliches Unternehmen also wie später die Tell-Dekonstruktion (die Friedrich Dürrenmatt noch lauthals bewunderte, als die beiden mit gegenseitigen Komplimenten sonst eher zurückhaltend geworden waren).

Als artistische Aktion ist der Gestus des sauberen Schnitts vom Moralischen wie vom Existentiellen zwar nicht zu trennen, geht in diesen aber nicht einfach auf. Der Künstler Frisch wurde für die Lesenden der fünfziger und sechziger Jahre zum Inbegriff des literarisch Modernen, des Modernen als Gestalt, als Umriß, als Design im anspruchsvollen Sinn des Worts. Das kann für einen Autor, der lange lebt, nicht ohne Risiko abgehen. Wer einmal den Trend verkörpert hat, glanzvoll, lebt mit der Gefahr, unverhofft als das Gegenteil zu erscheinen. Dann muß es sich erweisen, ob in dem Œuvre und in der spezifischen Kreativität Reserven stecken, Energien, die bisher keiner sah, weil sie verdeckt wurden vom Design und spiegelnden Finish.

Was bei Frisch immer deutlicher wird, je weiter die Erscheinungsdaten seiner Bücher zurückliegen, ist die Vitalität eines naturwüchsigen erzählerischen Temperaments, das eigentlich nichts möchte als erzählen, plastisch, farbig, schauerlich und lustig und so entsetzlich spannend, daß man sich in den gekrümmten Daumen beißt. Es gab Zeiten, da haben Leute dieses Schlags Decamerones geschrieben oder fünf Komödien im Jahr. Wie sehr Max Frisch draufloserzählen konnte, haben alle erlebt, die mit ihm je an einem Tisch saßen, wo es ihm gefiel und der Wein Qualität hatte. Sein Erzählen verwandelte dann die ganze Person. Er wurde die Figur, von der er im Moment berichtete, wurde ein mimisches Ereignis, spielte redend und redete spielend. Was immer er thematisierte an Aktuellem und Grundsätzlichem, Politischem, Menschlichem und Unmenschlichem, es geriet zu einer Szene und er in dieser Szene zum Akteur. Seine nahezu diabolische Fähigkeit, andere zu durchschauen, ebendas, was viele beim Gedanken an ihn frösteln ließ, erwies sich hier als der Ort eines dialektischen Umschlags von der Analyse zur leibhaftigen Gestaltung. Dennoch wußte er sehr genau Bescheid über die Differenz zwischen dem Erzählen am behaglichen Tisch und dem Erzählen als Vorgang und Verfahren in der Literatur des 20. Jahrhunderts. Ihm war klar, daß die Wahrheit, die dort, unter Freunden, für einen flüchtigen, aber gelebten Moment gewonnen wird, erlischt, wenn man sie tale quale, »drauflosererzählend« eben, zu Papier bringen will.

Zu den wesentlichen Anstrengungen seines Lebens gehören deshalb die Forschungen und Experimente, wie denn die Energien eines naturwüchsigen Erzählens umgesetzt und eingesetzt werden könnten zur Wahrheitsfindung in der Moderne. Dafür entwickelte er seine artistischen Systeme der mehrfachen Brechung und Spiegelung, wo die einzelne Geschichte nie als das Erzeugnis eines zeitlos-urtümlichen Erzählers erscheint, sondern als bedingt durch ein isoliertes Subjekt, das seinerseits in tausend unbegriffenen Bedingungen hängt, ein Subjekt, das aus seinen eigenen Geschichten die Wahrheit über sich vernehmen möchte und darüber nur immer weiter in die Spiegelungen gleitet. Damit hängt es zusammen, daß der saubere Schnitt in vielen Werken Frischs sogar zum optischen Phänomen wird. Die kompositorische Arbeit des Künstlers zeigt sich graphisch, sobald man die Bücher aufschlägt, im Arrangement der Abschnitte, Erzählblöcke, Zwischensätze, in den Reihungen und differenten Schrifttypen.

Die Lüge, die heute in jeder unmittelbar erzählten Geschichte steckt, kann sich nur in Wahrheit verwandeln, wenn die Geschichte zum Material wird, zum geschnittenen, polierten Stein auf dem Brett eines kalkulierten Erkenntnisspiels. Es ist der Techniker Frisch, der Homo faber in ihm, der den Erzähler vor dem Verstummen und Ersticken gerettet hat. »Drauflosererzählen« – das muntere Treiben, von dem die Ahnungslosen immer wieder behaupten, man könne es jederzeit, wenn man nur wolle und einiges Talent habe, es gehörte für ihn zum Dumpfen, zum kulturellen Mief, aus dem es auszubrechen galt.

Mit der Klarheit stand immer auch die Wahrheit auf dem Spiel. Als er 1945, nach der Premiere seines ersten Stücks, öffentlich verdächtigt wurde, es mit den bösen Deutschen zu halten (»Es regen sich die Anwälte der Irregeführten ...«), da formulierte er in seiner Replik die Moral seines Werks und also auch seines Berufs: »ein Versuch, an der Klarheit zu arbeiten«. Von der Entschlossenheit zur Klarheit ist er zeitlebens nie mehr abgerückt. Ihr verdankt sein Werk das Luzide, das Transparente, aber auch die harten Schnitte und die schmerzhaften Kanten.

Vom Umgang mit toten Dichtern

Wenn große Dichter tot sind, geben sie zu tun. Auch ein Mann wie Max Frisch, der die Planung und die Übersicht liebte und mit Leidenschaft die frühzeitige Regelung aller Eventualitäten betrieb, konnte nicht verhindern, daß er nach seinem Tod zu tun gibt, auf vielfache Art.

Schon die Frage, wie man einen großen Dichter bestattet, kann sich als gar nicht so einfach erweisen.

Sein Sterben nahm Max Frisch an die Hand mit der Professionalität des erfahrenen Planers. Er war allerdings überrascht, welche Schwierigkeiten auftauchen, wenn einer den eigenen Tod organisieren will, und wie wenig gesicherte Strukturen es hierzulande für die letzten Lebenstage gibt. »Ich weiss nöd, wie me stirbt«, sagte er einmal. Er sagte es mit Lachen, aber aus der Verblüffung heraus, noch einmal zu einem Anfänger geworden zu sein.

Vom Bett aus konzipierte er die Abschiedsfeier in der Zürcher Kirche zu St. Peter. Er setzte durch, daß der Sarg gegen die Reglemente, dort aufgestellt werden durfte, zeichnete mit seinen Filzstiften die Einrichtung des Chorraums, seine letzte Bühne, und markierte die Positionen des Sarges und des Rednerpults – ein Mann der Übersicht und der frühzeitigen Regelung aller Eventualitäten. Und dennoch blieb eines Tages eine Urne übrig, und was geschieht mit einer solchen Urne?

Es war am 22. Juni 1991, einige Monate nach dem Tod. In Berzona versammelte sich eine Schar mit Frisch befreundeter Frauen und Männer, auf Einladung von Karin Pilliod, der letzten Partnerin. Eine Begegnung sollte es sein, noch einmal, in der imaginären Gegenwart des Toten. Man saß in der einbrechenden Nacht auf langen Bänken, es wurde getrunken, kräftig getrunken, mit der Zeit wurde es laut, während nebenan einige Leute an einem Feuer herumwerkelten. Sie schleppten die meterlangen Scheiter her, die der Hausherr für sein Cheminée wandhoch gestapelt hatte. Auf einmal loderte dieses Feuer mächtig auf, die Trinker verstummten, der eine und andere erhob sich, und irgendwann standen alle im Kreis um die riesigen Flammen herum und wußten nicht, was jetzt zu tun sei. Es wirkte wie ein altes Ritual, aber es war ganz neu und hatte sich so ergeben, und da standen nun die Freunde und dachten, es müsse etwas geschehen, und wußten nicht was.

Aus der Finsternis tauchte der Bühnenbildner auf. Unter dem Arm trug er eine große Urne. Er trat nah ans Feuer heran, fuhr mit dem nackten Arm in den roten Krug und warf eine breite Aschenfahne in die Flammen, und noch eine, und noch eine. Andere rückten zu ihm hinüber, griffen ebenfalls in die Urne, und Wurf um Wurf, langsam, feierlich und fröhlich, wehte die Asche des Dichters erneut in das prasselnde Element und tanzte in den Flammen und schoß mit ihnen hinauf zum lautlosen, schwarzen Himmel.

Daher gibt es kein Grab, das man ehrerbietig besuchen, vor dem man sich mit dem versteckten Überlegenheitsgefühl des Überlebenden verneigen könnte. Wer das Grab von Max Frisch sucht, muß sich an die hohen Lüfte halten.

Wenn große Dichter tot sind, geben sie zu tun.

Die Hauptarbeit, die nach einem solchen Tod beginnt, ist jene, die Max Frisch selbst uns verboten hat. Es muß ein Bildnis gemacht werden, das endgültige. Das ist ein spannender Vorgang, der die genaue Beobachtung lohnt und den man nicht laufen lassen darf, wie er eben läuft. Denn es ist nicht so, daß nach dem Tod eines bedeutenden Menschen alles Unwesentliche verschwindet und das Gültige immer deutlicher hervortritt. Im Gegenteil. Gerade das Unwesentliche wird zu einem gefährlichen Faktor in der Entstehung des Bildes, unter welchem ein toter Dichter weiterlebt.

Wir kennen solche Fälle. Gottfried Keller wurde mit Hilfe der Anekdoten vom chronischen Trinker und vom kurzbeinigen Männchen um seine menschliche und künstlerische Statur gebracht und um seine intellektuelle Brisanz. Als politischer Mahner wird er zwar noch zitiert, seine kühne Metaphysik aber ist einem umfassenden Tabu verfallen. Er wurde im wörtlichen Sinne verkleinert, bis er in den Setzkasten der kulturellen Nippsachen paßte. Von da holt man ihn gerne hervor, wenn man ein unverfängliches Sujet für Banknoten braucht oder einen dekorativen Namen für Städteschnellzüge. So wie wir heute im »Johanna Spyri« von Zürich nach Frankfurt reisen, werden wir bald einmal im »Friedrich Dürrenmatt« nach München und im »Max Frisch« nach Hamburg fahren. Nach Brüssel trägt uns gemäß Kursbuch der »Edelweiß«.

Große Dichter haben es an sich, daß sie zu ihren Lebzeiten stören. Das soll nach ihrem Tod wettgemacht werden. Jetzt haben sie genug gestört, jetzt sollen sie schmücken und sich auszahlen. In der Schweiz haben die herausragenden Künstler nach ihrem Hinschied längerfristig nur zwei Möglichkeiten: die Vergemütlichung oder das Vergessen. Die immensen Temperaturausschläge, die ihre Existenz und ihr Werk kennzeichnen, der Brand der Bilder und die Kälte der Analysen, sie sollen ausgeglichen werden zur landesüblichen Stubentemperatur. Es soll uns endlich einmal ganz wohl sein um sie herum, oder sie können uns gestohlen bleiben.

Diese Alternative ist schlimm. Das Vergessen und die Vergemütlichung sind gleicherweise katastrophal. Man kann sie verhindern, aber das gibt zu tun.

Gewiß, es wird auch einer hemdsärmeligen Öffentlichkeit nicht leichtfallen, Max Frisch zu vergemütlichen. Bei Friedrich Dürrenmatt sind da schon größere Fortschritte gemacht worden. Die unterschiedlichen Reaktionen diesen beiden Autoren gegenüber sind gegenwärtig sehr aufschlußreich. Man stößt gesprächsweise immer wieder auf einen merkwürdigen Reflex: »... dann doch lieber Dürrenmatt«. Damit wird eine spontane Sympathiedifferenz angezeigt, ohne daß sie näher begründet würde. Natürlich können Gründe vorliegen, dann ist nichts dagegen einzuwenden. Aber das Reflexhafte der Einstellung zeigt, daß da wohl nur in seltenen Fällen das »Durcheinandertal« nach einer gründlichen Auseinandersetzung dem »Menschen im Holozän« vorgezogen wurde. Was zum Ausdruck kommt, ist ein Gefühl: »Bei Dürrenmatt ist es mir einfach irgendwie wohler.« Dabei setzt genau dieses Wohlgefühl mit Sicherheit voraus, daß man das »Durcheinandertal« *nicht* gelesen hat und die »Mondfinsternis« auch nicht und den »Winterkrieg in Tibet« erst recht nicht.

Es ist heikel, über diese Dinge zu reden. Man gerät in Gefahr, das zu befördern, was man verhindern möchte. Nun soll aber nicht diskutiert werden, wer von den zwei großen Schriftstellern der noch etwas größere sei und wer der vielleicht doch etwas kleinere. Das könnte zwar anregend sein, und ich würde gerne mitmachen und wäre gespannt, was herauskäme und mit welcher Meinung ich selbst zuletzt nach Hause ginge. Worum es geht, ist indessen eine kulturpolitische Beobachtung. Wir sind konfrontiert mit dem Phänomen einer Gemütlichkeitsdifferenz innerhalb des Prozesses der Vergemütlichung, wie er in der Schweiz nach dem Tod großer Künstler abzulaufen pflegt. Der Satz: »Bei dem ist es mir einfach wohler als bei jenem«, besagt in Wahrheit nur eines: daß der Prozeß der Vergemütlichung bei Frisch und Dürrenmatt nicht synchron, sondern phasenversetzt abläuft. »Romulus« und »Biedermann« als Silvesterpremieren, zwei einst anstößige Stücke als Gemütlichkeitsbomben mit beliebten Volksschauspielern, das hatten wir zwar beides schon, aber unsere kritische Öffentlichkeit hat es auch fertiggebracht, zwei Jahre hektischer Diskussion über die Schweiz zur Hitlerzeit ablaufen zu lassen, ohne je auf die bittere Diagnose Dürrenmatts über eben diese Schweiz, aufgezeichnet im zweiten Teil der »Stoffe« von 1981, zu sprechen zu kommen. Wo nicht vergemütlicht werden kann, wird sorgfältig vergessen.

Das darf nicht falsch verstanden werden. Es wird nicht unterstellt, die Hauptgefahr bestehe darin, daß man sich nur noch mit den Romanen und Stücken beschäftigt, statt mit den harten Parolen der Autoren. Mit der »Kunst«, statt mit den »unbequemen Wahrheiten«. Das Gegenteil ist sogar die größere Gefahr. Wirklich bedenklich ist die in der Schweiz weithin herrschende Überzeugung, daß die politische Bedeutung der Schriftsteller zusammenfalle mit den lautstarken Sätzen, die sie von Zeit zu Zeit in die öffentliche Debatte werfen. Jenseits der Parolen, meint man, beginne das Unpolitische. Das ist einerseits ein Irrtum der Medien, denen der Krach wichtiger ist als seine Ursache. Andererseits aber ist selbst von seiten der Politiker überraschend oft zu hören, die Dichter sollten ihnen doch bitte wieder öfters die Meinung sagen. Möglichst gepfeffert. Das sei früher immer so schön gewesen. Der Wunsch kommt mir etwas zwielichtig vor. Er erinnert an die Bauern, die jenen Pfarrer am liebsten haben, der am Sonntag am lautesten von der Kanzel wettert. So können sie die Woche hindurch viel entspannter wieder Wasser in die Milch gießen.

Die Parolen und Thesen in der öffentlichen Debatte machen die politisch-gesellschaftliche Bedeutung einer Autorin oder eines Autors nicht aus. Das ist schon daran ersichtlich, daß große Dichter auch in diesem Jahrhundert sehr laute Parolen von sich gegeben haben, auf die wir sehr gerne verzichten würden. Man sollte gelegentlich an die Reden und Aufrufe Gottfried Benns aus dem Jahr 1933 denken, wenn man pauschal und blauäugig von den Schriftstellern als dem Gewissen der Nation spricht. Die Schriftsteller können auch das Schandmaul einer Nation sein.

Es ist grundsätzlich weniger anstrengend, sich an die Parolen und Thesen der Autoren zu halten als an die Werke selbst. Die Parolen verlangen Zustimmung oder Ablehnung, die Werke fordern Arbeit, Versenkung, Nachdenken. Nie wird man ganz fertig mit ihnen. Und doch verleihen nur sie den Thesen und Parolen die Autorität, die uns zwingt, sie zur Kenntnis zu nehmen, und die uns dann einzelne Sätze wie Splitter unter den Nagel treibt: »Wir haben Arbeitskräfte gerufen, und es kamen Menschen« – so Max Frisch –, oder: »Unsere sauberen Hände sind unsere Schande« – so Friedrich Dürrenmatt.

Wenn ich sage, daß allein das jahrelang erarbeitete, das erlittene Kunstwerk die politische Autorität der Autoren begründe, heißt das gerade nicht, daß dieses Kunstwerk seinerseits unpolitisch sei. Es ist politisch auf eine andere Weise und, ich riskiere das Wort, auf eine wichtigere Weise. Gegen die Brisanz einer Parole kann man rhetorisch vorgehen. Gegen die Brisanz eines Kunstwerks gibt es nur das Vergessen oder die Vergemütlichung.

Was macht die Brisanz des Kunstwerks aus? Ich greife hier zurück auf eine Stelle bei Jacob Burckhardt. In den »Vorlesungen über das Studium der Geschichte« fällt der Satz, die Kultur sei »die Uhr, welche die Stunde verrät, da (im Staat) Form und Sache sich nicht mehr decken«. Das ist ein seltsamer Vergleich. Die Kunst, die Literatur als Uhr, welche die Stunde verrät … Keine Appelle also, keine Mahnrufe, nur das Vorrücken eines Zeigers. Die Uhr ist ein unheimlich gleichgültiges Instrument. Unberührt zeigt sie den Zeitpunkt einer Hinrichtung oder einer Hochzeit an, den Moment der Liebe oder den Augenblick der Verzweiflung. Die Uhr ist gnadenlos. Sie gibt keine Ratschläge, sie zürnt nicht, sie fordert nicht – sie zeigt nur, was es geschlagen hat. Dagegen allerdings gibt es keinen Einspruch. Wenn es fünf vor zwölf ist, kann ich nicht um Aufschub betteln, und wenn ich plötzlich sterbe, tickt das Ding an meinem Handgelenk ruhig weiter.

Hier setzt Burckhardt ein. Mit der Unerbittlichkeit einer Uhr, meint er, zeigt die Kunst, meldet die Literatur in ihren größten Werken den Moment, wo Form und Sache in einem Staat sich nicht mehr decken. Form, das sind die festen Strukturen der Macht, der Gesetze, der Absprachen und Überzeugungen; Sache, das ist die Lebenswirklichkeit der Menschen, die Dynamik ihres Liebens und Denkens und Arbeitens und Geschäftemachens. Im Blick über die Jahrhunderte hin hat der Historiker Burckhardt erkannt, daß alle Kultur aus der Spannung zwischen einer starren Ordnung und dem unberechenbar Lebendigen entsteht. Die Künstler spüren diesen Widerspruch und übersetzen ihn in Bilder, Zeichen und Geschichten. In diesen Bildern reden sie darüber, als erste. Sie decken die Risse auf, die durch Staat und Gesellschaft laufen, auch wenn sie nicht wissen, wie sie zu schließen wären. Wir brauchen die Dichter ja nicht zum Flicken der Welt. Beim Flicken sind sie Dilettanten. Aber mit der tödlichen Präzision der Uhr verraten ihre Arbeiten die Wahrheit der geschichtlichen Stunde.

Wenn wir heute den Roman »Stiller« lesen, den Roman eines wehleidigen Zänkers im Gewirr privater Liebesnöte, erkennen wir darin plötzlich das Diagramm einer Epoche. Ein Land richtet sich ein im System der Weltmächte, es baut sich eine Nische in den starren Fronten des Kalten Kriegs, indem es hier ein bißchen Partei ergreift und dort ein bißchen neutral bleibt und hier wie dort ein bißchen profitiert. Es wäre die welthistorische Chance dieses Landes, zwischen den starren Fronten und militanten Ideologien ein Ort der lebendigen Bewegung zu sein, ein Raum des freien, kühnen Denkens, des furchtlosen Blicks nach vorn und zurück in die schwarzen Löcher der eigenen Geschichte. Aber man macht alle Denkzwänge und Denkverbote mit, ohne es nötig zu haben, nur weil es etwas kosten könnte. Anatol Stiller, der tobende und schluchzende Neurotiker, ist in Wahrheit keine Psychostudie, sondern führt exemplarisch die Qualen dessen vor, der lebendig bleiben will in einer verhärteten Welt. Dabei haben es alle andern um ihn herum recht gemütlich und verstehen nicht, warum er es nicht auch so haben will. Komm, sagen sie, setz dich zu uns, du bist doch unser alter Stiller. Nein, schreit er, ich bin nicht euer alter Stiller, ich bin überhaupt nicht Stiller. Natürlich ist er Stiller, aber er hat nur die Wahl, der alte Stiller zu sein oder überhaupt nicht Stiller. Diese Alternative markiert den Riß zwischen der Form und der Sache, und indem der Roman die Alternative als tragische Komödie inszeniert, wird er zur Uhr, welche die historische Stunde eines ganzen Landes verrät. Und Jahrzehnte später kann dieser Roman für das gleiche Land wieder zur Warnung werden vor dem Versuch, sich nach einer schweren Krise so rasch wie möglich eine neue Nische zu suchen, gut temperiert, mit reduziertem Denkbedarf und erhöhten Marktchancen.

Das Beispiel will verdeutlichen, was es heißt, einen großen Dichter mitzunehmen in die Zukunft – ohne Vergessen und ohne Vergemütlichung. Es geht nicht an, ihn auf seine öffentlichen Stellungnahmen zu reduzieren, so wichtig diese auch sind. Es muß am Ganzen gearbeitet werden. Nur dann hören wir das Ticken der Uhr und wissen in den Tagen der Verstörung, was es geschlagen hat.

Dürrenmatts Einsamkeit

Der Autor in der Falle

Die Selbstvergewisserung Friedrich Dürrenmatts in der Polemik gegen Max Frisch

Ich beginne mit einer Gegebenheit, die eigentlich ins Anekdotische gehört. Zudem ist sie eher abgedroschen. Dennoch zeichnet sich dahinter, wenn man genauer zusieht, die fundamentale Condition poétique Friedrich Dürrenmatts ab und hinter dieser wiederum die Condition poétique unserer Zeit. Mit dem Anekdotischen und eher Abgedroschenen meine ich die Spannungen zwischen Dürrenmatt und Max Frisch. Sie werden im Werk der beiden da und dort explizit zur Sprache gebracht, bei Frisch im zweiten Tagebuch und im »Blaubart«, bei Dürrenmatt in den »Stoffen V« und im Essay »Vallon de l'Ermitage«. Als zwischenmenschliches Ereignis sind sie belanglos. Die Welt der Literatur ist voll von solchen Phänomenen. Wer einmal eine Diva war, kann nie mehr im Chor singen, und bald gerät er auch schon bei einem Duett ins Husten.

Anders verhält es sich mit den Reflexionen, die durch solche Spannungen ausgelöst werden. Schillers theoretische Selbstabgrenzung von Goethe gehört zu den großen poetologischen Ereignissen der Literaturgeschichte. Kränkung, Bitterkeit, Eifersucht wurden hier auf großartige Weise produktiv, und diese Produktion ermöglichte schließlich eine vorsichtige Freundschaft. Auch wenn Dürrenmatts Selbstabgrenzung gegenüber Frisch nicht mit dem epochalen Vorgang in Jena und Weimar verglichen werden kann, ist doch auch sie ein Ereignis eminent produktiver Art. Sobald sie über die bloße Stichelei hinausgeht, führt sie zu einer scharf umrissenen Bestimmung der eigenen dichterischen Position. Der Name des andern wird dann allerdings nicht genannt – außer ganz zuletzt im berühmten Abschiedsbrief. Man muß ihn erschließen, und man kann ihn erschließen.

Ich gehe von drei Stellen aus. Die erste stammt aus verhältnismäßig früher Zeit, 1955, ein Jahr nach dem Erscheinen des »Stiller«, ein Jahr vor der Uraufführung der »Alten Dame«. Sie steht in dem Essay, der als »Erster Teil« der Erzählung »Die Panne« vorangestellt ist. Mit einem rabiaten Schnitt trennt sich hier der Autor von der, wie er sagt, zur Zeit dominierenden Literatur ab. Und er beschreibt dabei den Schriftsteller, der er selbst nicht sei und nicht sein wolle.

Wie ist dieser beschaffen? Er will »von sich erzählen, romantisch, lyrisch sein Ich verallgemeinern«; er fühlt den Zwang, »von seinen Hoffnungen und Niederlagen zu reden, durchaus wahrhaftig, und von seiner Weise, bei Frauen zu liegen, wie wenn Wahrhaftigkeit dies alles ins Allgemeine transponieren würde und nicht viel mehr ins Medizinische, Psychologische bestenfalls«[1].

Demgegenüber bestimmt Dürrenmatt sich selbst als einen Schriftsteller, der »dies nicht tun« will, der »vielmehr diskret zurücktreten« will, »das Private höflich wahren, den Stoff vor sich wie ein Bildhauer sein Material, an ihm arbeitend und an ihm sich entwickelnd« – »als eine Art Klassiker«[2]. Genau das aber wolle die Gegenwart nicht. Vielmehr werde überall »Seele gefordert, Geständnisse, Wahrhaftigkeit eben«[3].

Dreimal fällt der Begriff »wahrhaftig« resp. »Wahrhaftigkeit«. Er wird damit zum Schlüsselwort für jene Ästhetik, zu der Dürrenmatt demonstrativ auf Distanz geht. Und wenn man die Stellen genau betrachtet, wird die Nähe dieser Wahrhaftigkeitsästhetik zur Ästhetik Max Frischs unabweisbar. Ein Jahr nach dem »Stiller«, als der Erfolg dieses Romans die literarische Welt erfüllt, kann nur von Frisch die Rede sein, wenn das Prinzip eines Erzählens zur Diskussion steht, das ganz nur dem eigenen Ich gilt, aber so, daß diese eigene Ich ins Allgemeine transponiert wird, also verbindlich wird für viele, wobei dieser Akt sich legitimiert durch schonungslose Wahrhaftigkeit. Diese Abgrenzung ist aber nicht eine rein typologische, wie Schiller es gegenüber Goethe versucht hat, sondern sie bleibt polemisch unterfüttert. Dürrenmatt bestreitet ausdrücklich die Annahme, daß die Wahrhaftigkeit das Private verbindlich mache: »wie wenn Wahrhaftigkeit dies alles ins Allgemeine transponieren würde und nicht vielmehr ins […] Psychologische«. Das heißt, daß dieser Akt poetologischer Abgrenzung ebensosehr eine Selbstsetzung ist wie ein Angriff. Dürrenmatt läßt nicht beide Formen des Schreibens als zwei gleichberechtigte Möglichkeiten gelten. Er erklärt die eine davon als erfolgreich, aber falsch, die andere als erfolglos, aber richtig. Ob Frisch das bemerkt hat, ist nicht auszumachen. Wenn der Briefwechsel zwischen den beiden Freunden im Jahr 1956, als die »Panne« erscheint, einbricht, kann das auch andere Gründe haben.

Das Anekdotische, ich wiederhole, interessiert hier nicht. Wohl aber interessiert die Frage, was denn Dürrenmatts Gegenbegriff sei zur Kategorie der »Wahrhaftigkeit«, die er für literarisch untauglich erklärt. In den zitierten Passagen kommt kein entsprechender Terminus vor. Statt dessen fällt – was im nachhinein allerdings aufmerken läßt – das Wort »Stoff«. An Stelle einer präzisen Theorie der eigenen Position findet sich eine Beschreibung der eigenen Arbeitsweise: »das Private höflich wahren, den Stoff vor sich wie ein Bildhauer sein Material«. Natürlich hätte man, wo es um den Gegensatz zur bloßen »Wahrhaftigkeit« geht, den Begriff »Wahrheit« erwartet. Wahrhaftigkeit ist eine sittliche Haltung, die sich zwar in den Dienst der Wahrheit stellt, ihrer aber nie gewiß sein kann. Wahrhaftigkeit ist eine psychologische Größe, Wahrheit eine ontologische. Wenn Wahrhaftigkeit als unzureichend erklärt wird, kann das Zureichende nur die Wahrheit sein. Fehlt dieses Wort wirklich in dem Essay?

Es fehlt ganz ohne Zweifel. Dafür steht am Schluß die Erklärung, daß es »noch einige mögliche Geschichten« gebe, die nicht bloß das private Ich des Autors umsetzen. Wir leben zwar in einer Welt, der die metaphysischen Instanzen abhanden gekommen sind; kein Schicksal droht mehr, kein Gott und keine Gerechtigkeit; an die Stelle der von höheren Mächten verhängten Katastrophen sind die bloßen Pannen getreten. Aber es kann doch sein, daß in der Geschichte einer solchen Panne plötzlich »aus einem Dutzendgesicht die Menschheit« blickt; daß banales »Pech sich ohne Absicht ins Allgemeine« weitet; daß »Gericht und Gerechtigkeit sichtbar werden, vielleicht auch Gnade«[4]. Wir müssen hier auf die einzelnen Wörter achten. Die Wendung »ins Allgemeine transponieren« ist vorher bei der Kritik an der Wahrhaftigkeitsästhetik gefallen. Genau dies, was dort der Wahrhaftigkeitsästhetik abgesprochen wurde, wird jetzt der eigenen Ästhetik zugestanden – »weitet sich ins Allgemeine«. In der Arbeit an einer »noch möglichen Geschichte«, einem »Stoff« also, der nichts mit dem privaten Ich zu tun hat, sei es möglich, das »Allgemeine« zu erreichen – das heißt das Verbindliche, und das heißt denn doch wohl: Wahrheit. Das Wort fehlt, aber die leere Stelle wird markiert mit den vier Donnerwörtern: Menschheit, Gericht, Gerechtigkeit, Gnade.

Der blinde Fleck dieses Essays ist die Kategorie »Stoff«. Wenn die Wahrheit von der Kunst erreicht werden kann über die Arbeit am »Stoff«, dann stellt sich die Frage, woher dieser »Stoff«, diese »noch mögliche Geschichte« denn stammt. Das wird nicht beantwortet. An Stelle der Antwort steht das Beispiel, die Erzählung »Die Panne«.

Erst im Spätwerk stellt sich Dürrenmatt grundsätzlich diesem Problem. Erst jetzt rückt die Kategorie des »Stoffs« als solche ins Zentrum seines Nachdenkens, und der Autor nähert sich einer entsprechenden Theorie. Dabei bleibt das Prinzip bestehen, daß nicht über das eigene Ich, sondern allein über den »Stoff« so etwas wie Wahrheit in der Literatur zu erlangen sei. Diese Wahrheit wird nun aber nicht mehr so unerschrocken gleichgesetzt mit Gericht und Gerechtigkeit – und schon gar nicht mehr mit Gnade. »Gnade«, einst ein Hauptwort seines Schreibens, treibt der späte Dürrenmatt seinem Werk gnadenlos aus.

Wenn wir von hier aus auf Dürrenmatts letzten Brief an Frisch blicken, wird deutlich, daß in diesem kurzen, aber hart erarbeiteten Text das geschieht, was Schiller gegenüber Goethe sofort tat und was Dürrenmatt gegenüber Frisch stets verweigerte: die andere Art des Schreibens nicht als falsch zu deklarieren, sondern als den gleichberechtigten Gegentypus anzuerkennen. Das verdichtet sich in dem außerordentlichen Satz: »Als einer, der so entschlossen wie Du seinen Fall zur Welt macht, bist Du mir, der ebenso hartnäckig die Welt zu seinem Fall macht, stets als Korrektur meines Schreibens vorgekommen.«[5] Den eigenen Fall zur Welt machen, das ist die Verallgemeinerung des privaten Ichs, die hier emphatisch gebilligt wird. Jetzt erst, 1986, zu Frischs 75. Geburtstag, ist eine Bestimmung der eigenen ästhetischen Position möglich ohne Polemik gegen die Gegenposition.

Keine zehn Jahre früher aber, im Auftakt zum ersten Band der »Stoffe«, hat Dürrenmatt den Gestus der polemischen Abgrenzung noch einmal scharf vollzogen, indem er seine literarischen Opponenten kurzerhand als »die Exhibitionisten« bezeichnete. Er teilt sie in zwei Gruppen auf, wobei hinter der zweiten Art erneut Max Frisch zu erkennen ist: »Ich gehöre (nicht) zu den Exhibitionisten unter den Schriftstellern – nicht zu den schamlosen, die sich ohne Hosen präsentieren, nicht zu den schamvollen, die ihr Leben ummontieren, umdichten, umschachteln – [...]. Ich zähle zu den Gedankenschlossern und -konstrukteuren, die Mühe haben, mit ihren Einfällen fertig zu werden [...].«[6] 25 Jahre nach der »Panne« geschieht da noch einmal die unvermindert harte Abfertigung der Wahrhaftigkeitsästhetik. Dennoch tritt jetzt etwas Neues hinzu. Es ist die entschlossene Reflexion auf den Gegenstand der eigenen Arbeit, den »Stoff«. In deutlicher Parallele zum früheren Essay erscheint das Bild vom sich abmühenden Gedankenschlosser an genau der Stelle, wo damals das Bild vom sich abmühenden Bildhauer stand. Wenn aber dort nie die

Rede davon war, wie der Bildhauer zu seinem Gegenstand kommt, geht es jetzt leidenschaftlich und bewegt um die Frage, auf welchen Wegen der Schlosser sein Material gewinnt. Damals fiel das Wort »Stoff« ganz nebenbei, jetzt tritt es in die Mitte der Überlegung.

Ich zähle, sagt Dürrenmatt, »zu jenen Schriftstellern, die nicht von der Sprache her kommen, die sich vielmehr mühsam zur Sprache bringen müssen. Nicht weil ihre Sprache ihren Stoffen nicht gewachsen wäre: ihre Stoffe sind der Sprache nicht gewachsen, außerhalb von ihr angesiedelt, im Vorsprachlichen, noch nicht genau Gedachten, im Bildhaften, Visionären. Nicht meine Gedanken erzwingen meine Bilder, meine Bilder erzwingen meine Gedanken. So zielt meine Schriftstellerei von mir weg.«[7] Das ist eine geheimnisvolle Stelle. Auf die stolze Erklärung, daß er nie sein privates Erleben verallgemeinere, folgt hier das fast demütige Bekenntnis einer rätselhaften Herkunft dessen, was nun immer spezifischer »meine Stoffe« heißt.

Wir müssen terminologisch aufpassen. Was Dürrenmatt »Stoff« nennt, deckt sich überhaupt nicht mit dem literarisch landläufigen Sinn dieses Wortes. Unter einem Stoff verstehen wir nämlich gemeinhin die bloße historische oder thematische Sache, deren sich ein Autor annimmt. Die Ermordung Caesars ist ein Stoff oder die Liebe zwischen zwei Menschen aus verfeindeten Familien. Für einen Lyriker ist der Sonnenaufgang ein Stoff oder der Rheinfall oder ein Baum im Herbst. Ein Stoff ist dadurch bestimmt, daß ihn auch andere bearbeiten können und meist auch schon bearbeitet haben. Medea ist ein Stoff, den viele Dramatiker bearbeitet haben, die Vergänglichkeit der Rose ist ein Stoff, den viele Lyriker bearbeitet haben, und beides wird noch hundertmal geschehen.

Von diesem Begriff des Stoffs unterscheidet sich Dürrenmatts Begriff absolut. Was er meint, ist etwas ganz und gar nur ihm Zugehöriges, ist der immer neue Kern seines Schaffens. Der Stoff ist bei ihm tief verbunden mit dem Geheimnis der Inspiration, aber auch der Erkenntnis überhaupt. Was er Stoff nennt, ist die Epiphanie eines Kunstwerks vor aller Gestaltung. »Vision« wäre das genauere Wort. Der Stoff ist eine Vision mit der Potenz zum Kunstwerk. Von einer Vision kann ich nicht sagen, ob ich sie mache oder ob sie mir geschickt wird. Ich weiß nur, daß sie sich ereignet. Sie ist sinnhaltig, ist verdichtete Bedeutung, die ich selbst noch gar nicht begreife. Die Vision und damit auch der Dürrenmattsche Stoff ist ein spirituelles Ereignis von hoher Gewalt. Sie unterwirft das dichterische Subjekt ihrer Macht, und sie ruft den Macht- und Gestaltungswillen des dichterischen Subjekts hervor. Deshalb kann Dürrenmatt sagen, daß seine Stoffe »im Vorsprachlichen angesiedelt« seien, im »noch nicht genau Gedachten«. Und der seltsame Satz »So zielt meine Schriftstellerei von mir weg« kann nur heißen: Meine Schriftstellerei ist der endlose Versuch, mit Visionen fertig zu werden, die zu mir kommen wie ein Engel oder ein Dämon, als etwas ganz anderes jedenfalls. Diese Visionen oder Stoffe besitze ich nicht in dem Sinne, wie ich eine private Erinnerung besitze, aus der ich dann eines Tages eine Erzählung mache. Im letzteren Fall zielt meine Schriftstellerei auf mich selber, auf mein vertrautes Erlebnis; im Fall der Vision zielt meine Schriftstellerei von mir weg auf die fremde Erscheinung.

Wie aber verhält sich nun diese Vision zur Wahrheit? Die Stoffe, sagt er, sind angesiedelt »im Vorsprachlichen, noch nicht genau Gedachten, im Bildhaften, Visionären«. Und nur mit größter Mühe, sagt er weiter, kann ich einen Stoff überhaupt in Sprache umsetzen. Die Sprache ist ihm eigentlich wesensfremd. Der Stoff als Vision ist nicht nur *vor* aller Sprache, sondern auch über alle Sprache hinaus. Er ist Bild, also Zeichen im höchsten Sinn und eine Form der Mitteilung durchaus, aber er ist ein Zeichen, das zu keinem Code gehört. Und der Schriftsteller steht nun da und soll es übersetzen in die literarischen Codes, in das Zeichengefüge der Literatur: Sprache, Rhythmus, Figurenkonstellation, Erzählstruktur, Dramaturgie, Artifizialität des Raums und der Zeit. Indem er das macht, riskiert er jedoch die Zerstörung der Vision. Was zuletzt dasteht, ist vielleicht etwas ganz anderes, und die ursprüngliche Gewalt der Epiphanie ist verschwunden. Deshalb sagt Dürrenmatt an der erwähnten Stelle: »Die ungeschriebenen oder nicht vollendeten Stoffe (verhalten sich) unmittelbarer zu meiner Welt [...] als die geschriebenen Stoffe, die gefiltert, umgeformt, verformt, zwar immer wieder neu gestaltet, aber doch schließlich abgeschlossen, zur Sprache gebracht, damit der Sprache angepaßt, angenähert sind.«[8]

Der entscheidende Punkt ist hier nicht etwa die Sprachskepsis, die als philosophischer Topos seit hundert Jahren zur klassischen Moderne gehört. Der entscheidende Punkt ist die Frage nach der Wahrheit der Vision. Indem er auf der Unzulänglichkeit der Wahrhaftigkeitsästhetik insistierte, hat Dürrenmatt den Wahrheitsgehalt der eigenen Ästhetik unterstellt, Wahrheit im überpsychologischen Sinn: »Gericht und Gerechtigkeit (werden) sichtbar, vielleicht auch Gnade.« Die hohe Gewalt, die von einer Vision ausgeht, nähert sich damit der Einwirkung transzendenter Mächte. Einem Stoff, meint der Dichter, kann der Dichter nicht mehr entkommen: »Ein Stoff, auf den wir einmal stießen, entläßt uns nie mehr. Wir bleiben in seiner Schwerkraft gefangen.«[9] Das ist ein Bild aus der Astronomie: in der Schwerkraft gefangen sind die Planeten gegenüber der Sonne. Die Sonnenmetapher aber ist die älteste Verbildlichung der Wahrheit.

Dann wäre also in der Vision, wäre im »Stoff« die Wahrheit inkarniert, die anschließend vermittelt wird durch die Verfahren der Kunst. Und der Dichter wäre der Seher im religionshistorisch emphatischen Sinn. Dürrenmatt als Teiresias. Dürrenmatt auf Patmos. Das ist nicht so absurd, wie es sich anhört. »Die Schriftstellerei und der Glaube sprechen die gleiche Sprache«, heißt es in einer der wichtigsten autobiographisch-poetologischen Passagen des Spätwerks[10]. Er sei einst, berichtet er dort, in einer einzigen, lebensentscheidenden Sekunde aus dem Glauben des Vaters hinaus- und in die Schriftstellerei hineingerannt. Und es fällt der Satz: »Die Antwort auf alle Fragen sind seitdem nichts als die Stoffe, die ich schrieb oder nicht schrieb – weil es keine andere Antwort gibt«[11] (II.231). Man muß erneut auf die Wahl der Worte achten. »Antwort auf alle Fragen«, das ist ein Ausdruck, der es in sich hat. Das zielt nicht nur auf irgendeine Wahrheit, das zielt auf die Summe aller Wahrheiten. Der Ausdruck hat einen Klang, der die letzten Dinge streift.

Im gleichen Kapitel bezeichnet Dürrenmatt jenen sekundenlangen Vorgang des Hinausrennens aus dem Vaterglauben, das ein Hineinrennen in die Schriftstellerei gewesen sei, auch als ein Hinausrennen aus der Philosophie in den eigenen Glauben hinein[12]. Damit setzt er seine Schriftstellerei unzweideutig gleich mit dem Glauben, aber nicht mit jenem seines pfarrherrlichen Vaters und überhaupt nicht mit dem Christentum und auch mit keiner andern Religion. Seine Schriftstellerei ist vielmehr identisch mit seinem Glauben insofern, als sie nichts anderes ist als ein lebenslanges Ausgeliefertsein an die Visionen, die »Stoffe«, ein lebenslanges Sich-Abarbeiten an den Visionen, den »Stoffen«, weil es außerhalb ihrer für ihn keine Wahrheit gibt.

Und da gerät er nun in eine logische Crux. Wenn es keine Wahrheit gibt außerhalb meiner Vision, bedeutet dies denn auch schon zwingend, daß die Vision selber wahr ist? Wenn es außerhalb des Waldes keine Bären gibt, ist dies wirklich der Beweis, daß es im Walde Bären hat? Mit der Antwort auf diese Frage steht und fällt der

Sinn von Dürrenmatts immenser Lebensarbeit. Und nach den Gesetzen der Logik muß tatsächlich damit gerechnet werden, daß er fünfzig Jahre lang unentwegt auf Bärenjagd ging in einem Wald, wo keine Bären leben.

Ich halte fest: Dürrenmatt lehnt alle Literatur ab, die in der Gestaltung und Vermittlung des privaten Erlebens besteht. Nicht die Intimität des Ichs darf Gegenstand der Kunst sein, sondern die verbindliche Wahrheit unabhängig von allem Privaten, unabhängig vom Ich des Autors und seinen Ich-Nöten, seinen Du-Nöten, seinen Wir-Nöten. Der einzige Weg zu verbindlicher Wahrheit ist für Dürrenmatt die Vision, der »Stoff«. Im Prozeß der künstlerischen Arbeit wird diese Vision unendlich langsam geformt, gestaltet, sprachlich umgesetzt, und sie wird schließlich zu dem, was er, wiederum mit einem Wort von ganz eigener Bedeutung, »Gleichnis« nennt.

Nach der Lektüre von Platons »Politeia«, berichtet er, nach der Begegnung mit dem Höhlengleichnis, habe er erstmals die Möglichkeit gesehen, die Welt darzustellen. Und es ist spannend zu sehen, wie er nun den Begriff des Gleichnisses mit dem Begriff der Vision verknüpft, nicht systematisch, aber so, daß wir die Art der Überlagerung erkennen, die die Begriffe Vision, Stoff und Gleichnis bei ihm erfahren. Ich zitiere aus den »Stoffen VII«: »Zum ersten Mal sah ich einen Weg, die Welt darzustellen.« Das ist ein Satz von Gewicht. Er meint eine Kunst, die auf das Ganze der Weltwirklichkeit zielt, vom Autor weg auf die Sache im höchsten Sinn. Der Satz hat aber auch noch eine Fortsetzung: »Zum ersten Mal sah ich einen Weg, die Welt darzustellen. Durch Gleichnisse. Sie entsprachen dem, was mir in der Malerei die Vision bedeutete: der einzige Grund zu zeichnen und zu malen. [...] Gleichnisse sind wie Visionen, nie eindeutig.«[13]

Es gibt hier einmal mehr ein terminologisches Problem. Genaugenommen ist das »Gleichnis« der Endzustand, die ausgearbeitete Vision; im Auf und Ab seiner Überlegungen aber gebraucht Dürrenmatt die Begriffe Vision, Stoff und Gleichnis praktisch deckungsgleich. Das entscheidend Neue innerhalb unseres Beobachtungsprozesses ist indessen seine These, daß es ihm nun möglich geworden sei, durch Vision, Stoff, Gleichnis »die Welt darzustellen«. Denn das kann nur heißen, es sei ihm möglich geworden, die verbindliche Wahrheit über die Welt in die Kunst einzuholen.

Hier liegt ein merkwürdiger und faszinierender Berührungspunkt vor zwischen Dürrenmatt und einer viel älteren Ästhetik, einer entschieden nichtmodernen Ästhetik, deren Mittel er nun gebrauchen kann für seine trotz allem moderne Kunst. Dürrenmatt setzt die Vision als das einzige ihm unbezweifelbar Gegebene. Dieses unbezweifelbar Gegebene zum Kunstwerk zu formen, zu bildhauern, zu schlossern, wird sein Beruf. Weil die Vision ein unbezweifelbar Gegebenes darstellt und weil sie gleichzeitig klar umrissen und abgesteckt ist, ergibt die Ausgestaltung der Vision ein Kunstwerk, das in seiner Geschlossenheit den Prinzipien der Moderne zu widersprechen scheint.

Um den historischen Zusammenhang deutlich zu machen, muß ich hier an ein ästhetisches Axiom des 18. Jahrhunderts erinnern, aus dem die Autoren einst die Sicherheit und Zuversicht erlangten für ihre Tätigkeit des Weltabbildens. Bei Lessing heißt es an einer Schlüsselstelle der »Hamburgischen Dramaturgie«, im 79. Stück, über den Dramatiker: »Das Ganze dieses sterblichen Schöpfers sollte ein Schattenriß von dem Ganzen des ewigen Schöpfers sein.«[14] Der »sterbliche Schöpfer« ist der Autor; sein Werk ist das verkleinerte Abbild dessen, was der »ewige Schöpfer«, Gott, geschaffen hat; im Ganzen des Kunstwerks ist uns auch das Ganze der Welt gegenwärtig. Ähnlich meint Jakob Michael Reinhold Lenz, es sei Aufgabe des Dichters, Gottes »Schöpfung ins Kleine zu schaffen«[15] (Anm. übers Theater 645). Und früher noch, 1713, schrieb Leibniz an den spätbarocken Romanautor Herzog Anton Ulrich von Braunschweig: »Und niemand ahmet unsern Herrn beßer nach als ein Erfinder von einem schöhnen Roman.«[16] Das heißt: Der Schriftsteller kann die Wahrheit der Welt verbindlich wiedergeben, und diese Möglichkeit, das große Ganze nachzubilden, begründet auch die geschlossene Form des literarischen Werks. In der Erkenntnis des kleinen Ganzen erschließt sich mir die Totalität des großen. Das literarische Werk vor Augen, erkenne ich die Wahrheit der Schöpfung. So zielt die Ästhetik von Aufklärung und Klassik entschieden und selbstgewiß immerzu auf das Ganze. Und wenn sich Dürrenmatt im »Pannen«-Essay als »eine Art Klassiker« bezeichnet, muß es in diesem Sinne gemeint sein. Er arbeitet nicht an der Wahrhaftigkeit seiner schreibenden Person, sondern an der Wahrheit der Welt. Er zielt auf das Ganze.

Aber wer zum Teufel garantiert ihm den Besitz dieser Wahrheit?

Leibniz, Lessing, Lenz – ihnen garantiert die Vernunft, der »Schein des Himmelslichts«, wie Mephisto sie nennt, sowohl die richtige Erkenntnis der Welt wie auch deren zuverlässige Wiedergabe. Leibniz, Lessing, Lenz glauben an die Verläßlichkeit der Vernunft, wie sie an die Verläßlichkeit Gottes glauben. Der Dichter als »sterblicher

Schöpfer« steht in realer Analogie zum »ewigen Schöpfer«. Sein Werk, der »Schattenriß« der göttlichen Schöpfung, ist so wahr wie diese. Und am Ende seines Werks werden Gericht und Gerechtigkeit und Gnade genauso zum Ereignis, wie sie sich im Weltganzen vollziehen.

Nun hat Dürrenmatt aber weder den Glauben an einen zuverlässigen Gott noch den Glauben an eine zuverlässige Vernunft, noch den Glauben an die Möglichkeit einer zuverlässigen Welterkenntnis. Vielmehr lehnt er die Zuverlässigkeit aller drei entschieden ab. Was er hat, ist einzig und allein die Vision. Sein stolzer Anspruch auf Wahrheit, den er gegenüber dem Ich-Kult der »Exhibitionisten« erhebt, begründet sich einzig auf der Realität dieser Vision. Und sein Weg, ein Kunstwerk zu schaffen, das nicht bloß wahrhaftig ist, sondern wahr, führt allein über die Verwandlung der Vision in das sprachlich geformte Gleichnis.

Was aber, wenn die Vision nur eine phantastische Halluzination wäre, ein farbiger Nebel vor zwei besoffenen Augen? Fällt dieser Autor dann nicht weit hinter die »Exhibitionisten« zurück, die wenigstens die Gewißheit ihrer Wahrhaftigkeit haben?

Das ist die Falle, in der Dürrenmatt steckt.

Gelegentlich versucht er sich zwar mit einem dialektischen Trick aus der Schlinge ziehen, doch je energischer er nachdenkt in seinen späten Schriften, um so näher kommt er dem beklemmenden Eingeständnis dieser Falle. Der Trick besteht darin, daß er den Schwarzen Peter dem Leser und Zuschauer zuschiebt, indem er sagt: »Gleichnisse sind an sich mehrdeutig, eindeutig werden sie nur durch den Deuter, durch den Leser, durch den Zuschauer, und das nur, wenn er vom Gleichnis betroffen ist, sonst bleibt für ihn das Gleichnis nur eine belanglose, verrückte Geschichte, und viele glauben, ich hätte nur solche geschrieben.«[17] Damit wäre der Autor fein raus. Wenn du nicht betroffen bist von meinem Gleichnis, dann gibt dieses auch keinen Sinn frei, und alles erscheint dir als Verrücktheit und dummes Zeug. So geht es natürlich nicht. Ein Schriftsteller, der sagt, daß seine Visionen »die Antwort auf alle Fragen« sind und daß sie ihm den Weg öffnen, »die Welt darzustellen«, kann einem Leser, der daran zweifeln sollte, nicht mit dem Argument begegnen: Du bist halt nicht betroffen, sonst würde es dir einleuchten. Sei du betroffen, dann bin ich wahr.

Nun ist Dürrenmatt allerdings viel zu furchtlos in seinem Denken, als daß er es bei einem solchen Sophisma bewenden ließe. In einer durchaus aufregenden Weise stellt er sich vielmehr den Paradoxien seiner Kunst. Was er will, mit allen Fasern seiner Existenz, ist Kunst als Weltdarstellung, Kunst als Weltabbildung, wie nur je ein Leibniz oder Lessing sie gefordert haben. Er will eine Kunst, die Antwort ist auf die Frage nach dem Ganzen. Die Leidenschaft die- ses Willens steckt in der Leidenschaft seiner Polemik gegen die »Exhibitionisten«, die von sich selber reden statt vom Ganzen.

Diese Leidenschaft macht ihn auch ungerecht der andern Kunst gegenüber, macht ihn ungerecht gegenüber Max Frisch, dessen sehr verwandte Paradoxien er als Defizit hinstellt, während sie in Wahrheit seine eigenen spiegeln. Daß die Wahrheit der persönlichen Existenz dem Autor Frisch stets in dem Maße entgleitet, in dem er sich ihr nähert; daß die Geschichten, in die Frisch diese Wahrheit kleidet, um ihrer habhaft zu werden, sie von ihm entfernen und zu einem immer wieder neuen Falschen führen (und doch ist es anders als in Geschichten nicht möglich, von der Wahrheit der eigenen Existenz zu reden) – dies alles müßte Dürrenmatt als ein tief verwandtes Treiben, als eine tief verwandte Leidenschaft erkennen, wenn er nicht so verzweifelt den Ausgang suchte aus der Falle, in der er steckt. Daß die Wahrheit der Welt mit der Wahrheit der eigenen Existenz unlösbar verhängt ist und daß eines ohne das andere nicht erlangt, nicht einmal gedacht werden kann, erfährt er ja gerade dort, wo er die Frage nach der Wahrheit der Welt am radikalsten stellt. Hier wird er – im Gegensatz zu Leibniz, im Gegensatz zu Lessing – entsetzlich auf sich selbst zurückgeworfen, auf sein eigenes, einzelnes, einsames Ich. Anatol Stiller in seiner Gefängniszelle, der für seinen Wärter Geschichten erfindet, die alle von ihm selber handeln, und Dürrenmatts Minotaurus in seinem Spiegellabyrinth, der überall nur sich selbst sieht und das Geschaute für eine Welt voller Mitgeschöpfe hält – diese zwei Ursituationen der zwei rabiatesten Existentialisten der deutschen Literatur sind einander so verwandt, daß der eigene Weg für jeden von ihnen offenbar nur über die Konstruktion einer fundamentalen Gegnerschaft und über schwere gegenseitige Verletzungen möglich wurde.

Der Minotaurus in seinem Spiegellabyrinth – damit ist das Stichwort genannt, unter dem sich die Falle zur Anschauung bringen läßt, in der der Autor Dürrenmatt steckt. Das Labyrinth und der Minotaurus sind mythische Chiffern, die in der Kulturgeschichte immer wieder aufgegriffen worden sind. In Pompeji gibt es eine antike Wandkritzelei, die ein Labyrinth zeigt und daneben den Spruch:

»HIC HABITAT MINOTAURUS«[18]. Das Labyrinth aber als ein Gefüge aus lauter Spiegeln darzustellen, ist Dürrenmatts eigene Schöpfung, seine Zutat zum Mythos. Die Neuerung überrascht, weil ja doch das Labyrinth als solches – der Irrgarten mit dem Stiermenschen in der Mitte, mit den blutigen Opfern die er fordert, mit der Erlösergeschichte die sich daran knüpft (Theseus), mit der Liebes- und Verratsgeschichte, die wiederum an diese Erlösergeschichte geknüpft ist (Theseus und Ariadne), und mit der Geschichte der Erlösung endlich auch noch der verratenen Frau durch den jungen Gott (Ariadne und Dionysos) –, weil dies alles bereits eine so unerhörte Verdichtung mythischer Erfindung darstellt, daß es der Zusätze und nachträglichen Steigerungen nun wirklich nicht zu bedürfen scheint. Nach dem Zeugnis aber, das Dürrenmatt in den Bänden der »Stoffe« über die Geschichte seiner Visionen gibt, ist bei ihm die Vorstellung von einer Existenz in einem geschlossenen Spiegelraum älter als sein Nachdenken über den Minotaurus.

In den »Stoffen III« findet sich dazu eine aufschlußreiche Stelle. Der Winter 1942/43 sieht Dürrenmatt in Zürich, wo er zu studieren vorgibt. Er hat sich mit dem philosophierenden Maler Walter Jonas angefreundet. Dieser liebt intellektuelle Fragespiele und stellt seinem nächtlichen Freundeskreis einmal die Frage, »wie ein Theaterstück mit nur einer Person gestaltet sein müsse«. Und dann heißt es ganz einfach: »Ich sah einen Mann in einem Spiegelsaal als Gefängnis.«[19]

Die Stelle ist kostbar, weil sie auf kleinstem Raum das Ereignis der Vision bezeugt. Das Problem, das der Maler aufwirft, löst bei Dürrenmatt keine theoretische, auch keine dramaturgische Reflexion aus, sondern führt zur blitzartigen Zündung einer Vision. Diese bleibt bestehen, jahrzehntelang, auch wenn sie zu keinem geformten Werk führt. Einmal hätte sie den Schluß eines Roman bilden sollen, »Der Rebell«, über den in den »Stoffen III« berichtet wird; zu einer tatsächlichen Gestaltung aber kommt es erst mehr als vierzig Jahre später mit der Prosaballade »Minotaurus«. Die Vision hat den Autor also sein ganzes Arbeitsleben lang begleitet; immer hat er sie als Möglichkeit mit sich getragen. Und sie ist deshalb von so großer Bedeutung, weil sie gewissermaßen die Vision über seine Visionen ist, die Metavision, wenn man so sagen will; weil sie in schlagender Weise die Falle verbildlicht, in der der Autor steckt.

Dieser Dichter, der nur seine Visionen hat als »Antwort auf alle Fragen«, der aber in diesen Visionen tatsächlich die »Antwort auf alle

Fragen findet« und dadurch auch die Möglichkeit, »die Welt darzustellen«, er gewinnt mit dieser einen, speziellen Vision vom Gefangenen im Spiegelsaal die Antwort auf die eine und spezielle Frage nach der Wahrheit aller seiner Visionen. Dabei öffnet sich nur allerdings ein logischer Zirkelschluß von klassischem Zuschnitt. Die Vision vom Gefangenen im Spiegelsaal sagt: Deine Visionen sind bloße Projektionen, die zurückgespiegelt werden, und was du als Botschaft betrachtest, als Antwort auf die Frage nach dem Weltganzen, ist nichts als dein eigenes Produkt. Du bist das Opfer einer lebenslangen Selbsttäuschung. Du bist der Minotaurus, der die Spiegelbilder für seine lebendigen Brüder hält. Die Vision vom Gefangenen im Spiegelsaal ist also insofern wahr, als sie die andern Visionen als Illusionen entlarvt. Wenn sie aber wahr ist als Vision, dann bestätigt sie damit exemplarisch den Wahrheitscharakter auch der andern Visionen. Sie kann nicht wahr sein, ohne damit auch die andern Visionen als wahr zu beweisen, aber ihre Wahrheit besteht gerade im Nachweis der Unwahrheit der andern Visionen. Das ist ein Zirkelschluß, so perfekt wie die alte Geschichte vom Kreter, welcher sagt, daß alle Kreter lügen.

Es ist nicht möglich, aus dieser Falle zu entkommen. Wobei hier sehr genau auf den Standpunkt zu achten ist, von dem aus die Schlüsselvision in unseren Blick gerät. Solange wir den Gefangenen im Spiegellabyrinth von außen sehen, solange wir selber also, wie Theseus, das Labyrinth betreten können oder nicht, so lange ist der illusionäre Charakter der Spiegelbilder eine banale Tatsache und der Minotaurus ein armes, an der Nase herumgeführtes Wesen. Genau betrachtet gibt es aber diesen Außenstandpunkt gar nicht. Wer die Metavision zu allen andern Visionen Dürrenmatts ernst nimmt, muß in die Situation des Minotaurus ganz und gar eintreten, also ohne das Wissen um ein Außerhalb. Dann ist keine Möglichkeit vorhanden, den Spiegel als Spiegel, die Illusion als Illusion zu entlarven. Dann bin ich, erkenntnistheoretisch gesprochen, Konstruktivist und Realist zugleich. Das darf man nie vergessen, wenn man sich mit dem Konstruktivismus des späten Dürrenmatt befaßt. Seine illusionslose Demontage aller verbindlichen Wahrheit ist immer auch die Haltung des Mystikers, der mit aufgerissenen Augen im Ansturm unerhörter Erscheinungen steht.

1 Friedrich Dürrenmatt: Die Panne. Eine noch mögliche Geschichte. Zürich 1961 (erstmals 1956). S. 7

2 ibid. S. 7f

3 ibid. S. 8

4 ibid. S. 12

5 Max Frisch / Friedrich Dürrenmatt: Briefwechsel. Hrsg. von Peter Rüedi. Zürich 1998. S. 166

6 Friedrich Dürrenmatt. Labyrinth. Stoffe I–III. Zürich 1990 (erstmals 1981). S. 12

7 ibid. S. 12f

8 ibid. S. 13

9 ibid. S. 176

10 Friedrich Dürrenmatt: Turmbau. Stoffe IV–IX. Zürich 1990. S. 229

11 ibid. S. 231

12 ibid. S. 233

13 ibid. S. 129

14 Gotthold Ephraim Lessing: Werke. Vierter Band. Dramaturgische Schriften. Hrsg. von Herbert G. Göpfert u.a. München 1973. S. 598

15 Jakob Michael Reinhold Lenz: Anmerkungen übers Theater. In: Werke und Briefe in drei Bänden. Hrsg. von Sigrid Damm. Band 2. München 1987 (gleichzeitig Leipzig 1987), S. 645

16 Mitgeteilt von Eduard Bodemann in: Zeitschrift des Historischen Vereins für Niedersachsen, Jahrgang 1888, S. 233. Ich verdanke diesen kostbaren Hinweis Albrecht Schöne.

17 Turmbau. A.a.O. S. 130

18 Reproduziert in: Christiane Zintzen: Von Pompeji nach Troja. Archäologie, Literatur und Öffentlichkeit im 19. Jahrhundert. Wien 1998. S. 84

19 Labyrinth. A.a.O. S. 291

Fragmente zu F. D.

»Jetz isch im ›Beobachter‹ e Kriminalroman, dä isch so guet wie die vom Glauser.« –

Der Satz markiert meine erste Begegnung mit Friedrich Dürrenmatt. Ich hörte ihn als Bub von meiner Mutter. Der Zeitpunkt läßt sich rekonstruieren. Es muß im Dezember 1950 gewesen sein. Wieso ich das noch weiß, ist mir rätselhaft; denn an die Lektüre kann ich mich nicht erinnern. Ich sehe die Szene aber noch ganz klar vor mir. Sie ist für mich heute ein Dokument. Der Erzähler Dürrenmatt begann als Volksschriftsteller, in einer Zeitschrift, einem Heftli. Mit dessen Verbreitung verglichen, waren die ersten Theateraufführungen zahlenmäßig eine Randerscheinung. Der »Beobachter« lag damals auf jedem Familientisch. Weder Frisch noch Walser hätten je für ein Heftli geschrieben; Glauser wohl. Die Heftli waren sogar Glausers eigentliches Medium. Es scheint, daß die Verlage nicht viel auf den Roman des neuen Heftli-Schreibers F. D. gaben. Die Buchausgabe erschien erst zwei Jahre später, bei Benziger in Einsiedeln. Was auch merkwürdig war – der monumentale Protestant in dem sehr katholischen Verlag. Von den zwei Einsiedler Jünglingen Keel und Bettschart wußte F. D. damals noch nichts. Er konnte nicht ahnen, daß sie ihn als Diogenes-Verleger Jahrzehnte später aus der schwersten Schaffenskrise seines Lebens retten und ins literarische Rampenlicht zurückholen würden.

»Ich bin heute ein Uhland.« –

Den Satz ließ F. D. gesprächsweise fallen, als ich ihn zum erstenmal persönlich sah. Was sollte das heißen? Ludwig Uhland war zu Lebzeiten der berühmteste Lyriker Deutschlands. Daß er, was Gedichte betraf, der einzige legitime Nachfolger Goethes sei, war unbestritten. Selbst Heine hielt ihm gegenüber seine böse Zunge zurück. Allmählich schrumpfte dieser Ruhm ein. Nur in den Schulen hielt er sich ungebrochen. »Des Sängers Fluch« und »Das Glück von Edenhall« blieben Lesebuchklassiker, bis die Pädagogen herausfanden, daß das Auswendiglernen von Gedichten der Kinderseele schaden könne. F. D. sah mit Unbehagen, wie er vom Bühnenschreck zum Unterrichtsstoff der Mittelschulen wurde, vom Gegenstand öffentlicher Auseinandersetzungen zu einem Aufsatzthema – »Was will uns der

Dichter damit sagen?« Als er den bitteren Satz vom zweiten Uhland fallenließ, hatte er allerdings schon angefangen, sich mit seinem Spätwerk ein glanzvolles Comeback zu schaffen. Für den Unterricht gelten diese Bücher als eher ungeeignet.

Populär war er schon. –

Man mochte ihn in der Schweiz. Er war dick, und er galt als lustig. Was die Schweiz mit jedem großen Autor, wenn er mal gestorben ist, versucht, war bei ihm längst angelaufen. Man nahm ihn als Clown. Wie Keller, den Säufer; wie Gotthelf, die Emmentaler Speckschwarte. Schriftsteller, die als Komiker gehandelt werden können, haben bei uns ausgesorgt. Die andern gelten als unangenehm. Wahrscheinlich haben sie private Probleme.

»Wie zwei Dackel an einer Schnur« –

So, meinte Gottfried Keller einmal, führe man ihn und C. F. Meyer immerzu öffentlich spazieren. Stets zu zweit. Das nervte ihn. Vielleicht weil er Meyer im Grunde nicht ausstehen konnte. Vielleicht konnte er ihn aber auch gerade deshalb nicht ausstehen. So ging es F. D. mit Max Frisch und diesem mit jenem. Sie taten sich schwer miteinander. Einst waren sie herzlich befreundet. Später haben sie einander öffentlich verletzt, der eine im legendären »Penthouse«-Interview, der andere auf den Seiten über den Herrn Neuenburger im »Blaubart«. Dabei zweifelte keiner am Rang des andern. Im Gespräch kam jeder früher oder später auf den schwierigen Kollegen zu sprechen, unweigerlich. Jeder war ein Teil von des anderen Jugend. Aber die Dackelrolle ertrugen sie nicht.

Wann sie auseinander gerieten? –

Vielleicht war es damals, als sie zusammen einen Abend im Schauspielhaus bestreiten sollten, mit zwei neuen kleinen Stücken. Beide hatten zugesagt. Die Welt fieberte dem Abend entgegen: Doppelslalom auf der Pfauenbühne. Frisch lieferte den »Biedermann«, F. D. lieferte nichts. Das Ereignis blieb aus. Daraus zu schließen, daß der Berner früher am Dackelsyndrom gelitten habe als der Zürcher, wäre voreilig. Der Visionär war der eigenen Kreativität gegenüber hilfloser als der Liebhaber der Geometrie. Vor allem aber lag ihm die Arbeit nach Maß nicht. Er brauchte Platz, so wie er den riesigen, unverrückbaren Schreibtisch brauchte. Frisch genügte zum Schreiben notfalls ein Flugticket und eine Hermes Baby.

Ganz zuletzt war's umgekehrt. –

Nach der Wende, im November 1990, wollte die Universität Leipzig beiden gleichzeitig den Ehrendoktor verleihen. Frisch traute der Sache nicht. Er hatte den Verdacht, für eine Weißwäscheraktion von Funktionären herhalten zu müssen. Als er mir die Kopie des Absagebriefes zuhanden des Archivs zustellte, legte er eine Karte bei: Goya, Porträt eines spanischen Prinzen, ein Kind mit unheimlich beobachtendem Blick. Darauf schrieb er: »Wie schon am spanischen Hof: Wer traut da wem?« F. D. nahm an. Ihn faszinierte der historische Moment. Was scherten ihn ein paar Mitläufer? Marx am Ende: das war ein Thema. Über Marx wollte er jetzt an der Karl-Marx-Universität eine Rede halten. Er starb über der Arbeit. Auf dem riesigen Schreibtisch stand zuletzt ein kleines mechanisches Püppchen, ein Männchen mit breitem Bart, Karl Marx. Vielleicht ließ er es laufen beim Schreiben.

Der Herr trug Nadelstreifen. –

Er saß eine Reihe vor mir, als Václav Havel am Duttweiler-Institut ausgezeichnet wurde und F. D. die Laudatio hielt über die Schweiz als ein Gefängnis voller Gefängniswärter. Der Herr, ich kannte ihn nicht, ein Politiker offenbar, erregte sich über den Redner. Er begann, dumpfe Töne auszustoßen, unartikuliert, mit geschlossenem Mund. Die Gattin saß starr neben ihm. Wenn F. D. in eine weitere Kurve seines verschlungenen Diskurses einbog, wurden die Töne lauter. Schließlich packte der Mann die Gattin bei jeder Pointe an der Schulter und schüttelte sie, als Wutableiter. Sie hielt lautlos und mit Würde hin. Am grimmigsten faßte er sie an, als F. D. lange aus Havels Schriften zitierte. Da er sehr monoton und mit immer dem gleichen jenseitigen Lächeln las, konnte einem der Wechsel vom eigenen zum fremden Text leicht entgehen. Der Herr in Nadelstreifen weiß sicher heute noch nicht, daß er sich damals am meisten über Havel selbst empört hat, zu dessen Ehren er doch erschienen war. Später berichtete mir eine Frau, die in der ersten Reihe saß, am Ende der Feier habe der anwesende Bundesrat dem Schriftsteller die Hand verweigert. Der Clown hatte noch einmal die Klauen gezeigt.

»... und voll von neuen Gesängen!« –

So endet eines seiner schönsten Schauspiele: »Ein Engel kommt nach Babylon«. »Gesang« ist wörtlich zu nehmen. Die ersten Stücke dieses Dramatikers bilden, so paradox es tönt, den Höhepunkt des lyrischen Schaffens in der Schweiz in diesem Jahrhundert. Die hymnischen Aufschwünge, die stürzenden Bilder, die orgelnden Choräle, das schräge Psalmodieren voller Dissonanzen und Gelächter, damit kann kein Lyriker konkurrieren, damit zieht keine Lyrikerin gleich. Paul Claudel hatte ihm die Zunge gelöst, mit dem »Seidenen Schuh«. Gegen diese katholisch-pontifikale Weltoper schrieb er sein protestantisches Wiedertäufer-Stück. Der Verherrlichung der einzigen Kirche setzte er die Verherrlichung der brennenden Sektierer entgegen, mit gleichen Mitteln, Gesang gegen Gesang – wie Mahler gegen Bruckner. Wo ist das Theater, das den Mut hat, die schallende Gewalt dieser frühen Stücke wieder auf die Bühne zu bringen?

Nochmals zu den Dioskuren. –
In der Villa oben am Berg in Neuchâtel hing neben dem Schreibtisch das Bild des Vaters, blicknah. Im Penthouse beim Stadelhofen war in der Bücherwand ein weißer Raum ausgespart, darin, wie eine Ikone, das Medaillon der Mutter. Dies könnte manches verdeutlichen, was die beiden verbindet und was sie trennt.

Er hatte ein Lieblingswort. –
Es lautete: Dramaturgie. Was immer F. D. beschäftigte, dafür entwarf er eine »Dramaturgie«. Dachte er über die Schweiz nach, schrieb er eine »Dramaturgie der Schweiz«. Beschäftigte ihn die Liebe, ergab sich daraus eine »Dramaturgie der Liebe«. Das Wort besaß für ihn eine unvergleichliche Magie. Es bezeichnete den genauen Schnittpunkt zwischen Theater und Philosophie, zwischen Theorie und Dichtung. So wie er mit der Bühne philosophierte, brauchte er zum Philosophieren eine Bühne. Er begriff sich als Denker ohne System. Statt des Systems trug er ein Spielfeld im Kopf. Konfrontiert mit einem Weltproblem, verwandelte er den schwierigen Zusammenhang in eine Spielanlage. Was die Schulphilosophen in abstrakte Begriffe übersetzen, übersetzte er in menschliche Figuren. Die stellte er auf seinem imaginären Spielfeld auf, bald so, dann wieder so, dann nochmals anders. Und jedesmal ließ er sie aufeinander los und beobachtete, was ablief. Das zeichnete er dann auf. So dachte er unentwegt szenisch, so inszenierte er unentwegt denkerisch. Gelegentlich machte er daraus dann tatsächlich ein Stück. Auch Erzählungen entstanden so. Eine der herrlichsten Schöpfungen dieser Art ist die Geschichte von Abu Chanifa und Anan ben David im »Essay über Israel«. Da geschieht beides: ein verknäueltes Weltproblem – die

Juden und die Araber – wird in ein Spiel mit wenigen Figuren übertragen, aber in der Durchführung dieses Spiels gewinnen die reduzierten Gestalten wieder die unergründliche Zeichenhaftigkeit einer Vision. Als die Theater F. D. zu schneiden begannen, machte er sich den eigenen runden Kopf zur Schaubühne und pfiff auf die Intendanten.

Wind, Tod, Schmetterlinge

Über Gerhard Meier

Gelegentlich taucht ein Indianer auf. Er fährt im Kanu den Fluß hinunter, hat zwei, drei farbige Federn im Haar und ist der letzte Mohikaner. Der Fluß ist die Aare bei Olten in der Schweiz, unweit der Autobahn Basel–Genf bzw. Berlin–Marseille.

Wenn man genau wüßte, wer dieser Indianer ist, aus welchem Stoff gefertigt und auf welchen Wegen zu welcher Wirklichkeit gebracht, dann wäre man dem Geheimnis von Gerhard Meiers Dichtung etwas auf die Spur gekommen. Daß man ihm ganz und gar auf die Spur kommt, weiß der Dichter allerdings zu verhindern, auf subtile Art, auf seine Art. Er verbirgt nämlich sein Geheimnis dadurch, daß er immerzu alles klarmacht. Eindeutig redet er von lauter Eindeutigem, benennt die Dinge und Menschen überaus sorgfältig und erklärt, wie es mit ihnen stehe und einmal gestanden habe. Und da sich nun diese Dinge und Menschen alle zusammen als eine kleine, überschaubare Welt, die Welt von Amrain, darstellen, begreifen wir beim Lesen immer weniger, warum uns das Ganze doch so rätselhaft bleibt, warum sich statt eines Gefühls von ruhiger Vertrautheit in wachsendem Maße dieser seltsam reißende Zug einstellt, die Empfindung, weggehoben zu werden, über Grenzen getragen von einem sanften, unerbittlichen Wind – wie Blätter, wie Rauch, wie Gewölk.

Aber vielleicht ist das eine Täuschung, vielleicht verlesen wir uns bloß beim Lesen und gehen dabei einem alten Fallensteller in die Falle. Dieser Gerhard Meier gehört ja, nach allem, was wir von ihm wissen, zur Sorte jener, die warten können. Er hat die gefährliche Geduld der legendären alten Jäger, die wußten, daß die Stunde einmal kommt, und die fähig waren, reglos auszuharren neben einer Höhle, einer Wasserstelle, einem Atemloch im arktischen Eis. Wie lange hat der Mann nicht gewartet in seinem Leben, bis er zu schreiben begann, gewartet, ohne sich aufzureiben und ohne sich zum Opfer zu erklären. In den Handgriffen der Arbeitswelt hat er die Handgriffe der Kunst geübt, in der Ökonomie des industriellen Materials hat er die Ökonomie der Sprache begriffen, und Ontologie, die Lehre vom Wesen der Dinge, hat er studiert in jahrzehntelanger Anfertigung von Dingen. Da ist schon mit der Möglichkeit zu rechnen, daß er uns, den Leserinnen und Lesern, als Schreibender immer um eine Überlegung voraus ist und wir ihm gerade dort, wo wir ihn endlich durchschaut zu haben meinen, in die Falle laufen – und er steht daneben und hat darauf gewartet und macht ein freundliches Gesicht.

Schauen wir einmal zu, machen wir die Probe aufs Exempel, fragen wir zum Beispiel nach jenem Indianer. Die Stelle findet sich in der »Ballade vom Schneien«, dem dritten Band der Amrainer Tetralogie. Da heißt es:

> Ich dachte an unseren Rundgang in Olten, wo Baur zu Beginn gesagt hatte, mit drei, vier, fünf Jahren zehre man von den Bildern, die man mitbekommen habe als Mitgift fürs Leben. Mit drei-, vier-, fünfundsechzig Jahren gehe man einen Fluß entlang, deklariere diesen als einen nordamerikanischen, empfinde dessen Grau-, Orange-, Gelbtöne als indianische Töne, halluziniere ein Kanu darauf, mit dem letzten Mohikaner darin, gekrönt mit zwei, drei bunten Federn.

Ist das nicht eindeutig genug? Die Praktiken kennen wir doch. Zwar kennen wir sie nicht aus der Gegend der Aare bei Olten in der Schweiz, unweit der Autobahn Basel–Genf bzw. Berlin–Marseille, wohl aber aus der Gegend zwischen Wunsiedel, Hof und Bayreuth im späten 18. Jahrhundert. Ist das nicht genau die Alchimie der Innerlichkeit, die von den Figuren Jean Pauls unentwegt veranstaltet wird? So treiben es doch die Wuz und Walt und Fixlein, die armen Schlucker in ihrer bitteren, bitterkomischen Misere. Genau so greifen doch schon sie in den Vorrat von Bildern und Traumsequenzen, den sie sich seit der Kindheit in allen Schichten und Schächten der Seele angelegt haben. In der Kälte des Nordens können sie italienische Landschaften ausrollen mit Buchten und Zypressen und ekstatischen Vesuven; sie brauchen nur die Augen zu schließen im Januarfrost, und schon ist es Juni um sie her, es duftet nach Heu, und sie sitzen oben auf einem mächtigen Heuwagen, graben sich in das weiche Gebirge ein und fahren schwankend durch den narkotischen Sommer; und selbst noch auf dem Totenbett, uralt und ausgedörrt, verwandeln sie sich durch das bloße Berühren eines alten Spielzeugs wieder in das mutterberauschte Kind, das sie einst waren, und kollern mit einem Hund und zwei Hühnern durch die verschollene Stube, ein Knäuel tobenden Glücks.

Ereignet sich nicht ebendas auch wieder in den Büchern Gerhard Meiers, gedämpfter zwar, nüchterner und schweizerischer, ohne die immense Spannung zwischen Ekstase und Elend, aber doch als ein ähnlich kalkulierendes Operieren mit der Phantasie, der ältesten deutschen Droge, zum Zweck der fortlaufenden poetischen Überschichtung einer banalen Gegenwart? Denn was ist schon die Aare bei Olten, wenn sie nichts weiter ist als die Aare bei Olten? Und welchen Glanz gewinnt sie, wenn plötzlich der letzte Mohikaner auf ihr daherfährt mit seinen zwei, drei Federn am Kopf und in einem Farbenspiel der Wellen, von dem aus sich die ganze Landschaft verändert und dunkelgrün amerikanisch wird!

Das wäre eine eindeutige Deutung, eine sympathische Deutung – wer hat schon etwas gegen Jean Paul, seitdem man ihn auch in der Schule nicht mehr lesen muß! –, eine Deutung wäre es, für die sich viele schöne Belege finden ließen in Gerhard Meiers schönen Büchern, und sie wäre in ihrer ganzen sympathischen Eindeutigkeit falsch – auch wenn der alte Fallensteller vielleicht gar nichts dagegen hätte.

Nein, mit dem Gegensatz von Wirklichkeit und Phantasie, mit dem Deutungsmuster vom Fluchtraum der Innerlichkeit kommt man diesem Autor nicht bei. Die alten Männer, die in seinen Büchern denken und reden und betrachten, sind in Wahrheit nie auf der Flucht. Sie heben nie ab in ganz andere Räume, sondern arbeiten an der Gegenwart. Immerzu arbeiten sie an der ungeheuren Gegenwart dessen, was da ist. Um von dem, was da ist, zu reden, nehmen sie alle Risiken in Kauf. Die Blumen zum Beispiel treffen auf sie mit elementarer Wucht, und dann wird von Forsythien, Astern und Maßliebchen, ja, wahrhaftig Maßliebchen geredet, als könnte man einfach so von Maßliebchen reden. Wenn es bei Stifter einmal heißt: »Es ist hier eine Gewalt von Rosen …«, so könnte es bei Gerhard Meier ohne weiteres heißen: »eine Gewalt von Maßliebchen« – was es bei Stifter nun wiederum nicht heißen könnte und außer bei Gerhard Meier auch bei niemand anders. Es macht das Skandalöse seiner Prosa aus, daß er unsere stillschweigenden Abmachungen über das, was literarisch angängig ist und was nicht, was man noch sagen könne in einem anspruchsvollen Text und was man nun wirklich nicht mehr sagen könne, stillschweigend bricht, mit einer eisernen Behutsamkeit. Im Andrang der ungeheuren Gegenwart dessen, was da ist, verflüchtigen sich ihm die konventionellen Sprach- und Erkenntnismuster, all die antrainierten Usancen, mittels deren sich die Verständigen über die Wirklichkeit verständigen. Und wenn wir dann beim Lesen seiner Prosa die Empfindung haben, weggehoben zu werden, sanft und unerbittlich, so ist das keine Bewegung von den Dingen weg ins Innerliche und rein Imaginäre, sondern eine gefährliche Fahrt auf die Dinge zu, dahin, wo wir ihrer Gegenwart schutzlos ausgesetzt sind und vielleicht überhaupt erst erfahren, was Gegenwart heißt, wie ungeheuer sie sein kann, die Gegenwart eines Kirschbaums oder eines geschlachteten Kaninchens oder des Orion oder einiger Maßliebchen oder eines Selbstmörders, der sich vor Jahrzehnten in einem längst abgerissenen Schuppen den Tod beigebracht hat.

Solche Gegenwart ergibt sich nicht einfach, sie gibt zuerst einmal zu tun. Sie setzt Operationen voraus, die einer beherrschen muß, gelernt und geübt haben muß über lange Zeit. Insofern, was das hochentwickelte Operieren mit den Werkzeugen der Erkenntnis und der Einbildungskraft betrifft, darf man nun schon wieder an Jean Paul denken. Aber wo diesem die Welt immerzu doppelt wird, auseinandertritt in eine ätherische Traumkugel und eine bleierne Kugel Wirklichkeit, da will Gerhard Meier unbedingt, kompromißlos, mit eiserner Behutsamkeit den einen und einzigen Raum gewinnen. In diesem ist alles da, jetzt, ist ganz und gar da als Geschaffenes und Erkanntes, als Gerochenes, Gehörtes, Geschautes, ist jetzt da, und sei es längst vergangen oder erst im Entstehen begriffen, ist da mit der Gewalt der Stifterschen Rosen. An diesem Raum der unbedingten Gegenwart – »Anwesenheit« würde Botho Strauß sagen, »real presence« sagt George Steiner – baut Gerhard Meier Jahr für Jahr, Satz für Satz, Buch für Buch. Dem Gefüge dieses Raums entspricht das Gefüge des Romans, und dem Gefüge des Romans entspricht das Gefüge des einzelnen Satzes. Es geht überall um Tektonik, in einem poetischen, in einem metaphysischen, in einem syntaktischen Sinn.

Was immer gesehen und benannt wird in diesen Büchern, schafft Raum um sich, einen weiten, ruhigen Raum, und was sich bewegt in diesen Büchern, bewegt sich durch einen Raum, der gleichzeitig steht und atmet, schweigt und tönt. In diesem Raum wird die Zeit zur bloßen Zutat. Das grausige Sterben der Frau mit dem Krebs im Gesicht, einem Krebs, der nach außen aufbricht und nach innen das Gehirn zerfrißt, wird nicht gedämpft und gemildert dadurch, daß es vor vielen Jahren geschah und die Frau längst begraben ist. Wo die Zeit zur bloßen Zutat wird, heilt sie auch keine Wunden, und das Schreckliche verdämmert nicht in einem langsamen Entgleiten, sondern ist nach allen Jahren immer noch unmittelbar da und gegenwärtig und vis-à-vis.

»Nichts was mir je war raubt die vergänglichkeit«, heißt es in einem geheimnisvollen Gedicht Stefan Georges (»Juli-Schwermut«). Das ist ein tröstlicher und ein trostloser Satz zugleich. Er gilt in beidem auch für Gerhard Meier, in dessen Büchern man den Toten mitten unter den Lebendigen begegnet – den Toten, als wären sie nie gestorben, den Lebendigen, als wären sie schon lange tot. Alles lebt, und alles ist vom Tod getränkt, ist vollgesogen von Sterben und Verendenmüssen. Wer das beim Lesen plötzlich begreift, den könnte es schon auch in Panik treiben, davonstürzen lassen oder das Buch in die Ecke schleudern wie einen Skorpion, den man unverhofft in der Hand hält mit seinem aufgekrümmten, bebenden Stachel. Auf eine fast tückische Art schillert die Sanftmut dieser Bücher ins Trostlose hinüber. Und dieses spiegelt ebenso unberechenbar zurück in die altertümliche Sanftmut, jene Clementia, die noch im 18. Jahrhundert als Attribut der Könige galt. Das macht es dann zuletzt ganz unmöglich, in einem Vorgang wie, beispielsweise, der Parade der Selbstmörder das Friedliche vom Schrecklichen zu trennen:

> Und ich bekam das Defilee der Amrainer Selbstmörder vor Augen, das Kaspar Baur gelegentlich abgenommen habe, oben bei der Brauerei, unter den Kastanien, von wo aus er das Anrücken dieser Parade gut habe überblicken können, weil doch die Straße zum Unterdorf hin abfalle, wobei dieses Defilee der Selbstmörder in letzter Zeit angeführt worden sei vom jüngsten, blühendsten, gescheitesten aller Amrainer Selbstmörder, vom Schmetterlingsforscher eben, der aber Maschinenzeichner geworden sei und dann sogar noch habe Maschinenschlosser werden wollen. Wie der Dirigent der Blechmusik sei er jeweils dahergekommen, umwölkt freilich von Kohlweißlingen, Pfauenaugen, Zitronenfaltern. Und einige hätten Stricke mitgetragen, andere Revolver, wieder andere das Armeegewehr. Gelegentlich hätten sie, wie auf Kommando, die Stricke, die übrigens am stärksten vertreten gewesen seien, die Revolver, die Armeegewehre geschwungen, wie Demonstranten, die gegen einen König rebellieren, gegen einen Diktator, oder die einen solchen haben wollten.

Wie das hier ineinandergreift: die gutmütige Dorfkultur mit Blechmusik und Vereinsumzügen, der einsame Radikalismus der Selbsttöter und ihr paradoxes Kollektivverhalten, die äußerste Tat als Akt der Auflehnung und der Unterwerfung zugleich, als Rebellion gegen jede Herrschaft und entschiedene Sehnsucht danach, wie dies alles gleichzeitig da ist in diesem heiteren Aufzug der dunkel Abgeschiedenen – ein Idyll ist das, von Goya geätzt.

Und dazu die Schmetterlinge. Man achte auf die Schmetterlinge. Höchste Aufmerksamkeit verdient bei Gerhard Meier alles, was der Luft verwandt ist und im Wind wohnt. Die Leichtigkeit zu gewinnen, in der die Gravitation sich aufhebt, ist das geheime Ziel aller Dinge. Jene Erfahrung beim Lesen, daß da ein Wind sei und man weggehoben werde, sanft und unerbittlich, korrespondiert mit dem allgemeinen Streben nach Schwerelosigkeit und Schweben in dieser erzählten Welt.

Man könnte ja überhaupt die Dichter so einteilen, wie Paracelsus die Geister eingeteilt hat: in Feuer-, Wasser-, Erd- und Luftwesen, Salamander, Undinen, Gnomen und Sylphen. Die einen reden aus Bränden heraus, kauern rußgeschwärzt neben Gluthaufen und sehen das Inferno am Horizont; die andern tauchen triefend aus den Wellen, kühl, fischblütig, partienweise geschuppt, und reden von der großen Ruhe in der Tiefe; die dritten wühlen sich gelegentlich aus Löchern und Gängen hervor, mit winzigen, sonnenblinden Äuglein, und raunen von ihrem kunstreichen Bau im Erdinnern, wo die Mutter niemals stirbt. Gerhard Meier aber gehört zu denen, die der Luft verschworen sind, dem bewegten Atem des großen Raums. Dieser bläst von den Gestirnen her oder von einem nahen Bergrücken oder einfach um die nächste Ecke. Er wird erlebt, wenn er die Bäume kämmt oder einen Kohlweißling trägt oder einen Wurf Konfetti am Boden behutsam aufstellt, dahinrollen läßt und wieder hinlegt – »so daß alle zur gleichen Zeit und auf dieselbe Seite zu liegen gekommen seien, gelegentlich noch aufmucksend, wenn ein Hauch darüber gestrichen sei«.

Der Wind in diesen Büchern, im Raum dieser Bücher berührt mit der gleichen taktilen Zärtlichkeit das Winzige wie das Enorme. Er beseitigt die Unterschiede zwischen dem Großen und dem Kleinen, dem Wichtigen und dem Banalen, dem Historischen und dem Namenlosen, aber auch zwischen dem Erinnerten und dem Heutigen und selbst noch zwischen Kunst und Leben, zwischen dem Gemalten und dem Gewachsenen, dem Gedichteten und dem greifbar Vorhandenen. All diese Differenzen, über die sich die Verständigen längst verständigt haben, beseitigt dieser Wind. Er ist ein durchaus meteorologisches Ereignis und ein durchaus spirituelles. Die alte Identität von Geist und Wind ist bei Gerhard Meier so selbstverständlich wie die ebenso alte Gleichsetzung der Seele mit den Bewohnern des Windes, den Faltern und Schmetterlingen. Auch diese behalten ihr zoologisches Wesen. Sie bleiben das wissenschaftlich bestimmte und erforschbare Phänomen, selbst wenn sie um den auferstandenen Selbstmörder tanzen, den »Schmetterlingsmann«, wie er einmal genannt wird, »umschwärmt von Totenköpfen, Monarchen und Bläulingen«. Um keine Spur sind sie dabei unwirklicher, als wenn von ihnen sachlich berichtet wird:

> Ich sagte mir, daß jedes zehnte Lebewesen auf Erden ein Schmetterling sei, und daß Schmetterlinge auch Wanderflüge durchführten, daß sie von Afrika nach Europa flögen, über Berge und Meere hin. Der Totenkopf zum Beispiel gehöre zu diesen Wanderfaltern. Bei Rückenwind könne er die Geschwindigkeit eines Schnellzugs erreichen. Ein anderer berühmter Wanderfalter sei der Monarch. Dieser fliege von Mexiko über Tausende von Kilometern in den Norden der Vereinigten Staaten und nach Kanada. Seine Nachkommen flögen im Herbst wieder zurück nach Mexiko; so daß sie auch an jenem Allerseelentag zugegen gewesen sein müßten, als Yvonne und ihr Mann, der Ex-Konsul Geoffrey Firmin, unter dem Vulkan das Totenfest mitgefeiert hätten.

Da fliegen die Schmetterlinge also am Ende direkt in eine gedichtete Welt hinein, in den Roman »Under the Vulcano« von Malcolm Lowry, ohne Wirklichkeitsverlust, vielmehr unter Beweis stellend, daß die Toten, die Gedichteten und die Lebendigen von *einer* Beschaffenheit sind. So kann die Luft auch durch eine Eiche von Caspar David Friedrich streichen und von da gradaus weiter zu den Buchen- und Föhrenwäldern nördlich von Amrain. Was in diesem Wind steht, ist mächtig vorhanden, geschaut, gerochen, gehört. Über diesen Wind steht alles mit allem in Verbindung, und die Zeit ist bloße Zutat. Er bläst, und das Vergangene wird gegenwärtig. Das Ferne rückt heran, und der Schweizer Winkel grenzt an die russischen Ebenen:

> Da lagen sie nun, die Toten von Amrain, […] während die Winde übers Land strichen und das Martinisömmerchen den Birken gelbe Blätter aufsetzte, die im Wind vibrierten, in einem Wind, der aus

dem Osten kam, wo's die Kesselschlachten gegeben hatte, und wo noch immer Totenschädel herumliegen, Oberschenkelknochen, mit und ohne Schenkelhals.

So baut der Wind den Raum auf, den er durchweht. Sprachlich konkret aber werden die zarten Verknüpfungen, die dieser Wind stiftet, in den Relativsätzen, welche sich bei Gerhard Meier in langen Folgen aneinanderreihen – genau so, wie es uns die Lehrer immer als stilistisches Ärgernis hingestellt und verboten haben. Das eben zitierte Beispiel ist noch harmlos. »… die Blätter, die im Wind vibrieren, der aus dem Osten kommt, wo's die Kesselschlachten gegeben hat, wo noch Totenschädel herumliegen …« Solcher Satzbau kann sich anderswo über Seiten hin fortspinnen. Das Relativpronomen, die bescheidenste aller Satzverknüpfungen, wird bei Gerhard Meier metaphysisch, so wie bei Stifter das monotone »dann … und dann … und dann« tönen kann wie das Pochen der Weltuhr.

Gut denn also. Schön und gut. Doch wie verläßlich ist das alles? Eröffnet sich uns hier tatsächlich ein Blick in die geheime Beschaffenheit der Welt, in das, was die Romantiker den »Zusammenhang der Dinge« nannten und Baudelaire »les correspondances«? Ist das nun weise und visionär, oder ist es eine Art sublimer Narrheit? Was bringt das Ganze, nützt das Ganze, was heißt das Ganze im Klartext? – Genau dieser Frage entzieht sich Gerhard Meiers Dichtung mit unerbittlicher Behutsamkeit. Die Frage insistiert auf den sauberen Differenzen, den eindeutigen Kategorien und Funktionen, mittels deren sich die Verständigen weltweit über ihre Wirklichkeit verständigen, auf Tod und Leben, Krieg und Frieden, und je heftiger die Frage darauf insistiert, um so hartnäckiger, schlauer, planvoller entzieht sich ihr Gerhard Meiers Dichtung. In dieser Dichtung wirkt nicht nur die Geduld, sondern auch die List der legendären Jäger. Sie äußert sich in der mehrfachen Brechung der Rede, einer unablässigen Verwandlung ins Indirekte. Nie sagt hier einer, wie es ist und was gilt, wohl aber sagt er, was er jetzt denke, und meistens denkt er, was ein anderer einst gesagt habe, daß er denke oder noch früher einmal gedacht habe. Der Frage nach dem Klartext begegnet Gerhard Meier mit der Sanftmut des Konjunktivs. Eine geradezu Walsersche Höflichkeit steckt in diesen Konjunktiven, die dem Leser gestatten, alles für das zu halten, wofür er es zu halten eben geneigt ist: Phantasien, Gedankenspinnerei, *rêveries du promeneur solitaire*, sublime Narrheit, *sentimental journeys*, sachlichen Bericht oder ernste, deutliche Weisheit.

Und schließlich muß man dabei auch an Theodor Fontane denken, an die Art, wie er in seinen Romanen die Wahrheit immer jemandem als dessen eigentümliche Meinung in den Mund legt, sie nur gesprächsweise äußern läßt und alles Grundsätzliche aus der Direktheit der Autorenrede taktvoll in die Indirektheit der Figurenrede verschiebt. Da hört dann meistens einer zu, der nicht ganz gleicher Meinung ist, und die Leser können sich an ihn oder an den andern halten. So stellt sich auch Gerhard Meiers erzählte Welt in ihrer syntaktischen, poetischen, metaphysischen Tektonik ganz als das Gebäude eines einzelnen dar, als Konstruktion neben andern denkbaren Konstruktionen, de-konstruierbar also mit einer Handbewegung und sich selbst in Frage stellend allein schon durch die Konjunktive. Sie läßt uns in Freiheit, wie die Gespräche zwischen dem Herrn von Stechlin und Pastor Lorenzen uns in Freiheit lassen, keine Anhängerschaft fordern und keinen Fahneneid. Aber beides, was im Schloß Stechlin und was im Dorf Amrain gedacht und gesagt wird, entbindet uns auch nie von dem strengen Wissen, unter welchem Andrang es gesagt und gedacht wurde. Der Mann, Theodor Fontane, in dessen Büchern so gar kein Fahneneid abverlangt wird, hat fast alle Schlachtfelder seiner Zeit gesehen, Düppel, Königgrätz, Sedan, und hatte reichlich Gelegenheit, sich über die Fahneneide seine Gedanken zu machen. Und der andere, der der Frage nach dem Klartext mit der Sanftmut des Konjunktivs begegnet, stellt sich den Schlachtfeldern seines Jahrhunderts, stellt sich dem einzelnen wie dem zahllosen Tod mit nicht minder geweiteten Augen, nicht weniger schmerz- und mitleidfähig. Beide zeigen, wie gebrechlich die Ordnungen sind, die wir der schwarzen Zerstörung entgegenhalten, aber sie zeigen auch, daß es nicht geht ohne den Versuch, sich der ungeheuren Gegenwart dessen, was da ist und herandrängt, mit Geduld und List und Würde zu stellen.

Konstrukteur und Brückengänger

Über Hugo Loetscher

Den einen gibt's der Herr im Schlaf. Hugo Loetscher gehört zu den andern. Er liebt das Morgenlicht und die scharfe Wachheit. Ein Frühaufsteher wie Don Quijote, trägt er bei Tagesanbruch schon die Leibesfülle Sancho Pansas leichten Fußes über die Limmat, von der Storchengasse *rive gauche* hin zum Kaffeehaus *rive droite*. Dort liest er hinter heißen Tassen seine Zeitungen und schließt aus dem Vergleich ihrer unterschiedlichen Art zu lügen ruhig auf die Tatsächlichkeit der Ereignisse.

Die Wahrheit, die er so gewinnt, ist seine eigene. Für sie ist er ganz allein haftbar. Deshalb muß er bei der Arbeit wach sein. Er ist ein Intellektueller, der zu seiner Beschaffenheit steht, das heißt: zum Metier eines Menschen, dem niemand die Verantwortung für die Wahrheit, die er vertritt, abnehmen kann und der zum Erlangen dieser Wahrheit nichts weiter besitzt als den beweglichen Intellekt, den ausgeschlafenen Kopf und das trainierte Auge des Beobachters. Daß jene einen, denen es der Herr im Schlaf gibt, auch die Seinen sind, wie das Sprichwort meint, würde er wohl nicht von vornherein bestreiten, aber er nimmt sich das Recht heraus, mit dem Urteil zuzuwarten, bis die himmlischen Gaben öffentlich vorliegen.

Der Gang über die Brücke am frühen Tag, lange bevor ringsum die Rollgitter der Bijouterien rasseln, hat einen rituellen Einschlag. Loetschers erster Blick auf die Zürcher Innenstadt fiel ein aus Richtung Westnordwest, und sein Weg auf die Bildungshügel beidseits der Rämistraße führte über zwei Flüsse und einen Schanzengraben. Das war nicht nur ein topographisches Problem. Bei den Schriftstellern, deren erster Blick aus der Gegenrichtung auf die Innenstadt fiel, gehört die Universität in der Regel zum Lebensinventar wie das Sofa zum Wohnraum.

Darüber klagen sie denn auch. »Der Gang zur Universität war unvermeidlich«, schreibt Max Frisch im ersten Tagebuch, und glücklicherweise habe ihn der Tod des Vaters bald von der lästigen Pflicht befreit. Und der arme Fritz Zorn stellt mit unterdrücktem Wehlaut fest: »Daß ich studieren würde, war von vornherein keine Frage gewesen.« Bei Hugo Loetscher war, daß er studieren würde, von vornherein eine beträchtliche Frage, und der Gang zur Universität war ausgesprochen vermeidlich. Die scheinbar harmlosen Zürcher Flüsse bildeten soziale Barrieren, und daß er Schulung und Wissen und intellektuelle Übersicht über diese Barrieren hinweg gewinnen mußte, hat sein Verhältnis zur Bildung geprägt. Als es Mode wurde, sich der Bücher, die man gelesen hat, zu schämen und nur noch so zu reden, daß niemand etwas davon merkt, benahm er sich völlig unverfroren und ließ seine Belesenheit zum Vorschein kommen, wo immer es ihm paßte und am Platz schien. Er wußte, daß das prahlerische Ressentiment gegen die kulturellen Traditionen den Falschen zugute kommen würde, und er ist einer der wenigen, die immer wieder öffentlich darauf hingewiesen haben, wie sehr es bis heute den Falschen zugute kommt.

So vollzieht er denn also, sofern er wieder einmal in Zürich lebt, allmorgendlich jenen einstigen Gang über den Fluß wieder nach, als spielerisches Erinnerungsritual seiner Selbstwerdung.

Andere Leute seiner Herkunft würde man als Aufsteiger bezeichnen. Das Wort will bei Hugo Loetscher nicht passen. Er ist viel eher ein Brückenquerer, ein *Über*setzer, mit der Betonung auf der ersten Silbe: immerzu sucht er die Grenzflüsse, um überzusetzen. Und kaum ist er drüben, wittert er in der Ferne schon den nächsten Fluß. Die Dimensionen der Gewässer haben sich im Lauf der Zeit allerdings gewaltig verändert. Heute lebt er, als der Gereisteste aller Schweizer Autoren, mit Ozeanen und Orinokos. Doch an welchem Ufer er auch anlangt, gleich hört er den geisterhaften Fährmannsruf »Hol über!« und spürt die Not und die Notwendigkeit überzusetzen.

Dabei ist er ein Künstler. Was hat ein Künstler zu reisen? Bei Schaffenskrisen mag es ja angehen, zur äußeren Erfrischung und inneren Lockerung. Aber sonst? Goethe war nie in London und nie in Paris, Gottfried Keller nicht einmal in Italien, und daß John Knittel in Ägypten und Nordafrika lebte, macht die Bücher auch nicht besser. Die Funktion, die die extensiven Weltwanderungen für die Kunst Hugo Loetschers haben, ist komplex. Sie beschränkt sich keineswegs auf den Gewinn von exotischen Stoffen und Staffagen. Sie wäre wohl nur ganz zu ergründen vom geheimen Sinn jenes unablässigen Brükkenquerens und *Über*setzens her, von dem man nie genau weiß, ist es Flucht oder Zielstreben, entspringt es der Sucht oder der Angst, der Neugier oder dem Überdruß. Natürlich könnte man hier einmal mehr mit der schweizerischen Enge operieren, dieser inzwischen ausgeleierten Metapher aus den siebziger Jahren, wenn nicht gerade Hugo Loetscher zu denen zählte, die mit dem eitlen Wort nie etwas zu tun haben wollten.

Er ist ein Künstler, und als solcher will er genommen sein. Wie ein Kunstwerk zustande kommt, wissen wir nicht. Wir kennen zwar einzelne Faktoren und Zusammenhänge, für das Entscheidende aber gilt der Ausdruck, den die Mediziner brauchen, wenn sie wieder einmal überhaupt nicht dahinterkommen. Sie sagen dann: Die Sache ist kryptogen.

Auch Hugo Loetschers Kunst ist im Kern kryptogen, und so fragen wir nicht nach ihren Ursachen, sondern ihrer Form und Gestalt, nach den Gesetzmäßigkeiten ihrer Bewegung und dem Sinn, den es freisetzt für die zeitgenössischen Leserinnen und Leser.

Hugo Loetscher ist zunächst einmal ein witziger Dichter. Er kann Pointen setzen, und diese haben es in sich. Der Aufsatz über den Boutiquismus in den »Papieren des Immunen« ist der pointendichteste Text der Schweizer Literatur seit vielen Jahren. Er macht ein satirisches Ereignis von so eleganter Bosheit aus, ist so kultiviert im Austeilen der bitteren Treffer, daß man von einem neuen Maß im Bereich der polemischen Literatur des Landes sprechen kann – einem Feld übrigens, wo in der Regel immer noch die Waffenpalette von Morgarten vorherrscht: Felsbrocken, Morgensterne und ein großer Sumpf.

Dabei ist es auffällig, daß dieser Text nicht einfach die noch etwas höhere Zahl von Sarkasmen enthält, als es bei Loetscher sonst schon der Fall ist, sondern daß ihre Häufung klar zur Gestaltungsregel des Prosastücks gehört. Sobald man genauer auf die Verteilung achtet, wird deutlich, daß die Pointen das Ganze wie eine musikalische Struktur durchziehen und organisieren. Der Witz und die Witze sind bei Loetscher nie Selbstzweck, fast nie, sondern stehen im strengen Dienste des kompositorischen Konzepts.

Das führt zu einer weiteren Dimension seiner Kunst. Loetscher arbeitet konstruktiv. Auch hier wirkt das Gebot der scharfen Wachheit, unter das er sich gestellt hat. Für jeden Text sucht er die spezifische Sprache, und notfalls weiß er diese eigens anzufertigen. Deshalb sind seine Erzählungen kontrolliert bis zum letzten Komma, und den einzelnen Satz bearbeitet er mit dem Perfektionsanspruch des Technikers. Daraus ergibt sich einerseits die polierte Verknappung, anderseits aber auch die unbedingte Verantwortung des Autors für den Sinn. Das unterscheidet die Konstruktiven von den Expressiven. Die

Expressiven sagen: »Ich muß einfach, das kommt mir so, ich weiß auch nicht, was das Ganze soll.« Für die Konstruktiven ist so etwas fauler Zauber. Was das Ganze soll, unterliegt der gleichen Planung wie die Wortwahl und die rhythmische Kadenz der Sätze.

Daher gehört zum Spannendsten beim Loetscher-Lesen seine Art, uns darauf zu bringen, was das Ganze soll. Er sagt es nie platt heraus. Er verwickelt uns vielmehr in ein berechnetes Spiel. Dieses läuft so, daß ein möglichst einfacher Text plötzlich zu erkennen gibt: das meint noch etwas anderes; das zielt in eine zweite Richtung – wohin nur? Eine Rätselstruktur schießt in das klare Gebilde ein und zwingt uns, denkerisch nach Lösungen zu suchen. Die unbedingte Verantwortung für den Sinn, die der Autor Loetscher übernimmt, löst er ein, indem er die Leserinnen und Leser nicht mit einer expliziten Moral konfrontiert, sondern in ein Rätselspiel lockt, unausweichlich, das in seinem Raffinement an die allegorischen Künste und Koketterien des literarischen 18. Jahrhunderts erinnert. Nicht zufällig; auch das Siècle des lumières hielt es vorzugsweise mit den Ausgeschlafenen.

Schon im ersten Roman läßt sich dieses Kunstspiel studieren, und im zweiten und dritten wieder, und auch noch, immer etwas anders angelegt, im vierten und fünften: Von den »Abwässern« also über »Die Kranzflechterin« und »Noah« bis zum »Immunen« und schließlich den »Papieren des Immunen«. Am vielfältigsten abschattiert erscheint es im Buch der Tiergeschichten, »Die Fliege und die Suppe«, diesem helläugigen Wurf, in dem sich Brillanz und Herzlichkeit, Witz und Meditation, Zierlichkeit und Brutalität mühelos verbinden.

Was ist das Glück des Konstruktiven? Die Souveränität. Was ist die Not des Konstruktiven? Die Artifizialität. Er will sie, will nichts anderes, aber er ist gezeichnet vom Bewußtsein der Doppelung. Hier sein Gebilde und dort die lebendige Welt, hier das Artefakt und dort die Schöpfung. Mag das Treiben der Expressiven auch immer fauler Zauber sein, sie sehen in ihrem Werk unbekümmert die wuchernde, triebhafte Natur und lassen keine Doppelung gelten. Loetscher stellt sich seiner Erfahrung. Das dauernde Nachdenken über die Artifizialität, über den Riß zwischen Artefakt und Schöpfung, ist der modernste, der aufregendste Zug in seinem Schreiben. Dieses Nachdenken begleitet nicht einfach seine gestalterische Arbeit als ein äußerer Kommentar, sondern wird zum zentralen Teil der Arbeit selbst. Es dringt ein in die Erfindung, erscheint in der fabulierenden Mitte der

Geschichten. Dabei löst sich nun aber der Gegensatz von Leben und Nachahmung, Körper und Puppe, Wirklichkeit und Imitation auf, und das Erzählwerk wird zum Prüfstand für die wachsende Artifizialität unserer ganzen Welt.

Loetscher hat den Faksimile-Charakter der Zivilisation, in der wir heute angelangt sind, schreibend denunziert, bevor die französischen Poststrukturalisten ihn auf ihre flirrenden Begriffe brachten. In der Arbeit am »Immunen« erfuhr er, wie er sich selbst zur Kunstfigur machen mußte, zur Puppe im dramatischen Sinn, um der Wahrheit seiner eigenen Existenz habhaft zu werden. Und das schlug um in ein ätzendes Bewußtsein von der zunehmenden Puppenhaftigkeit der Lebenswelt. Die Simulation, so Loetschers Erkenntnis, steht heute der Wirklichkeit nicht mehr als deren ganz Anderes gegenüber, sondern hat sie eingeholt, durchsetzt sie und ist von ihr nicht mehr zu trennen. Das Faksimile ist echter geworden als das Original. Das Authentische ist eine Frage der Software. Die Herausforderung für den Künstler ist nicht mehr das Kunstwerk im Zeitalter seiner technischen Reproduzierbarkeit, wie noch, 1936, bei Walter Benjamin, sondern das Kunstwerk im Zeitalter der technischen Reproduzierbarkeit alles Lebendigen. In den »Papieren des Immunen«, einem Buch der Puppen und tragischen Duplikate, wird das bis in die unheimlichsten Konsequenzen durchgedacht und auserzählt. Auch die Tiergeschichten sind gefährlich schillernd davon eingefärbt, nicht weniger der USA-Bericht »Herbst in der großen Orange«. Und selbst in Loetschers ergreifendster Erzählung, »Die Nachricht«, einem Text, der zu jener Handvoll Meisterleistungen gehört, welche die Gratlinie großen Erzählens in der Schweiz markieren, sieht sich der Sohn, den die Trauer um die tote Mutter sinnlos umhertreibt, unversehens in eine synthetische Spiegelwelt versetzt, in der alles falsch ist und alles von diabolischer Perfektion.

Vom Immunen wird einmal erzählt, wie er bei einer Prothesenfirma ein Herz aus Kunststoff bestellt. Dann heißt es:

> [Ich war] dabei, als der Immune das Herz auspackte; er hielt es in die Höhe, betrachtete die Pumpe, sah nach, wieviel Kammern sie hatte, und sagte: »Faß mal an, das kann genauso kalt sein wie ein Originalherz.«

Da haben wir wieder den Witz in seiner untrennbaren Verbindung mit dem philosophischen Akt. Gemütlich ist das nicht. Und daß es ungemütlich ist, macht auch für den Autor die Dinge nicht einfacher. Er lebt nämlich in einem Land, das seine Dichter gern gemütlich hat und das sogar imstande ist, sie notfalls im nachhinein zu zwangsvergemütlichen. Ihr Anblick stört dann weniger, wenn sie auf den Briefmarken erscheinen. Diese Prozedur dürfte im Falle Loetscher schwierig werden. Er kümmert sich aber kaum darum. Sein Ehrgeiz geht ohnehin auf eine brasilianische Marke.

Zwei Lobreden auf Peter Bichsel

Schlangenfangen und Telemark

Er wohnt in der Nachbarschaft von Amrain und Jammers, und er weiß, wie man die Jura-Schlangen mit der bloßen Hand fängt. Er hat es mir einmal gezeigt. Man muß mit der Hand leise von hinten kommen, rasch den schmalen Leib entlangfahren und knapp hinter dem Kopf zupacken. Dann hat man das schöne Geschöpf in den Fingern und kann ihm in die Augen schauen.

Mit dieser Genauigkeit, mit diesem Vergnügen des Fachmanns im Gesicht hat mir Max Frisch einmal den perfekten Telemark vorgeführt, zwischen den Designermöbeln seiner Loft am Stadelhofen. Er strahlte dabei die Gewißheit aus: auch wenn die Jüngeren eines Tages bessere Stücke schreiben sollten als ich, den Telemark macht mir keiner nach.

Schlangenfangen und Telemark, beides ist Könnerschaft, nicht anders als Stückeschreiben und Geschichtenerzählen. Die wirkliche Könnerschaft ist unteilbar. Sie ist ein Element der Person und in allem gegenwärtig, was die Person macht. Könnerschaft ist daran ersichtlich, daß die Arbeit aus der Mitte der Person entspringt und nur von dort aus gesteuert wird. Könnerschaft reagiert nicht auf äußere Trends, sondern unterliegt allein den Gesetzen, die auch die Mitte der Person regieren. Deshalb läuft sie immer Gefahr, zwischen Stuhl und Bank zu geraten. Es gibt Fälle, wo es ein Jahrhundert gedauert hat, bis ein Werk von höchster Könnerschaft, das zwischen Stuhl und Bank gelandet war, in seinem Rang erkannt wurde. Weil die Könnerschaft nur aus der Mitte der Person gesteuert wird, ist die Anerkennung durch die Zeitgenossen immer auch Glück und Zufall.

Peter Bichsel hat dieses Glück gehabt, und er hat das Gegenteil erlebt. Die Milchmann- und die Kindergeschichten waren Klassiker vom ersten Tag an. Der schmale Roman »Die Jahreszeiten« aber und die Meisternovelle »Der Busant«, Leistungen gleichen Ranges, warten immer noch darauf, daß man sie zwischen Stuhl und Bank hervorholt. Sie warten gelassen. Sie haben Zeit. Sind sie doch in guter Gesellschaft. In Gesellschaft zum Beispiel von »Herrn Tourel« oder den Erzählungen von Regina Ullmann oder den Geschichten von Adelheid Duvanel.

Wenn Peter Bichsel heute den Gottfried Keller-Preis bekommt, dann geschieht es nicht deswegen, weil er der bekannteste und beliebteste Schriftsteller der Schweiz ist und weil viele Menschen ihn lieben, die nie daran denken, seine Bücher zu lesen. Er bekommt ihn auch nicht deshalb, weil er einst der literarisch-rhetorische Berater eines Bundesrats war. Und nicht einmal deshalb erhält er ihn, weil kein Kind mehr durch die Schulen gehen kann, ohne einem seiner Texte zu begegnen. Peter Bichsel erhält den Preis für die unbestechliche Kontinuität seiner Könnerschaft, seiner – und jetzt brauche ich endlich das richtige Wort – seiner Kunst.

Peter Bichsel ist ein großer Künstler. Das darf man hier im kleinen Kreis[1] sagen. Wenn ich es öffentlich sagte, würde es sofort heißen: »Aha, da soll der bekennende Linke entpolitisiert werden! Aha, da soll der engagierte Autor ästhetisiert werden! Künstler, was heißt schon Künstler, wenn an den Rändern Europas die Bomben fallen und in der Mitte Europas mit Haß und Hetze Politik gemacht wird!«

Es gibt in der Schweiz eine Abneigung gegen die elementare Unbedingtheit der Kunst, gegen ihr stolzes, grimmiges Bestehen auf dem eigenen Gesetz. Als ob das stolze Bestehen auf dem eigenen Gesetz nicht ein freiheitliches und demokratisches Element in jeder konsequenten Kunst wäre. Und obwohl jede Generation nur wenige große Künstler hat, nur eine Handvoll eminenter Autoren, und diese also notgedrungen eine Elite bilden, gibt es in unserem Land kein größeres Schimpfwort als »elitär«. Trotzdem sage ich es hier, im kleinen Kreis: Peter Bichsel ist elitär. Und ich sage es im Bewußtsein, daß dieser Satz hier und heute zum erstenmal ausgesprochen wurde und daß ich ihn nie mehr öffentlich aussprechen werde.

Bichsel gehört zu den fünfzehn Leuten in der Schweiz, die mit Hingabe »Wilhelm Meisters Wanderjahre« lesen, und zu den fünfundzwanzig, die von Jean Paul nicht lassen können. Darin unterscheidet er sich inzwischen auch von der Mehrzahl der Germanisten, und ich fürchte, daß dies sein altes Mißtrauen gegen die Germanisten endgültig bestätigt. Fast alle Kritiker sind Germanisten, und kein Kritiker hat gemerkt, daß sein jüngstes Buch, der wunderbare »Cherubin Hammer und Cherubin Hammer«, ein Jean-Paul-Roman aus der Gegend von Amrain und Jammers ist, daß in Cherubin und Hammer Walt und Vult stecken, und daß das Spiel mit den Anmerkungen in diesem Buch genauso verrückt ist wie im »Feldprediger Schmelzle«. Und keiner hat gemerkt, daß hinter der Kleinbürgerwelt und den vielen Geschichten von den einfachen Leuten, die es schwer haben und auch wieder nicht so schwer, jener Traum von einer radikal auf das Höchste bezogenen Existenz steckt, der auch in den großartigsten Gestalten Jean Pauls lodert.

Jean-Paul-Leser sind elitär und menschenfreundlich, gütig und diabolisch zugleich; sie haben den analytischen Blick, der scharf ist wie ein Messerlein, und ein weit offenes Herz, das alles versteht. Sie heißen mit dem einen Namen Cherubin und mit dem andern Hammer.

Und wenn sie Dichter sind, diese Jean-Paul-Leser, würden sie am liebsten riesige Romane schreiben, Romane von 830 Seiten, die Beilagen nicht mitgerechnet. Aber da leben sie nun in einem Jahrhundert, dem das alte, selbstverständliche Erzählen vergangen ist. »Daß man erzählte, wirklich erzählte, das muß vor meiner Zeit gewesen sein«, heißt es in einem der ersten Prosabücher der Moderne, in Rilkes »Malte Laurids Brigge«, und Walter Benjamin hat Jahrzehnte später in einem herrlichen Aufsatz die Theorie dazu geliefert. Peter Bichsel erzählt nach dem Ende des alten Erzählens, und all sein Erzählen ist Erinnerung daran, ist Erzählen als Gedenken an das alte Erzählen.

Er zieht seine Geschichten nicht an wie Kleider, das hat der Meister des Telemarks gemacht. Aber er weiß, wo die alten Geschichten hausen, unter den heißen Steinen am Jura, im Dorngestrüpp. Da sieht er sie gelegentlich noch. Sie haben glänzende Augen und eine gefährliche Zeichnung auf dem Rücken, und sie züngeln. Er weiß, wie man sie fängt. Gelegentlich packt er eine und freut sich an ihr und läßt sie wieder wegschlüpfen. Am Abend in der Kneipe sagt er dann: »Das wäre eine schöne Schlange gewesen.« Und alle hören ihm zu und müssen an die Schlange denken. Und wenn Peter Bichsel weitergezogen ist in die nächste Kneipe, sagen sie: »Um den herum wird es einem doch nie langweilig.«

Als Autor ist Peter Bichsel geprägt von der Wiederentdeckung der avantgardistischen Moderne in der Nachkriegszeit. Zuerst sichtbar wurde er im Umkreis von Francis Ponge und John Cage, Helmut Heißenbüttel und Friedrich Achleitner, Gertrude Stein und Kurt Schwitters und H. C. Artmann. Das ist dokumentiert in der Nullnummer von Otto F. Walters legendären Walter-Drucken. Die Nummer 2 der Reihe waren dann die Milchmann-Geschichten. Im Feld jener scharf reflektierten, sprachbewußten und sprachkritischen, jener zugleich konstruktiven und spielversessenen Künstler ist der Schriftsteller Bichsel zu sich selbst gelangt. Hier lernte er schreiben nach dem Ende des alten Erzählens. Er lernte, nicht die Welt abzubilden, wie sie angeblich ist, sondern auf die Stimmen der Welt zu hören, sie aufzufangen und mit ihnen zu arbeiten, sie zu verbinden und zu fügen, spielerisch und doch in strenger Komposition. Wer in hundert Jahren seine Bücher liest, wird an ihnen nicht nur die kühne Ästhetik des 20. Jahrhunderts studieren, er wird zugleich einem polyphonen Klanggefüge aus tausend namenlosen Stimmen der heutigen Schweiz begegnen. Diese Stimmen flüstern, reden, lärmen, hauchen und brummen durcheinander. Dennoch ist jede einzelne trennscharf zu hören, und hinter ihr erscheint ein lebendiges Menschengesicht. »So waren die also«, wird man in hundert Jahren sagen, wenn man Peter Bichsels Bücher liest.

1 Der Gottfried Keller-Preis der Martin-Bodmer-Stiftung wird traditionsgemäß in einem Zürcher Zunfthaus in kleinem Kreis verliehen. Peter Bichsel erhielt ihn am 13. November 1999.

Witz und List und Liebe

Mit Peter Bichsel hat man es nicht leicht. Was bei andern einfach ist, ist bei ihm kompliziert, und was bei andern kompliziert ist, ist bei ihm ganz einfach. Das fängt schon beim Namen an. Frisch heißt Frisch, in der Schweiz wie in Deutschland, und Muschg heißt Muschg, und Widmer heißt Widmer diesseits und jenseits vom Bodensee. Bichsel aber heißt nur in Deutschland Bichsel. In der Schweiz heißt er Bich-sel, mit jenem entsetzlich knirschenden Gutturallaut, der die Deutschen eher an die Geräusche in einem Steinbruch oder an das schleifende Krachen einer Zahnextraktion erinnert als an die kultivierten Tonfolgen zwischenmenschlicher Verständigung.[1] So heißt in Deutschland auch der Fuchs Fuchs, der Luchs Luchs und der Dachs Dachs. In der Schweiz aber heißen sie Luch-s, Fuch-s und Dach-s. Alle vier, Luchs, Fuchs, Dachs und Bichsel, verändern also ihren Namen, wenn sie über die Landesgrenze wechseln. Und alle vier sind sie zudem nachtaktive Wesen, die man in der bürgerlichen Welt auf unklare Art verdächtigt. Vom Fuchs geht das Gerücht, er habe die Gans gestohlen; vom Luchs heißt es, er respektiere die Frömmigkeit der Lämmer nicht; vom Dachs wird gesagt, er lege seinen Bau so raffiniert an, daß man ihn nie erwischen könne, und Peter Bichsel schließlich traut man alle diese Verhaltensweisen gleichzeitig zu. Fest steht auf jeden Fall, daß Fuchs, Luchs, Dachs und Bichsel es unerbittlich auf jede Sorte von Wühlern und Nagern abgesehen haben, Bich-sel sogar noch etwas mehr als Bichsel.

Soviel zur Phonetik.

Das Einfache wird kompliziert bei diesem Mann und das Komplizierte einfach. Das gilt auch von seinen Sätzen, seinen Geschichten, seiner Kunst.

Sie begegnen uns in einer Simplizität, die dem Leser jede Mühe zu ersparen scheint. Ich möchte das etwas verdeutlichen. Grundsätzlich kann man die Schriftsteller einteilen nach der Art und Weise, in der sie über das Wetter reden. Bei den einen spielt sich das meteorologische Geschehen in der Regel ungefähr so ab: »Das schlierige Gewölk verdichtete sich zu grauen, schwer niederhängenden Wolkenmassen, und ein Wind fuhr heftig in die Wipfel der Bäume, so daß die Vögel mit verzweifelten Schreien Schutz suchten, bevor sie ängstlich verstummten, während die Menschen geduckt in ihre Häuser rannten, getroffen von den ersten klatschenden Tropfen; diese vermehrten sich rasch und gingen in ein rauschendes Prasseln über, so daß sich die Rinnsteine gurgelnd füllten, während es aus den überlaufenden Dachrinnen troff und flutschte, und die spärlichen Autos breite Wasserfahnen über die Gehsteige warfen.« Bei Peter Bichsel aber heißt es in diesem Falle nur: »Es begann zu regnen.«

Allerdings kann Peter Bichsel diesen Satz »Es begann zu regnen« so hinschreiben, daß man unwillkürlich den Kopf einzieht, weil man spürt, wie einem das Wasser hinter den Kragen läuft. Am liebsten würde er überhaupt nur Geschichten schreiben, die nicht länger sind als der Satz: »Es begann zu regnen.« Kann sein, daß ihm dies eines Tages noch gelingt, ein ganzes Buch mit hinreißenden Geschichten, die uns lachen machen und zu Tränen rühren und doch alle nicht länger sind als der Satz: »Es begann zu regnen.« Das Wesen von Bichsels Schreiben liegt in einer Einfachheit, die sich vor unseren Augen ungestüm erweitert, vertieft und vervielfacht.

Ich habe auf den heutigen Abend hin versucht, die Urerzählung, die Urgeschichte dieses Autors zu finden. So wie Goethe einst die Urpflanze suchte, in der alle andern Pflanzen enthalten sind. Das muß es doch geben, habe ich gedacht. Jeder Autor schreibt irgendwann seine Urgeschichte, in der alle seine andern Geschichten enthalten sind. Und wie Goethe den botanischen Garten von Palermo durchforschte auf der Suche nach der Urpflanze, durchforschte ich Bichsels sämtliche Werke. Dabei habe ich erstens festgestellt, daß diese viel spannender und kurzweiliger sind als der botanische Garten von Palermo, der mir vor Jahren einen etwas verwahrlosten Eindruck machte, zweitens aber habe ich, im Unterschied zu Goethe, tatsächlich gefunden, was ich suchte. Bichsels Urgeschichte ist etwas länger als der Satz: »Es begann zu regnen«, aber nicht *sehr* viel länger. Sie steht mittendrin in Bichsels unbekanntestem Buch, einem kleinen, kühnen Meisterwerk, einem der wenigen konsequenten Beispiele für den Nouveau roman in der deutschen Literatur. Das Buch liegt bis heute in der Schattenzone zwischen den zwei sensationellen Erfolgen der »Milchmann«-Geschichten und der »Kindergeschichten« und es heißt »Die Jahreszeiten«. In der Komposition, im freien Spiel der Sprachstücke und Erzählpartikel, hat das Buch etwas hinreißend Musikalisches. Es könnte von John Cage sein, wenn John Cage Solothurner gewesen wäre. Und auf Seite 54 der Erstausgabe, ziemlich unvermittelt und ohne weitere Konsequenzen für den Verlauf des Werks, taucht hier nun eben Bichsels Urgeschichte auf. Sie ist nicht ganz anderthalb Zeilen lang und lautet:

»Ein Betrunkener hebt seinen Kopf, schaut mich an, sagt, ich erzähle dir alles, und schweigt.«

Und nun wäre es wunderbar, wenn man verfolgen könnte, wie sich diese Geschichte vor den Augen jedes Lesers und jeder Leserin auf je andere Weise vertieft, wie sie mehrschichtig wird, wie sie unterschiedliche Bedeutungen freigibt und mit dem Rätsel spielt, das sie ja gleichzeitig ist.

Die Geschichte ist komisch, obwohl sie keinen Knalleffekt hat. Wenn sie einen Knalleffekt hätte, wäre sie ein Witz. Nichts gegen gute Witze, sie sind so selten wie gute Bücher, aber diese Geschichte hier ist keiner. Die Urgeschichte Bichsels hat keine Pointe und besitzt doch die klassische Struktur des Komischen: Eine Erwartung wird aufgebaut und löst sich in nichts auf. Diese Komik ist nicht explosiv, sie ist vielmehr langsam und breitet sich aus wie ein Fluidum. Statt zu lachen, sind wir verdutzt und belustigt und beginnen nachzudenken. Warum schweigt der Mann, von dem Bichsel auf den nicht ganz anderthalb Zeilen erzählt? Ist er zu betrunken, um Worte zu finden? Wenn er zu betrunken ist, warum verspricht er dann seinem Gegenüber, alles zu erzählen? Da hat doch eine Begegnung stattgefunden, eine Begegnung zweier Augenpaare und also zweier Menschen. »Ein Betrunkener hebt seinen Kopf«, heißt es. Also war der Mann vorher ganz in sich versunken, mitten im Wirtshaus. Und dann geschah die Begegnung, und aus ihr entstand der Wille zum Gespräch. Ein Vertrauen muß sich unverhofft ergeben haben zwischen den zwei Kneipengängern, den zwei nachtaktiven Wesen. »Ich erzähle dir alles« – das ist ein Satz von Gewicht. Ein ganzes Schicksal könnte darin liegen, ein schwieriges Leben vielleicht, ein Leben, das kaputtging und in den Suff führte. »Ich erzähle dir alles«, sagt er und schweigt. Es heißt nicht: »aber er schweigt«, es heißt nur: »und schweigt«. Als wäre mit dem einen Satz schon alles gesagt. Oder ist dieses Schweigen selbst die versprochene Erzählung? Erübrigt das brüderliche Vertrauen, das den Satz ermöglicht hat, den langen Bericht über ein schiefgelaufenes Leben? Kommt es überhaupt noch drauf an, was der Mann alles erlebt hat? Kann sich nicht jeder von uns im Handumdrehen eine entsprechende Lebensgeschichte zusammendenken? Und wenn sie noch so turbulent wäre, sie könnte nicht erschütternder sein als der Satz: »Ich erzähle dir alles.« Und wenn sie noch so komisch wäre, sie könnte nicht komischer sein als das Schweigen nach diesem Satz. Und wenn sie noch so gut erzählt würde, es wäre immer noch leichter, sie zu erzählen, als, wie Bichsel es tut, das Schweigen von ihr zu erzählen.

Das ist Peter Bichsels Kunst: das Schweigen zu erzählen, in dem ein ganzes Leben steckt.

Walter Benjamin hat einmal einen Aufsatz über Peter Bichsel geschrieben, obwohl Peter Bichsel damals erst ein Jahr alt war. Der Aufsatz ist immer noch das beste, was es über ihn zu lesen gibt. Er trägt den Titel »Der Erzähler«, und darin steht der Satz:

> Unter denen, die Geschichten niedergeschrieben haben, sind es die Großen, deren Niederschrift sich am wenigsten von der Rede der vielen namenlosen Erzähler abhebt.

Bichsels Betrunkener ist einer dieser namenlosen Erzähler, und in Bichsels Kunst wird sein Erzählen hörbar. Bichsel hat ein extrem scharfes Ohr für das Erzählen der Namenlosen, das scharfe Ohr der nachtaktiven Lebewesen. Wenn die Kneipen von Solothurn und Olten, von Berlin und Frankfurt zu seinem Biotop gehören, so hängt dies wesentlich zusammen mit diesem Hörenkönnen und Hörenwollen. Er ist so leidenschaftlich auf die Sätze der namenlosen Erzähler aus, wie einst Lichtenberg auf die Gesichter in den düstersten Quartieren Londons aus war. Lichtenberg riskierte, wie er einmal gestand, sein Leben, um diese namenlosen Gesichter zu sehen. Ihm zeigte sich darin das Gesicht der Menschheit. Bichsels Physiognomik ist eine akustische. Er hört in den flüchtigen Sätzen am Kneipentisch die herzzerreißende und zwerchfellerschütternde Geschichte der Menschheit.

Wohlverstanden: Bichsel erzählt nicht als wortgewandter Stellvertreter das Leben der Namenlosen, die ihr Leben selber nicht erzählen können. Das haben Dickens getan und Gotthelf, Faulkner und Döblin und García Márquez. Bichsel erzählt das Nichterzählenkönnen. Er erzählt das Nichterzählenkönnen all dessen, was den Leuten schwer oder leicht, fröhlich oder furchtbar auf der Seele liegt. Das ist auf immer neue Weise komisch und ergreifend zugleich.

Der literarischen Moderne ist das Scheitern beim Versuch, die Welt erzählend wiederzugeben, seit Hofmannsthal und Musil eingebrannt wie ein Fluch. Und die vielen Versuche, wenigstens das Scheitern des Erzählens zu erzählen, haben denn auch etliche exquisite Romane entstehen lassen. Das Unerhörte an Bichsels Werk aber besteht darin, daß er die ästhetische Krise der Moderne gespiegelt sieht im Reden der Leute, die sagen möchten, wie es war, und es doch nicht sagen können, und daß er uns dies hören und sehen läßt. Das macht ihn so modern und zugleich so verwandt mit den großen alten Erzählern, von denen Benjamin spricht. Bichsel läßt sich nicht zu den Leuten herab, sowenig wie Johann Peter Hebel oder Tschechow oder Marieluise Fleißer sich zu den Leuten herabgelassen haben. Er bewegt sich schreibend unter ihnen wie unter seinesgleichen und verliert trotzdem nie die Distanz des horchenden Beobachters. Aus diesem Zugleich von Nähe und Distanz entsteht die kostbare Ironie seiner Geschichten. Er macht uns lachen, aber er lacht seine Figuren nie aus. Man kann einen andern nicht gleichzeitig lieben und auslachen, und Bichsel liebt die Menschen, von denen er schreibt. Auch die Prahler, die Faulpelze, die Versager, die Kleinlauten und die Großsprecher, über die er uns lachen läßt, lacht er nicht aus, und kunstreich versteht er zu verhindern, daß unser Lachen zum Auslachen verkommt. So ist denn das breitgefächerte Panorama bald rührender, bald grotesker Charaktere, das wir diesem Erzähler verdanken, auch das Ergebnis einer altertümlichen Menschenliebe.

Nicht aber, daß er nicht auch hassen könnte! Ein sanftes Geschöpf ist der Mann nicht. Es gibt auch den zornigen, den empörten, den anklagenden und attackierenden Bichsel. Wo er der prallen Macht begegnet, die grinsend auf ihre Stärke pocht, wird er gefährlich. Dann tönen seine Sätze hart und schneidend. Dann treffen sie genau und schmerzhaft, und mancher trägt die blauen Flecken jahrelang unter dem Nadelstreifenanzug. Da merkt man dann, daß Bichsels subtile Kunst, seine ironische Güte und sein zärtlicher Witz mit einem unverstellten, entschlossenen politischen Willen zusammengehen.

Schopenhauer hat einmal vom tiefen Ernst gesprochen, der hinter der Heiterkeit aller großen Humoristen liege. Das ließe sich auch an Peter Bichsel zeigen. Und doch würde man damit seiner eigentümlichen Kunst auch wieder nicht ganz gerecht. Wer einmal hören durfte, wie dieser Mann Witze erzählt, handfeste Witze, mit listiger Umständlichkeit und blitzschnellem Abschluß, der weiß, daß da nicht nur ein Philosoph am Werk ist, der sein Lachen aus dem Blick in die Abgründe der Welt gewinnt, sondern auch ein eingefleischter Komödiant, mit allen Wassern der Erzählerei gewaschen und jederzeit bereit, seine Leser und Hörer an der Nase herum hinters Licht auf den Leim zu führen.

1 Die zweite Lobrede wurde in Deutschland gehalten, am 10. November 2000, als Bichsel in Kassel den Literaturpreis für grotesken Humor erhielt.

Ein Versuch, Jürg Laederach zu lesen

Angenommen, ein Fötus könnte lesen, und er läse gern, und es gäbe eine Literatur für seinesgleichen: Wie würde diese aussehen? Eine unsinnige Frage, eine absurde Frage, eine Frage, die des Nachdenkens trotzdem wert ist. Solange sich jeder Mensch täglich für ein Drittel seiner zugeteilten 24 Stunden in ein lichtgeschütztes, stoßgedämpftes Individualgehäuse von gleichmäßiger Wärme zurückzieht, das er, von wenigen fanatischen Ausnahmen abgesehen, nur widerwillig und unter unartikulierten Ächzlauten wieder verläßt, ist das Gedankenspiel um die Beschaffenheit einer Literatur für Vorgeburtliche nicht jenseits aller Berührungspunkte mit dem Allgemeinmenschlichen.

Wie also wären diese Bücher geartet? Die Hauptkategorien unserer Wirklichkeit, die ja in der Literatur alle als formale Strukturen wiederkehren, wären aufgehoben und ersetzt durch andere Parameter. Was für uns in klare Gegensätze auseinandertritt und eine Ordnung begründet, die auf Unterscheidung beruht und auf dem logischen Axiom, daß nichts sein eigenes Gegenteil sein kann, wäre dort ein Ineinander ohne eindeutige Grenzen, organisiert nach der Logik des Paradoxons.

Tag und Nacht, Oben und Unten, Hier und Dort, Hunger und Sättigung, Schlaf und Wachen, Wasser und Land, Heiß und Kalt, Tod und Leben, Gut und Böse, Du und Ich: die ganze metaphysische Zweibeinigkeit, mit deren Hilfe wir zwischen Himmel und Erde herumklettern, erschiene als ein amphibisches Zugleich, eine lurchartig quellende Weltmasse, die überall zur Trennung drängt und Trennungen schafft und gleich wieder zusammenschlammt. Literarisch müßte dem die Auflösung all jener Kategorien entsprechen, die in den Handbüchern und Taschenpoetiken die Hauptartikel ausmachen. Verschwimmen würde die Scheidung von Vers und Prosa, Held und Gegenspieler, Romeo und Julia, Exposition und Finale, Autor und Figur, Fiktion und Referenz. Die Strukturen und Funktionen aller nur denkbaren ästhetischen Oppositionen würden sich auflösen und einer Gestalt Platz machen, die an alles erinnert und nichts davon ist.

Wie aber erginge es einem Leser, der kein vorgeburtliches Wesen mehr ist, sondern, fachgerecht abgenabelt, getrocknet und gründlich sozialisiert, auf zwei erprobten Beinen aufrecht dasteht? Ihn dürfte ein Grauen fassen, wie es nur je den Knaben im Moor ergreift, und dieses Grauen aus all den erwähnten Bedingungen heraus läßt sich erleben und erkunden in Jürg Laederachs Roman »Emanuel«. Es ist hier ein Ereignis der Kunst, ein Ergebnis der Kunst. Mithin unterscheidet es sich vom leibhaftigen Horror des Knaben im Moor wie die Geisterbahn vom Hausgespenst. Der Spielcharakter, der ästhetische Schein verwandelt den Schrecken in Lust. Allerdings muß der Leser, soll er die Lust empfinden, einigermaßen danach sein. Der Spielcharakter allein tut es nicht. Man muß bereit sein mitzuspielen, die Spielregeln zu lernen und einzuhalten.

Dann fährt man tatsächlich in einer tollen Geisterbahn dahin, fünfhundert Seiten lang – was allerdings für eine Geisterbahn schon auch etwas lange dauert. Das Buch ist phänomenal witzig und phänomenal langweilig. Auch dieses Paradox gehört zur Ästhetik der Vorgeburtlichen. Der hier erzählt, besitzt die Ausdauer eines orientalischen Flötenbläsers. Das tönt süchtig, ziehend, in einem vibrierenden, scheinbar ziellosen Auf und Ab; man kann nur fliehen oder sich darein verlieren, mittanzen wie die Schlange im Körbchen des Flötenbläsers. Zehn Prozent der Leser, sagt Jürg Laederach anderswo, seien dazu fähig: »Dies ist das durchschnittliche westeuropäische Surrealismusverständnissegment in der arbeitenden und angestellten Bevölkerung. Von Grönland bis Graz: immer diese 10 Prozent Surrealismusfreunde.«

Für sie schreibt er also, und es ist immer noch eine stolze Schätzung, eine hochgemute Annahme zum Freizeitverhalten der gesamten »arbeitenden und angestellten Bevölkerung«. Günter Eich war da etwas vorsichtiger: »In Saloniki weiß ich einen, der mich liest, und in Bad Nauheim. Das sind schon zwei.« Eich war allerdings eine saturnische Seele und als Melancholiker bekannt. Laederach hat dagegen etwas gedämpft Sanguinisches.

Dieser Roman ist Laederachs bisher wohl konsequentestes Buch. Er verknappt hier sein prälogisches Erzählen nicht mehr zu einer Abfolge von Bravourstücken, wie er es etwa in den »69 Arten, den Blues zu spielen« getan hat, Prosawürfen, von denen jeder einzelne überschaubar und als ein Ganzes faßlich ist, auch wenn er funkelt von Willkür, Widerspruch und Sinnentzug. Wohl gibt es immer wieder Sätze und Abschnitte, die in sich fertig wirken, Laederachsche Zirkusnummern von hoher Vollkommenheit, auf sausendem Trapez mit der Ruhe eines Mikadospielers durchgeführt, aber diese nur vom

Leser isolierten Texte treiben im größeren Erzählfluß wie zufällig mit. Man vergnügt sich daran und weiß doch nicht, ob man das wirklich darf. Vergeht man sich nicht gegen das Ganze, wenn einem plötzlich einzelne Teile, sieben unverhoffte Zeilen bloß, so unverschämt gefallen? Man wird hellwach über ihnen, während der Sprachmississippi, der sie mit sich führt, einen raunend und rauschend einlullt und in seltsame Zwischenzustände von Schlaf und Wachen, in ein fötales Dämmerbewußtsein bringt. Es braucht einigen Mut von einem Autor, seine Leser so zu fordern, einigen Mut oder einige Arroganz.

Tatsächlich weiß man bei Laederach nie genau, ob seine eigentümliche poetische Rede aus der Blasiertheit des Dandys kommt oder aus dem ernsten Eifer des Gesandten. Je nachdem wären für ihn dann die famosen »10 Prozent« das Salz der Erde oder ein designbewußter Fanclub. Daß ein solcher Akt der Scheidung, das ordnungstiftende Entweder-Oder, indessen auch hier falsch ist, erfährt man schon im Vollzug der eigenen Lektüre. Sie spült den gutwilligen wie den gereizten Leser gleicherweise in immer andere Erlebnis- und Wertungspositionen, treibt ihm alle hermeneutische Routine aus.

Daß Laederach diesmal aufs Ganze geht, glorios unbekümmert, und es dem Klappentext überläßt, den Inhalt seiner Romanteile als so sinnzentriert darzustellen, wie sie es keineswegs sind, hängt vielleicht mit der Tatsache zusammen, daß er vor kurzem seine Poetikvorlesungen vorgelegt hat, »Der zweite Sinn«, und darin eine umfassende, präzis exemplifizierte Theorie seiner Kunst. Im Grunde müßte man zwischen den beiden Büchern hin und her lesen, eine Doppellektüre führen, spielerisch und konzentriert zugleich, um auf all das zu kommen, was dieser Autor, Philosoph und Rhythmiker, der alexandrinische Spieler, Mathematiker des Zufalls und Kalkulator der Kontingenz, der das Chaos *more geometrico* zu gewinnen sucht – »Mein Ziel ist das Chaos« –, hinter seinen bauschenden Sprachgeweben verbirgt.

Aus dem inflationären Geschiebe von Poetikvorlesungen, die uns jährlich beschert werden, ragen die Laederachschen heraus wie die von Jandl. Lernwillige können darin eine Menge lernen, Sprachgenießer eine Menge genießen. Der dekonstruktive Snob kommt so sehr auf seine Rechnung wie der feierliche Apostel der Avantgarde, und zu diesem exquisiten Handbuch aller literarischen »Prä-Ordnung« (Laederach) bildet der Roman nun das voluminöse Anwendungsstück. Wobei der Rezensent gestehen muß, daß ihm die Art, wie Laederach dort streckenweise theoretisiert, in ihrer literarischen Qualität mehr fasziniert als die Art, wie er hier streckenweise erzählt.

Spannend ist es aber auf jeden Fall, Laederachs Auseinandersetzungen mit der Entropie-Lehre der Physik zu verfolgen und zuzusehen, wie er sie auf die Literatur anwendet und wie sie wiederkehrt in der Bildlichkeit des Romans, in dessen allgegenwärtigen Wärme-Kälte-Chiffren. Die Versammlung sämtlicher Schriftstellerinnen und Schriftsteller am Südpol, der allegorisierende Rahmen der längsten Romanpartie, läßt sich von jener Entropie-Reflexion her ansatzweise verstehen – und immer, wenn man etwas »verstanden« hat in diesem Buch, reibt man sich die Hände und freut sich wie der Orchideenfreund vor einer Hummelorchis. Dabei weiß man natürlich, daß solch herkömmliches Verstehen der innersten Tendenz des Werks zuwiderläuft, und man hat ein schlechtes Gewissen, als ob man bei Schönberg auf einen schluchzenden Ohrwurm wartete

Aber zur unbedingten Willkür des Schreibens gehört schließlich auch die des Verstehens. Der Leser soll nicht den Text erhellen, sondern lesend sich selbst. Er soll zu leuchten beginnen, als wäre er allein das prächtige Kunstwerk. So mindestens mag man sich das folgende Laederachsche Mini-Bravourstück zurechtlegen: »Kennst du die Geschichte von Edison? – Nein. – [...] Sie lautet: Da erfindet Edison tatsächlich das Licht, er schraubt sich ein, hängt oben an der Decke, Kopf nach unten, nimmt einen langen biegsamen Stock und sucht den Lichtschalter, legt ihn um und brennt in seiner Fassung los, also stimmt die Geschichte.« Wer könnte es bezweifeln?

Im Urwald mit Urs Widmer

Macht er es den Lesern zu leicht? Autoren, die es uns schwerer machen als nötig, gibt es zuhauf. Die Tiefsinnkocher und Andeuter, die Verschlüssler dessen, was unverschlüsselt reichlich harmlos wäre, die syntaktischen Spitzenklöppler, die nicht mehr imstande sind, eine Katze eine Katze zu nennen – obwohl dies nach Sartre die einzige Funktion des Schriftstellers ist –, sie fördern zusehends die Lust der Verlage, sich in Honduras, Australien und Grönland nach neuen Talenten umzusehen. Urs Widmer ist der umgekehrte Fall. Seine Mimikry ist die Oberfläche, seine Tücke die Kurzweil. Seine mythischen Modelle sind nicht Prometheus oder der brennende Herakles, sondern Laurel und Hardy oder der rennende Buster Keaton. Man kann darauf zählen: Wenn es bei Widmer um die letzten Dinge geht, inszeniert er einen Slapstick. Und es scheint ihn wenig zu kümmern, wenn man seine Bücher auch so liest. Wie Robert Walser nichts dagegen unternahm, als gutmütiger Dachstubenpoet zu gelten, nimmt Widmer es unbewegt zur Kenntnis, wenn ihm eine stirnrunzelnde Kritik mangelnden Tiefsinn zu bedenken gibt.

Andererseits kann man ihn auch nicht als Argument in den laufenden Streit um die Amüsierpflicht der Literatur einbringen. Wo wieder einmal das Entweder-Oder von metaphysischer Langeweile und unbeschwerter Unterhaltung konstruiert wird, eignet sich Widmer für keine Seite als Kronzeuge. Denn wenn er sich auch locker liest und es bei ihm über kurz oder lang nie ohne Klamauk abgeht, ist das Lockere, ist der Klamauk doch immer auf seltsame Weise irritierend. Gewohnt, vom Bild auf die Sache zu schließen, von der Metapher auf die Bedeutung, stoßen wir bei Widmer hinter jedem Bild auf ein früheres, das wiederum auf ein noch früheres verweist. Den Sinn als die verbindliche Wahrheit, die uns mitgeteilt werden soll, fassen wir nie, und es besteht der begründete Verdacht, daß der Autor ihn auch nicht kennt. Das führt zu den merkwürdigen Schwindelerfahrungen, die alle Widmer-Leser kennen. Denn nicht einmal die einzelnen Bilder selbst sind stabil. Sie können sich aus einer starken sinnlichen Präsenz heraus plötzlich auflösen und als fauler Zauber erweisen, aber dann tritt nicht endlich das Sein aus dem vielen Schein hervor, sondern es wird weitergezaubert. Was ganz zuinnerst liegt, weiß niemand. Ein schwarzes Loch vielleicht oder ein Schrei oder die stumme Verzweiflung.

Beim flüchtigen Lesen wirkt alles drauflоserzählt. Man fährt wie auf einem billigen Jahrmarkt mit der Geisterbahn die quietschenden Kurven ab, begegnet Gespenstern, Skeletten und Gorillas, die man anderswo auch schon so nicken und wackeln gesehen hat, und von Erschrecken kann keine Rede sein. Vielmehr ist diese Geisterbahn halb erleuchtet. Man sieht die Kabel, die zu den rasselnden Schädeln, den aufglimmenden Affenaugen führen. Widmer hat sich im Brokkenhaus der Literatur eingedeckt, wo alte Herrlichkeiten in tristen Haufen herumliegen, und mit dem verblichenen Zeug macht er nun wieder Kunst. Bald bleibt der Ramsch, was er ist. Bald wird aus den Fetzen etwas ganz Neues, nie Gesehenes, wie einst bei Max Ernst, der aus zerschnittenen Modejournalen Szenen von wilder Unwirklichkeit collagiert hat.

Ramsch sind und bleiben etwa die Hitler-Szenen, wo ein besoffener Adolf seine Generäle brüskiert und sich mit einem Schweizer Fernrohr-Fabrikanten verbrüdert. Das zitiert den Hitler-Klamauk jenes George Tabori, der seinerseits schon den Hitler-Klamauk von Lubitsch und Chaplin zitiert hat. Bei diesen dreien war alles aufs entsetzlichste zum Lachen, bei Widmer ist nichts mehr entsetzlich und wenig zum Lachen. Wir blicken in ein literarisches Labor, wo ein Erzähler mit Erzählmaterial experimentiert und die Puppen eine Weile tanzen läßt. Dann sacken sie wieder zusammen. Das Untier H. kommt nie wirklich zum Vorschein. Ist das zu bedauern? Ein Versagen des Autors? Es geht wohl eher um den Nachweis, daß das Untier H. mit den Mitteln der Kunst überhaupt nicht zum Vorschein gebracht werden kann und also auch jene Vorgänger nur mit Puppen operiert haben.

Solange wir uns alle über die Wirklichkeit verständigen konnten und wortlos einig waren, was das ist, waren die Erfindungen der Literatur stets durchsichtig auf diese Wirklichkeit hin, sie stellten sie dar, bildeten sie ab, *waren* diese Wirklichkeit in verdoppelter, sogar in gesteigerter Gestalt. Urs Widmer sagt nicht, wir hätten die Wirklichkeit verloren. Das überläßt er den Zeitgeist-Philosophen. Er führt nur einen Autor vor, der verzweifelt versucht, sich unter dem Plunder der Literatur hervorzuarbeiten und zu einer Geschichte zu gelangen, die nicht auch schon wieder Teil des immensen Plunders wäre. Wenn man den Schrott, denkt er, nur lange genug als Schrott hinstellt, zusammenschraubt und klappern läßt, muß irgendwann, und wäre es nur sekundenlang, das Gegenteil dahinter hochschießen, jene weiße Stichflamme des ganz andern, das man einst, als es die deutlichen Wörter noch gab, Wahrheit nannte.

Dies setzt allerdings voraus, daß einer zu schrauben und zu montieren versteht. Und da muß man nun sagen: Was die Erzählplanung, die Vernetzung der Motive, die Spiegelungen und Echos, die strategische Anlage der Geheimnisse und ihrer Auflösung betrifft, stößt Widmer in diesem Roman »Im Kongo« zu einer neuen Meisterschaft vor. Kein saloppen Schnörkel, der sich nicht wenig später als kalkuliertes Element erwiese. Das scheinbar zügellose und zufallgesteuerte Erzählen, dem man sich mit einer Mischung aus Vergnügen und Unbehagen überläßt, entdeckt sich zusehends als berechnet in jedem Detail. Deshalb liest sich das Buch beim zweiten Mal wie ein anderer Text. Was als willkürliche Phantasterei erschien, wird jetzt zum subtilen Rätselspiel. Das Durcheinander des Prächtigen und Läppischen – eines Altenheim-Comics, einer Spionagegeschichte aus dem Zweiten Weltkrieg, eines illuminierten Bilderbuch-Afrikas, einer Doppelgänger-Story, vieler Klischee-Frauen und einer unheimlichen Familientragödie … –, es zeigt sich als systematisch vernetztes Suchbild, das alle Fähigkeiten des literarischen Verstehens fordert.

Wer anders liest, als das Buch es zu verlangen scheint, wer der stolpernden Hanswursterei nicht traut, weil er auf einmal die Methode bemerkt, stößt mit der Zeit auf die Geschichte einer verlorenen Männerseele, die langsam, langsam zu sich selber findet. Den Anfang, blitzartig erzählt, als sollte es niemand beachten, bildet die ermordete Mutter, und schrecklich weiß bleiben die Füße in der Erinnerung des Kindes, das den Mord ohne Verständnis miterlebt hat und sich, herangewachsen, als mitschuldig erkennen muß. Im genauen Maße der Annäherung an die Wahrheit dieses Verbrechens, das seinerseits verknüpft ist mit den Verbrechen der Nazizeit und einer mitschuldigen Schweiz, wächst die Annäherung des Erzählers an eine richtige Existenz, seinen Lebensort, seine Lebensliebe, seine Lebensarbeit. Dabei nimmt die Erzählung den Begriff der Verwandlung mit krasser Naivität beim Wort: Der Weiße wird schwarz. Wie Anatol Stiller einst von seiner Initiationsreise zurückkehrte als Mr. White, wird dieser reisende Landsmann zum Mr. Black im wörtlichsten Sinn.

Beides aber, die verlorene Mutter und das gewonnene Leben, die uralten Trancezustände der Kindheit und die Tumulte des Schreibens heute, beides verbildlicht sich im Schlüsselsymbol des Buches, dem unendlichen Wald, einem von keinen Motorsägen, keinen Brandrodungen bedrohten Urwald, einem Seelendschungel, grausam-schön; halb von Joseph Conrad bezogen und halb aus verschollenen Abenteuerromanen, kitschig und grandios zugleich, in Rimbaud-Farben, mit einem Einschlag von Eichendorff und frühen Brecht-Balladen. Es ist ein ungeheures Phantasma, süchtig herangeträumt und mit wütender Ironie wieder denunziert, ein Schoß der schaukelnden Geborgenheit und der schnappenden Gefahr, fruchtbar mit immer neuen Bildern, mit immer scheusäligeren Gespenstern. Darin zuletzt der Dichter, auf einem Baumriesen hausend, aus einem banalen, kahlen, fahlen Schweizer zum brandschwarzen Exoten umgeglüht, glücklich wie der Affe mit der Ananas, und der Tarzanschrei wird zum Gedicht. Gnade Gott der Schweiz, wenn dies ihre letzte Erlösungsvision ist.

Thomas Hürlimann läßt die toten Seelen tanzen

Kafka am Zugersee – das ist keine Metapher für Thomas Hürlimann, das gab es einmal tatsächlich: Ende August 1911. Die Stadt Zug blieb dem jungen Prager gleichgültig, ihre Bewohner desgleichen, nicht aber der See: »Die leeren, dunklen, hügeligen, waldigen Ufer des Zuger Sees in vielen Landzungen. Amerikanischer Anblick.« So schrieb er in sein Notizbuch, und anderntags nochmals: »Überraschung durch die plötzliche Ebene des Zuger Sees. Heimatliche Wälder.« Daß »heimatlich« und »amerikanisch« sich gegenseitig nicht ausschließen mußte, paßt zu dem merkwürdigen Reisenden. Einige Wochen später hat er angefangen, an seinem Amerika-Roman zu schreiben.

Kafka erlebte den See als vollkommene Landschaft. Schon in Zürich hatte ihn das heftig berührt: »Seeanblick. Starkes Sonntagsgefühl bei der Einbildung, hier Bewohner zu sein.« Das Sonntagsgefühl hing mit dem klaren Wasser zusammen. Die weitgedehnte Lauterkeit erregte den Badefanatiker und rituellen Schwimmer. Daß ein See kippen könnte, biologisch sterben und dann fortdauern als stehende Kloake, stinkend von Faulgasen und den letzten krepierten Fischen – soweit reichte auch seine Vorstellungskraft nicht.

Heute braucht es dazu keine prophetische Gabe mehr. Auch der Zugersee röchelt. Daß er eines Tages gänzlich kippt, ist denkbar geworden. Die Politiker tun, was ihres Amtes ist: Sie fassen Maßnahmen ins Auge, entwerfen Szenarien und setzen Prioritäten, ohne dabei das rechte Augenmaß zu verlieren und sich den vorhandenen Sachzwängen in blindem Idealismus zu verschließen.

Thomas Hürlimann ist in Zug aufgewachsen. Als er ein kleiner Bub war, röchelte der See noch nicht. In seinem Stück »Der letzte Gast« verlängert er den Vorgang, den er miterleben mußte, um die letzten Phasen: der See ist gekippt, endgültig. Wenn man sich die Nase zuhält, bleibt er optisch weiterhin reizvoll.

Wie der See, so die Seelen. »Seele des Menschen, wie gleichst du dem Wasser!« – dem erhabenen Verspaar ist eine schauerliche Ironie zugewachsen. Das Stück nimmt die alte Gleichung von Natur und Innenwelt grimmig ernst und spricht die magische Formel, unter der einst die große deutsche Poesie entstand, gnadenlos nochmals aus: »Denn was innen, das ist außen.«

Diese Menschen an diesem See: wenn man sich die Ohren zuhält, bleiben sie optisch weiterhin reizvoll.

Sie wissen nicht, daß sie gekippt sind. Gelegentlich dämmert eine Ahnung auf, vor allem bei den zwei Frauen Milly und Monika, zur Hauptsache aber, und vor allem bei den Männern, regt sich die Wahrheit nur noch psychosomatisch: Magenweh als Schrumpfgestalt von Erkenntnis. Dr. Elsi, die Psychologin, betreibt die Belüftung der Seelen, wie die Limnologen die Belüftung der Seen versuchen. Fredi Frunz, das Wrack, besteht ihren Test souverän: »normal durch und durch«.

Und das stimmt ja auch. An dem, was die Norm ist, hält er fest, zusammen mit seinen Kameraden. Sie bilden miteinander einen kleinen, kompakten Männerstaat, der seinen Gefühlsgehalt aus der Regression ins Puerile bezieht, in knabenschaftliche Rituale, ins Pfadfinderglück der Latenzzeit. Die Organisation trägt. Sie ist krisenfest. Mag sie durch die eingetretene Katastrophe auch sinnlos erscheinen, sie bleibt stabil, das heißt: wie sie immer war. Es gibt keine Fische mehr, aber die Schwurgemeinschaft der Sportfischer kann das nicht in Frage stellen. Nur keine Veränderung. Man kippt, aber man verwandelt sich nicht. Verwandlung – das wäre das ganz Andere, gefährlich, schmerzhaft, ungeschützt. Für den kleinen kompakten Männerstaat kommt sie nicht in Frage. Man fischt fort wie die Verdammten am Styx.

Zum drittenmal erscheinen hier in der großen Schweizer Literatur die verlorenen Existenzen als Fischer, grotesk, wandlungsunfähig, gespenstisch wie Revenants. Wenn die Männer von Seldwyla endgültig fallieren und verkommen, wenn sie ohne Geschäft und redliche Arbeit nur noch herumhängen, dann verlegen sie sich aufs Fischen. Reihenweise stehen sie am Fluß, Standbilder eines würdelosen Lebens und einer schlechten Gesellschaft: Da »hockte alle Spanne lang einer, der angelte, der eine in einem langen braunen Bürgerrock, die bloßen Füße im Wasser, der andere in einem spitzen blauen Frack auf einer alten Weide stehend, den alten Filz schief auf dem Ohre; weiterhin angelte gar einer im zerrissenen großblumigen Schlafrock, da er keinen andern mehr besaß, die lange Pfeife in der einen, die Rute in der anderen Hand, und wenn man um eine Krümmung des Flusses bog, stand ein alter kahlköpfiger Dickbauch faselnackt auf einem Stein und angelte [...]. Jeder hatte ein Töpfchen oder ein Schächtelchen neben sich, in welchem Regenwürmer wimmelten, nach denen sie zu andern Stunden zu graben pflegten.« Und sogar der Vergleich mit dem Totenreich findet sich wörtlich bereits bei Keller: »Auch eilte er jetzt [...] stromaufwärts gleich einem eigensinnigen Schatten der Unterwelt, der sich zu seiner Verdammnis ein bequemes einsames Plätzchen sucht an den dunklen Wässern.«

Im großen Mittelstück von Max Frischs »Triptychon« kehrt das dann wieder: die fortlebenden Toten als sinnlos Angelnde, am Styx sitzend, immer neu die Leine auswerfend, immer neu die leere Angel einziehend. Sie bleiben ewig, was sie im Moment ihres Todes waren. Endlos repetieren sie den banalen Tag, ohne Aufbruch, ohne Wiedergeburt, die Herrlichkeit der Transfiguration ein Kanzelgeschwätz.

Bei Keller steht die graue Verdammnis für das verpfuschte Leben, für das sittliche Versagen des verantwortlichen Einzelnen. Bei Frisch ist sie die Horrorvision einer festgenagelten Existenz. Die Tristesse, die über den Hades-Tableaus Kellers wie Frischs liegt, weicht bei Hürlimann einer magischen Aufgekratztheit. Dort gab es noch so etwas wie Einsicht und also auch Schmerz und Trauer, hier will keiner wissen, was der Fall ist. Wenn Kuno Knill Anlaß zu Trauer hat, wird er auf der Stelle brünstig. Kaum streift ihn so etwas wie Betrübnis, regt es sich schon pavianisch in seiner untern Hälfte, und er muß mit glitzernden Augen nach Röcken spähen. Der Agonie seiner Gefühlsfähigkeit steht er selbst so verdutzt gegenüber wie der Agonie des schönen Sees. Ob man lebt oder tot ist, macht keinen Unterschied. Einer stirbt auf der Bahnhoftoilette, zieht die Spülung und tritt munter wieder auf. Ein anderer ist lange tot und sucht immer neu nach der Möglichkeit, effektvoll zu sterben. Man kippt, aber man verwandelt sich nicht. Die Scheidung zwischen Unterwelt und Diesseits ist aufgehoben. Kein Lebender steht ganz außerhalb des Verdachts, eine wandelnde Leiche zu sein, kein Toter, der nicht Anlaß gäbe zur Vermutung, er sei noch am Leben. An einer Dialogstelle wird das Wort »gut« in eigentümlicher Art gesteigert: »gut – sehr gut – Strandgut«. In dem Sprachspiel blitzt die Gleichzeitigkeit von Wohlleben und Katastrophe auf als Signatur einer ganzen Zivilisation. Die Katastrophe, das sind nicht mehr jene »Erdbeben, die kommen werden«, von denen der »arme B. B.« redete. Keine Errungenschaft steht heute ganz außerhalb des Verdachts, ein Teil der Katastrophe zu sein, keine Katastrophe, die nicht Anlaß gäbe zur Vermutung, wir könnten ihr zuletzt noch das Überleben verdanken.

Selbst die Wörter kippen. »Damenschirme« verkehrt sich in einem schrägen Anagramm zu »Damhirschen«, und plötzlich wird auch die eine Sache für die andere genommen – eine Operation schwarzer Sprachmagie, die schrill durch die angebliche Wirklichkeit reißt und den verläßlichen Bezug von Wort und Ding, Zeichen und Bezeichnetem unterspült.

Verwandlung – das Stück kann sie nicht zeigen (außer vielleicht in den letzten, leisen, rührend unbeholfenen Momenten der Ehegeschichte von Monika und Alfred). Und doch thematisiert es die Verwandlung grandios, indem es den Schauspieler davon reden läßt in strahlenden Wörtern. Er tritt auf, die große Sprache umgeworfen wie einen Königsmantel – mag die Szene dabei auch von Motten stieben. Von Lear ist die Rede, dem alten starrsinnigen Mann, der zuletzt doch noch Verwandlung erfährt und in Wüste, Wahn, Verzweiflung die zweite Geburt erleidet; von Othello, der fähig ist, die eigene Schuld zu erfahren wie ein Messer, das durch den Leib geht, und der darüber zu einem wahrhaftigen Tod gelangt; von Prospero schließlich und seinem Windgeist Ariel, der graziös-gefährlichen Verkörperung aller spirituellen Gewalt, blitzschnell, tückisch und heilbringend. Sein Lied von der Verwandlung wird für das Stück zu einem zentralen Zeichen. Es enthält eines der geheimnisvollsten Wörter Shakespeares: »SEA-CHANGE« – unübersetzbar und doch wieder ganz durchsichtig. Es meint die Gleichzeitigkeit von Untergang und Unvergänglichkeit, Tod und Transfiguration, jenes Sterben in die Umgestaltung hinein, dem ein anderer »in der Liebesnächte Kühlung« nachgedacht hat.

> Nothing of him that doth fade,
> But doth suffer a sea-change
> Into something rich, and strange.

So singt Ariel, das Wesen aus Hauch und Klängen – »spirit, fine spirit« –, und Oskar Werner, der wurmstichige Schauspieler, versucht es nachzusingen, unbeholfen wie die Übersetzung, wobei er es gleich auch noch auf sich selber ummünzt: aus »er« wird »ich«:

> Nichts an mir, das soll verfallen,
> Das nicht wandelt tiefe Flut
> In ein reich und seltnes Gut.

Er ist das nicht, wovon er singt, weiß Gott nicht, der marode Mime, und er wird es nie werden. Statt der Verwandlung kennt er nur das Verkommen, und die »tiefe Flut«, in die er sich werfen möchte, stinkt dermaßen zum Himmel, daß keine Verzweiflung ausreicht, den Widerwillen zu überwinden. Der Selbstmord scheitert am schieren Ekel, das suizidale Pathos erstickt in den Kontraktionen des Magens, der sich übergeben möchte. Der große Abgang, der im alten Trauerspiel die Bühne erschütterte durch die Grandeur seiner Endgültigkeit – »Wer mit mir geht, der sei bereit zu sterben!« –, ist zum Gang auf ein vergammeltes Bahnhofsklo geraten, die Posaune des Gerichts zum Röhren der defekten Spülung.

Dennoch ist es dieser Oskar Werner, der das Maß zum Vorschein bringt, an dem alle gemessen werden. Was er auf die Bühne schleppt als Zitat und Kostüm, scheppernd wie die Rüstung Don Quijotes, verweist noch in seinen Bruchstücken, im Gelächter, das es provoziert, in der stupiden Parodie – »Kann ich auch, Madame …« –, auf die Erfahrung, aus der heraus es einst entstanden ist.

Dichtung also wird thematisch, Poesie, in den Shakespeare-Fetzen, in den Rilke-Schnipseln, in den Nestroy-Fragmenten. Dichtung ist die Art von Sprache, die das, wovon sie redet, nicht nur mitteilt, sondern auch in Herz und Haut und Eingeweiden spüren läßt. Sie trifft alle fünf Sinne miteinander, weil sie bereits durch alle hindurchgegangen ist. Sie rührt, bevor sie verstanden wird, weil diese Erschütterung die Voraussetzung des Verstehens ausmacht. Nichts anderes ist Dichtung als die sprachliche Erscheinungsform menschlicher Ganzheit. Und das strahlt denn auch noch sekundenlang in den Scherben und Partikeln auf, die durch das Stück wirbeln. Ganzheit – das wäre auch Bewegtheit, wäre die Fähigkeit zu empfinden, was weh tut, zu Einsicht und Umkehr. Daß der kleine kompakte Männerstaat auf die Idee kommt, Oskar Werner zum Oberhaupt zu wählen, deutet auf eine dumpfe Witterung für diese Wahrheit, ein seltsames Flackern am Bewußtseinshorizont. Damit hat es sich dann allerdings. Das große Licht geht nie auf in dieser Schwurgemeinschaft, die vor allem eines will: bleiben, wie die Väter waren, fischen, wie die Väter fischten. Der sea-change läßt auf sich warten, auf immer, auf Hades-Zeit.

Anders ist es bei den Frauen. Sie leiden genauer, und sie wissen etwas besser, woran sie leiden. »Die Frauen wenden sich ab«, heißt es einmal in der Bühnenanweisung, als der Fischerbund seine Landeshymne anstimmt. Der Moment der Einsamkeit von Milly und Monika, hoch oben auf den zwei Barstühlen, findet kein Gegenstück bei den purrlimunterkaputten Männern. Die beiden lieben, und sie wissen, wen sie lieben, auch wenn das wissenschaftliche Geschwätz von Dr. Elsi ihnen den Zugang zur einfachen Wahrheit vernebelt. Sie arbeiten sogar in Augenblicken plötzlicher Entschlossenheit an ihrer Liebe, werben um die Typen, als verdienten diese den Aufwand. Auch hier geht das große Licht nie auf, aber das Flackern in einigen Sätzen – »Wir verabschieden uns aufeinander zu« – gibt dem Stück eine Tiefe, die das kreischend Oberflächliche überhaupt erst orten und in seiner wahren Beschaffenheit erkennen läßt: als Gespenstersonate kollektiver Verblendung.

Was gäbe man nicht um einen prächtigen Schluß! Ein Finale mit Bläsern und Paukenwirbel, dann das erschütternde Schweigen und in dieses hinein, lautlos und bedeutend, der Vorhang ... Ein Ende wäre das: einfach, groß, kathartisch wie das letzte »thus« Othellos. Aber ein Stück kann nicht anders enden als seine Protagonisten. Wo der Tod zum Herumsitzen im Wartesaal eines Provinzbahnhofs verkommen ist – man kippt und bleibt vorhanden –, da hat auch eine Dramaturgie der blitzenden Peripetien und dröhnenden Finale ausgespielt. Wenn das Ende ein Zustand geworden ist, kann der Zustand kein Ende mehr haben. Der Rest ist nicht mehr Schweigen, es wird fortgequatscht. Irgendwann fällt zwar der Vorhang, aber er könnte auch halb oben hängenbleiben, schräg und zweideutig, und unter ihm durch blicken Zuschauer und Schauspieler einander an – was ist jetzt? wer gehört wohin?

Schreiben und Sterben einer Autorin: Adelheid Duvanel

Schreiben

Ihre Geschichten sind von entsetzlicher Einfachheit. Sie lesen sich leicht und unterhaltsam, aber sie stammen aus der finstersten Gegenwart.

Es gibt Autoren, in deren Büchern man immer das gleiche Land betritt, so viele und so verschiedene sie auch geschrieben haben. Man schlägt einen Band auf, beginnt zu lesen, schaut sich um und weiß: Da bin ich wieder. Alles ist vertraut, und alles ist anders. Man kennt die Figuren und begegnet ihnen doch zum ersten Mal. So sitzt man gelegentlich im Traum im ältesten Zuhause, am Tisch, an dem man aufgewachsen ist. Nichts ist wie einst, und doch weiß man: Ich bin, wo ich war, vorzeiten. Wolfgang Koeppen ist ein solcher Autor, Thomas Bernhard ist einer und Gerhard Meier und – wer mehr als er? – Robert Walser. Sie alle sind immer neu im Immergleichen.

So hat Géricault einst seine Pferde gemalt, Pferde im Finstern, Pferde unter Blitzen, Pferde im gleißenden Licht, mit Angst, Wut, Wahnsinn in den Augen, immer wieder die Pferde – und in ihnen ist die Menschheit zum ersten Mal diesem Tier als einem Ereignis der Seele begegnet.

Wer über Adelheid Duvanel schreibt, muß von dem Terrain reden, das man mit jedem ihrer Bücher betritt, einem Bezirk des lautlosen Schreckens und der fürchterlichen Gewöhnlichkeit. Die Gegend gehört zur inneren Geographie unserer Städte. Keiner kann sagen, er kenne seine Gegenwart, der hier nicht einmal durchgegangen ist. Dieses Terrain, das Land Duvanel, ist voll von Menschen, von Frauen, Männern, Kindern, und alle sind so allein, als trieben sie auf einer Eisscholle in der Winterfinsternis des arktischen Meers.

Das ist ein romantisches Bild. Es drängt sich einem beim Lesen auf, und doch verfälscht es die Alltäglichkeit, in der das Verlorensein hier erscheint. Der Vergleich mit dem Eismeer stilisiert den Zustand ins Exotische. Daß man auf solche Bilder kommt, ist allerdings bezeichnend. Es ist eine Form der Flucht, auf der man sich ständig ertappt beim Duvanel-Lesen, Flucht vor der lautlosen Wahrheit, die einen aus diesen Geschichten immerzu anschaut mit den aufgerissenen Augen eines Géricault-Pferdes.

Für die Romantiker war die Einsamkeit noch eine wilde Seelenreise. Sie kannten zwar die Gefahr und wußten, daß man der Welt im radikalen Alleinsein gänzlich abhanden kommen kann, aber gerade diese Gefahr war ihre Lust. Sie verloren sich in Wäldern und Schluchten – schreibend natürlich, im Leben waren sie meist Staatsbeamte mit Ärmelschonern –, verloren sich und gerieten über alle Grenzen hinaus und begegneten zuletzt den Erscheinungen einer andern Welt. Das Licht, das auf den Bildern Caspar David Friedrichs am Horizont glüht und zu dem seine Figuren reglos hinblicken, verdichtete sich bei den Dichtern zu leibhaftigen Gestalten einer zweiten Wirklichkeit – Meerwesen, Waldfrauen, Feuergeister –, und sie glaubten an sie und umarmten sie.

Es gehört zum Unheimlichen im Schaffen Adelheid Duvanels, daß die Einsamkeit, von der sie schreibt – und sie schreibt von nichts anderem –, ebenfalls mit Erscheinungen verbunden ist. Unbändige Bilder fahren vor den verkrochenen Existenzen in ihren Erzählungen auf, Bilder der Sehnsucht und des Grauens, schön, abscheulich, mild, mörderisch und begütigend. Aber es ist nicht die höhere Wirklichkeit der alten Romantiker, was da nebelhaft durch die tristen Zimmer schwimmt, es sind die Schöpfungen des Wahns. So allein leben alle Menschen im Lande Duvanel, daß ihnen das Alleinsein Visionen aus den Gehirnen treibt wie Fieberkranken.

Anfänglich sind es jeweils noch gesteuerte Phantasien, heftige, aber beherrschte Vorstellungen, oder es sind die nächtlichen Träume, mit denen man sich am Tag beschäftigt wie mit einem Haustier. Einmal aber kommt der Moment, wo die Vision selbständig wird. Langsam verschwindet der Unterschied zwischen Vorstellung und Wirklichkeit. Die Bilder kommandieren jetzt das Gehirn. Jemand ist verrückt geworden.

Verrückt werden die Menschen bei Adelheid Duvanel aus einem einzigen Grund: weil sie nicht zueinander gelangen. Sie versuchen es zwar, aber sie stolpern und stürzen. Sie finden einen andern, aber nur um ihn langsam wieder zu verlieren. Danach sind sie so allein, daß an die Stelle des Nachbarn, der Freundin, des Geliebten die blinkende Hirngeburt tritt. Diese versperrt nun ihrerseits jede menschliche Annäherung. Mit den eigenen Gespinsten leben die verlorenen Seelen, halten Umgang mit ihnen und haben damit zu tun, bis sie selber erlöschen.

Natürlich läuft das nicht in jeder Erzählung genau so ab. Aber man wird sagen dürfen, daß jede Erzählung ein Stück dieses Geschehnismusters auf die Bühne holt. Oft handelt es sich nur um das Stolpern beim Versuch, zusammenzukommen und ein wenig Liebe zu finden. Dann wieder zeigt die Geschichte, wie aus der Einsamkeit heraus ein schwimmendes Phantom entsteht, leuchtet und verblaßt. Oder es versucht eine Frau nichts weiter, als einer andern Frau ihren Traum zu erzählen. Nicht selten aber, und in den späteren Büchern häufiger als früher, geraten die Figuren in den unverstellten Wahnsinn. Sie landen in der Klinik, oder sie wohnen ohnehin schon dort.

Das ist literarisch nicht unproblematisch. Man darf hier nichts beschönigen. Ein literarischer Text sollte ja doch der Einfühlung aller zugänglich sein. Mag eine Erzählung auch mit ausgefallenen Charakteren operieren, solange diese offen sind für mein eigenes Erleben, solange es bei ihrer Sache auch um die meine geht, kann ich in das Geschehen eintreten, kann es mitfühlen und mitspielen. Ob da nun ein Sterbender ist oder ein böser Mörder oder eine liebeswunde Madame Bovary – auch der körperlich muntere, strafrechtlich unbescholtene und emotional ausgeglichene Leser kann diese drei Figuren in ihrem Wesen und Leiden erfahren, voll und ganz, weil sie eben Möglichkeiten des Menschen überhaupt verkörpern. Eine Frau wird sie anders erleben als ein Mann, aber beiden sind sie zugänglich über die Kraft der Empathie. Dem unverstellten Wahnsinn gegenüber aber ist das anders. Die Irren wohnen jenseits einer Grenze, die ich nicht überschreiten will, vor allem aber im Letzten und Entscheidenden nicht überschreiten kann. Daß Hamlet und Tasso und Woyzeck nur *vielleicht* verrückt sind, macht sie möglich auf der Bühne, ein ganzes Trauerspiel lang. Die wahnsinnige Ophelia aber wäre über die eine, herzzerreißende Szene hinaus nicht zu ertragen.

Bei Adelheid Duvanel werden viele Figuren wirklich verrückt und bleiben es. Da kann man dann an sich selbst beobachten, wie man plötzlich anders liest, vorsichtiger, und wie man sich abzusetzen beginnt aus dem Spiel der Gefühle, wie man schließlich sogar auf Distanz geht zum ganzen Buch. Das ist doch jetzt ein klinischer Fall, denkt man, muß das wirklich sein? Warum bleibt die Erzählerin nicht bei Menschen wie du und ich? Solche Überlegungen lassen sich kaum abweisen – und genau hier ist der Punkt, wo wir gefordert werden. Jetzt legen die zierlichen Texte ihren harten Kern frei. Deshalb muß, wer das Land Duvanel betritt, gerüstet sein. Es bedarf einer eigentümlichen Tapferkeit, durchzuhalten. Dann erst kann man die außerordentlichen Erfahrungen machen, die bei dieser außerordentlichen Autorin möglich sind.

Adelheid Duvanel zeigt keine Fälle im medizinischen Sinn, auch dort nicht, wo ihre Figuren die Grenze zur Psychose überschreiten. Sie zeigt – das abgegriffene Wort muß hier im alten, vollen Sinne ausgesprochen werden – Schicksale. Auf zwei, drei Seiten kann sie ein ganzes Leben vor Augen rücken und zeigen, wie alles ineinandergreift, wie das Glück und die Not verfilzt sind, wie die Klarheit und die Verwirrung einander bedingen. Plötzlich dämmert einem auf, wie schwankend, wie nebelhaft flutend die Grenzen zur Verrücktheit ja in Wahrheit sind. Man spricht heute viel vom Andern: vom Andern der Vernunft, vom Andern der Wissenschaft, von der Begegnung mit dem Andern fremder Menschen und Kontinente. Das »Andere« ist darüber fast ein sentimentaler Begriff geworden. Angesichts der Welt, von der Adelheid Duvanel berichtet, können wir erfahren, worum es sich dabei tatsächlich handelt.

Die böse Hauptsache aber ist immer die Einsamkeit. Sie entspringt aus dem Wissen eines Menschen, daß es die Liebe gibt, das herrliche Zusammensein, und daß sie fehlt. Nun setzt diese Einsamkeit die schöpferischen Kräfte frei. Das ist das Gewaltige an den Duvanel-Geschichten, daß immer wieder die bilderschaffenden Energien losbrechen in den verlassenen Seelen und Träume auswerfen, Gesichte, Protuberanzen des Imaginären. Je mächtiger die Liebesfähigkeit einer Figur ist, um so traumfähiger, um so bilderfähiger wird sie – und um so näher rückt die Gefahr, daß sie dem Sog ihrer eigenen Schaffenskraft verfällt und sich in den kreisenden Bildern verliert.

All dies ist zugleich große Kunst. Der Hilflosigkeit der Figuren antwortet die ästhetische Souveränität der Autorin. Der schrecklichen Vereinzelung in den Geschichten begegnet die Verknüpfung der Geschichten untereinander durch Variationen, Echos und Umkehrungen, fast serielle Strukturen der Repetition. Die kurzen Texte eines Duvanel-Bandes folgen aufeinander wie die winzigen Klavierstücke Eric Saties. Und das Traumtreiben der Männer, Frauen und Kinder, ihr Wegdriften aus der handgreiflichen Realität, geht zusammen mit einer großartigen Sinnlichkeit des Erzählens. Bei wenigen, die heute schreiben, ist alles so greifbar gegenständlich, sind die Dinge des Alltags von einer so bedrängenden Präsenz. Alles ist wie mit Händen anzufassen, und oft zuckt man beim Lesen zusammen, als hätte man einen fremden Körper berührt.

Die Qual wohnt stets auch in den Dingen, und über die Dinge wird sie von uns erfahren. Dabei wirkt das Arrangement der alltäglichen Gegenstände oft fast idyllisch, bis es leise ins Schlimme kippt. Ein Ausschnitt aus dem Text »Die Katze« zeigt den Vorgang:

> Franziska hat sich ein kleines Reich errichtet. Sie liebt jedes Ding, läßt es liegen oder stehen und wischt nie Staub, um nichts zu verändern; die Unordnung verwandelt sich unter ihrem Blick zu einer Ordnung, die niemand außer ihr wahrnehmen kann. An den Wänden hängen Fotografien aus ihrer Kindheit. Sie hat die ursprünglich kleinen Fotos durch einen Apparat, der in der Bahnhofshalle steht, vergrößern lassen. Sie lebt wie ein Vogel im Nest, ist umgeben von kleinen, weißen Federn, die überall aus dem Kopfkissen und dem Federbett quellen, in die sie mit der Zigarette Löcher gebrannt hat. Die Federn schweben im ganzen Zimmer umher, weil der Wind zum Fenster hereinbläst. Die Katze versucht, die Federn zu fangen, jagt durch den Raum.[1]

Zweimal wird hier mit einer Redewendung von trivialer Gemütlichkeit eingesetzt: »ein kleines Reich errichtet« – »wie ein Vogel im Nest«. Das könnte in einem onkelhaften Kinderbuch stehen. Es lullt uns für einen Moment ein, dann beginnt der Boden zu schwanken.

Gelegentlich finden sich innerhalb der kurzen Geschichten noch kürzere, worin ein Alltagsding sein seltsam eigenes Schicksal mitten im Schicksalsgestrick einer Figur findet:

> Der Betreibungsbeamte hat eine Geliebte am Ende der Stadt. Seine Frau, obwohl ›unendlich belastbar‹, wie sie oft versichert, begab sich einmal mitten in der Nacht zum Block, in dem die Nebenbuhlerin wohnt, entwendete einen Besen, der im Vorgarten stand, und trug ihn nach Hause. Der Fußmarsch dauerte zwei Stunden; der Gatte weiß nichts davon.[2]

Das ist alles. Der Besen kommt nicht mehr vor. Das Geschehnis wird nicht kommentiert. Es steht da, als wäre es selbst nur ein Ding, ein zufälliges, das herumsteht. Man denkt an den Besen als altes Hexenwerkzeug, auf dem die gefährlichen Frauen einst mitten in der Nacht zum Blocksberg ritten, erschrickt dann darüber, daß es im Text tatsächlich heißt: »mitten in der Nacht zum Block«, denkt: »Das kann ja nicht sein; du phantasierst etwas hinzu« und bringt die Stelle erst recht nicht mehr aus dem Kopf.

Zur sinnlichen Nähe der Zeichen gehört ihre gleichzeitige Unfaßbarkeit. Die Erzählungen dieser Autorin sind voll von Dingen, die an die Symbole der traditionellen Literatur erinnern, aber sie schweben wie außerhalb der vertrauten Bedeutungsnetze. Sie beben von einem Sinn, der nie ganz auszumachen ist. Oft läßt sich nicht einmal entscheiden, ob das aufblitzende Phänomen ein Signal der Erzählerin ist, *ihre* Metapher zuhanden der Leser, oder bereits ein Element aus dem Phantasieren einer einsamen Figur. Poesie oder Wahn? Die Unentscheidbarkeit dieser Frage bewegt die Mitte von Adelheid Duvanels Ästhetik. Ihre Kunst lebt aus der wortlosen Erkenntnis der Identität von Liebe, Wahn und Poesie – »the lunatic, the lover and the poet ...« –, von der Shakespeare im »Sommernachtstraum« spricht, an einer Stelle, die man harmloser zu lesen pflegt, als sie ist.

Zum Beispiel beginnt eine Erzählung so: »Die Schneeflocken wurden waagrecht hinter den Fenstern vorbeigetrieben, dann glaubte Meret, als sie die leere Kaffeetasse auf den Küchentisch stellte, der Schnee flöge von unten herauf in den Himmel.«[3] Das hält sich auf dem genauen Wendepunkt zwischen dem scharfen Blick auf die äußere Wirklichkeit und dem Auftauchen einer andern, einer hermetisch eigenen Welt. Sobald man den Vorgang einmal bemerkt hat, findet man verwandte Stellen überall, manche sind schwer wieder zu vergessen: »Einmal sitzt sie um Mitternacht im Haus, hört auf der Straße jemanden rennen und glaubt, zwei Pferde rissen aus, um sich auf einer Waldwiese zu vermählen.«[4] Ähnlich verläuft die Bewegung im grandiosen Bewerbungsschreiben, das die Frau in der Erzählung »Die Kündigung« abfaßt und verschickt:

> Ich bin dynamisch und geduldig in einem. Wenn ich nicht schlafe (was mir schon seit einiger Zeit nicht mehr gelingt), kann ich mich stundenlang konzentrieren. Zwischendurch muß ich nicht gefüttert und getränkt werden. Abends suche ich mir meine Beute allein, indem ich die Stadt verlasse und durch das Tal streife: Vögel und Mäuse sind dann vor mir nicht sicher.[5]

Stünde der Satz bei Robert Walser, wie würde die Walser-Gemeinde ihn zitieren und kommentieren!

Das merkwürdig Freischwebende der Zeichen ist nicht nur ein ästhetisches Element, es steht auch in Beziehung zu den leeren

Räumen, die sich in den Erzählungen Adelheid Duvanels zwischen den Abschnitten, den Teilen, oft noch den einzelnen Sätzen auftun. Immerzu wird man mit Lücken konfrontiert, die man schließen möchte beim Lesen, routiniert, nach den bekannten Regeln vom Umgang mit Leerstellen. Aber man kommt nie zu einem Ergebnis. Die Teile wollen sich nicht zusammenfügen, ihr Bezug bleibt prekär. So heftig der Leser hereingezogen wird in die einzelne Szene, so hilflos steht er gleich wieder draußen – in einem seltsamen Abstand zur erzählten Figur und zur ganzen Erzählung. Gelegentlich geschieht das Auseinanderdriften der Teile schon innerhalb eines einzigen Abschnitts:

> Frau Wendehaupt wohnt erst seit vier Jahren im ersten Stock eines Hauses am Stadtrand. Sie ist eine einfache Frau und begibt sich nicht absichtlich in Gefahr. Sie liebt alle Jahreszeiten. In der Nacht spiegelt sich das Zimmer im schwarzen Fenster. Der Mond mäht die Wiesen.[6]

Angesichts einer solchen Stelle wäre auch über die kalkulierte Naivität im Erzählduktus dieser Autorin zu reden. Wiederholt streift sie eine Redeweise, die an die Lesestücke in alten Schulbüchern erinnert. Es gibt Leute, die darüber selber lehrerhaft werden und meinen, das sei Unbeholfenheit, man hätte der Frau helfen müssen. Als ob das schmissige Schreiben, der Glamour-Satz, nicht schon längst Routine geworden wäre, antrainierbar, eingebaut in jeden Lehrgang für PR-Leute. Vor allem der häufige Gestus des Erzählbeginns mit einem Vornamen im ersten Satz erinnert an verschollene Lesebücher und zitiert deren Staub, zitiert auch das langsame Lesen, auf das jene Texte einst angelegt waren. Wer sich daran stößt, sollte nicht vergessen, daß man die Zeichnungen Paul Klees jahrzehntelang mit dem Satz zu kommentieren pflegte: »Das kann meine kleine Tochter auch.«

Wie sehr hinter diesem Erzählen von den furchtbaren Zwängen des Lebens aber das freie Walten einer großen Künstlerin steht, zeigt sich in den winzigen Naturbildern, die in vielen Texten aufleuchten wie Glimmer im Granit. Sie sind nie ganz aufzulösen im Handlungszusammenhang, treten in merkwürdiger Selbständigkeit neben das Denken und Fühlen der Figuren. Sie berühren einen wie eine fremdländische Poesie. Da heißt es einmal: »Große, schwarze Wolken bäumten sich auf, und die Sonne nähte mit goldenem Faden schnell einige Dächer und Bäume zusammen, damit sich im Wind nichts verlöre.«[7] Und anderswo: »Als er über eine Brücke zum Bahnhof ging, um mit dem Zug nach Hause zu fahren, stand eine kleine Helligkeit auf dem nun dunkelgrauen Himmel, als wäre dort ein Stern zerborsten.«[8] Oder: »Einmal neigt sich die Sonne wie eine weiße Rose über den Rand des Himmels.«[9] Und schließlich: »Der Wind reißt mit Krallen an den Telefondrähten; zu der Melodie könnte man singen.«[10]

Sterben

Am 11. Juli 1996 ist Adelheid Duvanel in der Nähe von Basel, wo sie gelebt hat, gestorben. Mit sechzig Jahren. Nicht ohne eigenes Zutun, aber auch nicht durch zweifelsfreien Suizid. Sie hat sich, wie es früher schon gelegentlich geschah, mit Schlaf- und Beruhigungsmitteln aus einer nicht länger erträglichen Wachheit in die Nähe jener Grenze geflüchtet, wo es gefährlich wird. Dabei hat sie sich in einem Wald versteckt, den sie einst als Kind gekannt und geliebt hatte. Die Julinacht war bitterkalt. Die Meteorologen sprachen von einem interessanten Phänomen angesichts der Jahreszeit. Adelheid Duvanel ist erfroren. Mitten im Sommer. Als der Morgen graute, hat ein Reiter sie gefunden.

Die Welt, die sie beschreibt, das Land Duvanel, war ihr aus eigener bitterer Erfahrung vertraut. Sie hat zeitweise unter den Verlorenen, Halbzerstörten gelebt, die in ihren Büchern auftreten. Sie mußte zum Kind ihrer Tochter schauen, die in die Drogenszene geraten war. Auch die Klinik war ihr so bekannt wie jenem Autor, dem sie, neben Regina Ullmann, am nächsten steht: Robert Walser. Sogar in ihrem Tod erinnert sie an ihn. Die Vorstellung, eines Tages zu erfrieren, im Schnee zu sterben, hat Robert Walser seit früher Zeit begleitet. Der Schnee war ihm immer beides, etwas ganz Sanftes und etwas grausam Hartes. Im Roman »Geschwister Tanner« findet Simon im winterlichen Wald den toten Dichter, seinen erfrorenen Bruder. Das ist einerseits ein realistischer Vorgang, andererseits eine traumhafte Begegnung mit sich selbst. Die Stelle kann wie ein Epitaph für Adelheid Duvanel gelesen werden:

> Ungefähr in der Mitte des Aufstiegs sah Simon plötzlich einen jungen Mann mitten im Wege im Schnee daliegen. Es war noch so

viel letzte Helle im Wald, daß er den schlafenden Mann ins Auge fassen konnte. Was veranlaßte diesen Menschen, sich hier in der bitteren Kälte, und an einer so einsamen Stelle im Tannenwald niederzulegen? Des Mannes breiter Hut lag quer über dessen Gesicht, wie es oft im heißen, schattenlosen Sommer vorkommt, daß ein Liegender und Ausruhender sich auf diese Weise gegen die Sonnenstrahlen schützt, um einschlafen zu können. Das hatte etwas Unheimliches an sich, dieses Gesichtverdecken mitten im Winter, zu einer Zeit, wo es wahrhaftig keine Lust konnte genannt werden, es sich hier im Schnee bequem zu machen. Der Mann lag unbeweglich und schon fing es an, immer dunkler im Walde zu werden. Simon studierte des Mannes Beine, Schuhe, Kleider. Die Kleider waren hellgelb, es war ein Sommeranzug, ein ganz dünner und fadenscheiniger. Simon zog den Hut von des Mannes Gesicht, es war erstarrt und sah schrecklich aus, und jetzt erkannte er auf einmal das Gesicht, es war Sebastians Gesicht, kein Zweifel, das waren Sebastians Züge, das war sein Mund, sein Bart, seine etwas breite, gedrückte Nase, seine Augenbildung, seine Stirn und seine Haare. Und er war hier erfroren, ohne Zweifel, und er mußte schon etliche Zeit liegen, hier am Wege. Der Schnee zeigte hier keine Fußspuren, es war also denkbar, daß er schon lange liege. Gesicht und Hände waren längst erstarrt, und die Kleider klebten an dem erfrorenen Leib.[11]

Man darf hier wohl daran erinnern, daß sich das Sterben im Schnee, der Kältetod, seit dem 19. Jahrhundert als ein unheimlich-inständiges Motiv durch die Schweizer Literatur zieht. Es ist zeichenhaft in das Finale von Gotthelfs »Jowäger«-Roman hineingesetzt, Keller arbeitet damit im »Schmied seines Glücks«, bei Walser geistert das Thema schon durch die allerersten Gedichte. Bei Meinrad Inglin, der doch so weltsicher erscheint, zeigt es sich als Groteske im »Begräbnis eines Schirmflickers« und als langsamer, ergreifender, als ganz unvergeßlicher Vorgang beim Sterben eines Bergbauern im 18. Kapitel der »Grauen March«. In Dürrenmatts »Sonnenfinsternis«, der rekonstruierten Urversion der späteren »Alten Dame«, endet der Heimkehrer Lotcher, nachdem er seiner verschlafenen Heimat alle Schrecken des Fortschritts gebracht hat, unter maßlosen Mengen von Schnee. Und fast fährt man zusammen, wenn in einem der auffälligsten Erzähltexte der jüngsten Zeit, Peter Stamms »Agnes« von 1998, die junge Frau im Eis des Winters und an der

Kälte des Mannes zugrunde geht, so beklemmend, als hätte der Autor das Motiv als erster erfunden.

Ein anmutig klingendes und doch sehr verschlossenes Gedicht der 24jährigen Silja Walter, »Die Tänzerin«, enthält die Verse:

> Ich wollte Schnee sein, mitten im August,
> Und langsam von den Rändern her vergehn,
> Langsam mich selbst vergessend, ich hätt Lust,
> Dabei mir selber singend zuzusehn.[12]

Die Zeilen bilden das unvermittelte Ende des Gedichts, in dem vorher fast nur vom Glück und der Selbsterfüllung einer einsamen Tänzerin die Rede ist. Schnee im August – die Überblendung der Jahreszeiten, die auch bei Walsers totem Dichter in den merkwürdigen Sommersignalen sichtbar wird, findet bei Peter Stamm ein Echo im scheinbaren Warm- und Wärmerwerden der jungen Frau während ihres Erfrierens. Ähnlich wird Inglins Bauer überflutet von einer Welle der Menschenliebe und Weltversöhnung, als er langsam erstarrt. Die merkwürdige Dialektik von Schutzlosigkeit und Geborgenheit, Frost und Wärme, Bosheit und Zuneigung, die in allen Todesszenen im Schnee so oder anders spürbar wird und die den Vorgang aus einem bloßen Unglück in ein symbolisches Ereignis verwandelt, in die Frage nach der Möglichkeit von Liebe überhaupt, nimmt sich bei Peter Stamm wie eine Neugeburt im Untergang aus – hoffnungslos:

> Die Bäume hatten ihre Blätter verloren, und der See war zugefroren. Aber Agnes erkannte die Stelle. Sie zog ihre Handschuhe aus und fuhr mit den Händen über die eiskalten Stämme der Bäume. Sie fühlte nicht die Kälte, aber sie spürte die schorfige Rinde an ihren fast tauben Fingerkuppen. Dann kniete sie nieder, legte sich hin und drückte ihr Gesicht in den pulvrigen Schnee. Langsam gewann sie das Gefühl zurück, erst in den Füßen, in den Händen, dann in den Beinen und Armen, es breitete sich aus, wanderte durch ihre Schultern und ihren Unterleib zu ihrem Herzen, bis es ihren ganzen Körper durchdrang und es ihr schien, als liege sie glühend im Schnee, als müsse der Schnee unter ihr schmelzen.[13]

Ist denn keine Rettung möglich? Daß Rettung möglich ist, Liebe möglich ist, zeigt Gottfried Keller in der Szene, wo die junge Frau den verzweifelten Mann im Winterwald sucht, ihn bewußtlos im Schnee findet, erstarrt schon, und ihn entschlossen, unbekümmert um den drohenden Skandal, ins Leben zurückholt und anschließend ebenso entschlossen und unbekümmert zu ihrem Geliebten und Gatten macht.[14] Daß Rettung nicht möglich ist, Liebe nicht möglich ist, zeigt der gleiche Keller in seinem außerordentlichsten Gedicht, »Winternacht«, wo die ganze Welt erstarrt ist und der junge Mann auf dem durchsichtigen Eis des Sees steht und sieht, wie aus der Tiefe die Wasserfrau aufsteigt und verzweifelt versucht, durch das Eis hindurch ans Licht, an die Wärme, zur Liebe zu gelangen:

> Mit ersticktem Jammer tastet' sie
> An der harten Decke her und hin,
> Ich vergeß' das dunkle Antlitz nie,
> Immer, immer liegt es mir im Sinn![15]

Regina Ullmann, die Geheimnisreiche, die Modernste unter den Unzeitgemäßen, die auch vierzig Jahre nach ihrem Tod noch immer am Rande steht wie Adelheid Duvanel, ein Name für Kenner, sonst ein Schulterzucken, wie Walser es so lange war, hat einmal eine Erzählung geschrieben, »Die Barockkirche«, um 1925, wo eine sehr arme und sehr einfache Frau, un cœur simple, im Winter durch den Wald geht, eine Nacht lang, weil sie auf der ihr aufgetragenen Reise den Umweg machen will zu einer Kirche, um dort zu beten. Das will sie einfach. Sie hat ausgerechnet, daß es reicht, wenn sie die Nacht durchmarschiert. So geht sie denn dahin in der wachsenden Kälte:

> Es geschah zunächst nichts. Das ganze Geschehen war, daß sie ging, ging, ohne mehr ein Maß von der Stunde zu haben. Es kam ihr ein Hase nach, als sei er ihr Rock. Auf den Ästen schrien sich Raben zu. Der Schnee blendete grausam, und die hohen Bäume zwangen den Blick noch mehr, ihn unabwendbar anzusehen.[16]

Langsam wächst um sie die Gefahr. Es wächst die Gefahr von Eis und Kälte, auch die Gefahr des Nichts, das sich auftut um sie herum: »Man denke nicht, daß ihr ein Mensch begegnet sei. Das Nichts kam.« Aber sie geht weiter, auch durch diese Leere hindurch: »Wenn man plötzlich in eine leere, weiße, große Truhe hineinschaut, dann ist das so. Aber man erschrickt und schließt sie gleich wieder.« Nur diesen einen Willen gibt es in ihr, die Kirche zu erreichen, die ihr vor Augen schwebt und wo sie beten will, eine eigensinnig Gottverknüpfte wie aus verschollenen Jahrhunderten. Sie stolpert, sie fällt, sie verliert den Schirm, den Hut, das Köfferchen platzt auf, immer wandert sie weiter. Sie wird sich selber fremd, zum Ding:

> Man soll nicht meinen, daß ihr ein Mensch begegnet sei. Es ist ihr im Gegenteil keiner begegnet. Nur einmal, (wenn es erlaubt ist, in Schrecken und Entsetzen sich zweimal zu zählen), war sie gefährlich ausgeglitten und in einen Graben wie eine Sache heruntergekollert. Aber was bedeutet diese zweite Person noch? Was bedeutet sie sich noch? Was bedeutet sie Gott noch?[17]

Doch selbst die äußerste Erschöpfung, die Versuchung, sich hinzulegen, zu schlafen, nichts hält sie davon ab, weiterzugehen. Weinend – »aber es klang wie Singen, eintöniges Singen« – stolpert sie voran, »aufgedreht von dem Räderwerk ihres Willens, dessen Schlüssel der Gott dort oben besaß«. Und so geht sie durch den drohenden Kältetod hindurch, erreicht am frühen Morgen die Barockkirche, wankend, auf der Schwelle fällt ihr alles aus der Hand, was sie klammernd noch getragen hat, und wankend, bewußtlos schon, geht sie durch das Mittelschiff voran, zwischen allerlei frommem Klimbim hindurch, und bricht auf dieser letzten Strecke zusammen und stirbt.

Erzählt ist dies alles mit grausamer Realistik und doch wie in einer Legende, wie in der Beschreibung eines unbeholfenen Votivbilds. Diese merkwürdige Selbstdefinition der Erzählung als einer »Votivtafel« findet sich im Text explizit. Wenn man die Geschichte als die einer Rettung liest, einer Erlösung aus der tödlichen Kälte einer lieblosen Welt – gemäß dem Sinn, mit dem alle Erfrierungsszenen spielen –, dann geht es hier um eine Liebe jenseits des Menschlichen. Was in Flauberts »Un cœur simple« der ausgestopfte Papagei der alten Magd ist, ein mottenzerfressener Fetisch, in dem sich der Sterbenden die Illusion eines bunten Himmels auftut, das ist in diesem Cœur simple, irritierend und ergreifend und – als müßte gegen Flauberts

Akt der Entgötterung angegangen werden – noch einmal die aufscheinende Wahrheit einer andern Welt.

1 Adelheid Duvanel: Die Brieffreundin. Erzählungen. München 1995. S. 37f

2 ibid. S. 51f

3 Adelheid Duvanel: Der letzte Frühlingstag. Erzählungen. Hrsg. von Klaus Siblewski. München 1997. S. 41

4 ibid. S. 52

5 Adelheid Duvanel: Das verschwundene Haus. Erzählungen. Darmstadt 1988. S. 28f

6 Adelheid Duvanel: Der letzte Frühlingstag. A.a.O. S. 46

7 Adelheid Duvanel: Die Brieffreundin. A.a.O. S. 39

8 ibid. S. 21

9 Adelheid Duvanel: Das verschwundene Haus. A.a.O. S. 80

10 ibid. S. 56

11 Robert Walser: Geschwister Tanner. In: Robert Walser: Das Gesamtwerk. Hrsg. von Jochen Greven. Band IV. Genf und Hamburg 1967. S. 129f

12 Silja Walter: Die ersten Gedichte. Olten 1944. S. 25

13 Peter Stamm: Agnes. Roman. Zürich–Hamburg 1998. S. 151f

14 Gottfried Keller: Der Schmied seines Glücks. In: Die Leute von Seldwyla. Hrsg. von Thomas Böning. Frankfurt am Main 1989. S. 319ff

15 Gottfried Keller: Winternacht. In: Gedichte. Hrsg. von Kai Kauffmann. Frankfurt am Main 1995. S. 433

16 Regina Ullmann: Die Barockkirche. In: Regina Ullmann: Erzählungen. Prosastücke. Gedichte. Zusammengestellt von Regina Ullmann und Ellen Delp. Neu herausgegeben von Friedhelm Kemp. Erster Band. München 1978, S. 239

17 ibid.

Nachweise

Alle Texte wurden für die vorliegende Ausgabe durchgesehen. Einzelne erfuhren eine eingreifende Überarbeitung und Erweiterung. Wenn mehrere Nachdrucke vorliegen, werden diese im folgenden nicht erwähnt. Die Überschriften decken sich zum Teil nicht mit den Überschriften im Erstdruck.

Bilderkult und Bildersturm. Eine Zeitreise durch die literarische und politische Schweiz. – Der Essay wurde im Jahr 2001 für diesen Band geschrieben.

Die Kunst der gerechten Erinnerung. – Zum Anlaß vgl. Anmerkung. Die Rede wurde gedruckt in: *Tages-Anzeiger.* Zürich. 19. Januar 1998.

Die Wahrheit und die Bajonette. – Zum Anlaß vgl. Anmerkung. Die Rede wurde gedruckt in: *Neue Zürcher Zeitung.* Zürich. 10. September 1998.

Die Inszenierung des politischen Unbewußten in der Literatur. – Der Aufsatz geht zurück auf einen Vortrag im Rahmen einer Tagung zum Thema *Kommunikationsstiftung durch Kunst und Kultur* an der Schule für Gestaltung in Zürich am 11. Mai 1996. Gedruckt in: *Konturen des Unentschiedenen.* Hrsg. von Jörg Huber und Martin Heller. Basel und Zürich 1997.

Der Zwiespalt der Wortmächtigen in der Geschichte. Eine Überlegung an Ulrich von Huttens Grab. Die Rede wurde gehalten anläßlich der Ufenau-Fahrt der theologischen Fakultät der Universität Zürich vom 6. Mai 1983. Gedruckt in: *Lutherische Monatshefte* 23. Nr. 11. 1984.

Der Traum an der Grenze. Zur literarischen Phantasie in der Schweiz. Der Aufsatz geht zurück auf eine Rektoratsrede anläßlich der 160. Stiftungsfeier der Universität Zürich am 29. April 1993. Gedruckt in: *Neue Zürcher Zeitung.* 15./16. Mai 1993.

Ein Land sucht sein wahres Gesicht. Geschrieben als Einleitungsessay für: *Handbuch der schweizerischen Volkskultur.* Hrsg. von Paul Hugger. Band 1. Zürich 1992.

Kritischer Patriotismus. Die Auseinandersetzung der Schweizer Schriftsteller mit der guten und mit der bösen Schweiz. Der mehrfach überarbeitete und erweiterte Text geht ursprünglich zurück auf einen Vortrag an der Tagung *Entwicklungstendenzen der deutschsprachigen Literatur der Schweiz in den sechziger und siebziger Jahren* an der Karl-Marx-Universität Leipzig, DDR, am 5. Dezember 1982. Die erweiterte Fassung wurde gedruckt in: Peter von Matt: *Der Zwiespalt der Wortmächtigen. Essays zur Literatur.* Zürich 1991.

Swiss is beautiful. Vom Vergessen und Wiederentdecken in der Schweizer Literatur. Gedruckt in: *Tages-Anzeiger.* Beilage *Buchzeichen.* Zürich. 3. April 1982.

Kultur und Krieg und Kuckucksuhren. Die Dankrede für den Kulturpreis der Stadt Zürich wurde gehalten am 3. Dezember 2000 in der Schiffbauhalle des Zürcher Schauspielhauses. Gedruckt in: *Neue Zürcher Zeitung.* Zürich. 4. Dezember 2000.

Der Wahn und die Weisheit. Über Johann Caspar Lavater. Geschrieben zum 200. Todestag Lavaters. Gedruckt in: *Neue Zürcher Zeitung.* Zürich. 6./7. Januar 2001.

Den Star muß man ihnen stechen. Der Text erschien stark gekürzt in: *Frankfurter Allgemeine Zeitung.* Frankfurt am Main. 4. Oktober 1997.

Der Diagnostiker unserer Bosheit. In: *Neue Zürcher Zeitung.* Zürich. 15./16. März 1997.

Zur Demokratie gehört das Gelächter. Gottfried Keller und die gelungene Revolution. In: *Frankfurter Allgemeine Zeitung.* Frankfurt am Main. 23. Dezember 1989.

Conrad Ferdinand Meyers burleske Ästhetik. Der Text geht zurück auf einen Vortrag anläßlich des Kolloquiums über C. F. Meyers Lyrik am 100. Todestag des Dichters, 28. November 1998, an der Universität

Zürich. Gedruckt in: *Tages-Anzeiger.* Zürich. 30. November 1998. Stark veränderte Neufassung.

Robert Walsers Zorn. Geschrieben zum 100. Geburtstag von Robert Walser. In: *Neue Zürcher Zeitung.* Zürich. 15./16. April 1978.

Weltverfinsterung. Zu einem Walser-Gedicht. Geschrieben für die *Frankfurter Anthologie,* hrsg. von Marcel Reich-Ranicki. In: *Frankfurter Allgemeine Zeitung.* Frankfurt am Main. 17. Oktober 1998.

Die Schwäche des Vaters und das Vergnügen des Sohnes. Der Text geht zurück auf einen Vortrag an der Freien Universität Berlin, gedruckt in: *Neue Rundschau* 90.2. Frankfurt am Main 1979.

Die Fäulnis hinter den Fassaden. Über Friedrich Glauser. In: *Frankfurter Allgemeine Zeitung.* Frankfurt am Main. 5. Januar 1983.

Wahrheit, Wut und strenge Kunst. Der Text geht zurück auf einen Vortrag vom 10. Mai 1986 an den Solothurner Literaturtagen anläßlich des 75. Geburtstags von Max Frisch. Gedruckt in: Peter von Matt: *Der Zwiespalt der Wortmächtigen. Essays zur Literatur.* Zürich 1991.

Der Gestus des sauberen Schnitts. Geschrieben als Nachruf auf Max Frisch in: *Frankfurter Allgemeine Zeitung.* Frankfurt am Main 5. April 1991.

Vom Umgang mit toten Dichtern. Der Text geht zurück auf einen Vortrag anläßlich der Eröffnung der Ausstellung *Max Frisch: Jetzt ist Sehenszeit* im Stadthaus Zürich am 9. Dezember 1998. Gedruckt in: *Die Weltwoche.* Zürich. 10. Dezember 1998.

Der Autor in der Falle. Der Text geht zurück auf einen Vortrag vom 9. November 2000 in der von Zürcher Literaturverein organisierten Vortragsreihe zum 10. Todestag Friedrich Dürrenmatts am Collegium Helveticum der Eidgenössischen Technischen Hochschule in Zürich. Gedruckt in: *Tages-Anzeiger.* Zürich. 17. November 2000.

Fragmente zu F. D. Geschrieben für eine Dürrenmatt-Beilage des Zürcher *Tages-Anzeigers* am 14. März 1994.

Wind, Tod, Schmetterlinge. Über Gerhard Meier. Der Text geht zurück auf die Laudatio zur Verleihung des Fontane-Preises an Gerhard Meier in der Akademie der Künste in Berlin am 18. März 1991. Gedruckt in: *Kunstpreis Berlin 1991*. Berlin 1991.

Konstrukteur und Brückengänger. Über Hugo Loetscher. Der Text geht zurück auf die Laudatio zur Verleihung des Großen Preises der Schweizer Schillerstiftung an Hugo Loetscher im Stadthaus der Stadt Zürich am 22. September 1992. Gedruckt in: *Neue Zürcher Zeitung*. 3./4. Oktober 1992.

Schlangenfangen und Telemark. Zum Anlaß vgl. Anmerkung. Gedruckt in: *In Olten umsteigen. Über Peter Bichsel.* Hrsg. von Herbert Hoven. Frankfurt am Main 2000.

Witz und List und Liebe. Entstehungsnachweis in den Anmerkungen. Erstdruck.

Ein Versuch, Jürg Laederach zu lesen. In: *Frankfurter Allgemeine Zeitung*. Frankfurt am Main. 26. Mai 1990.

Im Urwald mit Urs Widmer. In: *Die Zeit*. Hamburg. 4. Oktober 1996.

Thomas Hürlimann läßt die toten Seelen tanzen. Geschrieben anläßlich der Uraufführung des Stücks *Der letzte Gast* von Thomas Hürlimann für das Programmbuch 7 des Schauspielhauses Zürich, Saison 1989/90.

Schreiben und Sterben einer Autorin: Adelheid Duvanel. Der für diese Ausgabe bedeutend erweiterte Text geht zurück auf einen Aufsatz im *Weltwoche Supplement* Nr. 9. September 1995 und auf das Nachwort zu: Adelheid Duvanel: *Der letzte Frühlingstag*. Erzählungen. Hrsg. von Klaus Siblewski. München 1997.

Personenregister